THÉORIE

DU

CODE PÉNAL ESPAGNOL

COMPARÉE

AVEC LA LÉGISLATION FRANÇAISE.

C.

THÉORIE

DU

CODE PÉNAL ESPAGNOL

COMPARÉE

AVEC LA LÉGISLATION FRANÇAISE

PAR

LAGET-VALDESON,

ANCIEN MAGISTRAT,

ET

Louis LAGET,

AVOCAT A LA COUR IMPÉRIALE DE NIMES.

PARIS.

COSSE ET MARCHAL, LIBRAIRES-ÉDITEURS,

LIBRAIRES DE LA COUR DE CASSATION,

PLACE DAUPHINE, 27.

1860.

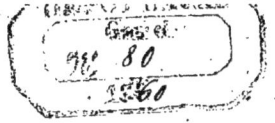

INTRODUCTION.

Nous venons combler une lacune dans la collection des codes étrangers.

Le Code pénal espagnol se recommande aux criminalistes par la diversité, la modération des peines et leur juste distribution, et par la complète satisfaction qu'il donne aux aspirations du siècle.

L'histoire de la législation pénale de la Péninsule se divise en cinq périodes : le *Fuero Juzgo*, le *Fuero Real*, *Las Partidas*, le *Code de 1822*, et le *Code réformé de 1848*.

Le *Fuero Juzgo* est une compilation des lois des Goths, Fuero Juzgo. qui parut sous le règne d'Egica, un des derniers monarques des Visigoths.

Ce Code reconnut l'unité de la nation, proclama l'égalité des races devant la loi, et effaça la distinction qui

avait existé jusqu'alors entre les vainqueurs et les vain-
cus. Tous, hommes libres ou serfs, furent jugés par les
mêmes lois, soit au civil, soit au criminel, et les allian-
ces entre Espagnols et Goths furent permises.

« La loi gouverne la cité, comme elle gouverne
» l'homme pendant toute sa vie ; c'est pourquoi elle
» s'applique aux hommes comme aux femmes, aux
» grands comme aux petits, aux savants comme aux
» ignorants, aux nobles comme aux vilains ; enfin, elle
» a été édictée pardessus tout dans l'intérêt du prince
» et du peuple, et brille comme le soleil en les protégeant
» tous » (loi 3me, titre 2.). Quel immense progrès à
une époque où les Barbares avaient divisé le monde en
deux races, celle des anciens habitants du pays et celle
de ceux qui les avaient dépouillés!

« Le législateur, dit la 6me loi, titre 1er, livre 1er,
» doit parler peu et bien, il ne doit émettre aucun pré-
» cepte équivoque, mais clair et précis, afin que tout
» ce que la loi renferme puisse être compris par tous et
» que personne ne puisse l'ignorer. »

» Voici la raison qui préside à toute loi : la répres-
» sion des méchants, la sûreté des bons, la punition
» des premiers par la loi et l'empêchement de la per-
» pétration du mal au moyen de la peine (loi v, tit. ii).»

Les principales peines, prodiguées à l'excès, étaient
l'excommunication, la mort, la perte de la liberté, la dé-
calvation, la marque, la flagellation. On y trouve encore
un autre châtiment, tout particulier à cette législation,
qui consistait à livrer une personne à une autre, non-
seulement pour en disposer selon son bon plaisir, mais
même, dans certains cas, lui conférait le droit de vie ou

de mort. Ce Code accordait un droit de censure et d'intervention aux Evêques dans les actes des juges (1).

La torture n'était accordée que dans des cas assez rares et avec toutes les garanties possibles. De plus, l'accusateur devait se soumettre par écrit à subir la même peine que l'accusé. La simple accusation ne suffisait pas si elle n'était appuyée par trois témoins. La torture devait être appliquée devant le juge et devant des personnes notables, de telle sorte qu'il ne fallait pas que l'accusé mourût ni que ses membres fussent mutilés, et à cet effet, cette peine ne pouvait être appliquée en un seul jour mais à trois reprises différentes. Si l'accusé venait à mourir, soit par négligence, mauvaise volonté et subornation du juge, celui-ci devait être livré aux parents du défunt pour subir la même peine, et même, dans le cas où la mort aurait eu lieu par son manque de prudence, il devait payer une forte amende ou devenir serf des parents du torturé. Quant à l'accusateur, il était livré à la merci des parents selon la coutume des Goths.

La vengeance personnelle était la base de la pénalité. Cette législation, en permettant de se racheter à prix d'argent, provoquait l'impunité par cet injuste privilége; en remplaçant l'accusation publique par les accusations individuelles, et en décidant que le montant des amendes reviendrait à l'offensé, elle encourageait la cupidité.

Le *Fuero Réal* est un recueil de lois civiles et pénales, tirées en grande partie du droit romain (1250). *Fuero Real.*

(1) M. Pacheco. Introduction au droit pénal.

C'est le fondement du grand monument de législation commencé par Ferdinand III et achevé par Alphonse X.

La mort, l'expatriation, l'amende, sont, sans exception, les peines qu'on infligeait à tous les délits.

Dans l'application des amendes, on remarque le désir d'établir une échelle pénale et de l'appliquer dans des règles de proportion. Voici une loi curieuse (la 3me du tit. 5me du liv. 4me) qui donne un tarif de peines contre ceux qui donneront des coups ou occasionneront des bles-« sures : Tout homme, dit cette loi, qui en blessera un » autre à la tête ou à la figure, sans effusion de sang, » paiera pour chaque blessure 2 maravedis ; s'il le blesse » au corps, 1 maravedis pour chaque blessure ; s'il se » sert d'une arme tranchante ou fait toute autre blessure » qui entame la peau ou qui arrive jusqu'à l'os, il paiera » pour chaque blessure 12 maravedis ; si la peau est » entamée sans arriver jusqu'à l'os, 6 maravedis ; le » maximum de l'amende, n'importe le nombre des bles- » sures, ne pourra excéder 30 maravedis ; si l'on sort » des os de la blessure, on paiera 100 sous pour chaque » os jusqu'au nombre de cinq ; s'il le blesse sur la fi- » gure de telle sorte qu'il en résulte une cicatrice, » l'amende sera double ; si la blessure occasionne la » perte d'un œil, de la main, du pied, de tout le nez ou » de toutes les lèvres, il paiera pour chaque membre » 250 sous ; le maximum de l'amende, dans ce dernier » cas, ne pourra excéder 500 sous, n'importe le nombre » des membres perdus. La perte du pouce entraînera » une amende de 25 maravedis ; celle de l'index 20 ; le » troisième doigt 15, le quatrième 10, le cinquième 5. » Quant aux doigts des pieds, l'amende ne sera que de

» moitié. Pour la perte des dents, 10 maravedis ; pour
» chaque dent de devant 15 ; pour l'oreille , 10 mara-
» vedis , et ces amendes pourront monter jusqu'à 500
» sous. »

Le *Fuero Réal* fit revivre l'accusation publique , ou-
bliée pendant plusieurs siècles , et créa la procédure
d'office.

Il accordait à tout homme la faculté d'accuser pourvu
qu'il jouît des droits civils. Il établissait une distinction
entre les procédures de droit public et celles de droit
privé , et traçait l'instruction que devaient suivre les
fonctionnaires qui cumulaient la charge de juge avec
celle de maire. Malgré ses imperfections , ce Code, ap-
proprié aux mœurs de l'époque , fut un véritable progrès dans l'histoire du droit pénal.

Las Partidas furent l'encyclopédie de l'époque ; on y
trouve le catalogue complet des actions humaines ; elles
embrassaient la morale , la philosophie , le droit pénal,
l'instruction criminelle, la procédure , le droit canon et
la politique. La plupart de leurs dispositions appartiennent au Code Justinien , les autres sont tirées des coutumes locales des villes (1258).

Leur apparition excita de si violentes clameurs de la
part de la noblesse , dont elles attaquaient les droits et
priviléges, que le roi renonça à mettre ces lois en vigueur (1).

Les peines de l'infamie , de la confiscation sont d'un
usage aussi fréquent que sous le régime des lois de l'Em-

Las Partidas.

----

(1) *Histoire d'Espagne* , par M. Paquis , traduite par M. Dochez.

pire. Le combat judiciaire est admis comme dernière ressource ; la torture, appliquée dans un grand nombre de cas, est dépouillée des garanties dont les Pères du Concile de Tolède l'avaient entourée.

La législation criminelle des *Partidas* se résume ainsi : pour les crimes et délits communs, adoption du Code Justinien ; pour tout ce qui touche aux questions religieuses, on s'en réfère aux Decretales. Quant aux délits qui puisaient leur origine dans le nouvel ordre social, et que la Papauté n'avait pu prévoir, ce furent les Coutumes et Traditions, les Sentences et Arbitrages du moyen-âge qui servirent de jurisprudence (1).

Dans une des *Partidas* donnée par Alphonse X, on trouve la définition suivante du peuple : « ce qu'on doit appeler peuple, ce n'est point la classe des laboureurs et des gens nécessiteux, mais c'est la réunion de tous les hommes ».

Sous le rapport littéraire et philosophique, cette législation était bien supérieure à celle du *Fuero Real*, et même à celles des autres Etats de l'Europe.

Après les *Partidas*, qui furent pour ainsi dire la base non seulement des lois pénales, mais encore des lois civiles qui régirent la péninsule depuis le XIIIᵉ jusqu'au XIXᵉ siècle, il ne parut en Espagne ni Code civil ni Code criminel. Vers la fin du moyen-âge, on rédigea dans plusieurs royaumes quelques cahiers de lois détachées, soit au civil, soit au criminel, dans le but de remplir les lacunes résultant du nouvel ordre de choses. Ces collec-

(1) M. Pacheco. Introduction au droit pénal.

tions appelées *Recopilaciones*, renfermaient tout le droit pénal de l'époque.

Encore en 1800, le *Fuero Juzgo*, le *Fuero Real* et les *Partidas* composaient la législation criminelle de la Péninsule, sauf ce qui avait été modifié par des dispositions spéciales.

La torture, la confiscation furent abolies par les Cortès de 1812, qui consacrèrent plusieurs articles de leur constitution à l'administration de la justice criminelle.

Au xviiie siècle, l'Espagne suivit le mouvement philosophique qui poussait les autres nations dans les voies de la civilisation et dont le droit pénal était la plus haute expression. Les ministres de la dynastie des Bourbons aidèrent et favorisèrent ce mouvement. Le conseil royal toléra qu'on publiât les œuvres de Beccaria et de Filangieri et les défendit contre le Saint-Office qui voulait les interdire. Campomanes et Jovellanos proclamèrent la nécessité des réformes et de celles du droit pénal en particulier. Ces deux illustres publicistes furent secondés par le magistrat Lardizabal (1).

Les gouvernements qui se succédèrent depuis 1818, s'occupèrent avec zèle de la législation criminelle et hâtèrent l'œuvre d'un Code pénal.

C'est en 1822 qu'il parut. Les premières Cortès qui se réunirent après l'année 1820, se vouèrent à cette mission avec un zèle des plus louables. La commission de rédaction et le Congrès rivalisèrent d'ardeur et terminèrent leur œuvre en quelques mois. Sanctionné par le

Code de 1822.

_____

(1) M. Pacheco. Introduction au droit pénal.

roi, ce Code fut immédiatement mis en vigueur dans tout le royaume.

Au point de vue scientifique et philosophique, son mérite est incontestable. Il tient à la fois du *Fuero Juzgo* et des *Partidas*, et ses rédacteurs se sont évidemment inspirés des grands principes du Code Napoléon.

La réaction de 1823 le supprima, et on lui substitua les ordonnances de Philippe V et la VIIe *Partida*. Mais on s'aperçut bientôt que ce changement était insuffisant, et on s'occupa immédiatement d'une nouvelle rédaction qui pût remplacer la première.

Après la mort du roi Ferdinand VII et les grands événements politiques de 1833, on présenta ce projet aux Cortès qui, trop préoccupées de travaux importants, ne purent y donner suite.

Un nouveau projet, rédigé par une nouvelle commission, en 1839 et 1840, n'a jamais été publié ni présenté aux Cortès.

Tel était l'état de la réforme en 1843.

Code réformé de 1848.

Le gouvernement provisoire s'occupa sérieusement de la révision du nouveau Code.

Le moment était favorable pour réunir les hommes les plus marquants des deux grandes fractions libérales.

La nouvelle commission accepta cette haute mission avec enthousiasme (1).

_____

(1) Cette commission eut d'abord pour président D. Manuel Cortina, qui fut bientôt remplacé par D. Juan Bravo Murillo ; elle se composait de D. Joaquin Francisco Pacheco, D. Claudio-Anton de Luzuriaga, D. Florencio Garcia Goyena, D. Francisco de Paula Castro y Orozco, D. Manuel de Seijas y Lozano, D. Manuel Perez y Hernandez,

Cette commission ne tarda pas à terminer dignement ce grand travail, qui, adopté par le gouvernement et les Cortès, fut promulgué par ordonnance royale du 19 mars 1848, pour devenir exécutoire à partir du 1er juillet suivant. Ce Code fut de nouveau réformé dans certaines de ses dispositions, et sa promulgation définitive eut lieu le 30 juin 1850.

Pendant toute la période des guerres contre les Maures, cette croisade de huit siècles, la plus belle lutte qu'un peuple ait jamais soutenue pour délivrer son pays de l'étranger, l'Espagne fut privée de tout pouvoir judiciaire ; la guerre contre l'ennemi commun, puis, à mesure que se fondaient des royaumes sur la portion des territoires reconquis, la guerre civile des rois entr'eux, ne laissaient pas le temps aux sujets de demander des institutions judiciaires, aux souverains de s'occuper de les organiser. De temps à autre, cependant, on voit quelques rois faire des efforts pour établir, sinon une organisation complète, au moins un personnel judiciaire quelconque. Ainsi, on commença par nommer quelques juges (Corrégidors), hommes assez généralement étrangers à toute science du droit, et qui statuaient en premier et dernier ressort. La première

Du Pouvoir judiciaire et administratif.

D. Pascual Madoz, D. Manuel Garcia Gallardo, D. Domingo Ruis de la Vega, D. José de Penà y Aguayo, D. Domingo Vila, D. Tomas Vizmanos, D. Cirilo Alvarez. D. Manuel Ortis de Zàniga, D. José Castro y Orozco, D. José Maria Claros (1).

(1) Il est juste de constater que le promoteur de la réforme pénale est D. Lopez, qui apporta à la commission un concours des plus actifs et des plus dévoués.

création d'un Tribunal d'appel est due à D. Enrique II
de Castille ; en 1371, il établit pour son royaume un
tribunal de ce genre, tribunal unique et qui présentait
cet inconvénient, que forcé de suivre la Cour, il changeait continuellement de résidence, ce qui occasionnait
de grands retards dans l'administration de la justice.

Ce ne fut que vers la fin du xve siècle, après que
les Maures eurent été définitivement expulsés de l'Espagne, que les rois s'occupèrent sérieusement des institutions judiciaires ; mais il faut remarquer que l'idée de
la séparation des pouvoirs et des attributions se fait à
peine entrevoir dans cette organisation. Ce sont les
Alcades ou maires, agents administratifs, qui sont en
même temps chargés en premier ressort des procès au
civil et au criminel. Les Cours d'appel ou Audiencias,
d'abord peu nombreuses, puis successivement augmen-
tées, eurent tout à la fois des attributions judiciaires,
administratives et même gouvernementales.

Les Cortès de 1812 consacrèrent la séparation des
pouvoirs administratif et judiciaire, et établirent des
tribunaux exclusivement chargés de rendre la justice.

La régente Marie Christine, par un décret du 24 mars
1834, institua un Tribunal suprême de justice, dont les
attributions furent nettement indiquées ; ce décret fut
le premier pas dans la voie d'une organisation sérieuse.

Organisation des
Tribunaux.

L'administration de la justice criminelle, en Espagne, est répartie entre quatre classes de tribunaux.

Au dernier degré de l'échelle se trouve le tribunal de
l'Alcade, juge des contraventions, correspondant à nos
tribunaux de justice de paix.

Au second degré est placé le Tribunal de première instance, statuant en appel pour les contraventions et en premier ressort pour les autres faits criminels, correspondant à notre tribunal correctionnel, avec ces différences notables néanmoins : 1º que ce Tribunal est composé d'un juge unique ; 2º qu'il connaît en premier ressort des délits et des crimes commis dans sa juridiction.

Vient ensuite la Audiencia territoriale ou Cour d'appel, composée d'un nombre de juges plus ou moins considérable, suivant les besoins du service, et qui statue sur l'appel des jugements de première instance.

Enfin, le Tribunal suprême de justice, ayant, au criminel, les attributions suivantes : de connaître disciplinairement des fautes commises par les magistrats des Audiencias et de les juger pour crimes ou délits communs, ainsi que les Archevêques et les Evêques; de connaître également des délits contre la Constitution commis par ces mêmes fonctionnaires.

Voici maintenant le mode de procéder pour l'instruction et le jugement devant ces divers Tribunaux.

Il n'y a jamais ni instruction orale ni plaidoierie à l'audience devant l'Alcade.

Ce magistrat a même la faculté de ne pas entendre des témoins ; il peut aussi mander le prévenu devant lui, sans que l'action publique soit mise en mouvement par l'intervention du ministère public.

Le juge de 1re instance ne peut procéder ainsi ; il n'est saisi de la connaissance d'un délit ou d'un crime, que par le réquisitoire du ministère public ; sur ce réquisitoire, il procède à une instruction écrite; cette instruction terminée, est communiquée au ministère public, qui requiert par écrit l'application de la peine ; ce réquisitoire, avec les dépositions des témoins, sont alors communiqués à l'inculpé ou à son avocat, lequel les discute et les combat par écrit. Après ces formalités, le juge délibère son jugement, qui est couché par le greffier sur un registre *ad hoc* et notifié au condamné ; si celui-ci est contumace, le jugement est affiché.

Auprès des Audiencias, il n'y a pas non plus d'instruction orale à l'audience; mais, si le prévenu ou l'accusé, ou le ministère public demandent l'instruction faite devant le juge de 1re instance, alors cette procédure est recommencée par un des membres de l'Audiencia, désigné à cet effet, qui la communique au défenseur. L'affaire est ensuite portée, à un jour préalablement fixé, à l'audience publique, et il y a réquisitoire et plaidoiries verbales; les débats terminés, les juges se retirent pour délibérer leur arrêt qui n'est pas prononcé publiquement, mais notifié et affiché comme en 1re instance.

Les mêmes formalités sont suivies pour les débats et l'arrêt devant le Tribunal suprême de Justice.

Ministère public.   Le Promoteur Fiscal, ou le Procureur Fiscal, est l'officier du ministère public près le tribunal de 1re instance.

Auprès du Tribunal de l'Alcade, ces magistrats prennent le nom de Promoteurs ou Procureurs syndics, ou simplement Syndics.

Auprès de l'Audiencia et du Tribunal suprême de justice, il se nomme Fiscal, et ses substituts Avocats Fiscaux.

Le Fiscal près le Tribunal suprême est le chef de tous les Officiers du ministère public du Royaume.

Prises dans leur ensemble, les fonctions et les attributions du ministère public, en Espagne, correspondent à peu près à celles de nos Officiers du Parquet; comme eux, ils sont chargés de mettre en mouvement l'action publique au nom de la société, de poursuivre la répression des crimes, délits et contraventions.

Mais voici deux notables différences avec notre organisation judiciaire : 1o le Fiscal ou ses substituts auprès des Audiencias peuvent siéger comme juges, en remplacement des juges ordinaires empêchés, même dans des affaires criminelles, suivant les cas déterminés par la loi; 2o les Fiscaux près les Audiencias et le Tribunal suprême de justice ne peuvent exercer cumulativement avec leur fonction publique la profession d'avocat, tandis qu'il n'en est pas de même du Promoteur Fiscal près le juge de 1re instance; celui-ci peut être le défenseur, le représentant d'une partie, dans les affaires civiles soumises à la décision du juge, parce que son ministère n'est jamais forcé dans les affaires de cette nature.

Jetons un regard sur le mouvement financier (1) et industriel qui se produit actuellement en Espagne.

(1) La régénération financière est due à M. Mon. C'est lui qui, en 1844, prit l'initiative des réformes, en enlevant aux contratistes (créanciers de l'Etat) la gestion des revenus publics; mesure radicale, indispensable pour relever et affermir le crédit! Après avoir introduit la régularité dans les services administratifs, cet homme d'Etat accomplit son œuvre, en faisant promulguer une nouvelle législation douanière, immense bienfait pour le commerce de son pays.

De nombreuses sociétés de crédit, aidées, encouragées par un Gouvernement fort et conciliateur, dotent incessamment ce beau pays de canaux, de chemins de fer.

Le commerce a pris un développement inouï : parmi les nations étrangères qui entretiennent le plus de relations maritimes avec la France, il occupe le troisième rang, et le premier avec l'Algérie.

La première partie de cette Théorie est consacrée à l'analyse critique et à la comparaison des deux législations.

La seconde partie renferme le texte des articles, suivi de la concordance avec nos Codes.

On trouvera dans l'Appendice deux leçons traduites du cours de droit pénal de l'éminent jurisconsulte et publiciste Pacheco.

Puisse ce Commentaire, malgré son imperfection, servir de témoignage de la supériorité de la législation criminelle de l'Espagne sur celle des autres Etats de l'Europe !

PREMIÈRE PARTIE.

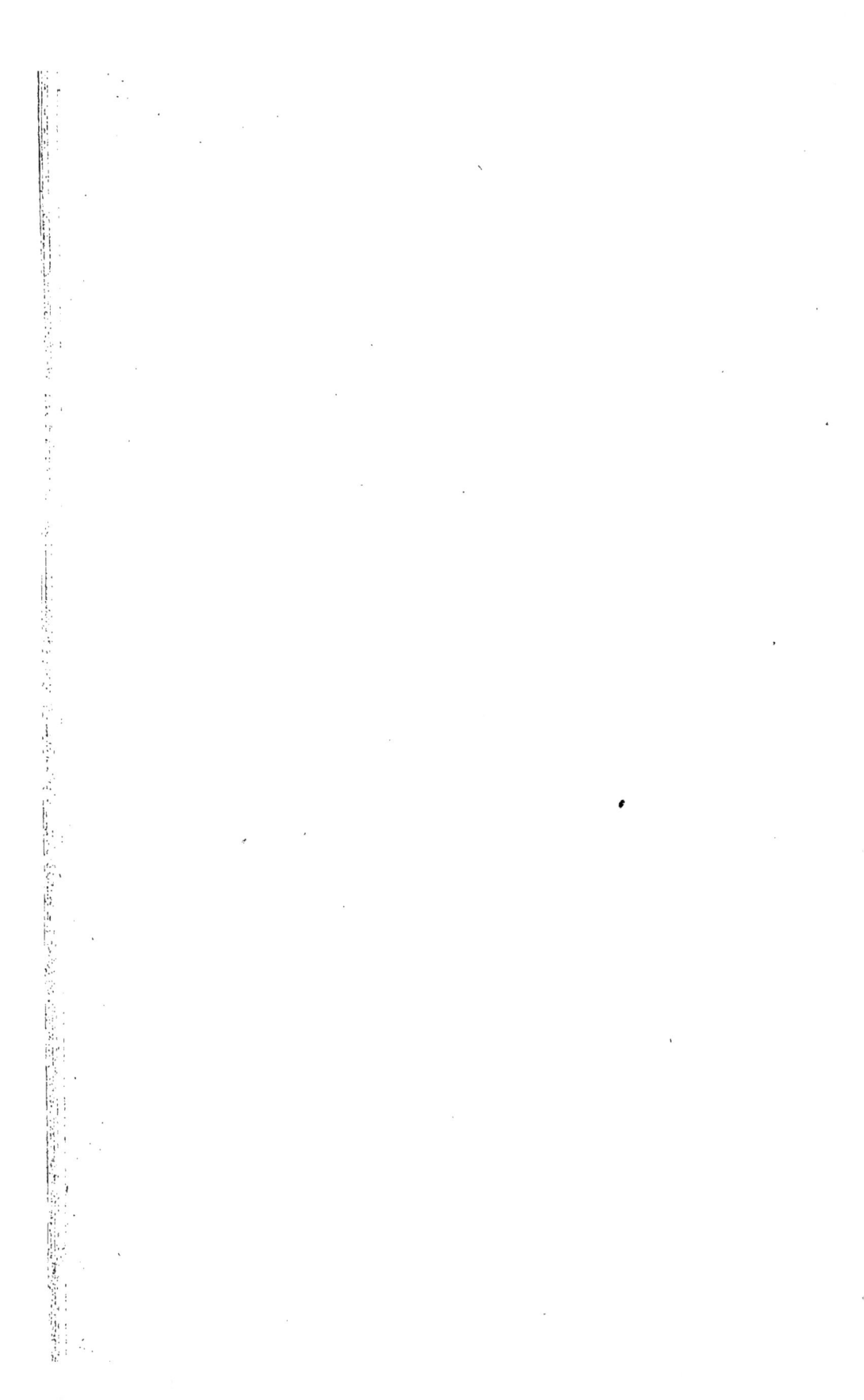

THÉORIE

DU

CODE PÉNAL ESPAGNOL

COMPARÉE

AVEC LA LÉGISLATION FRANÇAISE.

PREMIÈRE PARTIE.

—

LIVRE PREMIER. — TITRE Ier.

—

CHAPITRE Ier.

Des Délits et Fautes.

Définition et division des actions punissables. — Différence entre les deux Codes. — Motifs du législateur espagnol. — Du délit frustré. — De la tentative. — Du complot. — Des délits militaires. — Du jury : Historique de ses modifications. — Compétence. — Composition des listes. — Verdicts. — Pourvois. — (Commentaire des art. 1, 2, 3, 4, 5, 6 et 7.)

Le Code pénal espagnol consacre, comme le Code pénal français, ses premiers articles à définir les actions punissables, à établir entr'elles une division ou démarcation fondée, soit sur leur principe générateur, soit sur les caractères ou les éléments constitutifs de l'acte moral ou matériel.

Mais, dès le début, nous sommes frappés de deux différences notables dans le système pénal des deux Codes.

La première résulte de la division des actes punissables. Le Code français signale trois catégories : les crimes, les délits, les contraventions ; le Code espagnol n'en admet que deux : les délits et les fautes. Les délits sont seulement divisés en délits graves et en délits moins graves.

Cherchons à nous rendre compte des motifs qui ont pu décider le législateur espagnol à s'éloigner, sur un point aussi fondamental, du système de notre Code pénal, qui, sur tant d'autres points, lui a servi de type, de modèle ; nous examinerons ensuite si sa division théorique est ou non préférable à celle de la loi française.

Ces motifs, l'un des auteurs de la loi, M. Pacheco, ancien Ministre de la Justice, membre de la Commission de rédaction du Code, les donne dans les termes suivants :

« Nous venons de voir, dit-il, que notre loi, suivant
» le système qui consiste à définir les actions punissa-
» bles par leurs effets, n'en a reconnu que deux espè-
» ces. L'usage commun, le langage de la société, celui
» de la science, si l'on veut, peuvent faire des distinc-
» tions plus nombreuses, et créer de nouvelles catégo-
» ries : *crime, manquement, contravention* peuvent être
» des expressions admises dans l'idiôme ordinaire, être
» même en usage dans les discussions du barreau ; mais
» les expressions techniques, les expressions officielles,
» les expressions que la loi consacre pour indiquer tout
» ce qui est défendu et puni par elle, ne sont autres
» que les deux seules expressions de *faute et délit* ; tout

» ce qu'elle atteint par des sanctions effectives, soit fait,
» soit omission, tout est compris dans ces qualifications,
» tout est *délit* ou *faute.*

» A-t-on bien fait de réduire à ces deux seules caté-
» gories l'universalité des actions punissables, ou bien
» aurait-il été plus philosophique , plus exact, plus
» commode, si l'on veut, de transporter (dans notre loi)
» la division en trois parties que nous venons de voir
» dans le Code français? Conviendrait-il ou ne convien-
» drait-il pas, de consacrer l'autre partie de cette divi-
» sion, et de spécifier par le mot de *crimes* , les délits
» les plus graves et les plus considérables ?

» Ce n'est pas par l'effet d'un caprice, ni même d'une
» préférence purement volontaire pour ce système, que
» la loi française a divisé en trois classes, ni plus ni
» moins, toute l'universalité des actions punissables. En
» le faisant ainsi, elle obéissait à une division qui entrait
» dans son système, et avec laquelle il était très-oppor-
» tun d'harmoniser celle dont nous parlons ; la loi fran-
» çaise créait , pour connaître de tous ces faits , trois
» espèces de tribunaux distincts : les tribunaux vérita-
» blement criminels ou d'*Assises*, auxquels concourait
» le jury ; les tribunaux correctionnels, c'est-à-dire,
» ceux qui devaient connaître des actes moins horribles
» mais graves néanmoins, et ceux-là étaient composés
» de plusieurs juges, et enfin les tribunaux de police ,
» d'une composition plus simple que les précédents ,
» parce qu'ils connaissaient de faits moins graves, et
» qui étaient formés par une seule personne, un Maire,
» un Juge de paix. Conformément à ce projet, déjà ad-
» mis dans la législation, ayant à répartir la connais-

» sance et le châtiment des actions punissables , et à les
» définir, quant aux peines qui devaient leur être infli-
» gées, la division en trois catégories se présentait natu-
» rellement, en admettant qu'elle dût être indiquée, et
» elle devait correspondre à trois ordres de peines , à
» trois ordres de tribunaux. Si la loi française n'avait
» pas admis ce projet , la raison d'une pareille division
» n'aurait été qu'un caprice; le projet admis, elle était
» une chose naturelle , un acte évidemment et pleine-
» ment juste.

» Mais les mêmes circonstances n'existaient pas pour
» nous; dès lors que la Commission des Codes, d'un
» accord presqu'unanime, et qui obtint l'approbation
» des hommes éminents de tous les partis, eut admis
» l'exclusion du jury, au moins quant à présent, comme
» base de la législation qu'elle se proposai d'ordonner,
» une institution de tribunaux ressemblant à l'institution
» française devint alors impossible et, conséquemment,
» la distribution des peines en trois ordres identiques à
» ceux que consacre la loi française, le devint aussi. Les
» choses étant ainsi, la raison des trois expressions
» concordantes pour distinguer les actes défendus , dis-
» parut, ainsi que le motif rationnel qui avait engagé
» nos voisins à séparer en deux catégories, diversement
» qualifiées , les actions punissables d'une certaine gra-
» vité; l'expression de délit pouvait et par cela même
» devait être l'expression technique pour toutes , parce
» que c'est un axiôme de législation, qu'il n'y ait pas
» plus d'expressions qu'il ne faut pour chaque genre,
» comme principe d'exactitude et de clarté , comme
» moyen puissant d'éviter les doutes et les confusions.

» La division en *délit* et *faute* suffisait donc pour
» comprendre la totalité des actions punissables ; ces
» expressions seules suffisaient pour désigner tout ce
» qui est l'objet des lois pénales. Tout ce qui est pro-
» hibé par elles avec une sanction propre est délit ou
» faute ; en retour, aucun de ces deux noms ne peut
» être donné à l'acte qui n'est pas indiqué , défendu ,
» puni par ces mêmes lois (1). »

Qu'il nous soit permis de le dire , malgré tout le
respect qui est dû aux opinions d'hommes aussi éminents, de criminalistes aussi distingués que M. Pacheco
et ses collègues de la Commission du Code pénal espagnol, ils se sont mépris sur les motifs qui ont dicté au
législateur français son système pénal , quant à la
distinction des actes punissables , et ce système est de
tout point préférable à celui du Code pénal espagnol.

La division des actes punissables en trois catégories ,
et leur désignation par trois expressions différentes, a été
inspirée par de plus hautes considérations que celle d'une
harmonisation parfaite avec les degrés de juridiction
établis par le Code d'instruction criminelle ; si ce désir
d'harmonisation a été de quelque poids dans la résolution
de créer une pareille division , évidemment il n'en a pas
été la raison déterminante ; celle-ci , il faut la chercher
ailleurs : on la trouve dans des considérations philoso-
phiques et morales plus élevées,. dans une pensée de

_____

(1) El *Còdigo pénal* concordado y commentado , par D. Joaquin-
Francisco Pacheco , tom. I , p. 77.

concordance des dispositions de la loi pénale avec le sentiment public.

Au point de vue philosophique et pénal, il n'est pas possible de comprendre que des faits aussi graves et parfois aussi horribles que ceux qui caractérisent et constituent le crime, puissent être confondus, dans la même qualification, avec les faits beaucoup moins graves, et en tout cas dépourvus de tout caractère d'infamie, qui constituent le délit. La raison humaine est, sur ce point, complètement d'accord avec l'esprit philosophique ; elle ne comprend pas plus qu'il puisse y avoir, entre ces deux catégories de faits, une assimilation dans la qualification, qu'elle ne comprendrait une assimilation dans la répression. De même que la gravité de la peine doit correspondre à la gravité du délit, de même aussi l'énergie de la qualification doit correspondre à la cruauté ou à l'infamie des actes ou éléments constitutifs du fait criminel ; c'est logique, c'est mieux encore, c'est raisonnable, et un Code pénal ne doit-il pas être, avant tout et surtout, l'expression de la raison, de l'esprit philosophique de son temps ? N'est-ce pas là, en effet, ce qui distingue nos législations pénales d'aujourd'hui, des législations pénales des siècles barbares ou à-demi civilisés, qui frappaient des peines les plus sévères jusqu'aux plus minimes contraventions ? N'est-ce pas ce qui place nos lois pénales au dessus des lois antérieures, depuis les lois de Dracon, dont on a dit qu'elles étaient écrites avec du sang, jusqu'aux Romains, qui n'admettaient guère que trois peines : la mort et l'exil pour les peines considérées comme graves, l'amende pour les crimes ou délits moindres, et depuis les lois des siècles féodaux, où la peine du talion régnait à peu près exclusivement avec l'indemnité ou prix du sang versé, au moyen duquel le coupable achetait l'impunité, jusqu'à celles du dernier siècle?

Les savants membres de la Commission du Code pénal espagnol n'auraient-ils pas été frappés de pareilles considérations? Cela n'est pas admissible, et, d'ailleurs, leur œuvre porte en elle la preuve qu'elles ne leur ont pas été inconnues, car ils ont fait pour les peines, dans l'article 24, cette division qu'ils n'ont pas cru devoir faire pour les actes punissables. Nous voyons, en effet, que cet article, spécialement consacré à la classification des peines, les divise en trois catégories: *Peines afflictives*, *Peines correctionnelles* et *Peines légères;* n'est-ce pas reconnaître qu'il y a trois classes distinctes de faits punissables? n'est-ce pas la condamnation éclatante de la division de ces mêmes faits en deux catégories seulement?

Mais il y a plus, cette division en deux catégories, contraire à la logique, à la raison et à la conscience humaine, est encore considérée, à un point de vue général, comme illogique, dans le système même des auteurs du Code pénal espagnol. A tant faire que de confondre le crime et le délit dans la même qualification, pourquoi ne pas y comprendre aussi la contravention ou faute? Y a-t-il une plus grande distance entre le vol simple et le fait de cueillir et consommer des fruits dans la propriété d'autrui (art. 495 § 21), ou le fait de faire du bois dans la propriété d'autrui jusqu'à concurrence d'un dommage évalué à 25 *duros* (131 fr. 25 c.) (art. 491), qu'entre ce même vol simple et le vol avec violences

contre les personnes ou contre les choses (art. 425 à
433)? Evidemment, si la division des faits punissables
doit être fondée sur leur principe générateur, les caractères ou les éléments constitutifs de ces faits considérés au point de vue moral ou matériel, ce qui nécessite une différence dans la qualification, entre le délit et
la contravention, la nécessite également entre le délit
et le crime.

La seconde différence notable, entre le système pénal
des deux codes, que nous offre l'examen de leurs articles correspondants est celle-ci : le Code pénal espagnol
reconnaît l'existence d'un troisième fait punissable, qu'il
place entre le délit consommé et la tentative, et auquel
il donne le nom de *délit frustré* ; nous ne rencontrons
rien de semblable dans le Code pénal français.

Qu'est-ce que le *délit frustré* dans le système du Code
pénal espagnol?

Son article 3 nous en donne la définition légale. A
côté de cette définition, voici le commentaire du législateur lui-même, qui nous fait connaître la nuance qui,
à ses yeux, distingue le délit frustré de la tentative,
motive une disposition légale spéciale pour chacun
d'eux et entraîne, comme nous le verrons plus tard, une
peine distincte :

« . . . Maintenant, nous allons nous occuper, dit M.
» Pacheco (1), de l'examen du crime ou délit frustré
» dont parle spécialement le paragraphe 2 du présent
» article (art. 3.)

» Ceci n'est pas un des degrés qui constituent l'œuvre

____

(1) Tome 1, p. 105, sur l'art. 3, n°s 28 et 29.

» des criminels ; c'est l'œuvre même, c'est l'acte en
» entier. Quant à ce qui les concerne, c'est la consóm-
» mation de ce qu'ils devaient faire pour atteindre leur
» coupable but. Si leur mauvais dessein ne s'est pas
» réalisé entièrement, cela a tenu à des causes extérieu-
» res, accidentelles, étrangères, contraires à la volonté
» de l'acteur. Celui-ci a mené à fin ce qu'il avait à
» faire, son action a été complète et terminée : il a tiré
» le pistolet placé sur la poitrine de la victime, il a
» versé le poison dans le verre où elle allait boire, et
» l'a considérée, impassible, pendant qu'elle buvait; il
» a ouvert son armoire et s'est emparé des rouleaux
» qu'il croyait pleins d'or; si le coup n'est pas parti,
» si le poison n'a pas produit d'effet, si les rouleaux
» étaient pleins de menue monnaie, si enfin le mal qui
» devait résulter du délit ne s'est pas réalisé, ce n'est
» pas parce que le délinquant a omis de faire tout ce
» qui était en son pouvoir; moralement, le crime était
» commis dans la sphère des intentions; dans celle des
» faits, le délit a été frustré, l'action a manqué, le mal
» personnel et direct, le mal de premier ordre ne s'est
» pas heureusement produit.

Et plus loin il ajoute «.......... elles ne résultent pas
» (cette division et cette théorie) d'un caprice et ne con-
» duisent pas à des résultats imaginaires, mais elles sont
» vraies en soi, et convenables quant à leurs applica-
» tions; le délit frustré et la tentative, différents quant
» à leur caractère, le sont aussi dans leurs sphères de
» criminalité : le premier est plus grave et d'un horizon
» plus borné; la seconde se produit dans des termes
» plus étendus et ne révèle pas encore une immoralité

» aussi complète ; ici, il y a place encore pour le repen-
» tir, dans celui-là il était déjà impossible » (1).

Vainement nous cherchons dans cette définition une
différence nette, claire, précise entre le délit frustré et
la tentative, nous ne la trouvons pas. Tout ce que dit
M. Pacheco de celui-là, peut s'appliquer à celle-ci ;
nous parlons d'une différence de nature à établir une
distinction dans la sphère de leur criminalité, dans leur
caractère propre. Ce qui distingue le crime ou délit
consommé, de la tentative, c'est que si l'on rencontre
dans l'un et dans l'autre le même caractère de criminalité, au point de vue moral et intentionnel, il n'en
est pas de même au point de vue matériel et dommageable. Or, tout acte criminel se compose de deux éléments : l'élément intentionnel et l'élément dommageable ; il y a donc justice et raison à distinguer le crime
ou délit consommé de la tentative ; mais dans le délit
frustré et dans la tentative, l'élément intentionnel
existe au même degré, comme l'élément dommageable
manque d'une manière également complète; nous disons
que l'élément intentionnel existe au même degré dans
l'un et dans l'autre, et c'est là où nous croyons que se
trouve l'origine de l'erreur commise par le législateur
espagnol, et qui l'a entraîné à établir une division que
rien ne justifie. Ce qui différencierait, en effet, suivant
M. Pacheco, le délit frustré de la tentative, dans leur
caractère et leur criminalité, consisterait en ceci : le
délit frustré; composé d'actes plus nombreux et surtout
plus complets que la tentative, qui ne contient qu'un

(1) Tom. I, pag. 108 sur led. art. 3, n° 38.

commencement d'exécution d'un ou plusieurs actes
tendant à la consommation du crime ou du délit, im-
pliquerait par cela même, une plus grande persistance
dans la volonté de commettre le crime et, par conséquent
une plus grande perversité dans le coupable. Cela serait
vrai et la distinction serait juste, si l'auteur de la tentative n'avait pas été arrêté dans le développement,
l'accomplissement de ses actes, par *des circonstances
indépendantes de sa volonté*, c'est-à-dire par un *fait
imprévu, étranger à sa pensée, à son intention.* Qui donc
peut pénétrer assez avant dans le cœur du coupable de
tentative, pour dire : cet homme ne serait pas allé jusqu'à l'accomplissement de tous les actes nécessaires à la
réalisation de son but? S'il n'est pas possible de trouver
une différence essentielle dans l'intention de l'un et de
l'autre, de celui que vous appelez coupable de délit
frustré et de celui que vous appelez coupable de tentative, sur quoi basez-vous, par quoi justifiez-vous cette
distinction ? Sur le plus ou moins d'actes accomplis par
eux ? Ces actes, leur quantité ou leur étendue deviennent insignifiants, lorsque, ne pouvant être pesés dans la
balance du dommage, ils ne peuvent être appréciés diversement au point de vue de l'intention. Il ne reste
plus, en l'absence de ces deux moyens d'appréciation,
pour les distinguer et les classer, qu'un fait de hasard,
maudit probablement par celui qu'il a troublé dans l'accomplissement de son œuvre commencée, une circonstance imprévue qui ne peut avoir de valeur aux yeux du
philosophe, du moraliste, du législateur et du juge.

Il nous reste une dernière observation à faire sur ce
chapitre ; elle nous est inspirée par le texte de l'article 4.

Cet article dispose que le complot et la proposition de commettre un délit sont punissables ; la disposition, conçue en termes généraux et absolus , semble applicable à toutes sortes de délits ; s'il en était ainsi , cette disposition serait d'abord en contradiction manifeste avec celle de l'article 2, qui établit le principe que seules peuvent être punies les *actions* ou *omissions* qualifiées par la loi de délits ou fautes, en ce qu'elle créerait une nouvelle catégorie de délit ; ensuite ce nouveau délit, qu'il faudrait appeler le délit *intentionnel*, serait injuste , barbare, indigne des temps où nous vivons et d'une nation civilisée. Le complot pour commettre un crime ou un délit, et la proposition de le commettre , tant qu'ils ne sortent pas de la sphère de la pensée, sont placés par la raison et l'intelligence humaines hors des atteintes de la loi pénale. La loi romaine disait, par la bouche de l'un des pères du droit, ULPIEN : *Cogitationis pœnam nemo patitur*, et depuis elle, tous les philosophes et tous les criminalistes ont répété, enseigné , proclamé, et enfin les lois pénales ont déclaré qu'il ne pouvait y avoir de punissables que les faits extérieurs, les *actes*.

Le Code pénal espagnol a , lui aussi , admis le principe qui se trouve très-clairement exprimé dans son article 2. La disposition que nous examinons a été édictée, à la vérité, pour consacrer une exception à ce principe, dans certains cas spécialement prévus et indiqués dans la loi, mais sa rédaction , par trop absolue et générale, semble dire plus qu'elle ne dit réellement ; nous verrons, en effet, dans l'examen de quelques articles, que, imitant en cela, du reste, la loi française, le légis-

lateur espagnol punit le complot pour commettre certains délits et la proposition de les commettre, mais
que cette exception est restreinte à un très-petit nombre
de cas.

Arrivés à l'appréciation de pareilles dispositions, nous
examinerons s'il était juste et convenable de consacrer
l'exception même dans ces cas. Ici, nous ne dirons
plus qu'un mot, c'est qu'il nous semble, en admettant
la justice et la convenance de l'exception, qu'il était
préférable de ne pas en faire une disposition particulière
et qu'en tous cas, il était plus naturel et plus logique
de placer cette disposition en tête du titre ou du chapitre qui traite particulièrement des délits pour lesquels
le complot et la proposition sont considérés comme punissables; on aurait, au moins, évité ainsi l'erreur d'interprétation que la place occupée par l'article 4, autant
que la généralité de ses expressions, rendent si facile.

L'article 5 de notre Code pénal n'excepte nominativement de l'application de ses dispositions que les délits
militaires; mais, en fait, les délits de contrebande et
de presse sont soumis à une législation particulière.

L'article 7 du Code pénal espagnol déclare que les
délits militaires, de presse, de contrebande et ceux qui
sont commis en contravention des lois sanitaires en
temps d'épidémies, ne sont pas soumis à ses dispositions.

Nous ajouterons qu'ils sont jugés par des tribunaux
spéciaux; ainsi, comme il existe des tribunaux militaires
ou conseils de guerre pour connaître des délits militaires, il existe aussi un tribunal spécial pour statuer sur
les délits de contrebande; ce tribunal se nomme *Juzgado*

de rentas ; les procès en matière de contributions rentrent aussi dans ses attributions.

Quant aux délits de presse, d'abord exclusivement soumis au jury spécialement créé pour en connaître en 1820, ils ont suivi le sort de cette institution, et se sont trouvés, successivement et selon le plus ou moins de confiance que le gouvernement a eu en elle, placés totalement ou partiellement sous sa juridiction; aujourd'hui, ils sont, selon leur nature, de la compétence du tribunal suprême de justice, des tribunaux ordinaires ou de l'ombre de jury qui existe encore.

Dans un pays comme l'Espagne, où les institutions judiciaires ont subi, dans l'espace de quelques années, tant de modifications diverses, il n'est peut-être pas de tribunal qui ait éprouvé autant de variations dans sa constitution et ses attributions que le jury.

Qu'il nous soit permis de tracer un tableau aussi rapide que possible de ces variations ; cet aperçu ne manque pas d'intérêt.

Comme nous l'avons déjà dit, le jury a commencé à fonctionner en Espagne en 1820 ; pour se faire une idée juste de ce qu'a été cette institution et de ce qu'elle est aujourd'hui, il est nécessaire de passer en revue les trois périodes de son existence.

La première embrasse l'année 1820 jusqu'au 10 avril 1844.

La seconde s'étend du 10 avril 1844 au 6 juillet 1845.

La troisième, qui est la période actuelle, commence au 2 avril 1852.

Entre la seconde et la troisième période se place un laps de temps pendant lequel le jury n'existait plus ; il avait été remplacé par un tribunal spécial dont nous ferons connaître en son lieu la constitution, les attributions et le mode de procéder.

Première période. — Pendant cette période, le jury connaît de tous les délits de presse. Ces délits résultaient : 1º d'articles ou écrits subversifs ; 2º séditieux ; 3º obscènes ou contraires aux bonnes mœurs ; 4º injurieux ; 5º excitant à la désobéissance.

Etaient considérés comme subversifs : 1º les articles ou écrits qui tendaient directement à renverser ou détruire la religion de l'Etat ou la constitution politique de la monarchie ; 2º ceux qui tendaient directement à discréditer les Cortès ou quelqu'un des corps législatifs, en mettant obstacle à l'exercice de leurs facultés constitutionnelles ; 3º ceux dans lesquels était outragée la personne inviolable et sacrée du Monarque, ou dans lesquels étaient professées des maximes ou des doctrines qui supposaient le Roi soumis à une responsabilité quelconque ; 4º ceux qui tendaient à persuader qu'un ou plusieurs articles de la Constitution avaient été violés, ou ceux qui la prétendaient violée.

Les écrits étaient subversifs au premier, second ou troisième degré, suivant leur plus ou moins grande tendance à outrager, renverser ou détruire.

Etaient séditieux les écrits : 1º dans lesquels se professaient des maximes ou doctrines ayant pour but d'exciter à la rébellion, ou de troubler la tranquillité publique ; 2º ceux dans lesquels se professaient des maximes ou doctrines, ou bien se rapportaient des faits ayant pour but d'exciter à la rébellion ou de troubler la tranquillité publique, alors même que la pensée était dissimulée par des allégories dans lesquelles intervenaient des personnages et des pays supposés, des époques éloignées, des songes ou des fictions ou de toute autre manière ; les écrits séditieux pouvaient être également divisés en écrits séditieux de premier et de second degré.

Etaient obscènes ou contraires aux bonnes mœurs, les écrits qui offensaient la morale ou la décence publique.

Etaient injurieux ou diffamatoires les écrits qui portaient atteinte à la réputation ou à l'honneur d'un particulier, en entachant sa conduite privée, alors même qu'ils ne le désignaient pas par son nom, mais bien par quelque anagramme ou par allégorie ou de toute autre manière, pourvu que le jury déclarât qu'ils s'appliquaient à une personne déterminée.

Lorsque dans un écrit le monarque ou le chef suprême d'une autre nation était outragé, où que cet écrit contenait une excitation directe à la rébellion, adressée aux sujets de cette nation, il pouvait être rangé, suivant les cas, dans la classe des écrits séditieux ou injurieux.

Etaient considérés comme excitant à la désobéissance les écrits dans lesquels on engageait à désobéir aux lois ou aux autorités constituées; si l'incitation était directe, ces écrits étaient classés dans la catégorie de ceux du premier degré ; ils appartenaient à la catégorie de ceux du second degré, s'ils contenaient une excitation à la désobéissance indirectement ou par satires et outrages, alors même que l'autorité contre laquelle ils étaient dirigés, ou le lieu dans lequel elle exerçait ses fonctions, fussent désignés seulement par des allusions ou des allégories, pourvu, néanmoins, que dans ce cas, les jurés crussent dans leur conscience qu'ils s'appliquaient à une ou plusieurs personnes déterminées, ou à des corporations reconnues par les lois.

Les caricatures gravées, lithographiées ou estampes pouvaient aussi constituer ces différents délits, et étaient justiciables de la même juridiction (1).

Voici maintenant quelles étaient les conditions exigées pour pouvoir être juré et comment se composait le jury.

Nul ne pouvait être juré s'il n'était espagnol, jouissant de ses droits de citoyen, majeur de 25 ans, payant une contribution directe (2) et résidant dans la capitale de la province, seul lieu dans lequel se constituait ce tribunal.

N'étaient pas aptes à faire partie du jury, quand bien même ils remplissaient les conditions exigées par la loi : 1º ceux qui exerçaient une Juridiction civile ou ecclésiastique ; 2º les Chefs politiques ; 3º les Intendants ; 4º les Capitaines ou Commandants Généraux ; 5º les Secrétaires d'Etat et employés des ministères ; 6º les Conseillers d'Etat ; 7º les Employés de la couronne (3).

A *l'Ayuntamiento* (4) de chaque capitale de province, était établie une urne dans laquelle se conservaient les

---

(1) Lois des 3 novembre 1820, 16 février 1822 et 17 octobre 1837.

(2) Le chiffre de cette contribution n'était pas fixé. Pour composer la liste générale du jury de la province, on prenait les plus imposés du chef-lieu, en descendant du plus fort contribuable à ceux qui payaient moins, jusqu'à ce qu'on eût atteint le nombre d'individus nécessaire pour compléter le contingent de jurés déterminé par la loi pour cette province.

(3) Lois citées.

(4) Conseil municipal.

bulletins sur lesquels étaient écrits les noms de toutes
les personnes qui avaient qualité pour faire partie du jury
de la province, parce qu'elles remplissaient les conditions
exigées par la loi, ainsi qu'il en avait été décidé par
ce corps ; mais il est bon de remarquer que jamais ces
noms n'étaient publiés, de telle sorte qu'il n'était pas
possible aux citoyens, ni de réclamer leur inclusion dans
la liste, s'ils n'y étaient pas inscrits, alors qu'ils auraient
eu droit de l'être, ni l'exclusion de ceux qui y étaient
indûment portés. *L'Ayuntamiento* de chaque chef-lieu de
province, était par suite le maître de composer comme
il l'entendait la liste du jury.

Le jury n'était pas permanent; il n'avait même pas
de sessions régulières à des époques déterminées à l'a-
vance ; il ne se réunissait que lorsqu'il se présentait une
affaire à lui soumettre; il se divisait en deux catégories
ou classes : l'une se nommait jury *d'accusation*, l'autre
jury de *qualification*.

Dès qu'un article, écrit ou gravure, qui pouvait ren-
fermer ou constituer un délit de la nature de ceux que
nous avons indiqués, avait paru, il était dénoncé par
le particulier offensé, au cas de diffamation ou injure
personnelle, par le ministère public, une autorité quelconque, ou même un simple citoyen, dans les autres
cas, à l'un des *Alcaldes* (1) de la capitale de la province,
dans laquelle s'était commis le délit; ce fonctionnaire
procédait immédiatement à la formation du jury *d'accusation* de la manière suivante :

Il convoquait deux conseillers municipaux, et le secré-

(1) Fonctionnaires qui sont tout à la fois *maires et juges de paix*.

taire de *l'ayuntamiento* se rendait avec eux au lieu de réunion de cette corporation, et là, en public et portes ouvertes, il tirait de l'urne successivement neuf bulletins. Ces bulletins, portant chacun un nom, désignaient les neuf jurés qui devaient composer le jury d'accusation.

Pour qu'il fût bien certain que ce tirage serait public, la loi avait voulu que *l'Alcalde* prévînt, à l'avance, le Chef politique de la province, du jour où il aurait lieu, afin que ce fonctionnaire pût s'assurer par lui-même, s'il le jugeait convenable, qu'il était procédé publiquement. Le Chef politique devait aussi, à son tour, porter à la connaissance du *Promoteur fiscal* (1) le jour et l'heure du tirage, pour que celui-ci pût y assister.

Mais, chose singulière ! la loi qui avait voulu ainsi, et par l'emploi de toutes ces précautions, garantir la régularité et la loyauté de cette première et si importante opération, avait oublié d'ordonner que la partie la plus intéressée à l'observation de toutes les conditions légales de son accomplissement, l'accusé, fût averti et cité pour y assister ; d'où il résultait toujours ou presque toujours, que celui-ci ne connaissait les juges qui devaient statuer sur la question de savoir s'il serait ou non mis en jugement, que lorsque tout était terminé ; il est vrai, qu'il n'avait pas le droit de les récuser, alors même qu'il les aurait connus à l'avance.

Les noms des jurés ainsi désignés par le sort, étaient successivement inscrits sur un registre à ce destiné et l'opération terminée, les jurés désignés étaient mandés par *l'Alcalde* pour procéder à l'examen de l'accusation.

(1) Ministère public.

Le juré qui, cité par deux fois, n'obéissait pas à cette citation et ne se présentait pas pour remplir son mandat, encourrait, s'il ne justifiait pas d'un empêchement légitime, une amende de 200 à 400 réaux (52 fr. 50 à 105 fr.)

Les neuf jurés réunis, *l'Alcalde* recevait leur serment et se retirait ; le jury examinait alors l'écrit ou la gravure dénoncée et la plainte, et après en avoir ensuite délibéré en secret, déclarait s'il y avait ou non lieu à suivre, par cette formule : *hay o no hay lugar à la formacion de causa.*

Pour qu'il y eût déclaration affirmative, il fallait la majorité de six voix au moins ; le scrutin était secret et le président du jury qui etait le juré dont le nom était sorti le premier de l'urne, dépouillait le scrutin et en faisait connaître le résultat. Immédiatement après, la déclaration du jury était couchée sur un registre spécial et en même temps au pied de la plainte ; les neuf jurés signaient ensuite la déclaration que le président remettait à *l'Alcalde* qui avait convoqué le jury. Cette déclaration et le nom des jurés étaient publiés dans le journal officiel du gouvernement, qui n'indiquait pas, bien entendu, le vote de chacun des jurés (1).

L'Alcalde recevant la déclaration du jury en donnait immédiatement connaissance au plaignant, et cessait toutes poursuites si elle portait qu'il n'y avait lieu à suivre; si, au contraire, elle reconnaissait qu'il y avait matière à accusation, ce fonctionnaire adressait au juge de première instance la plainte et l'article incriminé,

_____

(1) Loi du 17 octobre 1837.

afin qu'il fût par ce magistrat procédé conformément à
la loi.

Le juge commençait alors une instruction tendant à
constater quel était l'individu qui devait être criminellement responsable du délit, après avoir préalablement
prohibé, sous peine d'une amende équivalant au prix
de 500 des exemplaires incriminés, la vente et la circulation des numéros du journal, brochures ou gravures
qui contenaient ou constituaient le délit, objet de la
poursuite.

Si ce délit était un de ceux qualifiés *subversifs*, *séditieux* ou *excitant à la désobéissance* au premier degré,
le juge devait ordonner l'arrestation préventive de l'inculpé ; dans les autres cas, il exigeait seulement une
caution qui garantît que le prévenu se présenterait en
jugement, et que, s'il était condamné, il satisferait à la
condamnation ; son arrestation préventive ne pouvait
être ordonnée qu'au cas où il ne pourrait fournir cette
caution.

De plus, lorsqu'il s'agissait d'un délit *d'injures*, il ne
pouvait être procédé contre l'inculpé, avant qu'il n'eût
été cité en conciliation avec le plaignant devant *l'Alcalde*. La citation devait être donnée à trois jours de
date, si l'inculpé habitait ou se trouvait momentané-
ment dans la capitale de la province ; s'il n'y habitait
pas ou si, y étant domicilié, il s'en trouvait absent à cette
époque, le délai pour la comparution était de 20 jours;
l'inculpé pouvait comparaître lui-même ou se faire re-
présenter par un fondé de pouvoirs. Si la conciliation
avait lieu, les poursuites étaient arrêtées ; si elle n'a-
vait pas lieu, elles étaient continuées.

L'instruction terminée , le juge requérait *l'Alcalde* d'avoir à composer le jury de qualification; ce jury était tiré au sort publiquement et dans les formes indiquées pour le tirage du jury d'accusation; seulement, au lieu d'extraire de l'urne neuf noms de jurés , il en était extrait soixante-et-douze ; au fur et à mesure que ces noms sortaient de l'urne , ils étaient inscrits, par ordre de tirage , sur une liste spéciale ; cette liste était adressée au juge, qui était tenu de la faire notifier à l'accusé ; ce dernier avait 24 heures, à partir de la notification qui lui en était faite , pour récuser jusqu'à 30 des jurés qui la composaient ; le ministère public jouissait de la même faculté et devait l'exercer dans le même délai , à dater de la communication qui lui était donnée de cette même liste. Les 12 jurés non récusés, ou les 12 premiers inscrits sur la liste parmi ceux qui n'avaient pas été récusés, si le droit de récusation n'avait pas été épuisé par le ministère public ou l'accusé, formaient le jury de qualification.

Ces formalités accomplies, le juge fixait le jour et l'heure de l'audience et convoquait le jury : tout juré absent après avoir été trois fois cité et sans excuse légitime, était condamné à une amende de 200 à 400 réaux (52 fr. 50 à 105 fr.). Si , au jour fixé pour l'audience, il était impossible, pour une cause quelconque, de réunir les 12 jurés, le juge renvoyait l'audience à un jour qu'il déterminait plus tard, et dont les jurés avaient connaissance par la nouvelle citation qui leur était donnée.

Au jour et à l'heure indiqués , le jury étant au complet , l'audience commençait par la prestation du serment suivant , que le juge exigeait des jurés dans ces

termes : « Vous jurez de bien et fidèlement remplir les
» fonctions qui vous sont confiées , en qualifiant avec
» impartialité et justice, suivant votre loyal savoir et en-
» tendement , l'écrit dénoncé que je vous représente ,
» et en vous conformant aux modes de qualification in-
» diqués dans les lois sur la liberté de la presse ?
» Nous le jurons , répondaient les jurés.

Et le juge répliquait « : Si vous le faites , que Dieu
» vous en récompense, et si vous ne le faites pas qu'il
» vous en demande compte (1). »

L'audience était publique, et il était procédé, après la
prestation de serment des jurés, à l'instruction et au jugement de l'affaire de la manière suivante :

Le greffier donnait lecture de l'écrit incriminé, de la
plainte, de la décision du jury d'accusation et de la procédure ; on entendait ensuite les témoins à charge ou à
décharge s'il en avait été cité.

Cette lecture et l'audition des témoins terminées, le
plaignant développait les moyens d'accusation verbalement ou par écrit , en personne ou par l'organe de son
avocat, et requérait l'application de la peine qu'il pensait
devoir être infligée au prévenu : celui-ci présentait sa
défense verbalement ou par écrit, en personne ou par
l'organe de son avocat également; la réplique était de
droit, mais l'accusé devait avoir la parole le dernier.

(1) *Jurais haberos bien y fielmente en el cargo que se os confia ,
calificando con imparcialidad y justicia, segun vuestro leal saber y
entender , el impreso denunciado que se os presente , ateniendoos à
las notas de calificacion expresadas en las leyes de libertad de im-
prenta ? — Si juramos. — Si asi lo hiciéreis , Dios os lo premie ,
y si no , os lo demande.*

Immédiatement après , le Juge Président faisait un résumé des moyens d'accusation et de défense : ce résumé achevé , les jurés se retiraient pour délibérer :

Il ne pouvait être prononcé de condamnation qu'à une majorité de huit voix.

La formule d'acquittement était celle-ci : *absous.*

La condamnation ne pouvait être formulée que de la manière suivante : *écrit subversif* au premier, second ou troisième degré, ou bien , *écrit séditieux , écrit excitant à la désobéissance* au premier où second degré , *écrit obscène* ou contraire aux bonnes mœurs , *libelle diffamatoire.*

Si huit voix ou davantage qualifiaient l'écrit de coupable de l'un des délits sus-mentionnés , mais ne s'accordaient pas sur la question de degré , il devait être considéré comme coupable au moindre degré.

La sentence rédigée et le nombre de voix de majorité exprimé, sans mentionner le vote de chacun des jurés , elle était signée par le jury tout entier, qui revenait dans la salle d'audience ; là , le président du jury, c'est-à-dire le juré dont le nom était sorti le premier de l'urne , la lisait à haute voix et puis la remettait au juge.

Si l'accusé était absous , le juge prononçait les paroles suivantes : « Ayant été observées, dans ce procès, » toutes les formalités prescrites par la loi , et les douze » jurés ayant qualifié avec la formule *absous* l'écrit intitulé....., dénoncé *tel* jour, par *telle* autorité ou personne, la loi absout N..., responsable dudit écrit, et » en conséquence, j'ordonne qu'il soit mis immédiate- » ment en liberté, ou que sa caution ou son cautionne-

» ment soient libérés, sans que ce procès lui cause
» préjudice, ni porte atteinte à son bon renom et à sa
» réputation.»

Et ce magistrat devait faire immédiatement exécuter
sa sentence, pour ne pas s'exposer à être accusé de
détention arbitraire.

Si, au contraire, l'accusé était condamné, le juge
employait la formule suivante : « Ayant été observées,
» dans ce procès, toutes les formalités prescrites par
» la loi, et les douze jurés ayant qualifié, par l'expres-
» sion de..., l'écrit intitulé..., dénoncé *tel* jour, par *telle*
» autorité ou personne, la loi condamne N..., responsa-
» ble dudit écrit, à la peine de..., édictée par l'art... du
» titre... de la loi, et, en conséquence, j'ordonne qu'elle
» soit dûment exécutée. »

Néanmoins, le juge n'était pas toujours obligé de se
conformer aveuglément à la décision du jury. Si le jury
avait qualifié un écrit de *subversif* ou *séditieux*, en quelqu'un des trois degrés, ou *d'excitant à la désobéissance
des lois* au premier degré, le juge pouvait suspendre
l'application de la peine, si la qualification lui paraissait
erronée; en ce cas, il mandait à l'*Alcalde* de convoquer
un nouveau jury, composé d'autres douze jurés, pris
parmi ceux des 72 qui n'avaient pas été récusés, et n'a-
vaient pris part ni au jugement d'accusation ni au jugement de qualification, et s'il n'en restait pas un nombre
suffisant de non récusés, il y avait lieu de procéder à un
nouveau tirage.

Si le nouveau jury absolvait, l'accusé était acquitté ;
s'il condamnait, le juge appliquait la peine.

Deuxième période. — Elle est ouverte par la loi du 10 avril 1844, qui restreint les attributions du jury et modifie sa constitution.

Les délits de presse dont connaît le jury pendant cette période, sont ceux qui résultent d'articles de journaux, écrits, gravures, lithographies, estampes, etc., subversifs, séditieux, obscènes ou immoraux.

Sont subversifs : 1º les écrits contraires à la religion catholique, et ceux qui ridiculisent ses dogmes ou son culte ; 2º ceux qui tendent à détruire la loi fondamentale de l'Etat ; 3º ceux qui attaquent la personne sacrée du Roi, sa dignité ou ses prérogatives constitutionnelles ; 4º ceux qui attaquent la légitimité des corps législatifs, manquent au respect qui leur est dû, ou tendent à restreindre la liberté de leurs délibérations.

Sont séditieux : 1º les écrits qui répandent des maximes ou doctrines qui tendent à troubler l'ordre, ou à troubler la tranquillité publique ; 2º ceux qui excitent à la désobéissance aux lois ou aux autorités.

Sont obscènes, les écrits contraires à la décence publique.

Sont immoraux, les écrits contraires aux bonnes mœurs.

Les écrits injurieux ou calomnieux restent soumis à la juridiction ordinaire.

Les sessions du jury ne sont pas régulières, et il se réunit seulement lorsqu'il y a quelque affaire à lui soumettre, comme sous la législation antérieure.

Comme sous cette législation aussi, le jury n'est composé que des personnes résidant dans la capitale de la province, lieu où il se réunit.

Remplissent les conditions d'aptitude, les catégories suivantes :

1º Ceux qui paient 2,000 réaux (526f 30c) de contributions directes à Madrid ; 1,200 (305f 75c) à Barcelone, Cadix , Corogne , Grenade , Malaga, Séville , Valence et Sarragosse , et 600 (152f 88c) dans les autres capitales.

2º Les docteurs et licenciés en droit civil ou canonique , théologie , médecine , chirurgie , pharmacie , les avocats et les membres des académies nationales, payant 500 réaux (131f 55c) de contributions.

3º Les professeurs titulaires des établissements publics d'instruction.

4º Les employés retraités dont l'avoir est au moins de 12,000 réaux (3,157f 55c) à Madrid ; 10,000 (2,631f 55c) à Barcelonne, Cadix, Corogne, Grenade, Malaga, Séville, Valence et Sarragosse, et 8,000 (2,005f 25c) dans les autres capitales.

Dans les capitales de province où le nombre des personnes choisies dans ces catégories , et portées sur la liste générale, ne s'élèverait pas au chiffre de jurés leur correspondant, si l'on atteint les deux tiers de ce chiffre, on n'en inscrira pas d'autres ; sinon, on prendra sur la liste des plus imposés , en descendant successivement jusqu'à ce que les deux tiers soient complétés.

Ne peuvent être jurés quoique compris dans les catégories qui viennent d'être énumérées :

1º Les individus n'ayant pas 30 ans accomplis.

2º Ceux qui ne possèdent pas maison ouverte dans la capitale, et ne l'habitent pas depuis un an au moins avant la formation de la liste.

3º Ceux qui ne savent ni lire ni écrire.

4º Ceux qui sont criminellement poursuivis, et sous mandat d'arrêt ou de dépôt, au moment où est faite la liste.

5º Ceux qui ont été condamnés judiciairement à des peines corporelles afflictives, et n'ont pas été réhabilités.

6º Ceux qui sont judiciairement interdits pour incapacité physique ou morale.

7º Ceux qui auraient été en état de faillite ou de cessation de paiement, ou dont les biens auraient été saisis.

8º Ceux qui se trouvent placés, par jugement, sous la surveillance de l'autorité, pendant la durée de cette surveillance.

9º Les Ministres, les Sénateurs, les Députés aux Cortès, les Commandants Généraux, Commandants militaires et Gouverneurs de place, les Magistrats et Fiscaux des tribunaux supérieurs et suprêmes, les Chefs politiques et Intendants, et les Juges de première instance et Fiscaux.

10º Les militaires qui seraient en service actif, non compris, dans ce cas, pour les effets de la loi, les Brigadiers et Généraux en disponibilité.

Pourront être exemptés des fonctions de jurés, les individus âgés de plus de 70 ans, et ceux qui sont habituellement infirmes.

La liste est faite par la députation provinciale; elle doit être achevée le 15 mai, et affichée pendant 15 jours dans les lieux les plus fréquentés.

La liste indiquera, pour chaque individu, la catégorie à laquelle il appartient.

Tout le monde est admis à faire des réclamations qui

devront être appréciées par la députation provinciale avant le 1er juin. Si le réclamant n'adhère pas à la décision rendue, la réclamation sera jugée par le chef politique, une commission de la députation provinciale entendue.

Au 15 juin, les listes seront rectifiées et affichées de nouveau.

Le 20 du mois, publiquement, dans le cabinet et en présence du Chef politique, on enfermera dans une urne le nom de tous les individus compris dans les listes, et on tirera immédiatement au sort 400 personnes à Madrid, 200 à Barcelone, Cadix, Corogne, Grenade, Malaga, Séville, Valence et Sarragosse, et 100 dans les autres capitales. Ces personnes seront les jurés pour l'année qui commencera le 1er juillet, et finira à pareil jour de l'année suivante ; leurs noms seront publiés dans tous les journaux officiels et par affiches, et, de plus, copies de la liste de ces noms seront remises au président de l'*Audiencia* (1), et aux juges de première instance de la ville dans laquelle siégera le jury.

Les noms des autres individus, compris dans les listes générales, resteront enfermés dans une urne, dont le Chef politique aura une clef et un député provincial une autre.

Chaque trois mois, la liste des jurés de l'année se complètera, en tirant de l'urne, dans les mêmes formes, autant de noms qu'il sera nécessaire pour remplacer les jurés morts, absents, gravement malades ou ayant exercé leurs fonctions trois fois dans la même année.

(1) Cour d'appel.

4

Les plaintes seront portées au juge de première instance de la capitale de la province, dans laquelle a été
commis le délit ; celui-ci ayant procédé à une instruction
préalable, le juge qui doit présider le jury tirera au sort
60 jurés de la manière suivante :

1º Il fera annoncer dans le journal officiel le jour et
l'heure où doit avoir lieu le tirage , les parties intéres-
sées préalablement citées.

2º A l'heure indiquée , le juge, assisté d'un greffier,
après avoir mis dans l'urne, à la vue des personnes pré-
sentes , les noms des jurés, extraira les 60 jurés ; cela
se fera dans le lieu des séances de *l'Audiencia* et portes
ouvertes.

Si quelque nullité est commise dans cet acte préliminaire , elle sera soumise à *l'Audiencia*.

L'opération achevée, il sera remis aux parties adver-
ses une liste notifiée des 60 jurés sortis , pour qu'elles
aient à en récuser 20 au plus dans le délai de 2 jours,
et l'accusé recevra de plus copie littérale de la plainte.

Sur le nombre des jurés qui resteront non récusés ,
les 12 premiers sortis formeront le jury de *qualification* ; le jury *d'accusation* n'existe plus.

Le juré absent sans cause légitime au jour indiqué
pour l'audience, encourra une amende de 200 à 500
réaux (52 fr. 60 à 171 fr. 55).

Au jour et à l'heure fixés pour l'audience , les jurés
étant réunis, le Juge-Président, posant les mains sur
l'Evangile, leur fera prêter serment de la manière suivante : « Vous jurez devant Dieu de faire justice. » —
Les jurés debout répondront : « Oui, nous le jurons. »
Si vous le faites ainsi , que Dieu vous en récompense, et

si vous ne le faites pas, qu'il vous en demande compte.»
— Puis le président prononcera la formule « que l'audience s'ouvre. »

Les jurés s'étant assis, le greffier lit tous les documents de la procédure ; puis les témoins, s'il y en a, sont entendus, le Président, les jurés et les parties ou leurs défenseurs ont le droit de leur adresser les questions qu'ils jugent convenable.

Les réquisitoires et plaidoieries sont prononcés immédiatement après et sont suivis du résumé du Président, qui pose les questions à juger, et fait de plus toutes les observations que nécessite l'affaire ou que les demandes des jurés rendent utiles, et annonce que « le jury est instruit. »

Après cette déclaration, les jurés se retirent et procèdent, sous la présidence de celui d'entr'eux premier inscrit sur la liste, à la qualification du délit par le vote et à la majorité absolue des suffrages ; le partage est en faveur de l'accusé.

La qualification se fait par les mots : *coupable* ou *non coupable* ; au cas de culpabilité, le jury ajoute, s'il le juge convenable, la déclaration des circonstances aggravantes ou atténuantes.

La qualification faite, écrite et signée de tous les jurés, ceux-ci rentrent ; leur Président la remet au Juge-Président et ils se retirent.

Le Juge-Président prend immédiatement connaissance de la déclaration du jury et la lit debout et à haute voix.

Si la déclaration est *non coupable*, il prononce la formule suivante: « la loi ayant été observée dans ce procès, » et vu la déclaration de jury, N.... est acquitté. »

Si la déclaration porte *coupable*, le juge prononce la peine applicable au délit.

Le recours en nullité, pour violation formelle de la loi dans l'instruction du procès ou l'application de la peine, est admis dans ces affaires et jugé par *l'Audiencia*.

Si la nullité est prononcée, les frais, dommages et préjudices sont à la charge du juge qui l'a commise, sans préjudice de la responsabilité à laquelle il peut y avoir lieu, et lorsque le recours est rejeté, la partie qui l'a introduit est condamnée aux frais et à une amende de 1,000 à 4,000 réaux (263 fr. 15 à 1052 fr. 60.)

Tous les jugements du jury sont publiés dans le journal officiel du gouvernement, et les bulletins officiels des provinces où ils ont été rendus, avec les noms des jurés et du juge qui y ont concouru.

Cette loi a été en vigueur jusqu'à la publication de celle du 6 juillet 1845, qui abolit le jury et le remplaça, pour la connaissance des délits de presse, par un tribunal spécial siégeant non plus au chef-lieu de chaque province, mais seulement dans les chefs-lieux de province, siége de *l'Audiencia*.

Ce tribunal était composé de 5 juges de première instance et d'un Conseiller-Président; ils connaissaient des délits de presse commis dans le ressort de *l'Audiencia*; les juges devaient être ceux du chef-lieu de *l'Audiencia*, et, à défaut de nombre suffisant, être pris parmi les juges des *Partidos* (1) les plus voisins.

Il ne se réunissait que lorsqu'il y avait une affaire à juger, comme le jury, et se séparait après le jugement.

_____

(1) Division judiciaire correspondant à celle de nos arrondissements.

Le Président fixait le jour de l'audience, et les parties devaient être citées 48 heures à l'avance au moins.

Le tribunal constitué procédait au jugement de la cause, en audience publique, à moins que, sur la demande d'une des parties et dans l'intérêt de la morale ou de la décence publique, il n'ordonnât le huis-clos.

La cause instruite, les débats terminés, le Président clôturait la séance en disant *visto* (vu), et le tribunal se retirait pour délibérer.

Immédiatement après la délibération, ou au plus tard le jour suivant, le jugement était prononcé.

Il fallait quatre voix pour la condamnation, pour l'admission des circonstances aggravantes ou atténuantes ou la désignation de la peine; à défaut du concours des quatre voix, le vote le plus favorable à l'accusé lui était acquis.

Le recours en nullité était seul admis, et dans les mêmes cas que ceux indiqués pour la décision du jury sous la législation antérieure.

Troisième Période. — Cet état de choses s'est prolongé jusqu'à la loi du 2 avril 1852, qui a rétabli le jury pour connaître des délits :

1o Contre l'ordre public ;

2o Contre la société ;

3o Contre l'autorité, hors les cas où ils consistent en 1° la publication de faits calomnieux ou injurieux contre les personnes qui exercent une charge, un emploi ou des fonctions publiques, individuellement ou collectivement, quelle que soit l'origine ou la nature desdits faits ;

2º La supposition de mauvaises intentions dans les actes officiels ;

3º Le fait de tourner en ridicule les actes officiels ou quelques-unes des personnes énumérées dans le nº 1 ;

4º La publication sans autorisation préalable de conversations réservées ou particulières , ou d'une correspondance privée , intervenue avec quelqu'une des personnes désignées dans ce même nº 1 ;

5º La publication de décrets et ordonnances royales, circulaires ou autres documents officiels , soit intégralement ou par extrait avant leur publication légale , soit sans légitime autorisation.

Ces derniers délits sont soumis aux tribunaux ordinaires.

Sont compris dans la qualification de délits contre l'ordre public :

1º La publication de maximes ou doctrines tendant à troubler la tranquillité de l'Etat ;

2º L'incitation à la désobéissance aux lois ou aux autorités ;

3º Les menaces ou sarcasmes tendant à contraindre les autorités dans leur liberté ;

4º La provocation ou excitation à des rivalités dangereuses entre les corps de l'Etat ou les classes de la société ;

5º La publication de nouvelles alarmantes ou fausses ayant trait aux affaires publiques ;

6º La manifestation de la crainte d'événements pouvant troubler la tranquillité générale ;

Sont compris dans la qualification de délits contre la société :

1º L'apologie des actions qualifiées criminelles par les lois ;

2º La propagation de doctrines contraires au droit de propriété, par l'excitation des classes nécessiteuses contre les classes aisées ;

3º L'attaque, l'offense ou le fait de tourner en ridicule les classes de la société ou les corporations reconnues par les lois, ou l'offense contre ces mêmes classes ou corporations pour les fautes de l'un de leurs membres.

Ces délits peuvent être commis par le moyen d'écrits, gravures ou lithographies.

Ces délits constituent le tiers des délits politiques reconnus par la loi ;

Les autres deux tiers dont la connaissance est enlevée au jury se composent :

1º Des délits contre le Roi et sa royale famille ;

2º Des délits contre la sûreté de l'Etat ;

3º Des délits contre l'autorité que nous avons énumérés tout-à-l'heure ;

4º Des délits contre la Religion ou la morale publique par la voie de la presse ;

5º Des délits contre les Souverains étrangers ;

6º Des délits, par la voie de la presse contre les particuliers.

Les premiers, seconds, quatrièmes et cinquièmes, sont, en premier et dernier ressort, de la compétence du Tribunal suprême de justice.

Les troisième et sixième, sont soumis en premier ressort, aux tribunaux de 1re instance et en appel aux *Audiencias*.

Les attributions du jury se trouvent ainsi singulièrement restreintes, comparativement à celles qu'il avait, non seulement pendant la première période, mais même sous l'empire de la loi du 10 avril 1844.

Nous allons voir sa constitution profondément modifiée aussi, sous le rapport du nombre des jurés dont il doit être composé pour chaque province, et des conditions d'aptitude à exercer cette magistrature. Quant aux garanties dont doit être entourée la défense de l'accusé, la disposition de la loi qui ordonne le huis-clos, *pour toutes les affaires*, dit assez haut, qu'elles sont entièrement abandonnées à l'arbitraire du Magistrat Président, dont les mauvaises dispositions contre l'accusé, si elles existent, ne peuvent pas même être contenues par la crainte, si peu efficace souvent, du blâme de l'opinion publique.

Mais continuons notre œuvre de narrateur : les vices de l'institution ressortiront suffisamment du simple exposé de l'ensemble des règles qui la constituent.

Dans les délits dont la connaissance est réservée au jury, il y a l'action populaire que peuvent exercer tous les Espagnols aptes à agir en justice d'après le droit commun.

Le tribunal du jury se constitue spécialement dans la capitale de la province, pour statuer sur chaque délit commis dans son territoire ;

Dans ce but il y a une liste :

A Madrid, des 100 plus forts contribuables pour les contributions directes ;

Dans les capitales de 1re classe, des 60 plus forts contribuables ;

Dans les autres capitales, des 30 plus forts contribuables.

Cette liste est formée par le Gouverneur de la province de la manière suivante :

1º Dans les 15 premiers jours de mai, le Gouverneur, prenant pour règle unique la liste des contribuables qui est insérée chaque année dans les *Bulletins officiels* de province, publiée dans ce même *bulletin* et de plus à Madrid, dans la *Gazette* du gouvernement, les noms des 100, 68 ou 30 plus forts contribuables, suivant le cas.

Pour connaître la quotité de la contribution, on ajoute toutes les contributions payées par le même individu dans les différentes provinces, suivant les *Bulletins officiels*.

2º Dans les 16 jours restants du même mois, sont reçues les réclamations, soit pour inclusion, soit pour exclusion, lesquelles ne peuvent être basées que sur les cas d'exception prévus par la loi.

3º Le Conseil provincial entendu sur ces réclamations, le Gouverneur dresse la liste définitive, qui est publiée dans le *Bulletin officiel* et *la Gazette* en même temps, pour Madrid, avant le 20 juin.

Lorsqu'il y a plus d'un contribuable payant la quote la moins élevée, le Gouverneur inscrit le plus âgé ; dans les cas identiques ou douteux, le sort choisit.

Toutes les années les listes se révisent à la même époque et de la même manière.

Ne peuvent être inscrits sur la liste du jury :

1º Ceux qui n'habitent pas la capitale dans laquelle se réunit ce Tribunal.

2º Ceux qui n'ont pas 30 ans accomplis ;

3º Les ecclésiastiques ;

4ᶜ Les militaires en service actif ;

5º Les employés du gouvernement non retraités ;

6º Ceux qui ont perdu ou ont été suspendus de leurs droits politiques.

Peuvent s'excuser de faire partie de cette liste :

1º Les individus âgés de soixante-dix ans accomplis ;

2º Ceux qui sont physiquement empêchés ;

3º Ceux qui ont été inscrits sur la liste définitive pendant trois années de suite : cette excuse n'a de valeur que pour deux ans.

Les affaires de presse dont doit connaître le jury commencent par la plainte portée par le Fiscal spécial de la presse à un juge de 1ʳᵉ instance ; celui-ci procède à une instruction et ordonne l'arrestation préventive de l'accusé, si la peine correspondant au délit est une peine corporelle.

La cause étant en état, l'Alcalde procède au tirage au sort du jury de qualification : ce tirage se fait en présence du Fiscal de la presse, et de l'accusé ou de son fondé de pouvoir, lesquels peuvent préalablement récuser chacun le cinquième des jurés portés sur la liste générale.

Quant il y a plusieurs accusés, le droit de récusation se divise entr'eux.

Ces récusations faites, il est tiré au sort sept jurés qui forment le jury, et trois autres, pour remplacer celui ou ceux des sept premiers qui se trouveraient légitimement empêchés.

Aucun juré ne peut être dispensé d'exercer ses fonctions, si ce n'est pour cause de maladie, absence, ou parenté jusqu'au 4e degré avec l'une des parties.

Un magistrat de l'*Audiencia* et, dans les villes où ne siége pas une *Audiencia*, un juge de première instance, préside le tribunal du jury, et fixe le jour où l'affaire doit être jugée.

L'accusation du Fiscal et la défense de l'accusé sont prononcées verbalement ou par écrit.

Le Magistrat président, après avoir fait un résumé des débats, pose l'unique question qui doit être le sujet de la délibération du jury, à savoir : la culpabilité de l'écrit ou gravure, etc.

Immédiatement le jury se retire pour délibérer et résoudre la question à la majorité des voix ; il est présidé par le juré premier sorti de l'urne.

La qualification se fait par les mots *coupable* ou *non coupable*.

Cette qualification est mise par écrit et signée de tous les jurés ; le président du jury la remet au Magistrat ou Juge-Président.

Le jury se retire et le Juge-Président applique la peine, dans les limites du maximum et du minimum indiqués par la loi pour la répression du délit.

Si l'accusé est déclaré non coupable, il est acquitté et mis immédiatement en liberté, s'il est détenu.

L'audience a lieu à huis-clos : la délibération du jury ne peut être publiée ; ne peuvent l'être non plus, l'instruction et les débats oraux ou écrits du procès, hors des cas où l'autorise le gouvernement.

Le jugement de la cause par le jury peut être suspendu, pour juste cause, par le Magistrat ou Juge-Pré-

sident , avant que les jurés se soient retirés pour délibérer. Il ne peut l'être en aucun cas, après le prononcé
du résultat de la délibération.

Le résultat du procès est publié dans la *Gazette de
Madrid* , sans citer le nom des jurés qui ont siégé :
aucun journal ou écrit ne peut non plus faire cette citation.

Il n'y a pas d'autre recours contre la procédure ou
la sentence du jury , que le pourvoi en cassation pour
vices de formes ou pour l'application de la peine.

Ce recours est formé devant le Magistrat-Président ,
dans le délai de 5 jours, pour être porté devant le tribunal suprême de justice ; il n'est admis que sous dépôt préalable , à la banque de Saint-Ferdinand ou dans
ses succursales , de la somme de 6,000 réaux (1578 fr.
92 c.), et si l'amende imposée par la sentence est moins
élevée, d'une somme égale à ladite amende.

Si la cassation est prononcée pour vices de formes ,
l'affaire est renvoyée au juge instructeur, pour qu'il ré-
pare ces vices, et ensuite l'affaire est de nouveau jugée
par le même jury qui en a déjà connu.

Si la cassation est prononcée pour violation de la loi
dans l'application de la peine , l'affaire est de nouveau
jugée par la seconde chambre du tribunal suprême, augmentée d'un nombre de magistrats pris dans la troisième
chambre pour compléter le nombre de neuf juges.

Le rejet du pourvoi en cassation entraîne la condamnation aux frais et la perte de la somme déposée pour
être autorisé à former ledit pourvoi.

CHAPITRE II.

Des circonstances qui exemptent de la responsabilité criminelle.

De la Folie. — De la Monomanie. — Du Somnambulisme. — Code
pénal de 1822. — Opinion de M. Pacheco. — Du défaut de discernement. — Système des deux législations. — Du cas de la légitime défense de sa personne, de celle de ses parents et d'autrui.
— Examen des paragraphes 11 et 12 de l'art. 8 ; art. 100, 108,
138, 144 et 213 de notre Code pénal (Commentaire de l'art. 8).

Indépendamment des six articles du Code pénal
français, que nous avons rapprochés de l'article 8 du
Code pénal espagnol, il en est encore d'autres, tels que
les articles 100, 108, 138, 144, 213, qui statuent sur
des cas d'exemption de peine ; ces articles n'ont pas de
correspondants dans les dispositions de l'article 8, ni
d'aucun autre article du même Code.

Arrivons à la comparaison des dispositions correspon-
dantes des deux codes.

En matière d'exemption de peine, la première circonstance qui frappe l'esprit comme méritant à tous
égards de jouir de ce privilége, c'est la démence. La
volonté réfléchie de commettre une action mauvaise et
la conscience du mal qu'on fait, ou en d'autres termes,
la *liberté* et l'*intelligence*, sont les conditions nécessai-

res du délit ; l'individu en démence ne possède ni l'un
ni l'autre : aussi l'exemption de peine attachée à l'acte
du fou , se retrouve-t-elle dans toutes les législations
pénales anciennes et modernes , y compris la loi romaine qui, en consacrant le principe, ajoute ces admira-
bles paroles : *satis infelicitas excusat.*

Mais ici une question se présente, qui mérite d'attirer l'attention du jurisconsulte. N'existe-t-il pas certains phénomènes naturels ou intellectuels qui produisent, au moins pendant leur durée , le même résultat
que la démence ?

La science médicale a démontré jusqu'à l'évidence,
aujourd'hui , l'existence d'une maladie qui , sans entraîner une privation absolue, permanente de raison, chez
l'individu qui en est atteint, ne le place pas moins, dans
certains cas donnés , dans une position complètement
identique à celle de l'homme en démence , au point de
vue de la liberté et de l'intelligence de ses actes : cette
maladie , les médecins la nomment *monomanie.*

Le monomane pense , parle , raisonne ; son jugement est sain et lucide sur certaines choses ; sa raison
ne s'égare ou il ne devient furieux qu'à l'occasion de
certaines autres, de certains objets ; mais dans ces cas,
où est la différence qui existe entre lui et l'individu
complètement en démence ? Pourquoi dès lors ne pas
donner à la monomanie une place dans les circonstances qui exemptent de responsabilité criminelle ?

Nous n'ignorons pas que des criminalistes, à tous
égards estimables , ont soutenu, les uns que la monomanie n'existait pas réellement, ou plutôt n'existait que
dans l'exagération des idées philantropiques et huma-

nitaires ; les autres, qu'elle était le produit de la tendance matérialiste assez générale des médecins, tendance qui les amenait à trouver l'explication et souvent
l'excuse des actions mauvaises dans la forme et la struc-
ture de telle ou telle partie du corps humain, plutôt que
dans les sentiments d'honnêteté ou de moralité perver-
tis par le vice.

Nous ne pouvons accepter de pareils arguments. Nous
croyons au progrès et à la science ; et pour nous, la
science a démontré l'existence de la monomanie, de
façon à ce qu'il n'y eût plus ni doute, ni contestation
possibles : nous ne comprenons qu'une seule objection raisonnable à l'introduction de la monomanie dans le nombre des circonstances exemptant de responsabilité criminelle ; cette objection la voici : par cela même que l'aliénation provenant de la monomanie n'est point absolue,
permanente, comment sera-t-il possible de déterminer
si le fait criminel est le résultat vrai, réel de la maladie
ou du vice, de la dépravation, des habitudes criminelles?
Nous répondons : Ce sera là tout à la fois une question
de fait et de science ; la question de fait, le juge la ré-
soudra et il se fera aider par les médecins dans la solution de la question scientifique ; l'homme de l'art saura
reconnaître par les symptômes, les circonstances qui
ont précédé et accompagné l'accomplissement du fait,
si la maladie en a été ou non la cause déterminante.

Il existe un autre phénomène, qui ne peut aussi passer inaperçu pour le criminaliste ; ce phénomène, c'est
le *somnambulisme*.

Que le nombre d'individus chez lequel se produit ce
phénomène soit fort restreint, c'est possible, mais qu'im-

porte ? ce qu'il faut considérer, c'est, d'une part, si le phénomène existe ; d'autre part, quels sont ses résultats.

Son existence ne peut pas être mise en doute ; ses résultats, tout le monde les connaît. Le somnambule, à un moment donné, quitte son lit, se lève, se meut, monte, descend, ouvre des portes, exécute des actes plus ou moins difficiles, plus ou moins compliqués, et tout cela sans conscience de ce qu'il fait, sans le concours de son jugement assoupi. A son réveil, rien dans son esprit ne lui rappelle ce qui s'est passé pendant son sommeil. Les crimes ou délits par lui commis en cet état, peuvent-ils lui être imputés ? Possède-t-il, pendant qu'il les commet, la plénitude de son intelligence et de sa liberté ? personne n'oserait le soutenir (1).

Chose étrange ! le Code pénal espagnol de 1822 plaçait l'acte accompli en état de somnambulisme dans les cas d'exemption de peine. Son art. 26 est, en effet, ainsi conçu : « Ne peut, non plus, être tenu pour délinquant » ni coupable, celui qui commet l'action, *se trouvant* » *endormi* ou en état de démence ou délire, ou privé » de l'usage de sa raison de toute autre manière indé- » pendante de sa volonté.» Comment expliquer que le législateur de 1848, qui avait de plus que le législateur

(1) L'article 121, n° 9, du Code pénal de Bavière, dispose qu'une action ne sera passible d'aucune peine, lorsque l'acte aura été résolu et accompli dans un trouble quelconque des sens ou de l'intelligence, non imputable à l'agent, et pendant lequel celui-ci n'aura pas eu conscience dudit acte ou de sa criminalité.

MM. Chauveau et Hélie, dans leur remarquable *Théorie du Code pénal*, posent en principe, que les somnambules ne sont pas responsables des actes qu'ils ont commis dans leur sommeil.

de 1822, pour le déterminer à placer le somnambulisme dans les cas d'exemption de peine, les progrès de la science médicale, qui ont nettement et définitivement établi l'existence de ce phénomène , ait été plus timide que son prédécesseur, et n'ait pas osé faire ce que celui-ci avait fait? La chose est d'autant plus difficile à comprendre que M. Pacheco, dans son commentaire , émet une opinion conforme à la nôtre , sans nous faire connaître par quelles raisons cette opinion, qu'il a dû soutenir dans le sein de la Commission des Codes , a été repoussée par ses collègues. Voici, en effet, comment il s'exprime , après s'être posé la question de savoir si l'acte accompli dans le sommeil est, ou non, exempt de responsabilité :

« Aucun doute ne peut s'élever, à la vérité, sur ce
» point, que les somnambules sont irresponsables de ce
» qu'ils font pendant le sommeil. Il n'arrivera à personne
» de le mettre en question ; personne n'osera dire que ,
» admise la vérité d'un pareil sommeil, les actes de celui
» qui dort soient volontaires. La question tournera tou-
» jours dans le cercle de l'hypothèse même , et la diffi-
» culté de semblables causes sera réduite à la question de
» savoir si , en effet, l'agent dormait, question difficile,
» question dans laquelle, en règle générale, la présomp-
» tion doit se trouver contraire à une telle opinion. Mais
» si la question se résout affirmativement, le point de
» droit est résolu et reste décidé de lui-même : le som-
» nambule n'est point coupable pour ses actes.

» Néanmoins , nous ne tirerions pas cette conclusion
» de ce numéro 1 , ni même d'aucun autre numéro de
» l'article 8. A parler franchement et sincèrement, on

» ne parle pas, dans cet article, d'un semblable phéno-
» mène. Le sommeil possède des circonstances commu-
» nes avec la démence, mais quand on se sert, dans le
» monde, de ce dernier mot, personne ne l'applique à
» ceux qui se trouvent en pareil état. Eh bien ! suivant
» notre système, la loi ne peut donner aux expressions
» dont elle se sert une signification autre que la signi-
» fication générale et commune, à moins qu'elle ne les
» définisse d'une manière formelle. En tout autre cas,
» la signification qu'elles ont dans son texte est celle
» qu'elles ont dans la bouche de tous. Si donc notre
» Code ne définit pas le mot *aliéné*, et si, par *aliéné*,
» personne dans le monde n'entend l'homme qui est
» endormi, nous avons raison de dire que l'expression
» dont nous parlons et à l'égard de laquelle nous discu-
» tions, pour savoir si elle rentrait ou non dans ses dis-
» positions, n'est pas comprise dans cet article, ou au
» moins dans le numéro qui nous occupe.

» L'unique disposition de la loi qui s'applique au cas
» en question, est celle de son article premier. Nous avons
» déjà vu, dans cet article, qu'il ne pouvait y avoir délit
» qu'il n'y eût *acte volontaire*. Eh bien ! si le somnam-
» bule n'agit pas par sa volonté, les actes qu'il fait ne
» peuvent être des délits. L'article premier l'absout.

» Indubitablement, il n'y aurait eu aucun inconvénient
» à le déclarer d'une manière expresse dans notre arti-
» cle 8, comme on le déclare pour le fou, comme l'a
» déclaré le Code de 1822. Il ne suffit pas de dire qu'on
» ne l'a point fait pour éviter les subterfuges de la mau-
» vaise foi, et parce que le véritable crime chercherait à
» se couvrir de cette excuse dans une foule de cas. C'est

» là ce qui arrive pour tous les autres motifs qui exemp-
» tent de responsabilité, et néanmoins on n'a pas
» laissé de les déclarer. De là naissent les questions de
» fait, qui sont celles qui occupent le plus ordinairement
» les Tribunaux. Mais de ce qu'il peut y avoir, et de ce
» qu'il y a question sur les faits, ce ne doit pas être une
» raison pour que le droit ne se déclare pas d'une ma-
» nière complète et systématique. La loi aurait dû le
» faire dans le cas du somnambulisme ou du sommeil
» simple, laissant à l'autorité judiciaire le soin, qui lui
» compète toujours, de dégager la vérité des alléga-
» tions. Sur ce point, l'œuvre de 1822 a été plus com-
» plète » (1).

Le Code pénal espagnol admet, dans les 2e et 3e paragraphes de son article 8, l'exemption de responsabilité
résultant de l'âge du coupable, en tant que l'âge impli-
querait le défaut de discernement. En principe, cette
exemption est juste, humaine. Pas plus que l'homme
dont la raison est égarée, l'enfant sans discernement n'a
la conscience de ses actes. La mauvaise action dont il se
rend coupable prouve son défaut d'intelligence, mais
non sa dépravation ; c'est là du moins la règle générale.

Venant à l'application du principe, nous remarquons
une différence entre les dispositions de la loi espagnole
et celles de la loi française ; cette dernière pose la règle
générale que, jusqu'à l'âge de 16 ans, l'enfant peut
être déclaré irresponsable, parce qu'il peut avoir agi
sans discernement. Le Code espagnol, lui, établit trois
catégories, il dispose de la manière suivante : jusqu'à

---

(1) Même ouvrage, tom. 1, p. 145, n° 23.

9 ans , l'enfant est *nécessairement* irresponsable ; la loi nie jusqu'à cet âge l'existence du discernement ; de 9 à 15 ans , la loi ne suppose pas le discernement , mais reconnait qu'il peut exister , l'enfant peut être déclaré responsable ; de 15 à 18 ans , la loi suppose le discernement , mais incomplet et fait de cette circonstance une circonstance atténuante (art. 9 § 2).

Laquelle de ces deux manières de procéder est la meilleure ?

Pour résoudre cette question , il est nécessaire de se faire d'abord une idée nette de ce que c'est que le discernement. Discerner n'est pas seulement juger, apprécier ce qui est bien ou ce qui est mal au point de vue général, c'est distinguer parfaitement , avec rectitude d'esprit, les différences essentielles d'une chose à l'autre, d'un fait à l'autre, non seulement dans l'ordre matériel, mais dans l'ordre moral; le discernement implique donc une force d'esprit et un travail d'intelligence que l'éducation, l'instruction, l'expérience de la vie et du monde peuvent seules donner.

Maintenant, est-il possible de dire avec certitude : depuis tel âge jusqu'à tel autre, le discernement n'existe pas chez l'enfant ? depuis tel autre jusqu'à tel autre , il est plus ou moins incomplet ? nous ne le croyons pas : l'éducation, l'instruction , le genre de vie , ne sont pas les mêmes pour tous les hommes ; par suite, chez les uns l'intelligence, les facultés de l'esprit, les sensations et les sentiments dorment encore, tandis que chez d'autres, moins avancés en âge , ils sont arrivés à un développement plus considérable. Que doit donc faire le législateur ? A notre avis, il doit procéder ainsi que l'a fait le

Code pénal français; il doit dire : jusqu'à tel âge l'accusé
peut avoir agi sans discernement ; les tribunaux apprécieront, ils verront, d'après les circonstances dans lesquelles est intervenu le crime ou le délit, d'après les
réponses et explications de l'accusé, quel est le degré
de développement de ses facultés intellectuelles, quel est
son état moral, et ils se prononceront en connaissance
de cause.

Ajoutons néanmoins, que nous voudrions voir pro-
longer, au-delà de 16 ans, la période pendant laquelle
le juge peut déclarer que l'accusé a agi sans discernement ; le Code pénal espagnol la prolonge jusqu'à 18
ans. Pourquoi 16 et pourquoi 18 ? Nous voudrions,
nous, qu'elle allât jusqu'à 21 ans. On dira : pourquoi 21
plutôt que 16 et 18? Il y a à nos yeux deux raisons : la
première, c'est que nous ne croyons pas que généralement on soit homme, que l'intelligence ait acquis son
entier développement avant cet âge ; la seconde, c'est
que nous pensons que l'on doit, autant que possible, harmoniser les différentes œuvres du même législateur, les
différents corps de lois d'un même peuple ; or, en matière civile, d'après l'art. 388 de notre Code civil, le
mineur est l'individu qui n'a pas encore accompli ses
21 ans. Qu'est-ce que la minorité ? C'est l'état de la personne à laquelle la loi ne reconnaît pas un discernement
suffisant pour administrer ses propriétés, pour prendre
soin même de sa propre personne. Pourquoi donc établir une différence entre la minorité civile et la minorité
au point de vue pénal, lorsqu'elles sont fondées l'une
et l'autre sur le même principe ? Pourquoi reconnaître
l'existence du discernement à 16 ans, dans un cas, et

seulement à 21 ans dans l'autre ? Ce n'est ni logique ni
raisonnable (1).

Les paragraphes 4, 5 et 6 de l'art. 8 s'occupent du
cas de légitime défense de sa personne et de ses droits,
ou de la personne et des droits de parents ou d'un
étranger.

Le Code pénal français admet et consacre la légitime
défense de soi-même ou d'autrui, comme cas d'exemption de responsabilité criminelle, mais il ne définit pas
la légitime défense. Le juge et le juré apprécient arbitrairement les circonstances dans lesquelles l'accusé peut
être admis au bénéfice de cette exemption.

Le Code pénal espagnol a cru devoir, lui, indiquer les
conditions constitutives de la légitime défense. Il faut
bien le dire : selon nous, il n'a pas été heureux dans
cette indication. Indépendamment de ce que les circonstances qu'il considère comme constitutives d'une légitime défense manquent de cette précision et de cette
clarté qu'exige toute définition, en matière pénale surtout, elles ont le défaut immense de lier le juge, de
l'enfermer dans un cercle dont il ne peut sortir, au grand
détriment de l'accusé. Exiger toujours le concours simul-
tané et complet des trois circonstances indiquées, c'est
refuser le bénéfice de la légitime défense, alors que la

(1) Lors de la discussion du Code de 1832, M. Teulon présenta un
amendement fortement motivé, pour faire fixer à dix-huit ans la majorité du crime. Mais la chambre ne prêtait qu'une attention distraite
à tout ce qui n'appartenait pas au domaine de la politique. Les questions de la peine de mort, de la perpétuité des peines, furent à peine
soulevées ! En revanche, celle de la déportation eut les honneurs d'un
tournoi d'éloquence. Quant à la réforme pénitentiaire, chacun sait
qu'elle est restée à l'état de projet pendant 18 ans !

conscience et la raison du juge doivent l'admettre. D'autre part, déclarer que ces trois circonstances seules peuvent constituer la légitime défense, c'est en nier le bénéfice pour des cas identiques, qui doivent , en toute justice , le procurer à l'accusé.

Quelques exemples démontreront la vérité de ces observations : je suis assailli par un fou furieux ; il lève son poignard sur moi et va me frapper , lorsque je le préviens , et d'un coup de canne, je lui casse le bras ou le renverse grièvement blessé. Etais-je dans le cas de légitime défense ? La raison dit oui, le Code espagnol dit non , car il exige une *agression illégitime*. Or , dans les actes du fou, qui n'a ni intelligence ni conscience de ce qu'il fait, il n'y a rien de légitime ni d'illégitime. Mais , objectera-t-on, illégitime peut s'appliquer aussi à la personne attaquée, et alors l'expression a le même sens qu'*imméritée*. Nous répondons non. Il suffit d'étudier le système établi par le Code espagnol , pour se convaincre qu'il a entendu prévoir ce second cas dans la troisième circonstance du § 6, et que l'expression illégitime, employée dans le paragraphe qui nous occupe, est uniquement applicable à l'agresseur.

Autre exemple : un bâtiment est assailli à la mer par une violente tempête ; bientôt il ne peut plus résister. Il fait eau de toutes parts ; on met à la mer l'embarcation du capitaine, seul refuge des naufragés ; mais l'embarcation ne peut pas contenir équipage et passagers, et tous veulent se sauver. Alors une lutte s'engage, les plus forts jettent à la mer les plus faibles , et ceux qui restent sont sauvés. Doivent-ils être traduits devant les tribunaux et condamnés pour meurtre ? leur dira-t-on : vous n'étiez pas dans le cas de légitime défense, parce que vous n'étiez pas attaqués illégitimement par les malheureux qui ont été sacrifiés ? Evidemment non ; et cela devrait être, pourtant, s'il fallait s'en tenir à la disposition du Code pénal espagnol.

D'autres nombreux exemples pourraient encore être cités ; mais notre but est atteint, notre intention était d'établir le danger de définitions dogmatiques en pareille matière. Le système du Code français, qui laisse à l'arbitraire du juge ou du juré le soin de déclarer si, dans le fait soumis à son appréciation, il y a ou non légitime défense, nous semble préférable. L'accusation et la défense, la société et l'accusé y trouvent plus de garanties et de sécurité.

Ce que nous venons de dire, au point de vue de la légitime défense de soi-même, est, à plus forte raison, applicable à la défense de ses parents et d'autrui. Le Code pénal espagnol exige le concours de cette circonstance d'agression illégitime, avec celle de la nécessité raisonnable du moyen employé pour la repousser, pour exempter de toute peine celui qui aura agi en défense de la personne ou des droits de ses parents ou d'un tiers. Ainsi, il faudra que celui qui, passant par hasard dans une rue, sur une route, ou entrant dans une maison et voyant son parent ou un tiers aux prises avec un ou plusieurs individus et prêt à succomber, s'informe, avant d'accourir à leur secours, s'ils ont été ou non légitimement attaqués ; et si, emporté par un sentiment d'affection, naturel, surtout chez un ascendant, un descendant, un conjoint, un frère, qui voit son frère, son conjoint, son père ou son enfant près de succomber, il s'élance,

les délivre en blessant ou tuant celui qui mettait leur vie
en danger, il s'expose à subir une peine énorme. Il est
vrai que, pendant le temps qu'il aurait mis à s'informer s'il avait ou non le droit de les défendre, s'ils
avaient été ou non victimes d'une agression illégitime, ils
auraient pu être tués. Mais qu'importe ? Aux termes de
la loi, il devait préalablement s'informer, et il n'est pas
dans le cas de légitime défense si, par hasard (fait
de lui inconnu), ses parents ont quelque tort à se reprocher. Et il faut remarquer, que peu importe en pareil
cas le sens de l'expression *agression illégitime*, la conséquence est la même qu'on l'interprète en l'appliquant à
l'agresseur ou à l'assailli.

Sur la disposition du § 7, nous n'avons qu'une observation à faire. Cette disposition n'est pas à sa place
dans un Code pénal ; elle devrait former un article d'un
Code civil. Si nous étions obligés de lui chercher un
correspondant dans les lois françaises, nous indique-
rions l'article 1382 du Code civil : c'est le même principe et rien de plus. Comment imaginer, en effet, un
acte quelconque qui, remplissant les conditions exprimées dans les trois numéros de ce paragraphe, fût de
nature à être l'objet d'une disposition pénale ? Que l'on
parcoure toute la série des faits qui peuvent amener le
cas prévu par ce paragraphe : incendie de maison, de
bois, de moissons, inondations, contagions de troupeaux ou d'animaux isolés ; dans tous ces cas, le mal, le
dommage causé à la propriété d'autrui, pour éviter un
dommage plus grand pour soi, n'est-il pas causé sans
intention de nuire ? Peut-il, dès-lors, donner lieu à
une autre action qu'à une action en dommages-intérêts ?

Nous en dirons autant du § 8 , il n'est pas douteux que , dans un cas semblable, l'action criminelle n'a pas de raison de se mettre en mouvement et qu'il ne peut être question que de l'action civile.

Le principe qui a dicté les §§ 9 et 10 est de toutes les législations ; sous l'empire d'une volonté plus forte que la sienne , l'homme cesse d'être maître de lui , il n'est plus libre ; il ne peut plus être responsable.

Les dispositions des §§ 11 et 12 nous paraissent mériter un examen plus étendu ; leur disposition a été inspirée par une même pensée: c'est un pas fait dans la voie de l'indépendance et, par suite de la responsabilité du fonctionnaire et de l'employé ; c'est un progrès , une tentative louable, pour arriver à la suppression du vieux et barbare système de l'obéissance passive et absolue !

Il faut pour que les conditions exigées par la loi, pour exempter de responsabilité, soient remplies, que l'accusé ait agi dans l'exercice *légitime* d'un droit , d'une autorité , d'une fonction , d'un emploi, qu'il ait agi en vertu de l'obéissance *due*; donc, en l'absence de ces conditions, il y a ouverture à responsabilité ; donc, le fonctionnaire public, par exemple , ne peut se mettre à l'abri derrière l'ordre de son supérieur et dire : vous n'avez rien à me reprocher , je n'ai fait qu'obéir , car il avait le droit d'examiner si ce qu'on lui ordonnait, devait ou non, *légalement* , *consciencieusement*, être exécuté.

Nous aurions désiré qu'on écrivît clairement , nettement dans la loi, à côté du cas d'exemption de responsabilité , le principe de la responsabilité *directe, réelle, immédiate* , de l'agent et du fonctionnaire.

Voyez l'Angleterre : depuis le fonctionnaire le plus élevé du gouvernement jusqu'à l'employé le plus infime, à quelque branche de l'administration publique qu'il appartienne, depuis le général en chef jusqu'au simple soldat, tous, dans ce pays, sont responsables de leurs actes; aucun ne peut, pour s'exempter de la responsabilité, se couvrir du prétexte des ordres émanés d'un supérieur quel qu'il soit.

Le § 13 contient une disposition qui consacre, pour les omissions, le principe déjà admis par les paragraphes 9 et 18 pour les actions : où il n'y a pas de liberté il ne peut y avoir de responsabilité.

Nous venons de parcourir le système du Code pénal espagnol sur les circonstances exemptant de responsabilité criminelle; il nous reste à nous demander si ce système est complet. Nous ne le pensons pas : indépendamment des cas de monomanie et de somnambulisme dont nous parlons plus haut , il en est d'autres qui, à nos yeux, auraient dû trouver une place dans le cadre qu'il s'était tracé , nous allons les indiquer brièvement.

Les deux premiers sont ceux qu'a prévus et définis l'article 329 du Code pénal français; nulle exemption de responsabilité n'est à nos yeux, plus juste que celle-là : l'imminence et la gravité du danger couru par celui qui repousse l'escalade ou l'agression nocturne , résultant de son isolement forcé à pareille heure , des intentions et des dispositions de ceux qui ne reculent pas devant la violence pour arriver au vol et au pillage, légitiment au plus haut degré la défense et les moyens employés pour sauver sa vie, quels qu'ils puissent être.

L'erreur et l'ignorance de fait , nous paraissent méri-

ter le même privilége ; il est vrai que, dans ce cas , il
peut être objecté que quiconque agit par erreur ou
ignorance de fait , agit sans intention, sans volonté de
mal faire , et qu'il est dès lors protégé par le principe
que là où ne se rencontre pas l'intention mauvaise,
n'existe pas de délit. Soit , mais c'est une question d'interprétation et toute question d'interprétation suppose le
doute; or, n'est-ce pas pour exclure le doute sur les différentes circonstances qui doivent exempter de responsabilité pénale , que le législateur espagnol a cru devoir
procéder par système , par catégories expresses et for-
melles ?

Enfin, la plus importante de toutes est celle dans laquelle l'homme agit sous l'empire de la *nécessité*, de ce
besoin qui, poussé dans ses dernières limites , a donné
naissance à ce dicton populaire , si énergique et si pro-
fond : *nécessité n'a pas de loi*. Nous ne nous faisons
pas d'illusion, nous savons que l'on peut abuser de cette
exception comme on abuse de toutes : n'abuse-t-on pas
aussi , en effet , de l'exception de légitime défense , de
l'exception de démence, de l'exception de défaut de discernement ? Et cet abus a-t-il empêché toutes les législations de les admettre ? Non ! Pourquoi ? Parce qu'il
ne suffit pas, pour qu'une exception soit accueillie ,
qu'elle soit consacrée par la loi ; parce que les tribunaux sont juges de la valeur et de l'admissibilité de
l'exception. Eh bien! il en serait de l'exception de la
nécessité comme de toutes les autres.

Il s'agit donc uniquement de savoir si, en droit et
en raison , elle mériterait de trouver place dans les dispositions de la loi : et à cet égard , nous ne croyons pas

la discussion possible ; nous pensons que l'homme qui se trouvant sans travail et sans ressources au monde , et éprouvant les angoisses de la faim , se traîne jusqu'à la boutique d'un boulanger ou jusqu'à la porte d'une maison , et vole un pain ou un objet dont le prix lui donnera du pain , doit être exempté de responsabilité criminelle ; nous croyons qu'au point de vue légal , cet homme ne peut être responsable, parce qu'il s'est trouvé contraint par une force à laquelle il n'a pu résister ; force, violence tout à la fois physique et morale, plus puissante que la volonté ; si on traduit devant un juge de quelque nation qu'il soit , un individu auquel des malfaiteurs ont dit : vous êtes en notre pouvoir et nous vous ordonnons de venir dépouiller telle personne avec nous ou nous vous tuons , le juge ne le condamnera pas pour vol , parce qu'il aura cédé à la menace : et l'on voudrait considérer comme plus coupable celui qui cède à la menace , disons mieux , à la contrainte insurmontable de la faim, et à la crainte de voir sa femme et ses enfants mourir sous ses yeux , faute d'un morceau de pain ! (1)

Disons un mot , en terminant l'examen des circonstances exemptant de responsabilité pénale, de celles qu'admettent les articles 100 , 108, 138, 144 et 213 de notre Code pénal ; ces articles, ainsi que nous l'avons déjà indiqué, n'ont pas d'articles correspondants dans le Code espagnol.

A vrai dire , ils devraient être considérés tout autant

(1) Le Code de Bavière admet la misère au nombre des circonstances atténuantes. Art. 93.

comme mentionnant une circonstance atténuante que comme renfermant une exemption de responsabilité , car ils ont l'un et l'autre caractère ; s'ils déclarent, en effet, que le fait de se retirer des bandes séditieuses ou rebelles, ou d'être arrêté dans les circonstances qu'ils indiquent, ou enfin de révéler les crimes ou complots contre la sûreté intérieure ou extérieure de l'Etat , de faire connaître les auteurs du crime de fausse monnaie et de contrefaçon, ou d'en procurer l'arrestation, exemptent de toute peine corporelle ou pécuniaire, ils ajoutent que les individus qui seront dans cette position pourront être placés pour 5 et même 10 ans sous la surveillance de la haute police; or, le renvoi sous la surveillance de la haute police est une peine aux termes de l'article 11 de notre Code pénal ; et de ce que c'est une peine presque toujours accessoire , et à ce titre considérée comme moins grave que les peines principales corporelles ou pécuniaires, elle n'en est pas moins une peine.

Cependant il n'est pas douteux que , dans l'intention du législateur ces articles doivent être regardés comme contenant de véritables circonstances exemptant de responsabilité criminelle ; les termes dans lesquels ils sont conçus l'établissent jusqu'à la dernière évidence ; à ce titre, nous avons dû, tout en faisant remarquer leur double caractère les mentionner en cet endroit.

Quant à la disposition même des articles 108 , 138 et 144, nous n'hésitons pas à dire que nous la considérons comme essentiellement immorale: nous n'admettons pas qu'en aucun cas, la loi doive employer de pareils moyens pour arriver à la découverte des crimes et à leur répression : la pensée de la délation ne peut naître que dans un cœur perverti et dans lequel tout sentiment d'honneur est depuis longtemps effacé ; la délation est un acte honteux ; la loi ne doit pas favoriser de pareils actes ; elle ne doit pas, en leur donnant une prime, se rendre complice de l'immoralité de ceux qui sont capables de les commettre ; organe de la société, elle doit rester dans une sphère plus pure et plus élevée, refléteur, si on peut ainsi dire, des idées et des sentiments de son siècle ; elle ne doit pas entourer de faveur un acte qui est, de la part de tous les honnêtes gens, l'objet d'une répulsion et d'un mépris mérités.

Le Code espagnol, et c'est à son honneur, n'a dans aucun cas favorisé le délateur ; ce mot-là n'est pas même prononcé dans un seul de ses articles. Dans une circonstance, une seule, celle de la conspiration contre la vie du Roi ou du successeur immédiat à la couronne, la non révélation est punie d'une simple peine correctionnelle, et encore, la loi excepte-t-elle de cette obligation de révéler la conspiration, les ascendants, descendants, conjoints, frères et alliés au même degré de l'accusé ; et enfin, malgré toutes ces restrictions, cette disposition, blamée par M. Pacheco, comme nous le verrons, quand nous serons arrivés à l'art. 162 qui la contient, a-t-elle soulevé les oppositions les plus vives (1).

_____

(1) Je ne vois qu'opprobre pour la société, a dit Beccaria, à auto-
» riser les saintes lois, garants sacrés de la confiance publique, base
» respectable des mœurs, à protéger la perfidie, à légitimer la tra-
» hison. »

CHAPITRE III.

Des circonstances qui atténuent la responsabilité criminelle.

Examen des diverses législations.—Code pénal de 1810. — Caractère des deux Codes. — Réforme de 1832. — Des circonstances aggravantes. — De l'empoisonnement. — Motifs du silence des législateurs sur ce crime. — Examen des paragraphes 8, 9 de l'article 10. — Du privilége d'immunité. — Objet du paragraphe 20. — Hospitalité espagnole. — Fabrication et détention d'armes prohibées non prévus par le Code (Comment. Art. 9, 10.)

Nous avons réuni et placé sur le même plan les deux articles du Code pénal espagnol qui renferment le. système de cette législation, quant aux circonstances atténuantes et aux circonstances aggravantes. Nous avons voulu qu'on pût ainsi embrasser ce système en entier, d'un seul coup-d'œil ; il deviendra plus facile de le juger au point de vue général.

Pour pouvoir néanmoins en faire une juste et saine appréciation, il est bon de connaître les systèmes des législations pénales qui l'ont précédé.

Trois systèmes principaux ont jusqu'à ce jour dominé dans les législations pénales sur cette matière si importante, des circonstances atténuantes et des circonstances aggravantes.

Le plus ancien est celui de la loi romaine : il est résumé par les principes suivants que nous trouvons dans le *Digeste*, loi XVI, titre XIX, livre XLVIII « *Aut facta puniuntur..... aut dicta.... aut scripta.... aut consilia.... sed hæc quatuor genera consideranda sunt septem modis : causa, persona, loco, tempore, qualitate, quantitate et eventu.....* »

Il y a là incontestablement une théorie complète des circonstances aggravantes et atténuantes, au point de vue des causes dont elles peuvent dériver ; seulement, et par suite de la généralité des termes énonciatifs, les tribunaux se trouvèrent, sous ce système, investis d'un pouvoir illimité et omnipotent pour l'atténuation ou l'aggravation des peines, libres d'infliger une peine infiniment légère ou une peine extraordinairement élevée, sans autres limites et sans autre frein que leur volonté, et ce qui est pire, sans responsabilité.

Telle fut la législation pénale de l'Europe entière jusqu'à la fin du XVIIIe siècle. La Révolution française de 1789 arriva, et avec elle et par elle fut introduit, dans la législation pénale, un autre système. Malheureusement, les abus auxquels avait donné naissance le système de la législation pénale romaine avaient été si nombreux et si grands, ils avaient soulevé dans l'opinion publique une répulsion si profonde et si absolue, qu'il se produisit dans l'esprit du nouveau législateur une réaction violente qui l'entraîna dans un système diamétralement contraire. Le Code pénal de 1791 substitua à l'arbitraire illimité du juge l'inflexibilité absolue de la loi; tous les faits criminels compris sous la même qualification furent soumis à la même peine ; le juge, enchaîné

6

par le texte de la loi, n'eut plus la faculté de choisir le châtiment ni même de le modérer ; l'égalité dans la pénalité entraîna, comme l'a dit un célèbre jurisconsulte, une odieuse inégalité de répression ; c'était, non pas améliorer la législation antérieure, mais substituer à un mal fort grave un mal non moins grave ; c'était fermer la porte à un abus pour l'ouvrir à une injustice. Ce fut le second système.

Notre Code pénal de 1810 inaugura le troisième système, en admettant l'influence des circonstances aggravantes et des circonstances atténuantes dans l'application de la peine à certains crimes et délits, en graduant les peines et en leur donnant un maximum et un minimum, en déterminant et plaçant à côté de chaque fait criminel les circonstances aggravantes qui pouvaient se rencontrer dans sa perpétration, tandis qu'il laissait au juge la faculté de reconnaître et d'admettre les circonstances atténuantes, lorsque cela lui paraîtrait convenable, dans les délits entraînant la peine d'emprisonnement. Ce code commença à entrer dans la voie que le progrès des mœurs et de la civilisation avaient indiquée. La réforme de 1832, quoique fort incomplète à tant de points de vue, fit faire à nos lois pénales un pas de plus dans cette voie, en étendant à toutes les catégories de faits criminels le benéfice des circonstances atténuantes. (1)

---

(1) L'influence du droit d'atténuation sur la répression a été l'objet de nombreuses controverses. Cette question vient d'être soulevée tout récemment à l'occasion du discours de rentrée de M. le premier avocat général de Gaujal.

Dans plusieurs articles très-remarquables, M. Bertin, rédacteur en

Dans ce système, le juge n'a plus la souveraineté législative comme dans le système de la loi romaine ; mais il cesse aussi d'être un automate comme dans celui du Code pénal de 1791.

Le Code espagnol admet, lui aussi, l'influence des circonstances atténuantes ou aggravantes sur la peine ; il autorise le juge à accorder le bénéfice des circonstances atténuantes à tous les crimes et délits ; il consacre la division de la peine en trois degrés : minimum, degré moyen et maximum ; mais comme il y a encore en lui de cet esprit de réaction contre l'omnipotence du juge, dont l'Espagne a souffert comme nous et plus longtemps que nous, on remarque dans la loi une tendance, que nous aurons plus d'une fois encore à signaler, laquelle consiste à restreindre le plus possible et à resserrer dans les plus étroites limites l'arbitraire du juge ; cette tendance se fait surtout sentir dans la manière dont procède ce Code pour les circonstances atténuantes et aggravantes. Au lieu de suivre le système de la loi française, de laisser au juge, comme le fait celle-ci, la

chef du *Droit*, a fortement réfuté la doctrine de *l'intimidation* comme base de la pénalité, et a dignement vengé la magistrature de l'étrange reproche *d'énerver la répression par excès d'indulgence*.

L'histoire nous apprend qu'à toutes les époques, les membres du Corps Judiciaire ont prouvé par leurs actes, leurs discours, et leurs écrits qu'ils marchaient dans la voie du progrès. Plusieurs d'entre eux ont pris l'initiative dès réformes introduites dans nos lois criminelles.

Cette indulgence qui les honore, cette application incessante de l'article 463, vrai *modérateur* de la pénalité, heureuse conséquence de l'adoucissement des mœurs, sont les meilleurs arguments en faveur de la prompte révision du Code de 1832.

faculté de reconnaître et d'admettre les circonstances atténuantes, dans les cas où il le croira juste et convenable, et quant aux circonstances aggravantes, de placer à la suite ou à côté de chaque fait criminel celles qui peuvent se présenter dans sa perpétration, il dresse un catalogue, si on peut ainsi parler, de circonstances atténuantes et de circonstances aggravantes. Ce mode de procéder présente des inconvénients que le système du Code français évite complètement. Ces inconvénients sont évidents : ils étaient si faciles à reconnaître que nous ne comprenons guère comment ils n'ont pas frappé le législateur espagnol.

Et d'abord, en ce qui concerne les circonstances atténuantes, elles ne peuvent être l'objet d'une énumération systématique : les circonstances atténuantes sont partout où les voit le juge ou le juré, seul compétent, selon nous, pour les reconnaître. Dans un crime identique commis par deux individus différents, la conscience du juge trouvera des circonstances atténuantes pour l'un des coupables et n'en trouvera pas pour l'autre, et il aura raison dans les deux cas : les circonstances atténuantes, en effet, résultent non-seulement des actes qui ont précédé et accompagné la perpétration du fait criminel, mais aussi de ceux qui ont pu le suivre, du caractère intentionnel de ces actes, du motif qui a inspiré l'accusé, de mille et une nuances matérielles, morales et intentionnelles, variables suivant l'individu, son caractère, son éducation, ses habitudes. Vouloir déterminer et préciser *à priori* toutes ces nuances, toutes ces circonstances infinies, c'est tenter l'impossible ; le moindre inconvénient c'est de faire une énumération incomplète qui, par suite de ce principe qu'en matière pénale on ne peut procéder par analogie d'un cas à un autre, enferme le juge dans une impasse sans issue, au grand détriment de l'accusé et quelquefois de la justice.

Nous en trouvons la preuve en comparant le système du Code espagnol avec une autre législation qui a adopté aussi le système d'énumération.

Le Code autrichien, dans ses articles 39 et 40, indique un grand nombre de circonstances atténuantes que le Code espagnol a omises et qui, aux yeux du juge, peuvent avoir une valeur égale sinon supérieure à celles qu'il a cru devoir admettre :

« Art. 39. Les circonstances atténuantes relatives à la personne sont :

« 1° Si le coupable..... est doué de facultés intellec-
» tuelles restreintes ou si son éducation a été négligée.

» 2° Si la conduite antérieure du délinquant a été
» irréprochable.

. . . .

» 4° S'il s'est laissé entraîner à commettre le délit,
» par une commotion violente d'esprit provenant d'un
» sentiment naturel à l'homme.

» 5° S'il a été poussé au crime par l'occasion que lui
» offrait la négligence d'un autre, plutôt que par l'inten-
» tion criminelle de le commettre.

» 6° S'il a été poussé au crime par une extrême mi-
» sère.

» 7° S'il s'est employé avec zèle à réparer le mal
» causé, ou à empêcher qu'il n'eût des conséquences ul-
» térieures dangereuses.

» 8o Si pouvant se sauver par la fuite ou se cacher,
» il s'est dénoncé et a avoué le délit.

» 9o S'il a dénoncé les autres co-auteurs du délit in-
» connu au moment où il a été commis, et a fourni
» l'occasion et les moyens de s'en emparer.

» 10o Si par l'effet de l'instruction il a été détenu
» fort longtemps sans qu'il y ait de sa faute.

Art. 40. Les circonstances atténuantes qui résultent
du fait, sont :

. . . .

» Si le coupable s'est volontairement abstenu, dans la
» perpétration du délit, de causer un mal plus considé-
» rable, alors qu'il aurait pu le faire.

» 3o Si le dommage a été insignifiant, ou si la per-
» sonne offensée a obtenu du coupable une complète
» indemnisation ou réparation. »

Le Code espagnol de 1822, lui aussi, en contenait
d'autres ; il statuait ce qui suit dans son article 107 :

« Seront aussi considérées comme circonstances de na-
» ture à amoindrir le délit...... 2o l'indigence, l'amour,
» l'amitié, la reconnaissance, la légèreté ou l'entraîne-
» ment d'une passion, qui auraient influé dans la perpé-
» tration du délit.

. . . .

» 4o Cette circonstance que le délit est le premier, et
» que la conduite antérieure du délinquant avait été
» constamment bonne, ou que celui-ci a rendu des ser-
» vices importants à l'Etat. »

A côté de ces circonstances ne pourrait-on encore en
placer mille autres ?

Si donc le législateur espagnol, par une précaution excellente mais qui est la condamnation de son système, n'avait eu soin d'ajouter à la suite de son énumération le paragraphe 8 de son article 9, par lequel il laisse au juge la faculté d'admettre d'autres circonstances atténuantes que celles qu'il indique, dans combien de cas le juge, lié par cette énumération incomplète, n'aurait-il pas été forcé de refuser, contre sa conviction, contre l'évidence, à une foule d'accusés, le bénéfice des circonstances atténuantes ?

Il est une seule circonstance atténuante qui, à nos yeux, pourrait être l'objet d'une disposition formelle et absolue de la loi, c'est celle qui résulterait de l'âge du délinquant. Le Code espagnol, comme on le voit, ne l'a pas omise : il limite seulement à 18 ans la période pendant laquelle l'âge de l'accusé lui attire de droit le bénéfice des circonstances atténuantes. Nous avons déjà, dans l'examen des paragraphes 2 et 3 de l'article précédent, exprimé cette opinion que le juge devrait avoir la faculté de déclarer le défaut de discernement jusqu'à l'âge de 21 ans ; nous pensons qu'à plus forte raison il devrait y avoir admission de droit de circonstances atténuantes jusqu'à cet âge. Cette opinion, du reste, n'a rien de bien nouveau : des Codes pénaux déjà anciens l'ont consacrée ; le Code pénal autrichien dispose dans son article 39 : « les circonstances atténuantes relatives à » la personne sont les suivantes :

» 1º Si le coupable n'a pas accompli ses 20 ans.... »

Le Code pénal brésilien statue, article 18 : « Il y a » circonstances atténuantes pour les crimes :

. . . .

10° Quand le délinquant est mineur de 21 ans. »

Incontestablement, de pareilles dispositions ont été inspirées par cette pensée qui, pour nous, doit décider à admettre même le défaut de discernement, qu'avant 20 ou 21 ans, l'intelligence de l'homme n'ayant pu acquérir un entier développement, il ne peut être rendu absolument responsable de ses actes ; et cela est juste, car cela est basé sur la nature même.

En jetant les yeux sur l'énumération des circonstances atténuantes faite par le Code espagnol, nous en remarquons une qui a un rapport direct avec une disposition de notre Code pénal : c'est la circonstance résultant de ce que le coupable n'a pas eu l'intention de causer un mal aussi considérable que celui qu'il a causé; la disposition concordante de notre Code est celle du paragraphe 2 de l'article 309 ; mais il y a entre les deux dispositions cette différence notable, que la circonstance atténuante indiquée par le Code espagnol est générale, applicable aux crimes, délits et contraventions; tandis que notre Code semble la restreindre au cas spécial pour lequel elle est mentionnée. Mais comme la loi française autorise le juge ou le juré à admettre les circonstances atténuantes, sans consulter autre chose que sa conscience, la disposition restrictive, en apparence, du paragraphe 2 de l'article 309 ne peut faire aucun obstacle à ce qu'ils reconnaissent dans tous les crimes et délits, comme circonstance atténuante, une circonstance de la nature de celle à laquelle la loi espagnole donne cette qualification.

On remarque également que le Code espagnol admet l'ivresse comme atténuation ; c'est là une grave et déli-

cate question. A ne considérer l'ivresse qu'au point de
vue de son action sur l'état intellectuel de l'individu
qui en est atteint, la question ne saurait être douteuse :
l'homme ivre est frappé dans son intelligence et sa liberté d'esprit ; l'ivresse, pendant sa durée, oblitère la
première et anéantit la seconde ; elle produit de plus,
généralement, une excitation violente et irrésistible. Cela
suffirait pour la faire admettre non-seulement comme
circonstance atténuante, mais aussi, conformément aux
principes communs à toutes les législations pénales sur
la responsabilité criminelle, comme circonstance exemptant de responsabilité.

Pourquoi donc n'est-elle pas placée dans cette dernière catégorie par les diverses législations pénales ? La
raison en est fort simple : c'est parce qu'elle procède
presque toujours du fait *volontaire* et *libre* de l'agent.
Or, le bénéfice de l'exemption de responsabilité ne peut
être attribué, en raison et en justice, qu'à des actes *invo-
lontaires* ou *forcés* dans leur principe générateur comme
dans leurs conséquences.

Mais les raisons qui doivent déterminer le législateur
à ne jamais admettre l'ivresse comme circonstance
exemptant de responsabilité criminelle, ne peuvent évidemment être invoquées pour la faire repousser comme
circonstance atténuante. Ici, les principes ne sont plus
les mêmes, et il suffit que l'ivresse, quoique fait volontaire quant à son principe générateur, puisse entraîner
l'individu à commettre un acte qu'il n'aurait pas commis, s'il ne se fût trouvé en cet état, pour qu'elle lui
procure le bénéfice de l'atténuation ; en effet, l'atténuation gît surtout, en règle générale, dans l'absence de dé-

pravation, ou au moins dans le peu de dépravation du coupable. Or, l'ivresse n'implique pas la dépravation, car elle peut être le résultat de la seule imprudence, et alors même qu'elle est chez certains individus devenue une habitude déplorable et blâmable à tous égards, elle ne les entraîne pas nécessairement dans la voie du crime.

Nous n'ignorons pas néanmoins qu'il peut y avoir danger à admettre l'ivresse, même en principe seulement, au rang des circonstances atténuantes. L'ivresse peut souvent ne pas être innocente : l'homme qui a conçu un projet criminel que les avertissements sévères de la conscience, ou la crainte salutaire d'une juste répression peuvent retenir, quand son intelligence n'est troublée par aucune excitation factice, peut chercher dans l'ivresse le moyen de faire taire sa conscience, de chasser l'idée importune de châtiment ; il peut aussi y chercher un moyen de défense contre les poursuites dont il prévoit qu'il sera l'objet. Tout cela est vrai, mais tout cela ne constitue que des difficultés d'appréciation, que le juré et le juge sauront bien reconnaître et résoudre, et qui, en pareil cas, devront, non pas atténuer, mais aggraver à juste titre la position de l'accusé.

Nons savons aussi qu'on pourra nous faire le reproche de favoriser ainsi un vice, qui avilit et dégrade l'homme, s'il ne le rend pas criminel. Ce reproche ne nous touche pas, car il ne nous paraît fondé à aucun titre : accorder à l'ivresse le privilége des circonstances atténuantes, c'est non pas donner un encouragement à l'ivresse, mais appliquer à un fait préexistant et qu'il faut bien accepter, puisqu'il n'est pas en notre pouvoir de le faire disparaître, une mesure de justice et de raison commandée par les principes en matière pénale. La tâche du législateur est d'écrire le principe dans la loi ; celle du juge sera ensuite d'en faire à chaque cas qui se présentera une application raisonnable et salutaire, tout à la fois dans l'intérêt de la société et dans l'intérêt de l'accusé.

Nous avons indiqué les articles 321, 322, 324 et 325 de notre Code pénal français comme correspondant à l'article 9 du Code pénal espagnol. Quoiqu'il s'agisse dans ces articles d'*excuses* et non d'*atténuations*, la loi espagnole n'admet pas l'excuse qui, dans le système de la loi française, tient le juste milieu entre l'atténuation et l'exemption de responsabilité; ou plutôt elle ne l'admet que dans un seul cas, celui où le mari, trouvant sa femme en flagrant délit d'adultère, la tue ou tue son complice (art. 348). Pour tous les autres cas, il y a, dans les circonstances qui ont accompagné le fait, circonstance atténuante ou exemption de responsabilité, ni plus ni moins. Quant à nous, nous pensons qu'il peut y avoir place dans une loi pénale entre l'atténuation et l'exemption de responsabilité, pour une catégorie de faits ou circonstances constitutifs d'excuse; seulement, nous nous hâtons de déclarer qu'à nos yeux les faits et circonstances signalés dans les articles 321, 322 et 324, § 1er du Code français, nous paraissent rentrer plus logiquement dans la légitime défense, et mériter de jouir à ce titre de l'exemption de responsabilité, que dans la catégorie des actes excusables. Nous n'hésiterons donc pas à les classer, en principe, dans le nombre des faits constitutifs de la légitime défense, sauf l'appréciation du jury sur le caractère de gravité des coups portés à l'accusé, du danger que lui faisait courir l'escalade ou l'effraction, et de la réalité du péril auquel a été exposée la vie de l'époux ou de l'épouse.

Nous n'en dirons pas autant du cas prévu par notre article 345 ; celui-là est bien un cas d'excuse, mais rien de plus. Pourraient aussi être rangés dans cette catégorie les cas prévus et indiqués comme circonstances atténuantes par les paragraphes 5 et 7 de l'article 9 du Code pénal espagnol.

Pour ces cas, l'exemption de peine serait trop, la circonstance atténuante n'est pas assez.

Le sentiment sous l'empire duquel agit le coupable, dans le cas du paragraphe 5, est, comme dans le cas de l'article 345 du Code français, un sentiment d'une nature essentiellement respectable et qui mérite une protection spéciale du législateur ; de plus, s'il ne produit pas chez l'individu, au moment où s'accomplissent les faits qui le font naître, un trouble d'entendement suffisant pour le priver de sa raison et de sa liberté d'esprit d'une manière absolue, il crée une irritation, une excitation suffisantes, pour qu'on puisse admettre que la volonté n'a pas été complètement libre.

Dans le cas du paragraphe 7, l'acte de l'agent ne peut être considéré aussi comme complètement volontaire ; sa situation est moins favorable que celle de l'individu qui est violenté par une force irrésistible, ou poussé par la crainte insurmontable d'un mal considérable (parag. 9 et 10 de l'article 8), car si, dans les deux derniers cas, l'acte est absolument privé de liberté d'action, on peut dire que, dans le premier, elle n'est pas assez complète pour rejeter le bénéfice de l'excuse.

Arrivons maintenant aux circonstances aggravantes.
S'il est impossible que le législateur fasse *à priori* un
système complet de circonstances atténuantes, à cause
même de la nature essentiellement variable et du nombre infini de ces circonstances, en tant surtout qu'elles
naissent de l'état moral et intellectuel, particulier à
chaque individu, la même difficulté ne se rencontre pas
à l'occasion des circonstances aggravantes : il est facile
pour celles-ci de les embrasser du regard, par la pensée,
et de les déterminer à l'avance et par voie de disposition
générale ; le principe, en cette matière, est commun à
toutes les législations pénales ; l'immoralité de l'agent
résultant soit de ses antécédents, soit de la nature particulière de l'acte commis, soit de la nature des moyens
employés pour le commettre, l'étendue du mal causé et
la facilité de commettre le fait criminel ; voilà les bases
sur lesquelles doit reposer un système de circonstances
aggravantes ; elles ne peuvent avoir d'autre origine.

Le législateur espagnol abandonnant la méthode suivie par le législateur français et quelques autres, de
placer à côté de chaque fait punissable les circonstances
aggravantes qui lui étaient particulières, pour réunir
toutes ces circonstances en un seul groupe, sous une
rubrique et dans un chapitre spécial, pouvait donc, en
ne perdant pas de vue le principe et en glanant au besoin dans les législations étrangères, édicter un système
complet de circonstances aggravantes.

Il n'en est rien pourtant : au lieu d'un système complet, nous n'avons qu'une énumération fautive et mal
coordonnée, dans laquelle l'omission de certaines circonstances aggravantes des plus graves, ressort encore

plus de l'étalage magistral de certaines autres circonstances d'une valeur essentiellement discutable.

Puis, comme si cette œuvre ne portait pas en elle-même la preuve de son insuffisance, le législateur la termine par un paragraphe (le § 23) ainsi conçu : « *et enfin toute autre circonstance de même valeur et analogue aux circonstances précédentes* » ; il y a dans ces quelques mots un aveu d'imperfection, une condamnation radicale des prétentions artistiques et systématiques de la loi, qui suffiraient pour justifier la critique que nous venons d'en faire ; et cependant nous trouvons dans son *livre second* intitulé : *des délits et des peines*, une justification plus complète encore de cette même critique. Qu'on parcoure le chapitre de l'homicide, celui de la piraterie, celui du vagabondage, celui des coups et blessures, celui des injures, etc., etc., et à chaque page on rencontrera des articles dans lesquels, à côté du crime ou du délit qu'ils indiquent et punissent, sont placées des circonstances aggravantes, omises dans l'art. 10, quoique, par leur caractère de généralité et de gravité, elles méritassent d'y trouver une place.

Mais le même paragraphe 23 doit être à un autre point de vue l'objet d'une appréciation, et disons mieux, d'une censure sévère ; il est, en effet, la violation formelle de ce principe de toutes les législations pénales, *qu'en matière de peines ou*, ce qui est la même chose, d'aggravation de peine, *il ne peut être procédé par voie d'analogie*. Ce principe qui est non seulement une sauvegarde pour l'accusé, en ce qu'il le met à l'abri de l'arbitraire du juge, est aussi la base de la séparation des pouvoirs législatif et judiciaire ; qui ne comprend que le jour où le juge peut à son gré créer une circonstance aggravante, il cesse d'être l'organe et l'exécuteur de la loi pour devenir législateur ! Qu'importe la restriction, que la circonstance doit être de la même valeur et analogue à celles que la loi énumère ! Qui donc est juge de l'accomplissement de cette condition ? c'est le magistrat lui-même, et il est juge et partie.

Chose remarquable ! ce même Code pénal espagnol, dans son article 19, consacre le principe que détruit le §23 de son art. 10; il établit dans cet article 19, que ne pourra être appliquée à un fait criminel aucune peine autre que celles *antérieurement établies* par la loi ; il a déjà dit dans son article 2, que ne pourront être punis d'autres actes que ceux que la loi a déjà *antérieurement* qualifiés de délits ou contrevantions, et puis entre ces deux articles il jette ce § 23, sans s'apercevoir de la contradiction radicale qui existe entre ces dispositions, sans paraître se douter que, cela faisant, il abdique, au détriment de la justice, au détriment de l'accusé, à son propre détriment, son pouvoir législatif entre les mains de l'autorité judiciaire.

Parmi les circonstances aggravantes, énumérées par l'art. 10 du Code pénal espagnol, les unes appartiennent à la catégorie des circonstances admises comme aggravantes par toutes les législations pénales, les autres sont particulières à ce Code.

Nous ne ferons qu'indiquer les premières : ce sont celles qui résultent de la récidive, de la préméditation, du guet-à-pens, des actes de barbarie ou tortures exercées sur la victime; du fait de commettre un délit ou un crime comme moyen d'en commettre un autre, du fait de commettre le crime ou délit, de nuit, en bande avec armes, effraction intérieure ou extérieure, escalade, etc. Quant aux secondes, elles méritent que nous nous y arrêtions un peu plus longtemps.

L'une des plus remarquables parmi ces dernières, c'est celle du § 1er, qui, attachant à la parenté du coupable avec la victime la faculté d'aggraver le crime ou le délit, descend jusqu'aux frères et sœurs, jusqu'aux *alliés* au même degré; sans doute, les liens du sang doivent être respectés, et celui qui est assez malheureux ou plutôt assez perverti pour n'en tenir aucun compte, celui dont le cœur est assez dépravé pour ne pas sentir tout ce que ces liens imposent de retenue, de respect sinon d'affection et de tendresse, celui-là mérite toutes les sévérités de la loi et toute la réprobation des gens de bien.

Mais, d'une part, ceci n'est pas applicable aux alliés, au degré de frères et sœurs, c'est-à-dire aux beaux-frères et belles-sœurs, entre lesquels n'existe réellement aucun lien du sang, et d'autre part, il ne faut pas confondre et placer sur la même ligne d'aggravation, l'acte criminel du fils à l'encontre du père et celui du frère à l'encontre du frère; évidemment ils ne sont pas également coupables; il y a là une différence à établir, et si l'on s'en tenait aux termes même du paragraphe que nous examinons, il paraîtrait qu'aux yeux du législateur cette différence n'existe pas; nous devons dire cependant que cette démarcation a été par lui établie plus loin dans son article 332, lequel, qualifiant et punissant l'homicide des pères et mères, enfants ou autres ascendants et descendants et du conjoint, ne comprend pas dans cette qualification et ne frappe pas de cette même peine , le meurtre du frère par son frère ; il en est de même de l'art. 343, qui statue sur les lésions corporelles qui peuvent être faites à ces mêmes personnes. N'est-il pas remarquable que ces deux dispositions ni aucune autre du Code, ne prévoient le cas de meurtre ou de lésions corporelles commis par un frère contre son frère ?

Le Code pénal français admet, lui aussi, l'aggravation résultant de la parenté, mais il ne va pas aussi loin que le Code pénal espagnol ; il n'attribue la faculté d'aggravation qu'à la parenté la plus rapprochée, les père ou mère légitimes , naturels ou adoptifs , ou autres ascendants légitimes.

La rédaction du paragraphe qui nous occupe est essentiellement malheureuse. A la lecture de cette formule synthétique, dont les termes semblent repousser toute exception, il est permis de croire que le législateur espagnol a toujours et dans tous les cas, admis les relations de parenté comme circonstances aggravantes. Il n'en est rien pourtant, et il est des délits pour lesquels la parenté , bien loin d'aggraver le délit , jouit du privilége d'exempter le coupable de toute peine. Ces délits sont les délits de vol, fraudes et de dommages (art 479), c'est-à-dire à peu près la moitié des délits contre la propriété, reconnus et punis par le Code pénal espagnol. L'exception valait , ce nous semble , la peine que le législateur en tint compte dans la rédaction du paragraphe qui nous occupe , et méritait d'influer un peu sur sa rédaction.

Le § 3 de ce même article 10, nous présente un cas de circonstance aggravante, qui doit incontestablement

7

trouver place dans une énumération de circonstances de cette nature. Puisque, ainsi que nous l'avons dit, l'immoralité de l'agent est un des motifs d'aggravation acceptés par toutes les lois pénales, il n'est pas possible de se refuser à reconnaître au cas prévu par le § 3, les caractères les plus incontestables d'aggravation. L'homme qui se laisse entraîner au crime par l'argent, une récompense ou une promesse, et qui consent ainsi, de sang-froid, à devenir l'instrument de la vengeance ou des passions d'un autre, serait le plus infâme des hommes, si celui qui le paie n'était pas encore plus infâme que lui. Pour un pareil homme, il ne peut y avoir ni pitié dans la loi, ni miséricorde dans le cœur du juge, car il n'existe plus d'espérance de le voir revenir au bien : vendu au crime, il ne peut plus appartenir désormais qu'au crime ; la loi et le juge doivent le traiter sans rémission.

L'inondation, l'incendie et l'empoisonnement, constituent par eux-mêmes, dans notre loi française, des délits ou des crimes généralement considérés par le législateur comme fort graves, et à ce titre punis par lui très-sévèrement. Le Code pénal espagnol, § 4 de l'article 8, les classe dans la catégorie des circonstances aggravantes. Cela veut-il dire que, dans sa pensée et suivant son système, ils ne doivent pas être considérés comme constituant, à eux seuls, des délits ou des crimes particuliers ? Oui et non.

Non, pour l'incendie et l'inondation, auxquelles il consacre le chapitre 7 du tit. 14 de son livre 2e ;

Oui, pour l'empoisonnement.

En effet, aucune disposition légale ne qualifie l'empoi-

sonnement de crime , et n'édicte contre lui une peine
particulière. Est-ce le résultat d'un oubli ou d'un parti
pris ? Nous n'hésitons pas à penser que c'est volontairement que le législateur espagnol a ainsi statué. Un oubli
de sa part n'était pas possible, et il ne faut pas chercher
ailleurs que dans les mœurs espagnoles l'explication d'un
fait en apparence si bizarre.

L'empoisonnement est un crime fort rare en Espagne.
Le caractère ardent , passionné mais généreux et cou-
rageux de ses habitants, répugne à un crime aussi lâche.
Ses statistiques criminelles en témoignent. Nous avons
parcouru celles de dix années (1841-1851). L'année
1843 est la plus chargée de toutes en crimes de cette
nature, et nous remarquons, néanmoins, qu'il ne s'est
produit, dans le courant de cette année-là, que 18 accusations d'empoisonnement (1).

Ces crimes étaient-ils plus communs autrefois ? La
statistique ne peut nous aider à résoudre cette question,
mais il nous semble que la législation la résout à défaut
de la statistique. Ainsi , nous voyons que les anciennes
lois espagnoles considéraient ce crime non seulement
comme un crime atroce pardessus tous, et pour l'expiation duquel des supplices particuliers étaient créés, mais
surtout qu'elles le considéraient comme un fait fortuit ,
un événement fort rare. *Las Partidas* s'exprimait ainsi,
L. VII, tit. 8, p. 7 : « Et si *par hasard (por ventura)*,
» il tuait avec lui (le poison), en ce cas, l'assassin doit
» mourir d'une manière infamante, étant jeté aux lions
» ou aux chiens, ou à d'autres bêtes qui le tuent. »

(1) Voir le *Diccionario géografico, estadistico, historico de Pascual*
MADOZ.

Le Code pénal de 1822, prédécesseur immédiat de celui-ci, n'en parle même pas ; il semble qu'il n'a pas cru un pareil crime possible.

Tel est l'état de la législation ancienne et moderne, en Espagne, sur l'empoisonnement. Il nous paraît en résulter clairement que c'est aux mœurs seules, qui rendent ce crime fort rare, et non à un oubli ou un caprice du législateur qu'il faut attribuer le silence du législateur espagnol, et le motif qui l'a porté à ne faire de l'empoisonnement qu'une circonstance aggravante.

Nous approuvons la pensée qui a dicté le paragraphe 8 de l'article 10 : l'homme qui frappe une femme sans respect pour son sexe, ou un vieillard sans respect pour son âge ou un enfant sans respect pour sa faiblesse, nous a paru toujours, et doit paraître aux yeux de tous, bien plus digne des sévérités de la justice que celui qui, dans une dispute ou dans une lutte quelconque, a frappé un homme, dont les forces étaient égales aux siennes ; nous en dirons autant de celui qui, se trouvant accidentellement ou par profession, tel qu'un militaire, porteur d'une arme, s'en sert contre un adversaire désarmé ; il y a dans l'un et l'autre cas un abus de force, ou un emploi de moyens de nature à affaiblir ou même à rendre impossible la défense, qui indiquent un oubli complet des sentiments d'honneur et de loyauté, qui ne peut se rencontrer que chez des hommes dont le cœur est déjà gangrené et perverti : pour ceux-là, la loi n'est que juste en étant rigoureuse, et le magistrat, en les punissant sévèrement n'est que l'interprète de ce sentiment intime et instinctif, qui porte tout individu à protéger la faiblesse contre les excès de la brutalité.

Le paragraphe 9 de ce même article, fait de l'abus de confiance une circonstance aggravante ; il ne faudrait pourtant pas supposer que, dans la pensée du législateur espagnol, l'abus de confiance ne peut jamais constituer à lui seul un délit particulier.

Le Code pénal français a, sur ce point, un système fort simple et fort logique : toutes les fois que l'abus de confiance peut être regardé comme moyen employé pour arriver à commettre un fait criminel plus grave, sa criminalité particulière est absorbée par la criminalité plus grave du fait principal, et il est considéré dès lors comme circonstance aggravante de ce dernier fait ; lorsque au contraire, il se présente comme élément principal sinon unique du fait criminel, il constitue un délit spécial prévu et puni par des dispositions particulières.

Les exemples du premier cas se trouvent dans les §§ 3 et 4 de l'art. 386 ; ceux du second dans les art. 406, 407 et 408.

Le Code pénal espagnol a suivi ce système ; car, après avoir rangé l'abus de confiance dans la catégorie des circonstances aggravantes, il a édicté deux dispositions, celles de ses articles 452 et 458, qui placées dans la section des *escroqueries et autres tromperies*, sont, à très-peu de chose près, la reproduction des articles 406, 407 et 408 du Code français, et ont, en tous cas, été inspirés par la même pensée, car ils frappent les mêmes actes.

La disposition du § 13 (art. 10), est fondée sur un sentiment de moralité généreuse, et sur un principe de droit qui la justifient pleinement.

Celui qui dans un de ces moments de suprême péril,

ou d'immense calamité, n'a trouvé dans son cœur que des pensées criminelles, au lieu de sentiments sympathiques et fraternels, n'est pas digne de trouver dans le cœur du juge indulgence et pitié.

Celui qui, au lieu d'employer toutes les forces de son corps et de son intelligence à secourir ses semblables en danger, n'a songé qu'à profiter de la confusion et du trouble produits par le péril, pour commettre plus facilement et avec une plus grande sécurité un crime ou un délit, doit être d'autant plus sévèrement puni que les circonstances dans lesquelles il a agi, rendent plus difficile la découverte du fait criminel et celle du coupable.

Cela est juste au point de vue humain comme au point de vue légal.

La circonstance aggravante prévue dans le § 16 du même article 10, se comprend plus difficilement : commettre un délit au mépris de l'autorité publique ou dans le but de l'outrager, c'est, ce nous semble, commettre deux délits; un délit principal d'abord et ensuite celui d'outrage à l'autorité ; or, le délit d'outrage à l'autorité est prévu et puni dans tous les actes et circonstances possibles, par les trois premiers chapitres du titre 3, livre 2, du Code espagnol, de telle sorte, que la circonstance indiquée comme aggravante par le § 16, devra, dans la pratique, ou n'être rien, ou être un délit particulier. Ce paragraphe était donc inutile.

La Religion, ses Ministres, ses églises et ses cérémonies, sont l'objet d'une protection spéciale de la part du législateur espagnol. Le titre premier de son livre 2, consacre les onze articles dont il se compose (art. 121

à 133), aux crimes ou délits qui peuvent être commis contre elle. On y retrouve quelques unes des dispositions de notre ancienne loi du 20 avril 1825, moins cependant, hâtons nous de le déclarer à la louange du législateur espagnol, les peines énormes qui faisaient de la fameuse loi sur le *sacrilége*, une loi barbare et atroce, dont les auteurs avaient oublié qu'ils étaient des législateurs du XIX⁰ siècle, et non des inquisiteurs du XVI⁰.

Cette tendance religieuse de la loi espagnole, suffirait pour expliquer la disposition du § 19 de son article 10; *néanmoins* cette disposition s'explique tout naturellement aussi, en tant que l'aggravation résultant du fait de commettre un crime ou un délit dans une église, est considérée comme une aggravatiou simple et de la même nature que celle qui résulte de la perpétration d'un fait criminel dans un lieu habitable, ou pouvant servir à l'habitation ; en ce cas et à ce point de vue, il y a concordance parfaite entre notre Code pénal et le Code pénal espagnol.

Mais la circonstance d'aggravation résultant de la perpétration d'un crime ou délit, dans un lieu jouissant du privilége d'immunité (*lugar inmune*), est tout à fait spéciale au Code pénal espagnol, et à ce titre elle mérite quelques explications.

En quoi consiste ce privilége et quels sont les lieux qui en jouissent ?

Dans les XV⁰, XVI⁰, XVII⁰ siècles et même jusqu'au milieu du XVIII⁰, ces lieux étaient nombreux en Espagne, et l'accusé qui parvenait à les atteindre et à s'y réfugier, jouissait d'un véritable privilége d'impunité, en ce sens que la justice ne pouvait l'en arracher, et qu'il lui était généralement assez facile, au bout d'un certain temps passé dans ce refuge, de se soustraire, par une fuite préparée à l'aise, aux poursuites, dont il était l'objet.

Aux époques que nous venons de citer, tout palais servant ou ayant servi de résidence aux souverains, toute église, tout couvent, tout hermitage même, était un *lugar inmune*.

Une bulle du pape Clément XIV, expédiée le 12 septembre 1772, les réduisit considérablement. Cette bulle disposa d'abord qu'aux églises seules resterait attaché le privilége d'immunité, et encore seulement à certaines églises, à une ou deux au plus dans chaque ville qui en posséderait plusieurs. Cette ville ou ces églises devaient être désignées par l'Evêque du diocèse, et l'église cathédrale devait être désignée de préférence à toutes autres. Les hermitages s'en trouvèrent ainsi complètement dépouillés. De plus, la bulle disposait expressément que ce droit d'asile ne pouvait même être le partage des églises rurales, dans lesquelles ne se garde pas le Saint-Sacrement, ou qui ne seraient pas immédiatement attenantes à la demeure d'un prêtre ayant charge d'âmes.

L'autorité religieuse, ayant ainsi considérablement diminué le nombre des édifices religieux qui étaient *lugares inmunes*, l'autorité civile enleva à son tour l'immunité aux palais des souverains, de sorte qu'aujourd'hui, quelques églises seulement en jouissent.

Les conséquences du privilége ont été aussi singulièrement amoindries. L'accusé qui s'est réfugié dans un *lugar inmune*, ne peut plus espérer que la justice ne viendra pas l'y trouver, et qu'il aura le temps de préparer les moyens de se soustraire à son action. Toute amoindrie qu'est cette immunité, elle a néanmoins encore quelque puissance. Ainsi, dans certains cas, elle protége la vie de l'accusé, dans d'autres elle entraîne un adoucissement de peine.

Voici, du reste, en quelques mots, comment il est procédé judiciairement contre l'accusé qui est parvenu à se réfugier dans un *lugar inmune*, l'indication des cas dans lesquels il tire quelque profit de ce refuge, et celle des circonstances dans lesquelles il n'y a aucun avantage pour lui à rechercher cet asile.

Lorsqu'un individu est entré dans un *lugar inmune*, il doit en être extrait par les soins du Recteur, Curé ou Prélat de l'église, et conduit par son ordre et avec une note de lui, devant le juge du ressort. Celui-ci le reçoit, et garantit verbalement ou par écrit (au choix de l'accusé), *sa vie et ses membres*. Puis, le juge procède à une instruction sommaire. Si de cette instruction il résulte que l'acte reproché à l'accusé a peu de gravité, et n'entraîne pas de peines corporelles, ou ne mérite qu'une peine légère telle que les arrêts, par exemple, l'accusé est mis en liberté. Si le délit paraît grave, il est retenu, et l'instruction se poursuit dans les formes légales jusqu'au bout ; dans ce cas, la retraite de l'accusé dans le *lugar inmune*, ne lui profite qu'en ce sens, qu'il ne peut être condamné à une peine dépassant dix ans de galères, jamais à la réclusion, et par suite encore moins à la peine de mort.

Les crimes et délits, qualifiés par la loi de *graves* ou *atroces*, et énumérés par elle au nombre de 23 font exclure leurs auteurs, alors même qu'ils se sont réfugiés dans

un *lugar inmune*, du privilége d'immunité. Les plus remarquables parmi ces crimes, sont : les meurtres avec
circonstances aggravantes ; les différentes espèces de
faux, y compris la fausse monnaie ; les vols de nuit, les
vols avec violence, l'incendie et le *fait d'avoir arraché,
par la force , un coupable du lugar inmune.*

Les auteurs de pareils faits criminels, s'ils se sont
réfugiés dans un *lugar inmune,* doivent être remis entre
les mains de la justice sans condition, et leur procès est
instruit sans qu'il y ait lieu de se préoccuper de cette
circonstance.

Si l'ecclésiastique, desservant de l'église qui jouit du
privilége d'immunité, et dans laquelle l'accusé a cherché
un refuge, refuse de le livrer à la justice, le juge de première instance, instructeur, suspend immédiatement
toutes poursuites et remet la cause au tribunal supérieur,
c'est-à-dire à l'*Audiencia,* cour d'appel du ressort, avec
un rapport de lui. Le ministère public près ce tribunal
introduit alors et soutient ce qu'on appelle le *recours de
force.* C'est la demande tendant à obtenir de l'*Audiencia,*
arrêt qui ordonne que , sans s'arrêter à l'opposition de
l'ecclésiastique, l'accusé soit extrait du *lugar inmune,* et
livré à la justice.

Il ne faudrait pas croire qu'il règne , entre l'autorité
civile ou judiciaire, et l'autorité ecclésiastique, une en-
tente tellement cordiale, que les cas dans lesquels la
justice est obligée d'employer le moyen extrême du *recours de force* soient fort rares. Cela arrive, dit M. *Ortiz
de Zùniga* (1), assez souvent, même lorsqu'il s'agit de

(1) *Biblioteca judicial ,* tom. 2, pages 137 et suivantes.

prévenus de faits auxquels ne s'applique pas notoirement
le privilége d'immunité. Et la statistique de l'*Audiencia*
de Madrid nous apprend que cette Cour, en une seule
année, l'année 1843, a, pour sa part, jugé définitivement *quatre recours de force*, et qu'à la fin de l'année,
il y en avait encore plusieurs à l'état d'instruction devant
elle.

Le paragraphe 20 (article 10), contient une disposition que nous ne saurions assez approuver, abstraction
faite de la circonstance d'exécution du fait criminel en
offense ou mépris de la dignité d'un individu, laquelle
nous paraît constituer, comme la circonstance relevée
par le § 16 du même article, un outrage à des fonctionnaires publics, le mot dignité devant ici incontestablement
s'entendre de la dignité qui est inhérente à l'exercice de
certaines fonctions. C'est ainsi, du moins, que l'entend
M. Pacheco qui, après avoir justifié la disposition du
paragraphe, en ce qui touche la protection dont il entoure l'âge et le sexe, ajoute : (1)

« Nous avons dit que le respect est dû à ces personnes
» de par la loi de la nature ; il en est d'autres, auxquel-
» les il est dû de par la loi de la société : nous parlons
» de ceux qui jouissent, dans cette même société, d'un
» caractère, d'une dignité qui les élèvent au dessus du
» commun : les prêtres, les magistrats, les chefs de
» quelque établissement ou service, de la part de leurs
» subordonnés. »

Mais à laisser de côté ce point de vue, évidemment
le surplus de la disposition du § 20 ne peut être l'ob-

(1) *El Còdigo penal concordado y comentado*, tom. 1, p. 257, n° 2.

jet de la critique ni du jurisconsulte , ni du simple citoyen ; personne ne s'élèvera contre la protection accordée par la loi à la vieillesse, à l'enfance, à la faiblesse
de la femme ; personne ne se récriera contre le respect
dont la loi veut qu'on entoure le domicile, asile et
sanctuaire de l'individu et de la famille.

En Espagne, plus que partout ailleurs peut-être , la
loi doit se montrer sévère pour l'homme qui ne franchit
le seuil du domicile d'un citoyen, que pour faire de ce
domicile le théâtre d'un crime. Dans ce pays, en effet,
les mœurs, essentiellement hospitalières, font de la maison de chacun la maison de tous ; celui qui entre pour
la première fois dans une maison espagnole, n'en sort
pas , sans avoir entendu de la bouche du maître de
maison ces paroles : *cette maison est à votre disposition;*
et les personnes qui ont habité quelque temps l'Espagne , savent par leur propre expérience qu'une pareille
offre n'est pas une simple politesse , mais l'expression
vraie d'une cordiale confiance.

Il nous reste, pour terminer l'examen de l'article 10,
une dernière observation à faire sur son paragraphe 22.

Du texte même de ce paragraphe il résulte, ce qui
est vrai, du reste , que le Code pénal espagnol ne contient pas de disposition relative à la fabrication, au débit et à la détention des armes prohibées .

L'absence de disposition de cette nature dans ce Code,
alors que toutes les législations pénales, et la nôtre surtout , sont si sévères sur ce point , mérite d'attirer
l'attention et engage à en rechercher le motif.

Le fait parait plus étrange encore, lorsqu'en étudiant
la législation pénale espagnole antérieure à son code ac-

tuel , on rencontre dans cette législation les peines les plus sévères, jusqu'à des *4* ou *6* ans *de galère* , pour le fait d'avoir fait usage, ou même d'avoir été trouvé détenteur d'armes prohibées.

L'explication de cette étrangeté est fort simple. Pendant bien longtemps , l'Espagne n'a pas eu de troupe spécialement organisée pour la défense ou la sûreté des citoyens ; de là le besoin , la nécessité pour chacun , de porter continuellement avec soi, en voyage ou en ville, des armes de toute espèce pour protéger sa personne ; car non seulement les routes et les chemins étaient infestés de voleurs, mais ces malfaiteurs, rendus audacieux par l'absence de forces militaires destinées à les poursuivre , venaient quelquefois chercher leurs victimes jusque dans les villes même.

Aussi, veut on savoir comment s'exécutaient ces lois si sévères sur la fabrication, le débit ou la détention des armes prohibées, avant qu'elles n'eussent été abrogées par le Code actuel ?

M. Pacheco , après avoir dit que ces lois étaient obscures et même contradictoires sur la simple désignation ou énumération des armes prohibées, ajoute : (1)

« Nous dirons la même chose de la manière dont
» elles étaient exécutées : les pistolets et les couteaux-
» poignards étaient prohibés ; et néanmoins ils se fa-
» briquaient et se vendaient publiquement ; les épées
» étaient une arme défendue par dessus toutes , et ce-
» pendant il y a eu un temps où toutes les personnes

---

(1) *El Còdigo pénal concordado y comentado*, tom 1 , p. 260 , numéros 4 et 5.

» honorables en portaient dans leurs cannes. Les poi-
» gnards même, ont toujours été exposés en vente dans
» tous les établissements qui ont voulu se livrer à ce
» commerce.

» Une semblable position était insoutenable. Quand
» on considère surtout, qu'il n'y aura pas eu un seul
» juge, peut-être, de tous ceux qui ont appliqué la loi
» sur les armes prohibées, *qui ne fût lui-même coupable*
» *du délit qu'il réprimait*, on conçoit bien qu'il était
» nécessaire d'abroger complètement de pareilles lois.»

La nécessité l'ayant ainsi emporté sur la loi, l'habitude de porter toute espèce d'armes, même en ville,
resta, lorsque la nécessité eût disparu, par la création
en 1847 ou 1848, d'une troupe appelée *Guardia civil*,
garde civile, qui n'est autre chose, quant à son organisation, ses réglements, ses attributions et son costume même, que notre gendarmerie française.

En présence de cette habitude, tellement répandue et
enracinée qu'elle est passée dans les mœurs espagnoles,
le législateur du Code pénal de 1848, a cru devoir ne
pas se mettre en hostilité ouverte avec elle et la brus-
quer, il a pensé avec raison, selon nous, qu'il fallait,
quelque dangereuse qu'elle pût être dans certains cas,
en attendre l'abrogation plutôt de l'adoucissement des
mœurs par l'instruction, ou même de la désuétude, que
des prohibitions sévères de la loi, et alors il a laissé à
des réglements de police, dont la violation n'entraîne
que des peines légères, le soin d'aider à son anéantissement.

Néanmoins, et par la raison même que la possession
et le port des armes ordinaires ne sont pas défendus, il

a fait de l'usage des armes prohibées par les réglements, dans la perpétration d'un crime ou d'un délit, une circonstance aggravante ; et cela n'a rien que de très-naturel et de très-juste.

TITRE II.

Des Personnes responsables des Délits et Fautes.

CHAPITRE Ier.

Des auteurs. — Des complices. — Des recéleurs. — Opinion de
M. Pacheco. — Considérations sur le § 3 de l'article 14. — (Commentaire des articles 11, 12, 13 et 14.)

Les dispositions du chapitre 1er du titre 2 du Code
pénal espagnol, se présentent à l'examen du jurisconsulte sous deux aspects également intéressants.

D'une part, la division des personnes criminellement
responsables en trois catégories distinctes ; de l'autre, la
définition des caractères constitutifs de la qualité d'auteur, de celle de complice, et de celle de recéleur.

Procédons par ordre.

Sont criminellement responsables des délits et contraventions, dit l'art. 11 :

1o Les auteurs ;

2o Les complices ;

3o Les recéleurs.

Le Code pénal français distingue, lui aussi, les personnes criminellement responsables en auteurs, complices et recéleurs, mais cette distinction n'est que nominale, elle n'entraîne pas une distinction dans la responsabilité ; ce Code place, quant à la responsabilité, auteurs, complices et recéleurs sur la même ligne.

Il n'en est pas de même du Code espagnol : sa distinction est effective dans le droit comme dans le fait. La responsabilité de l'auteur est, dans son système, supérieure à celle du complice, et celle de celui-ci est plus grande que celle du recéleur ; nous verrons dans quelle proportion relative est établie cette différence de responsabilité, lorsque nous aurons à examiner les dispositions du chapitre 4 du livre 3.

Dès à présent, et le principe de la distinction effective des trois catégories de personnes criminellement responsables étant constaté, nous n'hésitons pas à déclarer qu'à nos yeux, le système du Code pénal espagnol est sur ce point bien préférable à celui du Code pénal français.

Le législateur français semble avoir oublié ce précepte ou plutôt cet axiôme pénal, dont il a pourtant fait souvent l'application dans la distribution des peines, que la *culpabilité augmente* et que, par conséquent, *la peine doit être augmentée aussi* proportionnellement à *l'immoralité et à la perversité* que révèlent, chez l'accusé, *les faits dont il s'est rendu coupable* ; évidemment il y a plus de perversité chez l'homme qui tue que chez celui qui fournit l'arme destinée à la perpétration du crime ; il y a plus de perversité chez l'homme qui entre pour voler dans une maison, disposé à assassiner quiconque lui résistera ou le gênera dans l'accomplissement de son crime, que chez celui qui fournit les renseignements qui doivent faciliter le mal, ou chez celui qui tient l'échelle par laquelle le premier pénètre dans la maison ; mettez , en effet , le poignard dans la main de celui qui l'a fourni, et bien souvent il arrivera qu'il refusera d'en faire usage, et la vue de la personne qui va être sa victime , le fera reculer d'horreur et le poignard s'échappera de sa main ; dites à celui qui fournit les renseignements nécessaires à l'accomplissement du vol , ou à celui qui veille au-dehors pendant qu'il se commet, de le commettre lui-même, et bien souvent il arrivera qu'il repoussera énergiquement la proposition.

La pratique des affaires criminelles n'apprend-elle pas d'ailleurs, que presque toujours le complice n'a fait que subir l'ascendant exercé sur lui par l'auteur principal, et qu'en tous cas, c'est celui-ci qui a eu la première pensée du crime , qui a fait au complice les premières propositions de participation , qui a combattu ses hésitations, encouragé ses premières dispositions mauvaises ?

Il y a, entre le complice et le recéleur, une distance plus grande encore que celle qui sépare le complice de l'auteur principal ; le recéleur ne prend aucune part directe ou indirecte au crime ou au délit ; lorsqu'il intervient tout est consommé ; il facilite le partage ou l'écoulement des produits du vol ; il en a même presque toujours, sans doute, une part quelconque , et à ce titre , il doit être puni ; mais la raison et la conscience de tous ne repoussent-elles pas une assimilation complète, non seulement entre lui et l'auteur principal , ce qui pour nous est le comble de l'erreur , mais même entre lui et le complice ? Poser une pareille question, à notre avis c'est la résoudre !

Nous n'ignorons pas qu'on dit souvent, que s'il n'y

avait pas de recéleurs, il n'y aurait pas de voleurs; cela
est vrai pour quelques cas , mais non pour tous ; souvent les voleurs se servent de recéleurs à eux-mêmes ;
admettons néanmoins qu'il en soit ainsi , est-ce une
raison pour en conclure qu'ils doivent être punis de la
même peine que les voleurs? Nous ne comprenons pas
cette logique ; ce n'est pas d'ailleurs par la logique que
se font les lois pénales ; elles sont basées sur des fonde-
ments plus solides et moins sujets à l'erreur ; pour
savoir de quelle peine doit être frappé le recéleur , il
ne faut se demander qu'une chose : quel est le degré
d'immoralité , de perversité que décèle son action ? et
à cette question, personne , magistrat , jurisconsulte ou
simple citoyen ne répondra : il est égal à celui du voleur
ou du complice !

Le recéleur est ordinairement entraîné à accepter
cette position , par esprit de lucre ; on gagne l'argent
facilement , promptement, et on en gagne beaucoup à
faire ce coupable métier, c'est en cela que gît la séduction, mais il n'y a là aucune preuve, aucune présomption
que l'homme, dont les sentiments sont assez abjects
pour consentir à se faire recéleur , soit assez profondément perverti pour devenir voleur par lui-même ou
même simple complice d'un voleur ; il y a chez le voleur et même chez le complice , mais à un degré bien
moindre, non seulement perversité , mais audace dans
la perversité ; qu'est-ce qui indique cette audace dans
l'acte du recéleur ? Qu'est-ce qui indique que celui qui
attend tranquillement et sans participation directe ou
indirecte au vol , les produits de ce vol pour les recéler
et en prendre sa part pour prix de son recel , serait ca-

pable d'aller le voler lui-même ou d'aider d'une manière quelconque à la perpétration, ou même à des actes destinés à préparer ou faciliter la perpétration du vol ?

Non, évidemment il n'y a aucun motif légal, raisonnable même, de placer sur la même ligne et de soumettre à la même responsabilité pénale, le recéleur et le complice, encore moins le recéleur et l'auteur principal.

Nous le répétons donc, sur ce point le Code pénal espagnol l'emporte sur le Code pénal français, en justice, en raison, en vérité et en équité.

Arrivons maintenant à la définition donnée par le Code espagnol, des auteurs, complices et recéleurs.

D'après lui on peut être auteur, ou du moins considéré comme tel, soit que l'on ait pris une part immédiate à l'exécution du fait criminel, soit que l'on ait obligé ou incité directement un tiers à le commettre, soit enfin que l'on ait participé à sa perpétration par un acte sans lequel elle n'eût pas eu lieu.

Ne cherchons pas de définition correspondante dans notre Code pénal ; il n'en existe pas ; aucune de ses dispositions ne fait connaître à quel caractère doit être reconnu l'auteur principal, et en quoi consiste la différence qui le distingue du complice.

L'auteur principal ainsi défini, le Code espagnol définit le complice et dit : sont complices ceux qui ne se trouvant pas compris dans la définition de l'auteur, participent à l'exécution du fait criminel par des actes antérieurs ou simultanés.

Le rapprochement des deux définitions donne le système complet du Code espagnol, et ce système peut,

ce nous semble, se résumer ainsi : les auteurs sont ceux
qui concourent personnellement à la perpétration du
fait par des moyens *directs et complètement efficaces*.
c'est-à-dire d'une nature telle que sans eux le fait n'aurait pu se commettre ; les complices sont ceux qui participent aux actes *antérieurs* qui doivent faciliter ou préparer la perpétration du fait , ou qui concourent à la
perpétration par des moyens *indirects et non complètement efficaces*, c'est-à-dire tels que leur absence ne pouvait mettre obstacle à l'exécution du fait.

Ainsi considéré abstractivement , le système nous paraît irréprochable : mais il nous semble que dans l'é-
numération de ceux qui doivent être considérés comme
auteurs, l'expression employée pour rendre la pensée
du législateur n'a pas toujours été parfaitement heureuse et peut donner lieu à de regrettables équivoques.
qui, en matière pénale , se traduisent par d'épouvanta-
bles injustices; par exemple, lorsque nous lisons dans le
§ 2 de l'article 11 que ceux qui en *incitent* directement
d'autres à commettre un fait criminel seront considérés
comme auteurs, nous nous demandons si l'expression
directs doit être prise dans sa signification ordinaire .
ou si, au contraire, il ne faut pas, la rapprochant de
l'expression *forcer* qui la précède et à laquelle elle est
pour ainsi dire assimilée par le législateur, quant à ses
résultats , la comprendre dans ce sens que *l'incitation*
doit être tellement forte qu'elle soit irrésistible?

L'on comprend aisément l'importance de cette observation; on peut *inciter* quelqu'un à commettre une mauvaise action de mille manières qui, quelquefois, souvent
même, peuvent être fort innocentes dans la pensée de

celui qui *incite* ; ainsi une raillerie, une parole ironique, suivant le caractère plus ou moins irascible de celui à qui on s'adresse , sa susceptibilité plus ou moins développée , ses préoccupations actuelles même , peuvent le pousser à commettre un fait criminel : une pareille *incitation* peut-elle rendre celui qui l'a faite, alors que bien certainement il était loin d'en prévoir les funestes résultats , l'auteur ou le co-auteur du crime commis ? Evidemment non.

Que l'on ne suppose pas que nous nous faisons là une difficulté impossible : M. Pacheco a été, lui aussi, préoccupé de la même pensée ; car, lorsqu'il est arrivé au commentaire de ce § 2 de l'article 12 , il s'exprime ainsi (1) :

« Venons maintenant au numéro 2 de notre article. » Suivant ce numéro sont considérés aussi comme au- » teurs d'un délit , ceux qui forcent et ceux qui incitent » directement d'autres personnes à commettre le fait.

» Le premier cas ne nous offre aucune difficulté.

. . . .

» Le second présente moins de clarté et donne lieu à » des considérations plus difficiles ; *inciter* est un mot » en une certaine manière vague , malgré même l'ad- » verbe énergique qui le qualifie. »

Puis, interprêtant et expliquant ce mot *inciter*, il examine les différents cas dans lesquels il peut y avoir incitation , il en reconnaît trois : l'incitation par *ordre* donné du supérieur à l'inférieur , l'incitation par *pacte* et l'incitation par simple *conseil*.

(1) Même ouvrage, tome I, page 275 , nos 14 , 15 et 16.

Il déclare que, suivant lui, les deux premiers cas (et par *pacte* il entend toute convention qui entraîne obligation de la part de celui qui incite, de payer une somme d'argent ou toute promesse, toute espèce de séduction) rentrent dans les prévisions de la loi ; mais que l'incitation par simple conseil ne peut-être considérée comme assez grave pour tomber sous le coup de sa disposition.

Il faut donc distinguer et se garder de prendre l'expression *inciter* employée par le législateur, dans sa signification vulgaire ; il faut, comme nous le disions, pour avoir son véritable sens, lui donner un caractère de vigueur, qui la rapproche considérablement de la violence morale.

Cette observation faite, il nous reste à faire remarquer la différence essentielle qui existe quant aux caractères de la complicité, entre les Codes pénaux espagnol et français.

L'article 60 de notre Code pénal comprend et range dans la catégorie des complices, ceux qui, par dons, promesses, menaces, abus d'autorité ou de pouvoir, machinations ou artifices coupables, auront provoqué à commettre l'action criminelle, et ceux qui ont, avec connaissance, assisté l'auteur ou les auteurs de l'action dans les faits qui l'ont consommée.

Les premiers rentrent évidemment dans la disposition du § 2 de l'article 12 du Code espagnol, et les seconds dans celle du § 1 du même article et sont par lui considérés comme auteurs.

A nos yeux, le législateur espagnol a, dans ce cas, la vérité et la raison pour lui, et nous ne pouvons comprendre par quelle liaison d'idées le législateur français a pu placer sur le même degré de criminalité , celui qui abuse de son pouvoir ou de son autorité pour en forcer un autre à commettre un crime, et celui qui ne donne que des instructions pouvant servir à le commettre ; celui qui assiste l'auteur d'un crime dans les faits qui le préparent , et celui qui l'assiste dans les faits qui le consomment.

Nous ne reviendrons pas ici sur les motifs qui nous ont décidé à préférer le système de distinction effective, quant à la responsabilité pénale , entre l'auteur et le complice du Code pénal espagnol, au système de distinction nominale mais de confusion réelle dans la répression, entre ces deux catégories de coupables du Code pénal français; mais nous dirons qu'il nous paraît impossible qu'il se rencontre un juge , un juré, un citoyen, qui ne repousse une assimilation de la nature de celle que nous venons de signaler dans l'article 60 de notre Code pénal.

Les caractères constitutifs du recel, dans l'un et l'autre Code, présentent aussi des différences notables.

Dans le Code pénal français , il y a deux espèces de recéleurs :

1º Ceux qui fournissent habituellement asile, lieu de retraite ou de réunion aux malfaiteurs exerçant des violences ou des brigandages contre la sûreté de l'Etat, la paix publique, les personnes ou les propriétés , alors qu'ils connaissent leur conduite ou leur position ;

2º Ceux qui, sciemment, recèlent tout ou partie des produits d'un crime ou d'un délit.

Le Code pénal espagnol admet trois catégories de re céleurs :

1º Ceux qui tirent un profit personnel ou aident les coupables à tirer profit des produits du crime ou délit ;

2º Ceux qui cachent ou font disparaître le corps du délit, ses produits ou les instruments, pour empêcher qu'on les découvre ;

3º Ceux qui logent, cachent le coupable ou favorisent sa fuite, pourvu qu'ils l'aient ainsi fait en abusant de leurs fonctions publiques, ou que celui-ci ait commis le crime de régicide, de parricide ou d'homicide avec circonstances aggravantes, ou soit un récidiviste connu comme tel.

Ainsi, la loi française déclare recéleur quiconque a, sciemment, recélé tout ou partie des produits d'un crime ou délit ; la loi espagnole, plus juste et plus raisonnable, n'admet pas ce fait comme suffisant. La crainte, la reconnaissance d'un service rendu, mille et un sentiments, mille et une circonstances peuvent expliquer, excuser même un pareil acte. Puis, il n'emporte pas avec lui un caractère de criminalité suffisamment grave pour être considéré, à lui tout seul, comme digne de répression. Mais si le recéleur, ne se bornant pas à cet acte matériel de recel, tire un profit ou aide les coupables à tirer un profit des produits du vol, s'il cherche à empêcher la justice d'arriver à la découverte du fait criminel, et que ce soit dans ce but qu'il cache ou anéantit le corps, les effets ou les instruments du délit, il participe, par ces actes, d'une manière nette et évidente, au fait criminel, quoique postérieurement à sa perpétration réelle et d'une manière tout à fait indirecte. Sa culpabilité à un certain degré ne peut, en ce cas, être douteuse. Il doit subir une responsabilité pénale.

Quant au recel, qui consiste dans le fait de donner asile ou retraite aux délinquants, le Code pénal français, outre la disposition générale de son article 61, a encore des dispositions particulières, telles que celles des articles 99, 248 et 268 qui, soit dit en passant, sont des exceptions fort peu justifiables, et surtout fort peu raisonnables à la disposition générale.

Cette dernière disposition, qui s'applique à tous les crimes et à tous les délits, puisqu'elle embrasse non seulement les coupables de brigandages, mais aussi les coupables de simples violences, et qu'elle ne fait à cet égard aucune distinction entre les brigandages et violences commises contre la sûreté de l'Etat et la paix publique, et les brigandages ou violences contre les personnes ou propriétés, exige, pour que le recéleur puisse être puni comme tel, qu'il ait fourni aux coupables de ces crimes ou délits, *habituellement*, c'est-à-dire plusieurs fois, le logement, lieu de retraite ou réunion.

Cette règle générale est anéantie, nous ne savons pas trop pourquoi, spécialement pour les crimes contre la sûreté intérieure de l'Etat, par l'art. 99, pour les associations de malfaiteurs par l'article 68, et d'une manière générale pour tous les faits criminels emportant peine afflictive, c'est-à-dire pour tous les crimes, par l'article 248, qui admet l'existence du recel par logement, retraite ou lieu de réunion, sans exiger que ces faits là se soient produits *habituellement*.

La disposition générale de l'article 61, quant au fait *habituel* de logement ou asile, ne subsiste donc réellement que quant aux délits.

Nous le regrettons ; car la circonstance d'habitude , exigée par l'article 61 , nous paraissait singulièrement amoindrir la rigueur de ce système , qui faisait un recéleur de quiconque recevait chez lui un homme poursuivi par la justice, sans tenir compte des motifs qui pouvaient l'avoir porté à agir ainsi.

Il est, en effet, certains actes que la loi qualifie et punit comme criminels, qui ne soulèvent pas, contre ceux qui s'en sont rendus coupables , la conscience de leurs concitoyens. Et sans aller chercher bien loin , quel est donc l'honnête homme, quelle que soit son opinion politique, qui refuserait de recueillir et d'abriter, pendant une nuit, l'homme poursuivi par un de ces faits que l'on nomme crimes ou délits politiques ? qui donc blâmerait un pareil acte ? qui le considérerait comme un acte immoral et digne de répression ?

A un autre point de vue, où trouverait-on quelqu'un qui oserait jeter la première pierre à celui qui aurait donné asile un moment à un homme qu'un accès de colère , de jalousie , de vivacité a rendu criminel, si cet homme surtout a été son ami, ou lui a rendu , à une autre époque, quelques services ?

Dans ces cas et d'autres encore , la loi est vainement prohibitive ; elle édicte vainement de sévères répressions ; la conscience de tous repousse la loi et la loi devient lettre morte.

Les auteurs du Code pénal espagnol ont parfaitement compris qu'il ne fallait pas placer ainsi la loi en opposition avec l'opinion publique , dans son intérêt même ; aussi, au lieu de faire de la criminalité du recel par asile ou retraite donnée au délinquant , la règle générale, comme l'avait fait le Code français, ils ont suivi la route diamétralement opposée ; ils ont dit : la règle générale sera l'innocence ou plutôt la non-criminalité du recel ; il n'y aura exception que dans deux cas : 1° lorsque le recéleur aura abusé, dans l'accomplissement de cet acte, de ses fonctions publiques ; 2° lorsque le délinquant sera coupable des trois crimes les plus horribles prévus par notre loi : le régicide, le parricide et l'homicide avec quelque circonstance aggravante de nature à le rendre plus grave, ou que le délinquant sera un récidiviste, c'est-à-dire lorsque l'homme qui demandera retraite et asile sera, aux yeux de tous, indigne de protection et de pitié.

La seconde exception se comprend, elle est raisonnable, elle est juste.

La première ne se saisit pas aussi facilement ; elle a besoin d'une explication ; cette explication, M. Pacheco va nous la donner :

« La première (exception), dit-il, c'est qu'il inter-
» vienne abus de fonctions publiques. Qu'on remarque
» bien les termes de la loi : le cas qu'elle prévoit n'est
» pas celui où le recel provient simplement d'un fonc-
» tionnaire, mais bien d'un fonctionnaire qui, par ce
» fait, abuse de la fonction publique dont il est revêtu ;
» ce doit être, par conséquent, un fonctionnaire qui
» est tenu de poursuivre le coupable ; ce doit être un de
» ceux qui doivent l'emprisonner, ou bien il faut qu'il
» accomplisse un acte quelconque de ses attributions,
» pour protéger la retraite ou la fuite du délinquant ;
» est recéleur le commissaire de police qui doit le re-
» chercher et l'a dans sa maison ; est recéleur l'alcalde

» qui lui donne un passeport. — En pareil cas , il y a
» délit de la part du fonctionnaire public qui manque à
» ses obligations , et il y a recel de sa part outre délit
» principal (1). »

Ainsi comprise, ainsi limitée , cette exception se justifie , en ce sens que le fonctionnaire public est puni
plus encore parce qu'il a manqué aux devoirs de son
emploi , que parce qu'il s'est rendu coupable d'un fait
qui, pour un simple citoyen, n'est pas criminel ; c'est
l'abus des fonctions , la violation de l'obligation imposée
par ces fonctions, qui est incriminé avant tout, pardessus
tout.

Ces exceptions, bien que fondées sur les motifs les
plus raisonnables et les plus sérieux, n'en sont pas moins
écartées et invalidées pour le cas spécial de parenté du
recéleur avec le coupable ; quelque indigne de commi-
sération que soit le coupable, à cause de la gravité ou
de l'infamie du crime qu'il a commis , quelque criminelle que soit la conduite du fonctionnaire qui foule aux
pieds ses obligations , si celui qui a caché ce coupable,
ou si ce fonctionnaire est son ascendant, son descendant , son conjoint , son frère ou son allié au même degré , il n'encourt aucune responsabilité pénale. Ainsi
le dispose le paragraphe final de l'article 14.

Remarquons ici la différence qui existe entre cette
disposition du Code pénal espagnol et celle du § 2 de
notre article 248.

La disposition du Code espagnol est générale , elle
s'applique aux crimes et délits , de telle sorte que ja-

(1) Même ouvrage, tome I , page 290 , n° 16.

mais, en aucun cas, les parents qu'elle désigne ne peuvent être incriminés comme recéleurs de leurs parents, quel que soit le genre de recel, recel de leur personne, ou recel des produits des faits criminels qu'ils peuvent avoir commis en tant qu'ils n'en tirent pas un profit personnel, ou n'aident pas les coupables à en tirer profit.

La disposition du Code français est restreinte, spéciale; non seulement elle ne s'applique pas à tous les genres de recel, mais elle est encore réduite, pour le genre particulier pour lequel elle a été édictée, à une seule catégorie de faits criminels. Ainsi la parenté n'est pas une exemption de responsabilité, pour le cas de recel des produits d'un crime ou d'un délit; de plus, dans le cas de recel de la personne du parent poursuivi, elle ne protége contre l'application des peines infligées aux recéleurs que lorsque ce parent est poursuivi pour *crime*; si le parent recélé a commis un fait moins grave, un simple délit, l'exemption cesse pour le parent recéleur.

Pourquoi cette distinction ou plutôt pourquoi cette contradiction ? Notre loi comprend et respecte le sentiment si naturel qui entraîne un père, un fils, un conjoint, un frère à soustraire aux recherches de la justice la personne de son fils, de son père, de son conjoint, de son frère, coupables d'un crime ; le sentiment qui les porte à recéler, pour faire disparaître les preuves de leur crime, les produits mêmes de ce crime, ne se comprend-il pas également, ne mérite-t-il pas autant de respect ? Si ces parents craignent pour leur proche les poursuites auxquelles il s'est exposé en commettant un crime, ne peuvent-ils pas craindre aussi celles qui le menacent quand il a commis un délit, quoique leurs conséquences doivent être moins graves ? Quelle différence est-il donc possible d'établir entre ces deux cas ? Sur quelle raison plausible la fonde-t-on ?

Cette contradiction doit être plutôt attribuée à un oubli qu'à une opinion arrêtée et raisonnée ; mais cet oubli est regrettable , car il peut entraîner le juge esclave de la lettre de la loi à prononcer, dans certains cas donnés, des condamnations que repousse sa conscience.

Les dispositions des articles 16 , 17 et 18 du Code pénal espagnol seraient beaucoup mieux placées dans un Code civil que dans un Code pénal ; l'article 15, posant le principe que quiconque est criminellement responsable d'un fait l'est aussi civilement , pouvait être accueilli dans un Code pénal auquel aurait été ajouté un paragraphe renvoyant à la loi civile pour la fixation et la détermination des cas dans lesquels il y aurait lieu à responsabilité civile. Les auteurs du Code pénal espagnol n'en ont pas jugé ainsi ; ils ont cru devoir indiquer dans la loi pénale les cas et les conditions de la responsabilité civile. De cette confusion il résulte que nous sommes obligé de chercher à leurs dispositions sur ce point, des correspondances dans nos lois civiles , et de faire , à propos du droit pénal , une digression dans le domaine du droit civil.

CHAPITRE II.

Des personnes responsables civilement des délits et fautes.

La responsabilité civile placée dans un Code pénal. — Motifs du législateur. — Appréciation, distinction de la responsabilité criminelle
et civile. — Commentaire du § I de l'art. 16. — De la responsabilité civile des mineurs de quinze ans. — Examen du § 7 de l'art. 8.
— Cas d'irresponsabilité criminelle. — Aubergistes et hôteliers.—
(Commentaire des art. 15, 16, 17 et 18.)

L'anomalie que nous avons indiquée à la fin du chapitre précédent trouve sa justification dans ce fait, que,
par suite des nombreux changements apportés par le
nouveau Code pénal espagnol dans le système de responsabilité pénale établie par la législation qui le pré-
cédait, les conditions de la responsabilité civile, sœur
de la responsabilité pénale, ne pouvaient plus se trouver
en harmonie avec les dispositions de la loi civile non ré-
formée ; de sorte, qu'en l'absence d'un Code civil nouveau, il fallait absolument placer dans le Code pénal lui-
même, les nouvelles conditions de responsabilité civile.

Ce que nous disons là est vrai, malgré la disposition
du second paragraphe de la deuxième règle de l'article 16, qui renvoie au *Code civil*. Ce Code civil n'existe
pas ; tout au plus, à l'époque où le Code pénal a été
élaboré, était-il question d'en faire un. Aujourd'hui, la

chose est plus avancée ; un projet a été rédigé et publié par ordre du Gouvernement, pour être soumis aux observations des tribunaux, facultés de droit, universités, corporations d'avocats et de tous les citoyens en général (1).

Et puisque nous avons parlé du projet de Code civil espagnol, nous dirons qu'il est, à fort peu de chose près, la reproduction de notre Code civil, et qu'à part quelques divergences qui tiennent plus à la différence des mœurs judiciaires, des coutumes et usages locaux qu'aux principes du droit, la ressemblance est si parfaite, qu'un désaveu de paternité de notre part serait difficilement admissible.

Ainsi, par exemple, et sans sortir de la matière qui nous occupe en ce moment, de la responsabilité civile, voici les termes dans lesquels sont rédigés les articles 1900 et 1901 de ce projet correspondant aux articles 1383 et 1384 de notre Code civil :

« Art. 1900. — Quiconque exécute un fait dans le-
» quel intervient quelque espèce de faute ou de négli-
» gence, alors même qu'il ne constitue ni délit ni con-
» travention, est obligé à la réparation du préjudice
» causé à un tiers.

» Art. 1901. — L'obligation imposée dans l'article
» précédent n'est pas limitée à la réparation des préju-
» dices causés par le fait personnel, mais elle s'étend à
» la réparation des préjudices causés par le fait des per-
» sonnes qu'on a sous sa dépéndance, ou par les choses
» dont on se sert ou qu'on a sous sa garde.

(1) Ecrit en 1852.

» En conséquence, le père et la mère veuve sont res-
» ponsables des préjudices causés par les enfants qui
» sont en leur pouvoir et vivent avec eux.

» Les tuteurs sont responsables des préjudices causés
» par les mineurs qui sont sous leur autorité et avec eux.
» Cette disposition s'étend aux curateurs des fous ou
» aliénés.

» Sont également responsables, les maîtres ou direc-
» teurs d'un établissement ou d'une entreprise, quant
» aux préjudices causés par leurs domestiques dans le
» service auquel ils les auraient employés.

» Sont enfin responsables, les maîtres ou directeurs
» d'arts ou métiers, quant aux préjudices causés par
» leurs élèves ou apprentis, pendant qu'ils sont sous leur
» garde.

» La responsabilité dont il est parlé dans tous les cas
» prévus par cet article, cessera quand les personnes
» dont il est question prouveront qu'elles ont employé
» toute la diligence d'un bon père de famille pour pré-
» venir le dommage.»

Les articles 1689 et 1690 de ce même projet, correspondant à nos articles 1952, 1953 et 1954, sont ainsi
conçus :

« Art. 1689.— Est réputé dépôt nécessaire, celui des
» effets apportés par les voyageurs dans les hôtels ou
» auberges, et les hôteliers ou aubergistes en répondent
» comme dépositaires, pourvu qu'il leur ait été donné
» connaissance, à eux-mêmes ou à leurs préposés, des
» effets apportés dans leur maison.

» Art. 1690. — La responsabilité comprend tant les
» dommages faits aux effets des voyageurs par les do-

» mestiques ou préposés des hôtelleries ou auberges,
» que par les étrangers qui vont et viennent dans les
» mêmes hôtelleries ou auberges, mais non ceux qui
» proviennent de force majeure.

» Au cas de vol qualifié ou de vol simple, sera obser-
» vée la disposition du paragraphe 2 de l'art. 17 du
» Code pénal. »

Revenons au chapitre du Code pénal espagnol, dont
nous avons à faire l'examen.

En matière de responsabilité, ce n'est pas la distinction des principes fondamentaux ou générateurs de la
responsabilité criminelle ou de la responsabilité civile qui
peut offrir quelques difficultés. Il est universellement admis que la responsabilité criminelle naît de l'intention,
de la volonté de mal faire dans l'accomplissement du
fait matériel, et que la responsabilité civile tire son origine de la simple faute, négligence ou imprudence dans
l'accomplissement de ce même fait. Cependant, ces principes générateurs, quoique distincts, ne sont pas tellement éloignés l'un de l'autre qu'il ne puisse arriver que,
dans certains cas, le plus étendu absorbe l'autre, et
qu'ils se confondent dans un même résultat. Ainsi, de
même que la reconnaissance et l'existence de la responsabilité criminelle entraînent la reconnaissance et l'existence de la responsabilité civile, de même il doit arriver et il arrive quelquefois, que l'anéantissement de la
responsabilité criminelle par voie d'exemption légale
entraîne l'extinction de la responsabilité civile. La difficulté réside toute entière dans la saine appréciation et
distinction des actes et des circonstances particulières à
ces actes eux-mêmes ou à leurs auteurs, pour reconnaî-

tre les cas dans lesquels, la responsabilité criminelle disparaissant, la responsabilité civile doit lui survivre.

Nous allons nous attacher à rechercher si le Code espagnol a fait cette appréciation et cette distinction, d'une manière conforme à la justice et à la raison.

Son article 5 énumère 13 cas d'exemption de responsabilité criminelle. Sur ces 13 cas, l'article 16 en indique cinq dans lesquels l'extinction de la responsabilité criminelle laisse subsister entière la responsabilité civile ; ce sont ceux des numéros 1 , 2, 3 , 7 et 10. Dans les autres cas, c'est-à-dire ceux des numéros 4, 5, 6, 8 , 9, 11, 12 et 13 du même article, la responsabilité civile s'éteint en même temps que la responsabilité criminelle.

Rappelons brièvement la disposition de ces numéros : Le numéro 1 exempte de responsabilité criminelle les fous et les aliénés ; les numéros 2 et 3 les mineurs de 15 ans ; le numéro 7 celui qui commet un dommage dans la propriété d'autrui, dans le but de s'éviter à soi-même un dommage plus considérable ; enfin, le numéro 10 celui qui agit sous l'empire de la crainte insurmontable d'un mal majeur.

Voici comment son article 16 applique et règle la responsabilité civile dans ces différents cas :

Lorsque le fou ou l'aliéné a commis un acte dommageable quelconque, ses gardiens légaux sont responsables, à moins qu'il n'y ait ni faute ni négligence de leur part.

A défaut de gardien légal, le fou ou aliéné est responsable sur ses propres biens.

Lorsque c'est un mineur de 15 ans qui a commis un

acte dommageable, *il est d'abord responsable personnellement sur ses propres biens*;

Subsidiairement, ses père et mère ou gardiens.

Nous avons rapproché ces deux cas, parce que les
observations qu'ils nous inspirent sont fondées sur les
mêmes principes.

Nous comprenons parfaitement la responsabilité imposée aux gardiens légaux dans l'un et l'autre cas, lorsque le fait dommageable commis par le fou ou le mineur
pouvait être évité par une plus sévère surveillance de
leur part, et qu'il n'a pu le commettre que parce qu'ils
ont manqué à cette surveillance, principale obligation
de leurs fonctions; il est juste qu'ils soient responsables,
mais nous n'admettons la responsabilité personnelle du
fou ou du mineur dans aucun des deux.

L'exemption de responsabilité criminelle dans les cas
de folie et d'aliénation mentale est fondée, nous l'avons
déjà dit, sur ce principe commun à toutes les législations pénales, que la volonté réfléchie de commettre
une action mauvaise, et la conscience du mal qu'on fait,
sont les conditions nécessaires du crime ou délit, et que
l'individu en démence ne possède ni la liberté ni l'intelligence de ses actes. Cela étant, dans quel cas peut-
on rencontrer la faute, la négligence ou l'imprudence
de la part du fou ou de l'aliéné, conditions sans lesquelles la responsabilité civile n'existe pas ? S'il ne peut
avoir intention réfléchie de mal faire, peut-il commettre
une faute ? s'il n'a pas conscience de ce qu'il fait, peut-
il être convaincu de négligence ou d'imprudence ?

Lorsqu'on est appelé à résoudre une question de responsabilité, il ne faut pas oublier, en effet, que ce n'est

pas le simple fait de commettre un dommage qui y donne lieu, mais bien le fait de commettre ce dommage par suite d'une faute, d'une négligence ou d'une imprudence. Il y a donc toujours nécessité, pour créer la responsabilité civile, d'un acte que notre intelligence, notre volonté libre pouvaient éviter. Là où ne se rencontrent ni intelligence ni volonté libre, il ne peut donc y avoir responsabilité.

C'est pour avoir méconnu ou ne pas s'être rappelé ce principe, que M. Pacheco défend, dans les termes que voici, la disposition que nous repoussons :

« En effet, il n'y a là (dans la responsabilité civile
» ou personnelle du fou ou aliéné), ni peine, ni châti-
» ment, ni expiation, de même qu'il n'y a rien de tout
» cela dans le fait de payer une dette qu'on a contrac-
» tée. Il est raisonnable et juste que nous répondions
» des conséquences de nos actes, et le triste état de no-
» tre intelligence ne peut nous en exempter. Ainsi, de
» même que le fou est tenu de payer ce qu'il mange,
» de même il est tenu de réparer le dommage qu'il
» cause. Ses semblables ne doivent pas souffrir, parce
» qu'il est fou, plus que de raison, des désastreux ré-
» sultats de ses actes. Ses concitoyens ne doivent pas
» pleurer, dans la misère, de ce qu'il a exécuté dans
» son délire. Il ne peut être assimilé à celui qui a agi
» dans l'exercice d'un droit, parce qu'il ne s'est pas
» trouvé dans ce cas. Manquer de jugement est un mal-
» heur mais non un droit (1).»

Ainsi, d'une part, la responsabilité civile du fou,

(1) Même ouvrage, tome 1, p. 297, n° 16.

suivant M. Pacheco, n'est autre chose qu'une obligation, ni plus ni moins que celle de l'homme qui contracte une dette. Mais l'obligation peut-elle se contracter sans le consentement libre des deux parties? et où donc trouvez-vous une apparence de consentement libre possible chez celui qui ne possède ni intelligence ni volonté libre? et puis encore, dans quelle législation civile rencontrerez-vous une assimilation de la responsabilité, engagement involontaire naissant d'un simple fait personnel de l'une des parties, avec l'obligation, engagement conventionnel?

D'autre part, suivant le même auteur, le tiers ne peut être tenu de souffrir des actes du fou sans indemnisation. Mais alors, pourquoi est-il déclaré criminellement irresponsable? pourquoi la société, dont les intérêts sont aussi respectables que ceux d'un simple individu, doit-elle être tenue d'en souffrir sans réparation? La folie *ne crée pas un droit*. Qui vous dit qu'elle crée un droit? Elle crée une exemption, c'est-à-dire une exception au droit général, rien de plus. Mais elle la crée, elle doit la créer générale, absolue, parce que, les motifs déterminant la justice de cette exemption, sont les mêmes dans tous les cas, dans toutes les circonstances. L'impossibilité de distinction équitable et raisonnable dans le principe générateur des actes, entraîne l'impossibilité d'établir une distinction raisonnable et équitable dans la responsabilité, c'est-à-dire quant aux conséquences de ces mêmes actes.

Nous venons de voir que, pour la responsabilité civile des fous et aliénés, le Code espagnol, tout en admettant qu'elle peut les atteindre dans leurs biens personnels, décide, néanmoins, qu'il n'en sera ainsi que lorsqu'il n'y aura pas de gardien légal, premier et principal responsable. Ce même Code procède autrement quant à la responsabilité civile des mineurs de 15 ans. Il reconnaît ces mineurs principaux responsables ; la responsabilité de leurs père et mère ou gardiens n'est que subsidiaire, et ne naît que tout autant que les mineurs ne possèdent pas de biens propres.

D'abord, les mineurs de 15 ans doivent-ils être soumis à une responsabilité civile quelconque?

La loi espagnole, exemptant de responsabilité criminelle le mineur de 9 ans, parce qu'elle n'admet pas qu'il ait pu agir avec discernement, et étendant cette exemption aux mineurs de 9 à 15 ans, lorsqu'il est décidé qu'ils ont agi sans discernement, la question peut être généralisée et posée ainsi :

Le mineur qui a été exempté de responsabilité criminelle, parce qu'il a été reconnu qu'il a agi sans discernement, peut-il être *personnellement* tenu d'une responsabilité civile ?

Nous avons déjà déclaré que nous ne le pensions pas. Tâchons de justifier notre opinion.

A propos de l'exemption de responsabilité criminelle accordée à l'enfant, lorsqu'il a agi sans discernement, nous avons défini ainsi le discernement: « *Discerner* n'est » pas seulement juger, apprécier ce qui est bien ou ce » qui est mal au point de vue général, c'est distinguer » parfaitement avec rectitude d'esprit, les différences » essentielles d'une chose à l'autre, d'un fait à l'autre, » non seulement dans l'ordre matériel mais dans l'ordre » moral. »

Si cette définition est exacte, et nous croyons qu'elle l'est, on ne comprend pas qu'il puisse y avoir, dans l'acte de l'enfant agissant sans discernement, faute, négligence ou imprudence personnelles ; celui qui ne peut faire la distinction du bien et du mal dans l'ordre moral ne peut commettre une faute, car il ne peut connaître les devoirs auxquels il est astreint de par la loi de la société et ne peut conséquemment être coupable pour y avoir manqué; celui dont les facultés intellectuelles dorment encore, ne peut comprendre ce que sont les précautions, le soin, la prudence, et en user dans les circonstances où ils deviennent nécessaires ; dès lors il ne peut être déclaré raisonnablement négligent ou imprudent !

Cette doctrine n'était pas douteuse sous notre ancienne jurisprudence française ; elle décidait (et Pothier aussi) que l'acte de l'enfant sans discernement, devait être considéré comme un *cas fortuit*, et par suite, que non seulement l'enfant ne pouvait jamais être personnellement responsable, mais que la responsabilité des père et mère eux-mêmes ne devait pas exister.

Depuis le Code civil, M. Toullier a soutenu le même système (1) malgré les dispositions générales de l'article 1384, dispositions qui ne nous paraissent pas pouvoir se prêter à une pareille interprétation en ce qui concerne la responsabilité des père et mère ; et pour notre part, nous admettons parfaitement, avec notre Code civil, que toutes les fois que le fait dommageable de l'enfant pourra être imputé à une faute, au défaut

(1) Tome II, n° 270

de soin, de précautions, de prudence des père et mère, ceux-ci en répondent envers les tiers ; mais la responsabilité personnelle du mineur ne peut se justifier, à nos yeux, ni en droit, ni en raison.

Les considérations sur lesquelles nous nous sommes appuyés pour repousser la responsabilité civile de l'aliéné ou de l'enfant sans discernement, ne peuvent s'appliquer en aucune façon au cas prévu par le paragraphe 7 de l'article 8.

Celui qui, pour se préserver d'un mal, cause un dommage considérable dans la propriété d'autrui, ne peut invoquer aucun principe de droit et de justice, pour se soustraire à la réparation civile du dommage qu'il a causé, et le principe d'éternelle équité qui est contenu dans ces mots de la loi romaine : *nemo cum alterius damno debet completior fieri*, doit recevoir, dans ce cas, une application complète ; nous ne croyons pas qu'il puisse s'élever une contradiction raisonnable sur ce point.

Nous n'en dirons pas autant du cas indiqué dans le paragraphe 10 de ce même article 8.

Celui qui agit, poussé par la crainte insurmontable d'un mal majeur, ce sont les expressions mêmes de la loi, est exempté de responsabilité criminelle, parce qu'il est considéré comme contraint par une volonté plus forte que la sienne ; il est censé privé de la liberté d'esprit.

Il est remarquable, qu'alors que le Code espagnol le déclare, malgré cela, civilement responsable, il exempte de cette responsabilité en même temps que de la responsabilité criminelle, l'homme qui, aux termes du paragraphe 9 de son même article 8, agit violenté par une force irrésistible. Ne semble-t-il pas que la même raison qui a valu à ce dernier l'exemption de responsabilité civile, devait la procurer aussi au premier ? Y a-t-il une différence logique à établir entr'eux à ce point de vue, et une distinction peut-elle se justifier?

M. Pacheco, qui a compris la difficulté, la résout ainsi (1) :

« Pour notre part, nous approuvons cette distinc-
» tion : nous croyons aussi, avec la loi, que ce n'est
» pas une même chose d'être forcé, matériellement
» forcé, et d'être contraint par le moyen de la terreur.
» Personne ne peut se soustraire à la première violence;
» elle détruit la personnalité ; l'homme libre se conver-
» tit en un instrument. Au contraire, dans le cas de la
» crainte, la volonté subsiste, et dans la rigueur ab-
» solue des possibilités, celui qui agit de cette manière
» a pu, sans doute, agir d'une autre : *voluntas etiam*
» *coacta voluntas est.* On ne peut exiger des hommes
» qu'ils soient des héros, mais tout homme, s'il le veut
» peut l'être : à la bonne heure, donc, que l'on exempte
» de peine celui qui a été ainsi violenté ; mais à la bonne
» heure, aussi, qu'il soit soumis à une responsabilité
» civile subsidiaire. »

Disons d'abord que nous trouvons fort juste la responsabilité imposée à celui qui a causé la crainte ; la difficulté ne peut se soulever que relativement à la responsabilité subsidiaire de celui qui a agi sous l'empire de cette crainte.

(1) Même ouvrage, tome I, p. 302, n° 4.

Sur ce point, la justification donnée par M. Pacheco,
de la distinction établie par la loi, entre l'homme violenté physiquement et l'homme violenté moralement,
nous paraît plus subtile que vraie. S'il s'agissait d'une
crainte d'une nature telle, que l'on pût concevoir qu'un
individu d'un caractère énergique pût s'y soustraire,
sinon d'une manière absolue au moins dans certaines
limites, de façon à ce que sa liberté d'esprit ne fût point
complètement enchaînée ou plutôt anéantie, M. Pacheco
aurait raison ; tant qu'il reste à l'homme une parcelle si
petite qu'elle soit de liberté et d'intelligence de ses actes,
il peut et doit résister. Mais la loi est explicite, elle
parle d'une crainte *insurmontable*, c'est-à-dire d'une
crainte qui étreint les facultés de l'homme, comme l'é-
tau étreint le fer ; en cet état il ne reste plus de l'homme
qu'un assemblage de matière, un automate, une machine, qui n'a plus conscience de ce qu'il fait ou plutôt
de ce qu'on lui fait faire, qui frappe la victime comme
le marteau de l'horloge frappe la cloche, comme la
roue de la voiture écrase l'imprudent ou le malheureux
qui se trouve sur son chemin ; l'instinct de la conservation qui n'abandonne jamais la brute est tout ce qui lui
reste, et encore, pour se soustraire au mal dont on le
menace, il ne songe pas aux conséquences possibles de
l'acte qu'on lui fait commettre. Où est donc, dans ces
circonstances, sa faute, son imprudence, sa négligence ?

S'il pouvait éviter de se trouver placé dans une pareille position, si ce n'est pas la fatalité des circonstances qui l'y a amené, s'il a pu humainement s'y soustraire, et qu'il n'ait pas tout fait pour cela, dites alors

que s'il n'est pas criminel, il a au moins une faute quelconque à se reprocher , et à ce titre, imposez-lui une responsabilité , condamnez-le à réparer un mal qu'il a, sinon volontairement causé, du moins indirectement amené par le fait de son imprudence , de son défaut de précautions, de sa légéreté ; soit , cela est juste : mais si, abstraction faite de tout cela , vous ne pouvez lui imputer que de ne pas avoir été un héros, pour employer l'expression de M. Pacheco, quand il n'était plus maître de sa volonté , ou de ne pas avoir résisté à une crainte insurmontable, comme le dit la loi , ce qui revient à dire irrésistible , alors reconnaissez, si vous voulez être véritablement dans la justice et la vérité, qu'il est exempt de toute espèce de responsabilité ; en ce cas, il est criminellement innocent, parcequ'il n'a été que l'instrument dont un autre s'est servi pour commettre le crime , et il doit être civilement irresponsable, parce qu'il n'a été que le moyen employé par un autre pour causer le dommage.

Terminons l'examen de notre art. 16 , en disant , que, quant aux cas d'irresponsabilité criminelle prévus par les numéros 4, 5, 6, 8, 9, 11, 12 et 13 de l'art. 8, M. Pacheco les considère avec raison comme devant être admis aussi à jouir du privilége de l'irresponsabilité civile. Ces numéros statuent sur la légitime défense de sa personne ou de ses droits, de la personne ou des droits d'un parent ou d'un tiers ; sur le dommage causé par pur accident, sans faute ou négligence imputable à l'auteur du fait, sur l'acte commis par celui qui est soumis à une violence irrésistible ; sur l'acte commis dans l'accomplissement d'un devoir, ou dans l'exercice *légitime* d'un droit ou d'une fonction publique ; sur l'acte exécuté en vertu de l'obéissance *légitimement dûe*, et enfin sur l'omission dont s'est rendu coupable un individu empêché pour cause légitime et insurmontable.

Les articles 17 et 18 sont la reproduction de nos articles 73 du Code pénal, et 1952, 1953 et 1954 du Code civil.

Remarquons cependant une différence entre la disposition du § 1er de l'article 17 et celle de notre article 73: l'une et l'autre statuent sur la responsabilité civile des aubergistes et hôteliers au cas ou un fait criminel aurait été commis dans leur établissement ; cette responsabilité n'est pas absolue : elle n'atteint l'aubergiste ou l'hôtelier que dans les cas déterminés et sous les conditions exigées par la loi ; notre Code pénal veut que, pour qu'elle puisse naître, le maître de l'hôtel ou auberge ait manqué à cette obligation imposée par les réglements de police, d'avoir logé plus de 24 heures un individu, sans avoir inscrit sur son registre, son nom, sa profession et son domicile.

Le Code espagnol exige seulement, pour qu'il y ait lieu à responsabilité contre l'hôtelier ou l'aubergiste, qu'il ait enfreint les réglements de police.

Mais les réglements de police, quant aux hôtels et auberges, renferment de nombreuses et diverses dispositions ; ainsi, à côté de celle que prévoit notre Code pénal français, il y a toujours celle qui ordonne la fermeture de ces établissements à une certaine heure. Eh bien ! supposez que l'hôtelier, qui a d'ailleurs rempli toutes ces obligations, retarde un jour la fermeture de son établissement d'une demi-heure au-delà de celle

fixée par les réglements de police ; ce jour-là une querelle s'élève entre deux voyageurs ou deux habitués , qui
en viennent aux mains et l'un d'eux est frappé d'un coup
mortel ; l'hôtelier est-il civilement responsable des conséquences de ce crime? Évidemment il se trouve dans le
cas prévu par l'article 17 du Code pénal espagnol ; il
est en contravention des réglements de police , puisque
son établissement s'est trouvé ouvert après l'heure fixée
par ces réglements ; la lettre de la loi le condamne ,
le juge ne pourra l'absoudre.

Une pareille disposition nous paraît plus que rigoureuse et elle nous montre le danger de statuer par des
termes généraux en matière pénale , quand ces termes
peuvent être susceptibles d'interprétations diverses ou
s'appliquer à des circonstances différentes ; en droit pénal le législateur est tenu, plus qu'en toute autre matière, à la clarté et à la netteté dans l'expression ; l'emploi d'un terme vague ou indéfini , peut amener , dans
l'application pratique , un résultat contraire à la pensée qui a inspiré la disposition légale, au grand détriment de la justice.

TITRE III.

DES PEINES.

CHAPITRE I.

Des peines en général.

Amendes et corrections infligées par les supérieurs à leurs subordonnés et administrés. — Violation du principe de la séparation des pouvoirs et empiètement dans ceux de l'ordre judiciaire. — Justification donnée par M. Pacheco. — Le Code ne reconnaît pas de peines infamantes. (Comment., articles 19, 20, 21, 22, 23).

Parmi les principes consacrés par le chapitre 1er du titre 3 du Code pénal espagnol, la majeure partie appartient aux principes généraux communs à toutes les législations pénales : il en est deux, cependant, qui s'en éloignent et qui méritent d'attirer l'attention, quoiqu'à un point de vue différent.

Le premier est consacré par l'article 22 qui statue, que ne pourront être considérées comme peines les *amendes* et corrections infligées par les supérieurs à leurs subordonnés et *administrés*, en vertu de leur juridiction disciplinaire ou de leurs *attributions gouvernementales*.

Cette disposition est remarquable , en ce sens , que l'amende étant considérée comme une peine, non seulement dans notre Code pénal , mais encore dans toutes les législations pénales, y compris le Code espagnol lui-même, comme nous le verrons bientôt dans son article 24, accorder à une autorité autre que les tribunaux la faculté de la prononcer, c'est violer le principe de la séparation des pouvoirs , c'est tolérer un empiètement dans les attributions du pouvoir judiciaire, c'est autoriser légalement une usurpation dont les conséquences ne peuvent qu'être préjudiciables à la bonne administration de la justice.

Tâchons de nous rendre compte de cette anomalie : M. Pacheco en donne la justification que voici :

« Arrivons aux corrections disciplinaires : il y a là , » à la rigueur, faute , et il y a aussi, à la rigueur, une » véritable peine. Le supérieur qui corrige son subalterne , dans la réalité des choses, exerce un acte ju- » ridictionnel , et inflige un châtiment produit d'une » contravention (et le fonctionnaire administratif qui in- » flige une amende à son administré ?) Mais cette ma_ » tière est si multiple et si peu importante, que le Code » n'a pas voulu l'élever jusqu'à la sphère pénale ; cela » est moins que le degré le plus inférieur prévu dans » cette sphère ; il n'y a pas même l'entier, mais bien » une légère fraction ; la prudence plus que la logique » a guidé le Code en cette partie, et le bon sens nous » dit qu'il a eu raison de se laisser guider par ce prin- » cipe (1).»

(1) Même ouvrage , t. 1, page 318 , n° 6.

L'explication est peu concluante et la justification peu satisfaisante.

La justification, du reste, n'était guère possible, mais l'explication, nous croyons qu'on peut la trouver dans la confusion des attributions judiciaires et administratives dont l'Espagne n'a pu encore se débarrasser entièrement.

Un peuple, en effet, ne change pas en un jour les usages et les idées que lui ont faits plusieurs siècles; aussi trouve-t-on encore dans les institutions judiciaires espagnoles et même dans les lois, de nombreux et remarquables exemples de cette confusion des attributions judiciaires et administratives.

Ainsi les *alcaldes* sont encore aujourd'hui tout à la fois *maires* et *juges de paix*; leurs fonctions à ces deux points de vue sont identiques à celles de ces deux catégories de magistrats français.

Comme maires, les alcaldes sont les agents du pouvoir administratif; ils président les *ayuntamientos* ou conseils municipaux, administrent et régissent la commune.

Comme juges, ils connaissent, en dernier ressort ou en 1re instance seulement, des affaires civiles, suivant le chiffre ou la nature de la demande, et ils sont aussi juges des contraventions, en premier ou dernier ressort, suivant les cas.

D'un autre côté, certaines lois, les lois de douane par exemple, autorisent, non seulement les employés supérieurs, mais même les simples directeurs, à imposer aux contrevenants des amendes directement et sans recourir aux tribunaux; il en est de même des lois d'octroi.

Ces actes purement juridictionnels, sont ceux auxquels fait allusion la disposition de l'article 22 que nous avons signalée (1).

Le second principe sur lequel nous devons appeler l'attention, est celui que proclame l'article 23.

La loi, dit cet article, ne reconnaît pas de peines infamantes.

Beau principe, que nous regrettons de ne pas voir inscrit dans notre Code pénal! En 1832, lorsque quelques réformes partielles et disons-le, malheureusement incomplètes, furent accomplies par nos assemblées législatives, on put espérer, un moment, que les peines infamantes dont l'œuvre du législateur de 1810 est si prodigalement enrichie, seraient remplacées par des peines plus en harmonie avec les idées et la raison de notre siècle ; cet espoir fut bientôt déçu, et malgré les efforts d'orateurs illustres et de publicistes éminents, qui soutinrent dignement la cause de la civilisation et du progrès, les peines infamantes ont été maintenues dans notre législation pénale.

Nous ne répéterons pas ici les raisons si puissantes invoquées contre le maintien de ces peines dans notre loi, par ceux qui, en 1832, en demandaient l'abolition.

Nous ne nous permettrons qu'une seule observation :

Dans notre pensée, la loi pénale peut réprimer, peut punir : elle peut infliger un châtiment matériel, mais il n'est pas en son pouvoir d'aller au delà ; le châtiment moral est hors de sa sphère, et toutes les fois qu'elle en sort, elle se trouve en présence d'un pouvoir supérieur au

(1) Voir au surplus notre introduction.

sien, d'une puissance autrement étendue et autrement redoutable que la sienne ; cette puissance, c'est la conscience publique : puissance d'autant plus formidable qu'elle ne peut être ni séduite, ni trompée ; puissance à laquelle tout est soumis dans ce monde, qui juge le législateur lui même, qui absout quelquefois ceux qu'il condamne et qui condamne ceux qu'il absout ; qui, enfin, brise et anéantit la loi, lorsque la loi, qui ne devrait jamais se soustraire à ses inspirations, commet la faute de se mettre en contradiction avec elle.

Le législateur espagnol, en proclamant le principe qu'il ne reconnaissait pas de peine infamante, a fait une œuvre de raison et d'intelligence ; il est fâcheux seulement qu'il se soit laissé entraîner, par inadvertance, sans doute, à se donner un démenti, en admettant, dans l'échelle générale de ses peines, celle du *carcan* et celle de la *dégradation* qui nous paraissent être purement infamantes. Il est vrai qu'il les range dans la catégorie des peines accessoires, c'est-à-dire de celles qui sont la conséquence de certaines peines afflictives ; mais ce n'en est pas moins une dérogation au principe général ; s'il ne se reconnaît pas, et avec raison, le droit de décréter l'infamie comme peine principale, il ne peut se reconnaître le droit de déclarer que telle peine entraîne l'infamie avec elle : l'infamie résulte non de la peine mais de l'acte criminel lui-même, et la conscience publique seule est juge de la question de savoir si l'acte criminel est infame ou ne l'est pas ; seule elle a le droit d'attacher à cet acte le caractère d'infamie.

TITRE III.

CHAPITRE II.

Des Peines.

La question de pénalité, nécessiterait, pour être traitée à fond, un travail immense qui n'entre pas dans le
cadre que nous nous sommes tracé : quelle est l'étendue du pouvoir de la société pour imposer des peines ?
Cette seule question , la première de toutes , ne pourrait être examinée convenablement sans entraîner dans
des considérations dont le développement fournirait la
matière d'un gros volume.

Nous n'aborderons pas un sujet aussi grave : nous
resterons dans la sphère plus humble et plus modeste
que nous avons choisie ; nous n'oublierons pas que nous
ne faisons pas un traité théorique et philosophique de la
pénalité, mais un simple travail de concordance et d'ap-

préciation sommaire des principes des deux législations pénales, espagnole et française.

La classification des peines, on s'en aperçoit du premier coup d'œil, est fondée dans l'une et l'autre législation sur le même principe; elle correspond à la classification des faits criminels envisagés au point de vue de leur gravité.

Aux faits criminels les plus graves, qu'ils soient désignés sous le nom de crimes, comme dans le Code pénal français, ou sous le nom de délits graves, comme dans le Code pénal espagnol, correspondent les peines les plus sévères.

Aux faits criminels moins graves, qu'on les appelle délits ou délits moins graves, correspondent les peines correctionnelles infiniment plus douces.

Aux simples contraventions correspondent les peines essentiellement légères.

A considérer les peines en elles-mêmes et dans leur nature particulière, on voit que l'un et l'autre Code emploient également les peines perpétuelles et les peines temporaires, les peines corporelles et les peines pécuniaires.

Notre Code contient trois peines perpétuelles : la mort, les travaux forcés à perpétuité, la déportation.

Le Code pénal espagnol est plus riche en cette matière, il en contient cinq : la mort, la chaîne perpétuelle, la réclusion perpétuelle, la déportation perpétuelle et le bannissement perpétuel.

Dans la pensée des auteurs du Code espagnol qui admettent comme justes et légitimes la peine de mort et les peines perpétuelles, c'est un progrès incontestable,

en ce sens, que cette diversité de peines permet une
plus équitable répression des crimes et des délits si divers eux-mêmes dans leur caractère, dans leur nature,
dans leurs conséquences ; la meilleure loi pénale est, en
effet, au point de vue unique de la distribution des
peines, celle qui établit la plus complète analogie entre
le crime et le châtiment.

Quant à nous, qui repoussons la peine de mort et les
peines perpétuelles, comme un débris des vieilles et
barbares institutions de ces temps où la force faisait le
droit, nous déplorons et condamnons ce luxe et cette
complication de châtiments qui font tâche dans des lois
du 19e siècle.

La peine de mort ! tout a été dit sur cette peine qui
exclut et repousse le repentir ; elle ne trouve plus que
de rares défenseurs. Vivante dans la loi, elle est déjà
depuis longtemps condamnée par l'opinion publique.

Que pourrions-nous dire également des autres peines
perpétuelles qui n'ait été écrit, publié, qui n'ait retenti
à la tribune parlementaire ou n'ait été longuement et
savamment développé dans des traités spéciaux ? Elles
tuent le repentir, parce qu'elles détruisent dans le cœur
du condamné l'espoir d'être rendu à la société ; elles
sont un obstacle insurmontable à son retour au bien,
parce qu'elles évoquent sans cesse devant lui cette
pensée décourageante : quelque longue que soit ton existence, quelque longue que soit ton expiation, tu n'auras
jamais assez souffert, tu n'auras jamais assez expié ;
plus cruelles que la peine de mort, qui met un terme aux
souffrances morales du condamné en même temps que à
son existence, elles font de son existence même un ins-

trument de souffrances d'autant plus grandes que le
terme ne peut en être prévu (1)!

Nous avons peu de chose à dire des peines temporaires. La seule remarque à faire, c'est qu'elles sont plus
nombreuses, plus variées dans le Code espagnol que
dans le nôtre. C'est un avantage réel, évident, et constitue à nos yeux, nous l'avons déjà dit, l'une des conditions essentielles d'une bonne législation pénale.

(I) Les législateurs ont méconnu le principe de l'inviolabilité de la
vie humaine. En présence de la faillibilité, de l'incertitude des jugements, devaient-ils persister à édicter un châtiment irréparable ? La
peine de mort atteint-elle son but, l'intimidation ?

Voici les réflexions que la fameuse affaire Péchard a inspirées à
M. Raymond, chargé du Courrier du Palais, dans *l'Univers illustré* :

« Nous avons retrouvé, à la Cour d'assises de Riom, un nom qui
avait déjà figuré dans le procès Péchard, et qui était porté par un
homme qui est devenu un type de malfaiteur, une sorte de héros de
l'assassinat et du vol, Minder dit Graft.

» Graft a été exécuté. Un de ses frères avait été condamné à mort
il y a quelques années. Un autre de ses frères, qui faisait le même
commerce, vient d'être également condamné à mort par la Cour de
Riom, et il a entendu son arrêt avec l'intrépidité d'un homme qui y
avait été préparé dès l'enfance. L'éducation forme le cœur ! Le père
n'a été condamné qu'à la réclusion perpétuelle : il n'était pas digne
de son fils.

» Il y a en France quelques grandes familles de ce genre.

» L'année dernière, dans le procès Lemaire, on a vu un certain
Villet dont les aïeux mouraient sur l'échafaud.

» C'est le champ de bataille de ces chevaliers du poignard.

» On soutient cependant, en faveur de la peine de mort, qu'elle
intimide les populations et qu'elle décourage les bandits par la vue du
châtiment !

» Voilà des exemples qui autorisent à penser le contraire.

» Avis aux abolitionistes ! »

Le moment n'est pas venu de les examiner en détail. Le chapitre qui les définit et traite de leur exécution, nous fournira plus naturellement l'occasion de faire cet examen.

Nous avons déjà exprimé notre pensée sur les peines du carcan et de la dégradation, à l'occasion de la disposition de l'art. 23 ; nous n'y reviendrons pas.

Mais il est juste de reconnaître, après avoir fait la part de la critique, que tel qu'il est, le système pénal du Code espagnol actuel, n'en constitue pas moins un immense progrès sur les systèmes des législations qui l'ont précédé. Nous ne voulons pas remonter jusqu'aux siècles barbares. Nous nous bornerons à rappeler les peines principales inscrites dans les lois qui régissaient l'Espagne vers la fin du dernier siècle et pendant le premier tiers de celui-ci. C'est notre époque.

Parmi les peines capitales dans le siècle dernier, figurait au premier rang le *descuartizamiento* de l'homme vivant. Or, le *descuartizamiento* consistait en ceci : le condamné était coupé en morceaux ; chaque membre était successivement séparé du tronc, en commençant, bien entendu, par ceux dont la séparation ne produisait pas la mort immédiate, et l'opération se poursuivait jusqu'à ce que mort s'ensuivît.

Puis, rentraient dans la catégorie des peines plus douces la mutilation des yeux, de la langue, des deux mains ou d'une seule, l'*azote*, qui n'était autre chose que le knout des Russes, et l'*artesa*, qui s'exécutait en mettant au soleil, dans un baquet en forme de pétrin, le condamné tout nu, et enduit de miel des pieds à la tête, pour le livrer pendant plusieurs heures à l'action de la chaleur, et à la piqûre des mouches et des autres animaux que le miel attirait et retenait sur son corps.

Au commencement de ce siècle, certaines de ces peines avaient été remplacées par d'autres ; quelques-unes avaient été conservées avec ou sans modification. Ainsi, le *descuartizamiento* n'était plus appliqué qu'à l'homme déjà exécuté par l'étranglement, mais l'*azote* était resté dans toute sa pureté primitive, et la génération actuelle a plusieurs fois assisté à l'exécution de ces deux peines. L'*artesa*, quoique tombée en désuétude, était inscrite dans la loi dite *ley de partida*, qui a été la législation pénale en vigueur jusqu'en 1800. Cette même loi contenait aussi, dans le nombre de ses peines, la mutilation des membres, *la picota* ou fourches patibulaires, le travail des mines à perpétuité.

Évidemment, avoir proscrit toutes ces atrocités, avoir rompu avec ces barbares traditions, est un honneur pour les auteurs du Code pénal de 1848, et ils méritent qu'il leur en soit tenu compte, alors même que, trop fidèles imitateurs des législations pénales modernes, et de la nôtre surtout, ils n'aient pas eu le courage de rejeter la peine de mort et les peines perpétuelles, que le progrès et l'adoucissement de nos mœurs ont condamnées sans retour.

CHAPITRE III.

De la durée et de l'effet des peines.

PREMIÈRE SECTION.

Durée des peines.

Minimum et maximum des peines. — De l'emprisonnement. — De la
surveillance de la police. — De l'exécution des peines. — Examen
des deux paragraphes de l'article 28. — (Comment,, articles 26,
27, 28.)

Le système pénal de notre Code, nous l'avons déjà
dit, et il est facile de s'en convaincre par un simple rapprochement, est moins riche que celui du Code espagnol. Il résulte de ce fait, que la comparaison de la durée des peines dans l'une et l'autre législation ne peut
se faire que relativement à certaines de celles qu'a édictées la loi pénale espagnole, et qui ont des correspondants dans la loi française.

Parmi ces peines, les plus remarquables sont : les travaux forcés, la réclusion et le bannissement.

La durée de ces peines est uniformément fixée dans
le Code espagnol, à douze ans au moins et vingt ans au
plus.

Notre Code leur assigne d'autres limites. Les travaux
forcés sont infligés pour cinq ans au moins, vingt ans

au plus. Le minimum des peines de la réclusion et du bannissement est de cinq ans, leur maximum de dix. D'où il résulte que notre législation est, sur ce point, infiniment plus douce, puisque son minimum est bien moins élevé, et que, dans deux des cas sur trois, son maximum est inférieur de moitié à celui que fixe la loi espagnole.

Pour les travaux forcés, cet abaissement du minimum établit, dans la durée totale de la peine, un espace plus considérable, qui permet au juge de prononcer un châtiment plus exactement correspondant au plus ou moins de gravité du fait criminel.

Pour la réclusion et le bannissement, la différence entre leur maximum et celui des travaux forcés, indique déjà suffisamment, par elle seule, la distinction considérable que le législateur a entendu faire entr'elles.

Le Code espagnol qui, lui aussi, fait une différence entre ces peines, puisque, dans sa classification ou échelle générale, il place la chaîne temporaire au premier degré des peines de cette nature, la réclusion au second et le bannissement au quatrième, leur assigne néanmoins la même durée, le même minimum, le même maximum; cela nous paraît peu logique, alors surtout que ces peines doivent s'appliquer à des faits criminels essentiellement distincts, non seulement par leur nature mais aussi par leur gravité; sans doute, ce qui différencie deux peines, c'est le mode d'exécution de l'une et de l'autre, avant tout; mais lorsqu'elles sont destinées à réprimer des faits plus ou moins graves aux yeux de la loi, celle-ci doit aussi les distinguer par leur durée et les limites dans lesquelles est comprise cette durée.

La peine de la prison a cinq degrés dans le Code espagnol ; chaque degré se distingue par un nom particulier et une durée différente ; en première ligne ou au
degré supérieur est la *prison majeure* durant de 7 à 12
ans ; au second degré la *prison mineure* durant de 4 à
6 ans ; au troisième la *prison correctionnelle* durant de
7 mois à 3 ans ; au quatrième *l'arrêt majeur* durant de
1 à 6 mois. Ces quatre premières peines correspondent
aux délits graves et aux délits moins graves ; et enfin se
présente au dernier degré *l'arrêt mineur*, qui a une
durée de 1 à 15 jours et correspond aux contraventions.

Notre Code n'a point admis autant de divisions. La
peine de la prison est dans son système pénal une peine
correctionnelle et de police, et par suite applicable seulement aux délits et contraventions ; elle n'a qu'un nom
quel que soit le fait qu'elle réprime, mais elle a deux degrés : en matière correctionnelle, sa durée est de 6 jours
au moins et 5 ans au plus ; en matière de police elle ne
peut être au-dessous d'un jour ni au-dessus de 5.

Nous avons vu que l'article 24 du Code espagnol rangeait la sujétion à la surveillance de la police parmi les
peines correctionnelles et principales, et l'article 26 du
même Code fixe la durée de cette peine de 7 mois à 3
ans (1).

(1) Un décret du 8 mars 1851, modificatif de l'article 44 de notre
Code pénal, réserve au gouvernement le droit de déterminer le lieu
dans lequel le condamné devra résider après qu'il aura subi sa peine.
L'administration est chargée de prendre les précautions nécessaires
pour constater la présence continue du condamné dans le lieu de sa
résidence.

Le Code pénal français fait de cette peine une peine accessoire, et ne lui fixe pas de limite dans la durée, en principe ; dans certains cas, elle est perpétuelle, dans d'autres elle est temporaire et alors il fixe un minimum et un maximum de durée.

De ce rapprochement, il faut donc conclure que le Code espagnol s'est éloigné du système de notre législation pénale sur deux points, dont l'un surtout, celui de la non perpétuité de la peine a toute l'importance d'un grand principe.

Quelque légitime et logique que paraisse cette conclusion, on aurait tort de se hâter de la tirer et de la proclamer ; il suffit, en effet, de tourner un seul feuillet du Code espagnol pour s'apercevoir qu'il s'est contredit sur l'un et sur l'autre point, et qu'en définitive, cette apparente discordance entre son système et celui du Code français, quant à la nature et à la durée de la peine de la sujétion à la surveillance de l'autorité, n'existe pas.

Ainsi, alors que l'article 24 de ce Code fait de cette

Le même décret interdit, en outre, le séjour de Paris et de la banlieue à tous les individus placés sous la surveillance de la haute police.

La statistique a constaté les excellents résultats de cette interdiction.

Mais le décret qui, sans contredit, a exercé la plus grande influence sur la diminution de la criminalité du département de la Seine, c'est celui du 19 décembre 1854, qui a réorganisé la police, en triplant le nombre des agents.

Grâce à ces deux mesures, Paris est enfin délivré de ces redoutables associations de malfaiteurs, qui exécutaient avec une audace incroyable les complots tramés dans les bagnes et les prisons.

Dans l'espace de trois années (1840 à 1843), la Cour d'assises de la Seine condamna près de 200 individus appartenant à 3 bandes de voleurs !

peine une peine principale, la troisième section du chapitre que nous examinons maintenant, nous la montre
dans son application peine accessoire, accompagnant,
comme telle, d'autres peines véritablement principales
celles-là, et n'étant jamais prononcée comme peine
unique.

Ainsi encore, alors que l'article 26 de ce Code déclare que cette peine durera de 7 mois à 3 ans, ce qui
semble indiquer qu'elle ne peut être infligée pour un
temps plus long, nous voyons dans les articles 50, 51,
52, 53, 54, 55, 56 et 57, que non seulement elle sera
dans certains cas prononcée pour un temps bien supérieur au maximum de l'article 26, mais encore qu'elle
est dans *cinq* circonstances *perpétuelle*.

Donc, sauf la question d'exécution de la peine, qui
présente quelques différences dans les deux Codes,
comme nous le verrons en examinant l'article 42 du
Code pénal espagnol, en principe, la nature, le caractère de la peine de la sujétion à la surveillance de l'autorité sont identiques dans les deux législations.

Les deux paragraphes de l'article 28 méritent de fixer
un instant notre attention l'un et l'autre, quoique à un
point de vue différent.

Le premier remplit une lacune existant dans l'ancienne législation, laquelle n'ayant pas déterminé le jour
auquel commençait l'exécution de la peine, abandonnait
cette fixation à la jurisprudence des tribunaux, jurisprudence essentiellement variable, comme chacun sait.
La question avait, en tant que question intéressant la
liberté individuelle, une importance assez grande pour
que la loi nouvelle dût s'en occuper et la résoudre.

Le second consacre, mais incomplètement, le principe contenu dans l'article 24 de notre Code ; nous disons incomplètement, car il ne prévoit et ne dispose que pour le cas où il est intervenu, à suite d'une condamnation, un recours en nullité ou cassation de la sentence qui la prononce, omettant ainsi le cas le plus ordinaire, celui de l'appel de cette même sentence. C'est une inadvertance fâcheuse, puisqu'elle doit avoir pour résultat de priver le plus grand nombre des condamnés du bénéfice de sa disposition.

Mais ce qu'il y a de remarquable, c'est que toute incomplète qu'elle est, la disposition de ce paragraphe ne peut même sortir à effet, en l'état ; la loi de procédure criminelle espagnole n'admet pas le recours en nullité ou en cassation en matière criminelle : M. Pacheco le constate et s'en plaint en ces termes :

« Le second paragraphe de l'article n'a aucune appli-
» cation aujourd'hui, mais l'aura nécessairement avant
» peu de temps. Il est impossible que nous restions sans
» établir le recours en nullité ou en cassation, quant
» aux causes criminelles, sinon pour toutes, au moins
» pour celles qui entraînent des peines importantes. Ce
» spectacle que nous présentons d'avoir de pareils re-
» cours pour un procès de 20,000 réaux (5,263 fr. 16 c.)
» et de ne pas l'avoir pour une affaire capitale, ce spec-
» tacle, disons-nous, est un scandale qui nous désho-
» nore et qui ne peut durer (1). »

La disposition du second paragraphe de l'article 28, reste donc à l'état de manifestation de bonne volonté ou

(1) Même ouvrage, tome I, page 342, n° 3.

de manifestation d'un désir du législateur, désir pour le moment irréalisable ; les condamnés n'y gagnent rien.

Néanmoins, et puisqu'un jour doit venir où la disposition de ce paragraphe sera une réalité, il serait désirable que le gouvernement espagnol, en vue de cette application prochaine, provoquât une nouvelle rédaction, qui, complétant l'œuvre commencée, consacrât le principe, que, quel que fût le résultat du pourvoi, qu'il entraînât une nouvelle décision conforme, quant à l'application de la peine infligée, à la sentence annulée, ou modificative de cette sentence dans le sens de la diminution ou de l'aggravation de cette même peine, la durée de la peine commencera à compter du jour du premier jugement de condamnation ; qu'il en sera de même pour l'appel, quel qu'en soit le résultat, et qu'il n'y aura pas de distinction entre le cas ou l'un et l'autre seront émanés du ministère public ou du condamné.

Il nous est difficile, en effet, de nous rendre compte d'une manière satisfaisante du motif qui a déterminé le législateur français à n'accorder le bénéfice de sa disposition qu'au cas où c'est le ministère public et non le condamné qui s'est pourvu ou a relevé appel, ou bien au cas seulement où, sur l'appel ou le pourvoi du condamné, il y a eu réduction de la peine.

A-t-il voulu que la privation de ce bénéfice fût la peine du condamné téméraire, qui a relevé appel ou s'est pourvu en cassation et n'a pas réussi? Ce serait injuste ; disons mieux, ce serait inhumain ; le sentiment qui pousse le condamné, celui surtout qui est placé sous le coup d'une peine fort grave, à chercher à se soustraire à cette peine, ou du moins à en obtenir la réduction par les moyens légaux, est trop naturel pour mériter un châtiment.

A-t-il voulu seulement effrayer les condamnés et contenir ainsi ce désir de tout homme frappé d'une peine même légère, de toutes les chances de l'appel et du pourvoi, afin d'éviter l'encombrement et l'immense travail que nécessiterait le jugement des recours élevés contre toutes les décisions en matière criminelle? Nous croyons que ce frein est bien léger, que cette crainte produit une influence bien moindre que le législateur ne l'a supposé, et nous ajoutons qu'en serait-il autrement, que dût-il en résulter la nécessité pour le gouvernement d'augmenter le nombre des juges, et pour ces magistrats l'obligation de travailler davantage, ces inconvénients ne pourraient justifier l'entrave apportée ainsi à l'exercice d'un droit consacré par la loi, la compression ou plutôt la répression d'une faculté *naturelle* dans un pays civilisé.

Le même paragraphe de l'article 28 emploie à propos des jugements, l'expression de *publier* et non celle de *prononcer* ; ces deux expressions ont un sens parfaitement distinct et qui indique la différence qui existe entre les tribunaux des deux pays dans la manière de rendre leurs décisions : les tribunaux français prononcent verbalement et publiquement leurs jugements ou arrêts ; les tribunaux espagnols ne les prononcent pas, ils les rendent publics par la voie de la notification ou de l'affiche (1.)

_____

(1) Voir l'introduction.

SECONDE SECTION.

Effets des peines suivant leur nature respective.

Du carcan. — De la dégradation. — De la réhabilitation. — De l'interdiction absolue d'une profession. — De la perte des droits aux pensions, retraites ou autres, acquis pour services antérieurs.— De la *Congrua*. — De l'interdiction civile. — De la surveillance de l'autorité. — Obligation imposée au condamné d'adopter une profession. — De la caution. — De la contrainte par corps en matière criminelle, correctionnelle et civile. (Comment. art. 29 , 30 , 31 , 32 , 33 , 34 , 35 , 36 , 37 , 38 , 39 , 40 . 41 , 42 , 43 , 44 , 45 , 46 , 47 . 48 , 49.)

———

La disposition de l'article 29 confirme l'opinion que nous avons émise sur la nature et le caractère des peines du carcan et de la dégradation ; ce sont bien dans la pensée du législateur espagnol des peines purement infamantes ; leur admission dans la loi est bien réellement une exception , exception malheureuse au principe si nettement énoncé et si absolu dans ses termes, contenu en l'article 23 ; exception qui détruit , anéantit le principe lui-même.

Et qu'on remarque le bizarre spectacle que nous offre sur ce point la législation espagnole ? Après avoir solennellement proclamé le principe qu'elle ne reconnaît pas de peines infamantes , elle se contredit et annule son propre principe en donnant place, en fait, dans ses dispositions, à deux peines d'une nature essentiellement et purement infamante , et puis, lorsqu'il s'agit de déterminer les effets de ces deux peines, elle devient beaucoup plus sévère que les législations qui ont admis en principe les peines infamantes.

Ainsi, alors que la législation française statue que la réhabilitation pourra être prononcée par le ministre de la justice sur l'avis du procureur général près la Cour de la résidence du condamné, le Code espagnol, lui, déclare qu'une *loi spéciale* seule peut prononcer cette réhabilitation ; ce qui rend la réhabilitation à peu près, sinon absolument, impossible ; ce qui, en tout cas, est essentiellement illogique et déraisonnable : car, comment comprendre que lorsqu'il a suffi d'un jugement pour flétrir un homme, il soit nécessaire d'une loi, c'est-à-dire d'un acte émané des représentants de la nation entière pour enlever cette flétrissure ?

Les articles 30 et suivants, jusques et y compris l'article 41, traitent de l'interdiction à différents degrés, depuis l'interdiction absolue et perpétuelle jusqu'à la simple suspension des droits civiques, civils et de famille, charges, honneurs, emplois, offices publics et même professions individuelles ; ces articles ont leurs correspondants dans les articles 34, 42 et 43 de notre Code pénal.

Quelques différences néanmoins ressortent de la comparaison des deux législations :

D'abord la loi espagnole ne définit pas les droits politiques et les droits civils, de telle sorte qu'il peut s'élever quelques doutes sur la partie de ses dispositions à l'encontre de certains droits, de certaines facultés.

La tutelle, la curatelle, la faculté de faire partie d'un conseil de famille, le droit de vote et de suffrage dans ces conseils, la faculté de figurer comme témoin dans un acte public, la faculté de déposer en justice au civil et au criminel, sont des droits et facultés qui tout à la fois ont un caractère de droit politique et civil, qui exigent pour leur exercice la qualité de citoyen et celle d'homme ; mais leur nature et leur caractère ne sont pas si clairement déterminés, qu'il ne puisse y avoir matière à discussion : de là, la nécessité pour la loi, sinon d'indiquer nominativement les droits qu'elle rangeait dans la catégorie des droits politiques et ceux qu'elle plaçait dans celle des droits civils, au moins de définir les uns et les autres, de leur donner un sens clair, précis qui ne permît pas l'erreur ou même l'hésitation.

Le Code français n'est pas tombé dans cette faute ; il a mieux fait encore que définir, il a énuméré les droits dont il entendait priver, en tout ou en partie, les coupables de certains faits criminels, et par ce moyen, il a fermé la porte aux discussions et aux interprétations toujours redoutables en matière criminelle.

Un autre différence plus remarquable encore entre notre législation pénale et le Code espagnol, c'est que ce dernier consacre la faculté, pour les tribunaux, de prononcer la suspension et même l'interdiction absolue d'une *profession* en termes généraux, sans distinction.

Nous comprenons qu'il est des professions qui portant avec elles un caractère de ministère public, ne pouvant s'obtenir que moyennant l'intervention ou même l'autorisation du gouvernement, dans l'état d'organisation politique actuelle, soient soumises à la surveillance de ses agents et puissent être interdites dans certains cas aux titulaires, précisément parcequ'elles constituent une

espèce de privilége, ou encore parce qu'elles forcent la
confiance des citoyens qui ne peuvent s'adresser à d'autres dans les circonstances où ils ont besoin de leur concours ; tels sont par exemple les divers officiers minis-
tériels; mais étendre cette faculté à d'autres professions,
à celles qui sont tout à fait en dehors de ces conditions,
telles que les professions de négociant, d'artisan, de
toutes les classes d'industriels, c'est aller au-delà des
bornes de la justice, c'est se rendre coupable d'une confiscation, plus odieuse que celle des biens, plus tyrannique, plus inique; c'est priver un homme de tout moyen
d'existence, c'est le jeter dans la voie du crime.

Telle n'a peut-être pas été l'intention du législateur
espagnol ; telle n'est peut-être pas l'intention dont est
susceptible la disposition ; mais la généralité vague et
absolue des termes dans lesquels elle est conçue, offre
ce danger de voir les tribunaux, obéissant à la lettre
de la loi, sans consulter son esprit, rendre des décisions contraires à la pensée qui a inspiré la rédaction de
ses art. 39 et 40.

Abandonnons maintenant l'examen des articles 30 et
suivants au point de vue général, pour nous arrêter un
instant sur certaines de leurs dispositions particulières.

Le paragraphe 4 de l'article 30, statue que l'interdiction de droits absolue, perpétuelle, produit la perte de
tout droit aux pensions de retraite ou autres acquis pour
services antérieurs.

Nous ne rencontrons rien de semblable dans la législ-
lation française, et nous nous en félicitons, car cette
disposition nous parait injuste à tous les points de vue.

M. Pacheco, lui aussi, blâme une pareille disposition

et voici par quelles raisons il la repousse ; nous lui laissons la parole :

« Passe encore , dit-il , pour les *cesantias* , droits
» étrangers qui n'ont dû leur origine qu'aux désordres
» de notre administration ; mais les jubilations, les re-
» traites, ces pensions et ces droits qui se gagnent par
» un nombre considérable d'années, ou parce qu'on s'est
» usé au service public ; ceux-là , toute législation bien
» ordonnée doit les estimer une propriété et les respec-
» ter et les considérer , comme la propriété se respecte
» et se considère ; il est de l'intérêt du service de le
» faire ainsi. Il est d'utilité publique d'élever un mur
» devant ces droits, pour qu'il n'y soit touché en aucun
» cas et pour aucun motif ; nous considérons leur ap-
» propriation par la société, comme nous considérerions
» celle de toute autre propriété ; elle nous paraît une
» confiscation et nous la condamnons comme nous con-
» damnerions celle-ci.

» Notre manière de voir sur ce point serait-elle une
» illusion , serait-elle un délire? Nous ne le croyons pas.
» L''employé qui a achevé son temps et qui a satisfait
» aux conditions prescrites pour avoir droit à la jubila-
» tion , a consommé un fait qui a dû lui donner un droit
» absolu ; les fautes qu'il commettra depuis ne détruiront
» pas ce qu'il a pleinement accompli avant ; on ne lui
» donne pas la pension qu'il a gagnée pour ce qu'il doit
» faire dans l'avenir ; on la lui donne pour ce qu'il a fait
» dans le passé. N'est-ce pas contradictoire, d'une part ;
» inconvenant, de l'autre, de défaire ce qui a été fait , à
» cause de circonstances qui n'ont pas pu avoir d'in-
» fluence lorsque cela a été fait ? A chaque action, ce

» qu'elle mérite particulièrement, mais le bien achevé ne
» peut être invalidé par le mal qui surviendrait depuis.

 » Il est vrai que l'article excepte de cette perte une
» pension alimentaire que pourra accorder le gouverne-
» ment ; mais qu'est-ce donc que cette pension, sinon
» la jubilation elle-même, avec cette différence que l'on
» convertit en une grâce ce qui était un droit acquis? Et
» si cette faveur doit être faite quelquefois , pourquoi
» ne pas la faire toujours et dans tous les cas ? Est-ce
» que la jubilation n'était pas gagnée dans tous le cas ?
» Est-ce qu'il n'y a pas un intérêt public à empêcher que
» l'arbitraire ne se substitue au droit? Châtions les cri-
» mes à la bonne heure, mais ne laissons pas mendier les
» familles qui avaient honorablement gagné à la sueur
» de leur front la propriété d'une pension ; ne les for-
» çons pas à regarder comme un bonheur la mort de
» leur chef, pour acquérir de nouveau par le veuvage ,
» ce qu'ils avaient perdu comme jubilation ; une fois en-
» core, nous ne croyons cette disposition ni juste ni fé-
» conde en bons résultats (1)».

Ce qu'il y a de plus injuste dans cette disposition, en
effet, c'est que non seulement elle confisque arbitrairement un droit acquis, mais encore qu'elle frappe des
innocents, la femme, les enfants du condamné ; qu'elle
les punit, et d'une manière cruelle, de la faute de leur
mari et de leur père, en un mot, qu'elle leur fait supporter la peine d'un crime qui n'est pas le leur.

Sans doute elle réserve leurs droits à la mort du condamné, mais pendant sa vie, qui peut être longue, avec

_____

(1) Même ouvrage, tome 1 , page 354 , numéros 24 , 25 et 26.

quelles ressources vivront-ils si, tout leur avoir, comme cela arrive souvent, se résumait dans la pension de retraite de leur mari, de leur père ?

Cette injustice ressort davantage encore du rapprochement de cette disposition avec celle d'un article à l'examen duquel nous allons nous livrer, de l'article 38.

Cet article, après avoir déclaré que l'interdiction de charges, fonctions ou emplois, ou même celle de la suspension qui atteindrait un ecclésiastique, ne le frapperait que dans les charges, droits et honneurs qui ne proviennent pas de l'Eglise, et qu'il serait seulement privé, pendant la durée de la peine, de l'exercice de la juridiction ecclésiastique, du soin des âmes, du ministère de la prédication et du droit de percevoir les revenus ecclésiastiques, ajoute : la *congrua* exceptée.

Expliquons d'abord ce que c'est que la *congrua*. Il est d'usage, en Espagne, que lorsque le fils d'une famille riche ou même aisée se destine à l'état ecclésiastique, ses père et mère, ou même un parent plus éloigné, lui constituent une espèce de majorat en terres ou en rentes sur l'Etat, qui se nomme *capellania*, et dont le revenu est destiné à donner au futur ecclésiastique de quoi soutenir honorablement sa position dans l'Eglise. Ces majorats, qu'ils soient constitués en biens fonds ou en rentes sur l'Etat, sont inaliénables par celui en faveur duquel ils ont été constitués ; il ne peut en disposer ni à titre gratuit ni à titre onéreux, ni par acte entrevifs ni par testament. Ils restent, quant à la nue propriété, dans la famille du parent constituant. Le titulaire n'en a que l'usufruit, il en perçoit les revenus ; ces revenus sont ce qu'on appelle la *congrua*.

C'est là sans doute une propriété personnelle individuelle que la loi ne peut, sans injustice manifeste, enlever au condamné, par cela seul qu'il a été condamné.
A ce titre, la disposition mérite d'être approuvée.

Mais cette propriété est-elle plus respectable que celle
de la pension de retraite de l'employé, du magistrat,
de l'ancien fonctionnaire, gagnée par toute une vie de
travail ? Evidemment non. Pourquoi donc la loi protége-
t-elle celle-là après avoir frappé celle-ci ? pourquoi ,
puisque le législateur avait cru devoir priver les condamnés laïques et *leurs familles* de la propriété de leurs
pensions , a-t-il établi une exception en faveur de la
congrua du condamné ecclésiastique ?

A chacun la responsabilité de son œuvre. Rendons à
la commission de rédaction du Code pénal espagnol la
justice de reconnaître que, si elle avait eu tort de frapper les condamnés dans leur propriété , elle avait au
moins été logique, et n'avait pas admis d'exception en
faveur d'une catégorie de condamnés. L'article 38 , tel
qu'il était sorti de ses délibérations , ne contenait pas
ce privilége, pour le condamné ecclésiastique , de conserver le droit de jouir de ses revenus, quand le condamné laïque était privé de sa pension. C'est au sénat
espagnol que revient l'honneur de l'avoir créé.

Et pourquoi , au nom de quel sentiment, dans quelle
pensée honorable le sénat a-t-il cru devoir établir une
pareille exception? est-ce au nom du respect dû à la
propriété ? Evidemment non, puisqu'il ne s'est pas
préoccupé de la propriété des condamnés laïques. Est-
ce parce qu'il lui a répugné de voir un ecclésiastique ,
habitué jusqu'alors à une existence sinon luxueuse, au

moins aisée , réduit au maigre régime du bagne ou des maisons de détention ? Cela ne peut pas être, car ce sentiment se serait élevé plus puissant encore à la pensée de la misère des familles des anciens fonctionnaires, que la suppression de la pension de leur chef rendait si profonde et si cruelle, alors que ces familles ne méritaient aucune peine, puisqu'elles n'avaient, elles, commis ni crime ni faute.

Aucune raison sérieuse ne justifie la création de ce privilége. Il y a plus : il est de nature à mécontenter le corps entier du clergé, car la protection accordée à l'ecclésiastique coupable d'un grand crime, est un outrage fait au clergé honorable, digne de sa haute mission, accomplissant les grands devoirs qu'elle impose avec **abnégation** et renoncement de soi-même, tout à la fois précepteur et modèle de moralité et de vertu.

Mais, chose étrange et qui prouve avec quelle légéreté le sénat a sur ce point modifié l'œuvre de la Commission. L'article 38 amendé, les auteurs de l'amendement ne se sont pas aperçus que deux dispositions qui suivaient réduisaient à néant , si elles étaient strictement exécutées , le privilége qu'il venait de créer.

Ainsi, aux termes de l'art. 96, qui traite de l'exécution de la peine de la chaîne temporaire et perpétuelle , il est défendu aux condamnés renfermés dans l'établissement où se subit la peine *de recevoir des secours du dehors.*

D'après l'art. 100, les condamnés à la réclusion perpétuelle ou temporaire sont soumis à *un travail, à une discipline, à un costume et à un régime alimentaire communs.*

Dans le premier cas, comment l'ecclésiastique condamné pourra-t-il recevoir sa *congrua ?*

Dans le deuxième cas, à quoi pourra-t-elle lui servir, en admettant qu'il la reçoive ?

Le sénat n'aura donc réussi qu'à établir, dans le Code, un privilége sans utilité et sans profit pour ceux en faveur desquels il le créait, privilége fâcheux en ce qu'il établit une contradiction dans les dispositions de la loi, scandaleux en ce qu'il constitue une protection spéciale accordée à la classe des condamnés les plus coupables et, conséquemment, les plus dignes des sévérités du législateur et du juge.

Nous trouvons dans l'article 41 l'indication et l'énumération des droits dont la peine de l'interdiction civile prive le condamné ; ces droits sont au nombre de trois : 1º la puissance paternelle, 2º l'autorité maritale, 3º l'administration et le pouvoir pour le délinquant de disposer de ses biens par acte entrevifs.

Mais est-ce bien là tous les droits civils dont un condamné peut être privé dans le système pénal du Code espagnol ? Nous répondons non, avec l'article 374 de ce même Code, lequel prononce, comme peines accessoires de certains délits, l'interdiction du droit d'exercer la tutelle et de faire partie d'un conseil de famille.

L'interdiction civile dans la loi pénale espagnole, comprend donc, en réalité, la privation des droits énoncés tant dans l'article 41 que dans l'article 374, sauf la faculté pour le juge de prononcer exclusivement l'interdiction de certains de ces droits, en laissant au condamné la jouissance des autres.

Cette peine ainsi déterminée, n'est ni notre *mort civile*, ni notre interdiction des droits civils; elle a quelque chose de l'une et de l'autre, mais elle diffère égale-

●ment de toutes les deux, en ce qu'elle a, surtout dans les cas où la loi la prononce, plutôt le caractère de protection accordée à des innocents, que de peine infligée à un coupable.

Le père et l'époux sont privés de l'autorité paternelle et maritale, lorsqu'ils se sont rendus coupables d'un fait criminel qui révèle une profonde immoralité ou une grande corruption, ou qui est le triste produit du vice et des habitudes dégradantes, parce qu'il est juste et moral, dans l'intérêt de la société et de la femme ou des enfants, qu'ils soient alors soustraits à cette autorité.

Il est juste et moral que le tuteur, le curateur, le maître ou le fonctionnaire, qui ont abusé de leurs fonctions ou de leur autorité, pour se rendre complices d'un viol, d'un rapt, d'une séduction ou d'une corruption de mineurs, ou l'individu qui a consommé une corruption de mineurs dans l'intérêt d'un tiers, soient privés du droit d'être tuteurs et de faire partie d'un conseil de famille.

Enfin, si l'administration des biens du condamné et le droit d'en disposer par acte entrevifs, lui sont enlevés, c'est pour que ces biens soient gérés et conservés dans l'intérêt de la famille dont ils constituent presque toujours l'unique ressource.

Envisagée à ce point de vue, on peut dire qu'il n'y a pas dans notre législation de peine qui lui corresponde ; ce qui a préoccupé le moins notre législateur, c'est l'intérêt de la femme et des enfants du condamné.

Ainsi, et pour ne citer qu'un exemple pris précisément dans notre peine de l'interdiction des droits civils et de famille, le condamné peut être interdit du droit d'être tuteur, si ce n'est de ses propres enfants, et sur l'avis seulement de la famille ; ce qui veut dire que la loi le reconnaît et le déclare indigne d'être tuteur d'un étranger, mais que, quant à ses propres enfants, c'est autre chose; la famille est autorisée à lui déférer la tutelle quoiqu'indigne !

L'article 42 détermine les effets de la peine de la sujétion à la surveillance de l'autorité, ou plutôt les obligations imposées à celui qui a été condamné à cette peine.

De la comparaison de cet article avec les articles 44 et 45 de notre Code pénal, il résulte :

D'une part, que la condition pour le condamné d'être muni d'une feuille de route réglant son itinéraire quand il voyage et la durée de son séjour dans les lieux de passage, condition infligée par notre article 44, n'a pas été acceptée et reproduite par le Code espagnol;

D'autre part, que la loi espagnole oblige le condamné à adopter une profession quelconque qui lui fournisse des moyens d'existence, si tant est qu'il n'en possède pas déjà, obligation que notre législation n'a ni prévue ni imposée;

Enfin, que la loi espagnole ne contient aucune sanction pénale pour le cas d'inexécution de sa disposition, ce qui rend cette disposition sans effet, ou ce qui est pire, livre le condamné, au cas de désobéissance aux conditions que lui impose la loi, à l'arbitraire de la police.

Si la loi peut réprimer, elle a, à plus forte raison, le droit de prévenir, par des mesures de surveillance, la perpétration des actes criminels. Aussi, en principe, et en tant que mesure de précaution appliquée à des hommes dont le passé peut inspirer des craintes dans le présent ou l'avenir, la sujétion à la surveillance n'a rien qui répugne à la raison et à la conscience.

Mais à la considérer comme peine accessoire, survivant, dans tous les cas, à l'accomplissement de la peine principale, c'est-à-dire à l'expiation, alors surtout que la conduite du condamné, son repentir, les garanties de retour au bien qu'il a données, lui ont valu la remise d'une peine, elle ne se comprend plus.

Dans cette hypothèse, évidemment la surveillance, peine accessoire, devrait avoir le sort de la peine principale, et la remise de celle-ci devrait entraîner de droit l'extinction de la première.

Mais nous allons plus loin, et nous croyons que, alors même qu'il n'y a pas eu de motifs de remettre la peine, alors que le libéré est un récidiviste, déjà condamné comme tel, la surveillance et la manière dont elle est exécutée en France, est de nature à entraîner des résultats contraires à ceux qu'a voulu atteindre le législateur, en édictant cette peine.

Dans la pratique, en effet, non seulement le passeport délivré au libéré soumis à la surveillance contient l'itinéraire obligé, mais encore il renferme dans sa partie supérieure, et placée de façon à attirer le regard, une ou deux *lettres* indicatives de la peine que vient de subir le libéré. Ainsi, l'ancien forçat a sur son passeport T. F., c'est-à-dire travaux forcés ; l'ancien réclusionnaire un R, et l'ancien condamné correctionnellement un C. De là résulte pour lui l'impossibilité de trouver du travail dans un atelier quelconque, composé d'ouvriers honnêtes ou appartenant à un maître honorable. Il est repoussé partout, et la conséquence forcée, inévitable de cette situation, c'est qu'il est rejeté par le besoin dans la voie du crime (1).

Aussi, la statistique criminelle constate-t-elle une quantité déplorable de récidives. Nous voyons, dans le compte général de l'administration de la justice criminelle en France, pendant l'année 1850, daté du 15 septembre 1852, que les libérés des maisons centrales de 1843 à 1846 ont donné, dans les 5 ans qui ont suivi leur libération, 372 récidives sur 1,000 libérations, et les libérés des bagnes 397, plus de 1 sur 3.

Le compte-rendu de la justice criminelle de 1856 constate l'accroissement des récidivistes.

(1) Nous n'exagérons pas, et pour qu'on en soit bien convaincu, nous allons placer sous les yeux des lecteurs un extrait de l'exposé des motifs du projet de loi relatif à l'exécution de la peine des travaux forcés, qui est devenu la loi du 30 mai 1854; cet exposé est signé ROUHER, président de la section de législation au Conseil d'Etat, LACAZE et MESTRO, conseillers d'Etat :

« Le forçat libéré, dit-il, est l'objet de la répulsion universelle ; » l'isolement se fait autour de lui. *On ne veut de ses services à au-* » *cun titre.*

» *Vainement il cherchera les lieux où ses antécédents ne soient* » *pas connus. La surveillance de la haute police, qui s'attache à ses* » *pas, le dénoncera partout.*

» *Le travail honnête lui est interdit ; il ne pourra vivre qu'à la* » *condition de redevenir criminel*, et il le sait avant d'être libéré. De » là, Messieurs, ces redoutables associations qui se forment au sein » des bagnes pour l'exploitation du mal.

» C'est la guerre organisée contre la société. »

Ce qui est vrai du forçat libéré l'est également de tous les condamnés libérés soumis à la surveillance de la police (Annexe au procès-verbal de la séance du Corps législatif du 4 juin 1852.)

Les 40,345 récidivistes qui ont été jugés en 1856 ont comparu : 2,074 devant les Cours d'assises, et 38,271 devant la juridiction correctionnelle.

La proportion n'était que de 229 sur 1,000 en 1855, et de 219 en 1854.

Les 2,074 accusés en récidive formaient plus du tiers (339 sur 1,000) du nombre total des accusés traduits devant les Cours d'assises.

En 1857, 2,003 récidivistes ont été jugés par les Cours d'assises, et 39,639 par les tribunaux correctionnels. Parmi les libérés des maisons centrales, plus du tiers sont poursuivis dans les trois ans qui suivent leur libération. (Extrait du compte-rendu pour l'année 1857).

Il n'est pas douteux que la mauvaise organisation de la surveillance n'entre pour beaucoup dans ce funeste résultat.

Évidemment, ce passeport avec itinéraire forcé et cette *lettre*, qui établit la position du libéré, sont employés dans l'unique but de faciliter la surveillance , et ils la facilitent en effet. Mais la police n'a-t-elle pas mille et un moyens de rendre cette surveillance efficace sans dévoiler ainsi cette situation du forçat ou du réclusionnaire libéré? est-il donc impossible de surveiller un homme sans le placer dans cette terrible alternative, de mourir de faim, faute de travail , ou de demander encore une fois au crime des moyens de subsistance ?

Que l'autorité supérieure veuille bien chercher un remède à cet immense inconvénient, et le remède sera bientôt trouvé. Et alors , la surveillance deviendra ce qu'elle devrait être, tout à la fois un préservatif pour la société contre les attaques nouvelles des hommes déjà condamnés, et un moyen de moralisation pour le libéré, le travail honnête et suffisamment rétribué étant l'agent de moralisation le plus actif et le plus puissant.

L'article 43 établit une peine nouvelle dans les lois espagnoles et qui n'existe pas dans notre législation pénale, la peine de la caution. Cette peine, qu'on pourrait appeler caution *bene vivendi*, est originaire des lois anglaises qui l'ont prise elles-mêmes, suivant Blakstone, dans les anciennes lois saxonnes.

A proprement parler, la caution donnée comme garantie que telle action criminelle ou dommageable ne s'exécutera pas, n'est pas une peine, mais une mesure destinée à prévenir le mal que l'on redoute. Quoiqu'il en soit, il est évident que, dans certains cas, surtout ceux de menaces ou même de tentatives de certains délits peu graves ou de contraventions, la caution peut produire un bon résultat. Mais nous doutons qu'il en soit de même pour les délits graves ou les crimes. D'abord, le prévenu trouvera, dans ces circonstances, fort difficilement une caution acceptable par les tribunaux ; ensuite, à supposer qu'il la trouve, l'homme capable de commettre un délit grave ou un crime ne se laissera pas arrêter par la pensée du préjudice que causera à sa caution l'exécution du fait criminel.

Du reste, son influence ne dût-elle, en effet, se faire sentir que dans le plus petit nombre de cas, ce serait déjà une recommandation suffisante auprès du législateur, qui doit chercher et admettre tous les moyens de prévenir les faits coupables, pour avoir à trouver d'autant moins de moyens de les réprimer.

La disposition des articles 44 et 45 du Code espagnol nous inspire d'abord une observation, c'est qu'ils ne peuvent recevoir d'application actuelle : le Code de procédure n'existe pas (1), et il n'y a pas de loi qui détermine la forme à suivre pour obtenir la réhabilitation ou la forme en laquelle elle peut être accordée dans l'acte de grâce.

Ensuite nous constaterons que cette disposition, toute de procédure, appartient à un Code d'instruction criminelle et non à un Code pénal, et que ce n'est, sans doute, qu'à l'absence du premier qu'elle doit d'avoir trouvé place dans ce dernier.

L'article 48 établit l'ordre dans lequel devront être recouvrées les diverses condamnations prononcées contre un individu reconnu coupable d'un fait criminel, dans l'hypothèse ou ses biens seraient insuffisants pour faire face à toutes ces condamnations. Son système, sur ce point, est conforme à celui du Code français et nous paraît juste.

Nous trouvons dans l'article 49 la théorie du Code pénal espagnol, sur la contrainte par corps en matière criminelle et correctionnelle ; l'article 504 du même Code s'occupe de la contrainte par corps en matière de contraventions ; le rapprochement de la disposition de cet article 49 avec celle des articles de notre Code pénal et des articles de nos lois du 17 avril 1832 et du 13 décembre 1848, qui s'occupent de la même matière,

---

(1) Depuis que ce chapitre a été écrit, ce Code a été promulgué par décret du 5 octobre 1855.

fait ressortir une foule de différences essentielles entre
le système des deux législations.

La première de ces différences consiste en ce que la
loi espagnole, contrairement à la législation française,
n'admet la contrainte du condamné insolvable que pour
la réparation, les indemnités, l'amende et les frais occasionnés par le jugement, ce qui doit s'entendre des
frais d'expertise, s'il y a eu lieu, des dépositions des
témoins, en un mot de tous les frais qui compètent
à des particuliers et non pour les dépens proprement
dits, c'est-à-dire cette partie de frais concernant plus
spécialement le fisc, tels que timbre, enregistrement,
etc., etc., que notre législation comprend sous le mot
générique de frais ou dépens.

La seconde consiste en ce que la durée de la contrainte est la même, que la contrainte soit poursuivie
au profit d'un particulier ou de l'Etat, et que la somme
pour laquelle elle est prononcée, soit inférieure, égale
ou supérieure à 300 francs. Contrairement encore aux
lois françaises, qui statuent diversement quant à la durée de la contrainte pour ces divers cas.

La troisième, que cette durée ne peut, d'après la loi
espagnole, jamais dépasser 2 ans, tandis que d'après
nos lois elle peut aller jusqu'à 5 ans, maximum fixé par
la loi du 13 décembre 1848, plus douce que la loi du
18 avril 1832 qui permettait aux tribunaux de la prononcer pour 10 ans, lorsque la condamnation s'élevait
à 300 francs et au-dessus, et dont les dispositions mêmes,
quant au cas où la condamnation n'excédait pas 300
francs, étaient si peu claires que M. Dalloz a pu décider rigoureusement, mais en se fondant avec raison

sur le silence de la loi, que dans ce cas, la contrainte pouvait avoir une durée illimitée, ce qui constituait une déplorable contradiction.

La quatrième, que cette peine est invariablement réglée sur le pied d'un jour de prison pour chaque *demi-duro* (2 fr. 63 c.) dans le Code espagnol, tandis que dans la législation française, ce réglement n'existe pas ; les tribunaux ont le droit de déterminer arbitrairement, mais néanmoins dans les limites du maximum, la durée de la peine, sans tenir compte de la somme due, hors le cas de condamnations prononcées en faveur de l'Etat, cas dans lequel le condamné insolvable doit être mis en liberté, après 15 jours de contrainte; si l'amende et les autres condamnations judiciaires n'excèdent pas 15 fr.; après un mois, lorsqu'elles s'élèveront de 15 à 50 fr. ; après deux mois lorsqu'elles s'élèveront de 50 à 100 fr., après 3 mois lorsqu'elles excèderont 100 fr.

La cinquième, que, aux termes du § 2 de l'art. 49, tout condamné à la peine de 4 ans de prison ou autre peine plus grave, n'est pas soumis à cette contrainte, alors que, d'après nos lois, l'homme qui a subi vingt ans de travaux forcés, n'en est pas pour cela exempté.

Jusqu'à présent, toutes les différences que nous avons signalées entre les deux législations sont à l'avantage de la législation espagnole, dont les dispositions sont incontestablement plus douces, plus humaines que celles de nos lois françaises.

Maintenant, et comme nous tenons avant tout à faire un rapprochement fidèle, voyons quelles sont les dispositions de notre législation qui, dans un autre ordre d'idées, l'emportent en humanité sur le Code espagnol.

1º La loi du 17 avril 1832, défend de prononcer la
contrainte par corps, et à plus forte raison de l'exécuter
contre le débiteur, au profit : 1º de son mari ou de sa
femme ; 2º de ses ascendants, descendants, frères ou
sœurs ou alliés aux mêmes degrés (article 19) auxquels
la loi du 13 décembre 1848 ajoute l'oncle et la tante,
le grand'oncle et la grand'tante, le neveu et la nièce, le
petit neveu et la petite-nièce et les alliés au même degré
(article 10) ;

2º La loi du 13 décembre 1848 dispose, que si le
débiteur a commencé sa 70e année avant le jugement,
la contrainte par corps sera déterminée dans la limite
de 3 mois à 3 ans, au lieu de 6 mois à 5 ans ; que s'il
a atteint sa 70e année avant d'être écroué ou pendant
son emprisonnement, la durée de la contrainte sera de
plein droit réduite à la moitié du temps qui reste à courir (article 9) ;

3º Cette même loi déclare, dans le même article que
la contrainte par corps en matière criminelle, correctionnelle et de simple police, ne sera exercée, dans l'intérêt de l'Etat ou des particuliers, contre les individus
âgés de moins de 16 ans accomplis à l'époque du fait
qui a motivé la poursuite, qu'autant qu'elle aura été
formellement prononcée par le jugement de condamnation ;

4º La même loi défend d'exercer simultanément en
aucune matière, la contrainte par corps, contre le mari
et la femme, même pour des dettes différentes (article 11) ;

5º Enfin, le second paragraphe de ce même article 11,.
autorise les tribunaux à surseoir pendant une année à

l'exécution de la contrainte par corps contre le débiteur dans l'intérêt de ses enfants mineurs.

Aucune disposition semblable n'existe dans le Code pénal espagnol.

Et cependant, puisque le législateur espagnol jugeait à propos de doter son pays, qui en avait été privé jusqu'alors, de dispositions légales sur la contrainte par corps en matière criminelle ; qu'il avait même amélioré dans certaines parties les dispositions sur cette matière qu'il nous avait empruntées, il est fâcheux qu'il ait omis d'introduire dans son Code, celles de ces dispositions qui pouvaient le plus diminuer la légitime répugnance qu'inspire de nos jours une loi de cette nature.

Pour notre part, en effet, la contrainte par corps, en matière criminelle tout autant qu'en matière civile, nous paraît une étrange anomalie dans le XIXe siècle ; c'est à nos yeux comme une protestation vivante contre l'idée chrétienne qui a détruit l'esclavage et fait. de tous les hommes des frères et des égaux ; c'est une négation frappante du grand principe de l'inaliénabilité de la liberté humaine ; c'est un outrage perpétuel à la dignité, à la moralité, à la conscience, à la raison, à la souveraineté de tous.

L'Espagne, avons-nous dit, était avant le Code pénal actuel, sans dispositions légales touchant la contrainte par corps ; le fait doit nous paraître si étrange, à nous, qui jouissons de cette institution depuis deux siècles (1)

(1) On sait que la contrainte par corps a été établie en France par les ordonnances de 1667 et 1673.

qu'il est bon de citer les autorités ; M. Pacheco va nous les fournir :

« En aucun pays, dit-il, de la moderne Europe, il ne
» s'est fait moins usage de la prison comme contrainte,
» que chez nous : dans les affaires civiles, dans lesquelles
» on l'employa quelque peu anciennement, elle avait
» été abolie entièrement ou presqu'entièrement par la
» célèbre Pragmatique, dont l'application a été étendue
» au-delà même de ses dispositions dans l'ordre crimi-
» nel. On sait qu'en cette partie nous n'eûmes que con-
» fusion et anarchie : il était expressément écrit dans
» la *Novisima Recopilacion* (1), que l'élargissement des
» prisonniers ne pouvait se différer pour les frais ; nous
» ne croyons pas que l'emprisonnement ait été jamais
» prononcé pour les indemnités ; les tribunaux avaient
» l'habitude de faire usage de cette peine, en substitu-
» tion ou alternative de l'amende, se prévalant pour·
» cela de leur arbitraire connu, et recevant à cause de
» cela, aussi, très-souvent, de graves censures du gou-
» vernement (2). »

Les choses étant ainsi en Espagne, mieux eût valu, à notre avis, que le législateur de 1848, au lieu de consacrer la contrainte par corps, et de lui donner droit de cité dans le Code pénal, ne s'en occupât que pour la repousser d'une manière absolue et définitive.

---

(1) *Recueil des Lois espagnoles restées en vigueur*, publié en 1805.

(2) Même ouvrage, t. 1, p. 374, nº 1.

TROISIÈME SECTION.

Peines qui entraînent avec elles d'autres peines accessoires.

De la remise de la peine de mort. — De la chaîne perpétuelle. — De la mort civile. — Interdiction absolue, perpétuelle des charges publiques et droits politiques. — Peines accessoires qui n'ont pas de correspondants avec notre pénalité. — De la dégradation civique. — Examen des deux Codes. — (Comment. art. 50, 51, 52, 53, 54, 55, 56, 57, 58, 59.)

La disposition de l'article 50, qui paraît fort naturelle au premier abord, mérite pourtant d'être examinée d'un peu plus près, pour pouvoir être sainement appréciée.

Le condamné à mort peut être gracié de plusieurs manières : 1° la grâce peut consister dans une simple commutation de peine d'un seul degré ; 2° elle peut également être de plusieurs degrés ; 3° elle peut enfin, d'après l'article 45 du Code espagnol, être une grâce absolue, non seulement exemptant de toute peine, mais même réhabilitant le condamné.

Dans ces trois cas l'article 50 sera-t-il également applicable ?

Pas de difficulté pour le premier cas ; la peine immédiatement inférieure en degré à la peine de mort dans le Code espagnol, est celle de la chaîne perpétuelle, laquelle, ainsi que cela résulte de l'article 52, entraîne et

l'interdiction absolue perpétuelle et la sujétion à la surveillance de l'autorité, pendant la vie du condamné.

Mais la question nous paraît devenir plus difficile pour
le second cas. Supposez que la grâce ait eu pour effet
de commuer la peine de mort en une peine qui n'entraîne que l'interdiction perpétuelle ou temporaire de
certains droits ou de certaines charges ou emplois seulement, et la sujétion également temporaire à la surveillance de l'autorité ; l'article 50 devra-t-il recevoir néanmoins son application ? En cas de négative l'article 50
est lettre morte ; en cas d'affirmative la disposition de
la loi qui attribue à la peine en laquelle aura été commuée la peine de mort, la faculté d'entraîner seulement
l'interdiction absolue ou temporaire de certains droits ou
de certains emplois, et la sujétion également temporaire
à la surveillance de l'autorité, est méconnue et violée.

Et vainement on dira qu'il n'en est pas ainsi, parce
que c'est en vertu de l'arrêt qui prononce la peine de
mort, c'est comme conséquence de cette peine, que le
condamné gracié reste soumis à l'interdiction perpétuelle absolue et à la sujétion à vie à la surveillance, et
non en vertu et comme conséquence de la peine substituée par la commutation à la peine de mort ; nous ré-
pondrons qu'il ne faut pas équivoquer ; que, par le fait
de la grâce, la première condamnation se trouve anéantie, et avec elle la peine et ses conséquences, et qu'elle
a fait place à une peine nouvelle qui, légalement et raisonnablement, ne peut avoir d'autres conséquences que
ses conséquences préfixées, prédéterminées par la loi ;
que l'effet de la grâce ne peut être autre ; que c'est dans
le but unique de substituer une peine moindre à une

peine plus forte, une peine plus douce à une peine plus
sévère qu'elle a été accordée ; que , par suite , c'est la
peine substituée à la peine de mort , qui devient la peine
vraie, la peine légale , et qu'il n'est pas plus permis de
s'écarter de son exécution, quant aux conséquences
qu'elle entraîne avec elle, que de son exécution matérielle, corporelle, quant à l'établissement pénitentiaire
dans lequel doit être détenu le gracié, par exemple, ou
aux régimes et conditions de travail auxquels il doit être
soumis comme les condamnés à cette même peine.

Pour le troisième cas de grâce, celui que prévoit l'article 45, c'est-à-dire l'exemption de toute peine et même
la réhabilitation, la question devient plus simple. Evidemment, la grâce absolue avec réhabilitation anéantit
complétement la disposition de l'article 50. Le gracié
est non seulement exempté de toute peine corporelle et
non corporelle, principale et accessoire, mais il est même
rétabli dans la jouissance et le droit d'exercice de tous
ses droits politiques, civils, et dans la faculté d'obtenir
toutes sortes de charges, emplois, fonctions et offices.

Quelles conséquences faut-il tirer des observations qui
précèdent? Nous nous trompons fort, ou il en résulte
de deux choses l'une : ou bien l'article n'aurait pas dû
être édicté, et c'eût été le parti le plus sage et le plus
raisonnable ; ou bien, il aurait dû être rédigé dans ce
sens, que, suivant la nature et l'étendue de la grâce, la
peine substituée par cet acte souverain à la peine de
mort, produirait les résultats et entraînerait avec elle
les peines accessoires déterminées par la loi pour cette
catégorie de châtiments. On aurait ainsi évité, dans l'un
et l'autre cas, le grave inconvénient de placer dans la

loi une disposition qui peut et doit devenir, dans certains cas, lettre morte.

L'article 52 nous fait connaître les peines accessoires que la loi attache à la peine de la chaîne perpétuelle, la plus élevée et la plus sévère des peines admises par le Code espagnol après la peine de mort. Cette peine est la seule qui soit accompagnée des deux peines accessoires infamantes, le carcan et la dégradation. Et encore, n'est-ce pas dans tous les cas, et tous les condamnés à la chaîne perpétuelle ne sont-ils pas passibles de ces deux peines accessoires, ou de l'une d'elles.

Le carcan est uniquement réservé au condamné à la chaîne perpétuelle, auquel ce châtiment a été infligé parce qu'il a été reconnu co-coupable (c'est l'expression de la loi) d'un individu condamné à mort pour trahison, régicide, parricide, vol avec violence, assassinat ou meurtre *payé*.

La dégradation n'atteint que le fonctionnaire public, condamné à la chaîne perpétuelle pour abus criminel commis dans l'exercice de ses fonctions.

L'application de ces deux peines accessoires se trouve donc singulièrement réduite.

Les autres peines accessoires de la chaîne perpétuelle sont: l'interdiction civile, l'interdiction de droits, charges ou emplois, perpétuelle absolue, la sujétion à la surveillance à vie.

En rapprochant la disposition de cet article de celle de notre article 18, qui est son correspondant, nous sommes frappés de la différence énorme qui existe entre eux quant aux conséquences de la peine, et nous déplorons que les législateurs de 1832 n'aient pas fait disparaître de notre pénalité cette vieille fiction, ce triste legs du moyen-âge, la mort civile (1).

Les peines de la réclusion, de la déportation et du bannissement perpétuel, entraînent, dans la loi pénale espagnole, l'interdiction absolue, perpétuelle des charges publiques et droits politiques, et la surveillance à vie, même au cas de grâce de la peine principale.

La réclusion et le bannissement sont, dans nos lois, des peines temporaires. La déportation, au contraire, est perpétuelle, et les peines accessoires qui y sont attachées sont la dégradation civique et l'interdiction légale.

Et ici se présente une observation naturelle, c'est que le Code espagnol, qui n'a pas attaché aux trois peines perpétuelles dont nous venons de parler l'interdiction civile, a fait de cette même peine une des peines accessoires de la chaîne temporaire qui leur est inférieure en degré ; ce ne peut être évidemment que la conséquence d'un oubli de rédaction.

Quant aux travaux forcés à temps, la réclusion et le bannissement, toutes peines temporaires, la loi espagnole est plus douce que la nôtre. Elles n'entraînent dans son système, savoir : la chaîne temporaire, que l'interdiction civile et l'interdiction absolue perpétuelle de droits et charges politiques ; la réclusion et le bannissement, que l'interdiction absolue de charges et droits politiques pendant la durée de la peine et une autre durée

(1) Une loi du 31 mai 1854 a enfin aboli la mort civile, et la remplace par diverses dispositions qui attribuent au gouvernement la faculté de relever le condamné à une peine afflictive perpétuelle, de tout ou partie des incapacités que cette loi a conservées.

de temps égale, et pour toutes les trois, la sujétion à la surveillance pour le temps de la peine, et une autre période de même durée.

Notre Code attache à ces peines la dégradation civique, l'interdiction légale et la surveillance à vie.

Les peines de prison majeure, mineure et correctionnelle, entraînent la suspension des fonctions et droits politiques du condamné pendant la durée de la peine.

Notre Code n'attache pas, en principe, de peine accessoire à la peine de la prison ; dans certains cas seulement, il autorise le juge à prononcer, accessoirement à cette peine principale, celle de l'interdiction totale ou partielle de l'exercice des droits civiques, civils et de famille, énumérés dans son art. 42.

Dans le rapide rapprochement que nous venons de faire, nous n'avons pas attiré l'attention sur les peines accessoires attachées par le Code espagnol à certaines peines principales, qui font partie de son échelle pénale, mais qui n'ont pas de correspondants dans notre législation, telles :

1º Que la galère majeure (qui tient le milieu entre la chaîne temporaire et la réclusion,) et le bannissement temporaire ;

2º La déportation temporaire, la galère mineure et correctionnelle, et l'internement majeur ;

3º L'internement mineur et l'interdiction de lieux.

Il nous suffira de faire observer que la première, la galère majeure, entraîne l'interdiction absolue, perpétuelle de charges publiques, et la sujétion temporaire à la surveillance.

Quant aux secondes, elles entraînent avec elles les

mêmes peines accessoires que la réclusion et le bannissement temporaires, dont nous avons parlé.

Enfin, à l'internement mineur et à l'interdiction de lieux est attachée la même peine accessoire qu'à la prison majeure, mineure ou correctionnelle, dont nous venons de nous occuper.

Maintenant, et en jetant un coup d'œil général sur le système des peines accessoires dans la loi espagnole, on remarque que l'interdiction des droits politiques est la peine accessoire dont il est fait le plus fréquent usage par cette loi. Absolue et perpétuelle pour toutes les peines perpétuelles et pour la chaîne temporaire ; absolue, mais temporaire pour toutes les autres peines temporaires, excepté celles de la prison majeure, mineure ou correctionnelle, de l'internement mineur et de l'interdiction de lieux, qui n'entraînent que la suspension de ces droits pendant la durée de la condamnation, on peut dire qu'elle atteint tous les condamnés pour crime ou pour délit.

L'interdiction civile, au contraire, n'est attachée qu'aux peines de la chaîne perpétuelle et de la chaîne temporaire.

C'est le système opposé qui domine dans notre législation pénale. L'interdiction des droits civils, en totalité ou en partie, est la peine accessoire générale. Elle est attachée à toutes les peines pour crimes, et à un grand nombre de condamnations pour délits (1).

(1) Voir les art. 28, 29, 91, 109, 112, 113, 123, 171, 175, 185, 187, 197, 334, 335, 388, 400, 401, 405, 406, 410, 463 de notre Code pénal.

La peine de la dégradation civique, qui comprend l'interdiction des droits politiques, la destitution et l'exclusion de toutes fonctions, emplois ou offices publics, est seulement affectée comme peine accessoire aux peines encourues pour crimes.

D'où provient cette différence essentielle, ou plutôt cette opposition de système ? est-elle fondée sur une préférence purement volontaire de la part du législateur espagnol, ou sur un sentiment de répulsion pour la peine d'interdiction des droits civils ?

La préférence purement volontaire n'est pas admissible de la part d'hommes aussi sérieux et aussi éminents que les membres de la Commission de rédaction du Code pénal espagnol.

Le sentiment de répulsion se comprendrait et se justifierait par les conséquences de cette peine, en tant surtout qu'elle relache les liens de la famille, frappe le condamné dans ses droits et ses devoirs *naturels* d'époux et de père, en prohibant l'exercice des premiers et mettant obstacle à l'accomplissement des seconds.

Mais ce sentiment n'a pas influé évidemment sur l'adoption du système, puisque son existence aurait dû faire repousser la peine, non seulement pour le plus grand nombre de cas, mais pour tous, ce qui n'a pas eu lieu.

Il ne nous est donc pas possible de déterminer, d'une manière nette et positive, la pensée qui a décidé le législateur espagnol à faire ainsi, contrairement à la loi française, de la peine d'interdiction des droits politiques, emplois, fonctions ou offices publics, la peine générale, accessoire, alors qu'il n'employait que très-rarement comme accessoire la peine d'interdiction des droits civils. Aussi, nous nous bornons à signaler la différence existant entre les systèmes des deux Codes , sans chercher à l'expliquer.

CHAPITRE IV.

De l'application des peines.

PREMIÈRE SECTION.

Proportion relative de responsabilité concernant les auteurs, les complices et les recéleurs. — Système de graduation de pénalité. — Différence entre les deux Codes. — Examen de l'art. 65. — Cas prévus par l'art. 66. — Tableau de graduation d'après M. Pacheco. — A quelle espèce de délits la graduation des peines est applicable. (Comment. art. 60, 61, 62, 63, 64, 65, 66.)

Le chapitre que nous allons examiner est un des plus intéressants du Code espagnol, et parmi les trois sections qui le composent, celle-ci, la section première, est celle des trois qui mérite le plus de fixer l'attention.

C'est dans cette section, en effet, que le législateur établit la proportion relative de responsabilité, incombant à chacune des trois catégories de coupables reconnues par lui, les auteurs, les complices et les recéleurs.

Nous avons déjà, à propos du chapitre 1er du titre 2 de ce Code, signalé la différence existant sur ce point, entre la législation pénale espagnole et la nôtre; nous avons constaté que si la loi française admettait en principe, comme la loi espagnole, la division des personnes criminellement responsables, en auteurs, recéleurs et complices, cette division n'impliquait dans notre Code, à la différence du Code espagnol, aucune distinction réelle et effective dans la responsabilité, c'est-à-dire dans la répression ; nous avons déduit, en même temps, les motifs qui nous paraissaient constituer, au point de vue de la justice et de la raison, la supériorité du système du Code espagnol sur le nôtre, en cette partie ; nous n'avons pas à y revenir.

Voyons maintenant quelle est la proportion établie :

Les auteurs se subdivisent, on se le rappelle, dans le système de la loi espagnole, en auteurs de délits consommés, auteurs de délits frustrés, auteurs de tentative de délit.

L'auteur du délit consommé est puni de la peine édictée par la loi pour le délit.

L'auteur du délit frustré est puni de la peine immédiatement inférieure d'un degré à celle qui doit frapper l'auteur du délit consommé.

L'auteur de la tentative est puni de la peine inférieure de deux degrés à celle qui est édictée contre l'auteur du délit consommé.

Les complices sont punis de la peine inférieure d'un degré à celle qui est infligée aux auteurs du délit.

Les recéleurs, enfin, sont punis de la peine inférieure de deux degrés à celle qui est imposée aux auteurs du délit.

Voici comment M. Pacheco traduit en chiffres ces dispositions, pour les faire mieux comprendre :

« Supposons, dit-il, qu'il s'agit d'un délit dont nous » exprimerons la pénalité par le chiffre 12. — Voici

» l'ordre dans lequel la loi s'applique aux divers cas que
» nous avons signalés :

» 12 — A l'auteur du délit.

» 11 — Au complice du même délit et à l'auteur du
délit frustré.

» 10 — Au recéleur du délit — au complice du délit
frustré — à l'auteur de la tentative.

» 9 — Au recéleur du délit frustré — au complice
de la tentative.

» 8 — Au recéleur de la tentative (1). »

Ce système de graduation de pénalité a au moins un
mérite artistique, à défaut d'autres : la combinaison en
est ingénieuse, et témoigne du désir du législateur, de
faciliter au juge les moyens d'établir, dans la répression
des actes punissables, la proportion la plus convenable
et la plus conforme à leurs divers degrés de culpabilité,
en même temps que de sa volonté de restreindre à de
justes limites l'arbitraire des tribunaux, dans l'application de la peine : de plus, il est juste de reconnaître
que ce système est clair, net, logique, et conséquent
avec les principes qui ont dicté les distinctions déjà établies par la loi, entre les diverses catégories de coupables.

Maintenant, malgré la clarté de ces dispositions, ne
pourra-t-il pas arriver quelquefois que dans la pratique
le juge soit embarrassé et hésite ?

Dans l'ordre des faits, c'est-à-dire dans l'appréciation
de ces faits quant à leur caractère, et, par suite,
quant à la nature de la responsabilité criminelle qu'ils

(1) Même ouvrage, tome I, p. 401.

peuvent faire naître ; dans leur appréciation quant à la
catégorie pénale dans laquelle ils doivent être classés ,
celle du crime consommé ou frustré ou de la tentative ,
celle de la complicité ou du recel , le juge peut se trouver en face d'une difficulté ; mais , le caractère de fait
étant par lui reconnu et déterminé , sa classification dans
la division légale étant arrêtée , l'application de la peine
devient facile , et cette application est forcément inva-
riable et identique pour un crime ou délit de même espèce, caractère et gravité, dans tous les tribunaux, parce
qu'en cette matière , la loi a établi un principe général
très-net , qui ne peut se prêter à des interprétations
opposées.

La confusion , si malencontreusement établie par
notre Code dans la responsabilité pénale de l'auteur ,
du complice ou du recéleur , produit un résultat bien
différent ; le travail d'appréciation du fait et de sa classification une fois fait , la question d'application de la
peine surgit , plus difficile , plus embarrassante que la
question de classification du fait : or , comme le juge
n'a pas dans la loi une graduation claire , nette , inva-
riable , il en résulte que les contradictions les plus choquantes se rencontrent à chaque page dans les décisions
de nos tribunaux : ainsi , et pour ne citer qu'un exemple , la Cour de cassation et nos Cours d'appel ont décidé, pour se soustraire à cette égalité répugnante de
responsabilité criminelle, qu'imposait la loi à l'auteur et
au complice, que les mots *même peine* dont se sert l'article 59 de notre Code pénal , devaient être entendus ,
en ce sens , que l'auteur et les complices devaient être
punis d'une peine du *même genre* et non pas d'une peine

égale en durée. Cette interprétation forme aujourd'hui jurisprudence et a comme force de loi : mais comme les principes abstraits peuvent être appliqués souvent en sens contraire , il est arrivé ceci : que ce principe admis originairement en faveur du complice , c'est-à-dire pour permettre de lui appliquer une peine moindre que celle infligée à l'auteur principal , a pu être tournée contre lui, et il a été décidé par une Cour , que conformément à ce principe, *la peine infligée au complice pouvait être plus longue que celle encourue par l'auteur principal , si d'ailleurs cette plus longue durée ne changeait pas le même genre de la peine; et la Cour de Cassation , sous peine de renier le principe* qu'elle avait proclamé elle-même , sous peine de contredire expressément son ancienne jurisprudence, a dû accepter et confirmer cette interprétation (1).

Ainsi, par l'application littérale de l'article 59 , le complice peut être condamné à la même peine , c'est-à-dire à une peine de même genre et de même durée que l'auteur principal , et par l'application du même article , interprêté dans son esprit , il peut être condamné à une peine plus courte ou à une peine plus longue que celle qui est infligée à l'auteur , selon l'arbitraire du juge.

La même chose peut arriver pour le recéleur, toutes les fois que la peine prononcée contre l'auteur principal ne sera pas la peine de mort. (Art. 61 , 62, 63.)

L'article 65 du Code espagnol avertit que les règles d'application et de graduation des peines établies par

(1) Cass. 2 février 1815, S. 15, 1 , 149.

les articles précédents, ne sont pas applicables aux cas dans lesquels la loi a jugé à propos d'édicter des peines spéciales et particulières pour le délit frustré, la tentative, la complicité ou le recel.

Ces cas ne sont pas très-nombreux; indiquons-les en passant; ce sont : celui de la tentative des délits de trahison et lèse-majesté; celui de la complicité dans les délits de sédition, et enfin celui du recel avec les circonstances prévues par le numéro 3 de l'art. 14.

Ce dernier cas, c'est l'article 64 qui le relève, et détermine en même temps la peine qui doit frapper le coupable.

Rappelons-nous quelle est la disposition de ce n° 3 de l'article 14, ou du moins la première circonstance qu'il renferme et à laquelle s'applique plus spécialement l'exception dont parle l'art. 64, et cette exception sera facile à comprendre.

L'art. 14 dit : « Sont recéleurs, ceux qui ayant con-
» naissance de la perpétration du délit sans y avoir par-
» ticipé comme auteurs ni comme complices, intervien-
» nent postérieurement à son exécution de l'une des
» manières suivantes :

» 1° ....

» 2° ....

» 3° En logeant, cachant le coupable ou favorisant
» sa fuite, moyennant le concours de l'une des circon-
» tances suivantes :

» 1re. Qu'il y ait abus, de la part du recéleur, des
» fonctions publiques dont il est revêtu.

» 2me .... »

Comme nous l'avons dit, sur cet art. 14, dans ce cas

spécial, ce n'est pas tant le recel qui est incriminé que l'abus des fonctions, la violation de l'obligation imposée par ces mêmes fonctions; c'est donc, à proprement parler, un délit particulier, qui n'a pas ou presque pas de relation avec le fait du recel, et, dès lors, il est assez naturel que la loi le punisse plutôt comme délit *sui generis*, que comme délit de recel ordinaire.

L'article 66 est le complément nécessaire des articles qui le précèdent ; il est la pratique après la théorie, l'exemple à suite du précepte.

Les articles 60 à 65 posent un principe général, absolu ; ils procèdent comme si toutes les peines étaient unes, indivisibles, et qu'il n'y eût jamais lieu qu'à l'application d'une seule peine : — L'article 66 entre dans la pratique et le détail et se charge d'appliquer le principe général et absolu aux cas et aux caractères différents des diverses peines : à cet effet, non-seulement il édicte des règles, mais il donne en note l'application pratique de ces règles.

Les règles données par cet article prévoient cinq cas : 1o quand la peine du délit est une, seule et indivisible; 2o quand elle est composée de deux peines indivisibles ; 3o quand elle est composée de deux peines indivisibles et du degré supérieur d'une peine divisible ; 4o quand elle est unique, divisible; 5o quand elle est composée de trois peines divisibles.

Ces cas sont-ils les seuls qui puissent se présenter, et les préceptes de la loi, en se résumant en eux, sont-ils complets ?

M. Pacheco ne le croit pas, et il cite cinq autres cas; mais laissons le parler :

« L'examen du Code, dit-il, nous démontre qu'il peut y avoir d'autres cas : 1º quand la peine, base ou
» type, consiste en le maximum d'une peine divisible ;
» 2º quand elle consiste en le minimum d'une peine
» divisible ; 3º quand elle consiste en une peine divisi-
» ble depuis son degré moyen jusqu'à son degré le plus
» élevé ; 4º quand elle consiste en une peine divisible
» depuis son degré inférieur jusqu'à son degré moyen ;
» 5º quand elle comprend une peine indivisible et les
» degrés supérieur et moyen d'une autre peine divisible.
» — Les articles 377, 381 et 213 de notre Code nous
» offriront l'exemple de pareilles dispositions (1). »

Il est parfaitement exact que les cas cités par M. Pacheco peuvent se présenter, puisqu'ils se trouvent dans la loi ; mais est-il besoin de refaire, ou au moins de compléter les règles posées par l'article 66 et la note qui contient leur application pratique, par l'introduction de ces cinq nouveaux cas ? Evidemment non : ces cas sont essentiellement isolés : le premier et le deuxième ne se rencontrent que dans la disposition de l'art. 377 ; le troisième et le quatrième ne se voient pas ailleurs que dans l'article 381, et l'article 213 nous fournit le seul et unique exemple du cinquième. La loi a négligé et dû négliger ces cas-là, et elle a eu pour cela deux excellentes raisons :

La première, parce qu'elle ne statue que pour les cas généraux et non pour les cas spéciaux et isolés.

La seconde, parce que les règles contenues dans les articles 61 et suivants, y compris l'article 66, suffisaient,

(1) Même ouvrage, tome I, page 405, n. 5.

d'ailleurs, à la solution de tous les cas, ceux-là compris.

Et cela est si vrai, que pour établir les règles de graduation de ces cas particuliers, M. Pacheco n'a eu qu'à consulter les dispositions de ces articles.

Voici, du reste, comment il résume en un tableau formulé comme celui de l'article 66, leur application pratique :

	Peine du délit.	Peine des complices. etc., etc.	Peine des recéleurs. etc., etc.
1er Cas.	Arrêt majeur en son degré supérieur.	Arrêt majeur en ses degrés moyen et inférieur.	Amende (V. l'art. 82).
2e Cas.	Arrêt majeur en son degré inférieur.	Amende.	Amende.
3e Cas.	Interdiction de lieux de son degré moyen à son degré supérieur.	Interdiction de lieux de son degré inférieur à son degré moyen.	Caution de conduite.
4e Cas.	Interdiction de lieux de son degré inférieur à son degré moyen.	Caution à interdiction de lieux en son degré inférieur.	Caution.
5e Cas.	Chaîne temporaire en son degré moyen à chaîne perpétuelle.	Chaîne temporaire.	Galère majeure. (1)

Une dernière observation : les règles sur la graduation des peines, qui précèdent, ne sont évidemment applicables qu'aux délits graves et aux délits moins graves, pour employer les termes de la loi espagnole, autrement dit, dans le langage du droit pénal français, aux crimes et aux délits.

D'abord, les dispositions relatives au délit frustré et

(1) Même ouvrage, tome I, page 407, n° 12.

à la tentative , ne peuvent être en aucune façon admissibles en matière de contraventions ou fautes ; aux termes de l'article 5, les contraventions ou fautes consommées étant les seules punies.

Ensuite , quant à la complicité , l'article 501 contient sur ce point une disposition particulière aux contraventions.

Le recel , il est vrai, n'est pas l'objet d'une disposition semblable à celle de l'article 501 pour la complicité ; et cependant, la loi admet la possibilité d'existence du recel en matière de contraventions, puisque l'art. 11 déclare que : « sont criminellement responsables des
» délits et *contraventions* :
» 1º Les auteurs ,
» 2º Les complices ,
» 3º *Les recéleurs.* »

Dans ces circonstances, évidemment, à défaut de disposition particulière , la règle établie par l'article 64 devra être suivie, et il y aura lieu d'infliger au recéleur en matière de contraventions une peine inférieure d'un degré à celle qu'édicte pour le complice en cette même matière l'article 501.

DEUXIÈME SECTION,

Règles pour l'application des peines en considération des circonstances atténuantes ou aggravantes.

Restriction apportée au pouvoir discrétionnaire du juge. — Principe sur la responsabilité personnelle relative à l'aggravation ou à l'atténuation des peines. — Examen du § 1er de l'article 70. — Opinion de M. Pacheco. — Cas d'atténuation prévus par les articles 71, 72, 73. — Règle générale d'application des peines. — Différence entre les deux législations. — La peine de l'amende proportionnée à la fortune et aux facultés du coupable. — (Comment. des articles 67, 68, 69, 70, 71, 72, 73, 74, 75.)

Après avoir établi un système de graduation de peines, proportionnelle à l'étendue de responsabilité qu'il entendait faire supporter à chacune des catégories de coupables, qu'il avait admises et définies, le Code espagnol s'occupe de tracer des règles pour l'application des peines en général, en considération des circonstances atténuantes ou aggravantes.

Il débute en posant le principe, que les circonstances atténuantes ou aggravantes ne pourront être prises en considération par le juge, pour diminuer ou augmenter la peine, que dans les cas et conformément aux règles prescrites dans cette section.

Par cette disposition, se complète le développement de cette pensée du législateur espagnol que nous signalions, en appréciant son système de graduation des peines dans leur application aux auteurs, complices et recéleurs, pensée que nous approuvons fort en principe,

de restreindre aux plus étroites limites le pouvoir discrétionnaire du juge quant à l'application des peines.
Cette pensée recevra-t-elle son accomplissement ? Les
principes, les règles d'interprétation et d'application
prodiguées dans le Code, suffiront-elles pour atteindre
ce but ? Sera-t-il vrai, enfin, que grâce à toutes ces
précautions, il ne restera aux tribunaux, en fait d'arbitraire, que tout juste ce qu'il est bon et nécessaire de
leur en laisser pour qu'il leur soit possible de se mou-
voir et de se reconnaître dans ce cercle infiniment vaste,
que composent la variété et la graduation illimitées des
actions humaines ? L'expérience résultant de la pratique
journalière du Code, pourra, seule, dans quelques années, répondre à ces diverses questions.

La disposition de l'article 68 n'est pas une exception
au principe posé dans l'article précédent, c'est un principe parallèle : la loi ne considère pas que les circonstances aggravantes qui peuvent constituer par elles-
mêmes un délit spécial, particulier, et celles qui sont
tellement inhérentes au délit, qu'en leur absence, le
délit n'existerait pas, aient le pouvoir d'augmenter la
peine, et cela se comprend puisqu'en définitive elles sont,
dans ce cas, le délit lui-même. S'il en était autrement,
si elles devaient à la fois constituer un délit et augmenter la peine édictée pour ce délit, ce serait une double
peine attachée au même fait criminel ; il n'était même
pas besoin, ce nous semble, d'en faire l'objet d'une
disposition particulière de la loi.

Le principe que nous trouvons énoncé dans l'art. 69,
se justifie par ces considérations éminemment équitables
que chacun doit supporter personnellement et sans par-

tage, la responsabilité de ses actes et des circonstances qui ont accompagné, précédé ou suivi la perpétration, et, par suite, jouir seul aussi des atténuations qui peuvent résulter des faits, causes ou motifs d'action qui lui sont propres ; que de plus, celui qui n'a pu connaître les circonstances constitutives d'aggravation légale, ne peut subir la responsabilité pénale qu'elles entraînent. Au point de vue des actes aggravants, on peut dire qu'il n'y a pas eu *volonté éclairée* de les commettre : en d'autres termes *intention*.

Le premier paragraphe de l'article 70 consacre une déviation des principes généraux du Code espagnol en matière de pénalité, qu'il est d'autant plus difficile de comprendre que rien ne nous paraît pouvoir la justifier.

Si nous recherchons, en effet, les cas dans lesquels la disposition de ce paragraphe pourra être appliquée, nous en trouvons trois :

1º La tentative de destruction de l'indépendance ou de l'intégrité de l'Etat (art. 139) ;

2º Le meurtre ou assassinat d'un monarque étranger résidant en Espagne (art. 154) ;

3º Enfin, la tentative contre la vie ou la personne du Roi ou du successeur immédiat à la couronne (art. 160).

Ces trois crimes sont les seuls qui soient punis d'une peine unique et indivisible, la peine de mort. A eux seuls donc se rapporte et peut s'appliquer le § 1er de notre article.

Et pourquoi priver les coupables de ces crimes du bénéfice général et commun des circonstances atténuantes, s'il y a lieu ?

Est-ce parce que les crimes sont tellement horribles, qu'ils ne méritent pas de jouir de ce bénéfice ?

D'abord, tous les crimes, tous ceux surtout qui frappent un homme dans son existence sont des crimes atroces, et néanmoins la loi ne leur enlève pas le droit aux circonstances atténuantes ; de plus, il y a un crime plus atroce encore que les trois qui viennent d'être énumérés : le *parricide*, pour lequel peuvent être reconnues et admises avec efficacité les circonstances atténuantes.

Ce n'est donc pas dans leur atrocité qu'il faut chercher le motif de la disposition qui nous occupe.

Est-ce parce que le législateur a pensé qu'il ne pourrait jamais y avoir dans la perpétration de ces crimes de circonstances atténuantes ?

Cela n'est pas admissible.

Au surplus, voici comment M. Pacheco nous explique cette disposition :

« Le premier paragraphe de cet article, dit-il, con-
» tient une disposition qu'en vérité nous n'aurions pas
» cru devoir trouver place dans notre Code : à savoir,
» que dans certains délits, il ne peut jamais y avoir de
» circonstances atténuantes.

» Il ne peut s'élever de doute sur notre interprétation :
» les circonstances atténuantes qui n'atténuent pas, qui
» ne servent à rien, ne méritent certainement pas ce
» nom ; elles sont une illusion, elles ne sont rien du
» tout.

» Il est vrai que les délits auxquels se réfère le para-
» graphe sont, d'une part, des crimes atroces, et de
» l'autre, ne peuvent être communs ; mais nous le dé-
» clarons : nous ne croyons pas que ces circonstances

» doivent être refusées ni à la trahison, ni au régicide.
» Nous les refuserions, nous, plutôt au parricide pour
» lequel la loi les admet, puisqu'elle le punit d'un châti-
» ment composé de deux peines : on ne devait pas exa-
» gérer à un degré aussi extrême notre loyauté ni notre
» royalisme : l'expression de celle-là surtout est exces-
» sive. » (1)

Nous ne pouvons que déplorer avec M. Pacheco, que les auteurs du Code espagnol se soient laissés entraîner par de pareilles inspirations à un semblable résultat ; le législateur doit être sans passions et sans préjugés : c'est à cette condition seulement qu'il peut dignement accomplir la haute mission dont il est investi (2).

Le dernier paragraphe de ce même article 70 est comme l'expression d'un remords ou du moins d'un regret du législateur, quant à la disposition du paragraphe 1er : il y déclare que cette disposition n'aura pas son effet, dans le cas qui fait l'objet des trois articles suivants, c'est-à-dire des articles 70, 72 et 73.

Ces cas, quels sont-ils?

L'article 71 prévoit celui où l'auteur d'un fait intervenu dans les circonstances prévues par le paragraphe 8 de l'article 8, c'est-à-dire d'un fait *licite* en lui-même, exécuté avec la *diligence désirable*, mais ayant causé un mal par *pur accident,* sans *la moindre faute* ou *intention*

(1) Même ouvrage, page 414 et 415, nos 1, 2, 3.
(2) Nous avons à peine besoin de rappeler que nous n'avons aucune disposition semblable à reprocher à notre Code ; pour tous les crimes et dans tous les cas, le jury ou le juge peuvent reconnaître, s'il y a lieu, des circonstances atténuantes en faveur de l'accusé ou du prévenu, et cette reconnaissance entraîne toujours une diminution de peine.

de l'auteur, se trouverait, faute du concours de toutes ces circonstances ensemble, privé du bénéfice de l'irresponsabilité criminelle absolue.

En ce cas, dit cet article, les dispositions de l'article 480, lequel traite de l'imprudence téméraire et de la peine applicable à ce délit, seront observées.

L'article 72 prévoit celui où l'auteur du crime est un mineur de 15 ans mais majeur de 9, ou bien un mineur de 18 ans, mais majeur de 15.

Dans le premier cas, il doit lui être infligé une peine toujours inférieure de deux degrés à celle édictée pour le fait criminel qu'il a commis.

Dans le second, sera appliquée une peine inférieure d'un degré seulement.

Enfin, l'article 73 dispose, en règle générale, que dans tous les cas d'irresponsabilité criminelle absolue, prévus par l'article 8, si le bénéfice de cette irresponsabilité ne peut être acquis au coupable, faute du concours complet des circonstances exigées pour cela, la peine applicable sera celle qui est immédiatement inférieure à la peine édictée pour le délit, sauf aux tribunaux à infliger cette peine dans son degré supérieur, moyen ou inférieur, suivant qu'il manquera plus ou moins de ces circonstances et suivant leur importance.

Nous n'avons pas d'observation à faire sur le premier cas : celui de l'article 71 ; évidemment, la mort d'une personne royale, de la Reine d'Espagne elle-même, causée involontairement, sans intention, sans volonté mauvaise, par pur hasard ou par une simple négligence ou imprudence, ne pouvait être frappée de la peine capitale par la loi.

Le deuxième cas , celui de l'article 72 , ne mérite pas plus de nous arrêter , en tant qu'exception à la disposition draconienne de l'art. 70.

Comme règle générale d'application de peine dans le cas de minorité du délinquant , cet article doit être rapproché des dispositions de la même nature contenues dans notre législation.

Comprenons bien sa portée :

Si le coupable a plus de neuf ans et moins de quinze , la peine qui doit lui être appliquée sera inférieure de deux degrés *au moins* à celle édictée pour le fait criminel commis; ce qui signifie , pour le dire en passant , que le juge peut encore descendre plus bas.

Exemple : s'il s'est rendu coupable d'un crime emportant la peine de mort , c'est celle de la chaîne temporaire qui lui sera infligée , *au plus* ;

Si le coupable a plus de quinze ans , mais moins de dix-huit, la peine à lui appliquer est la peine inférieure d'un degré seulement à celle édictée pour le fait criminel commis.

Exemple : s'il s'est rendu coupable d'un crime emportant la peine de mort , c'est celle de la chaîne perpétuelle qui lui sera infligée.

Ce qu'il importe de remarquer dans ce système, c'est que si le juge peut abaisser la peine de un ou plusieurs degrés , suivant le cas , la peine qu'il infligera , quelle qu'elle soit , doit être prise dans l'échelle générale des peines; de là deux conséquences : la première, que l'enfant mineur peut être condamné à une peine qui entraîne l'obligation de se livrer à des travaux au-dessus de ses forces ; la seconde , que pendant l'accomplissement de sa peine , comme il n'y a aucune disposition qui autorise à séparer , dans les établissements pénitentiaires, les enfants des hommes faits , il se trouvera mêlé aux condamnés les plus corrompus et les plus dangereux , vivant côte à côte avec eux, jour et nuit , et par suite fatalement soumis à leur effroyable influence.

A ces deux points de vue , notre Code est, comme principe , bien supérieur au Code espagnol ; la peine à infliger au mineur reconnu coupable est toujours une peine correctionnelle , la prison ; elle est prononcée dans des limites plus ou moins étendues , mais son maximum ne dépasse pas celui des peines temporaires les plus longues : de plus c'est dans une *maison de correction* (1), c'est-à-dire un établissement qui doit être à ce particulièrement et exclusivement destiné, que la peine doit être subie. Si pendant bien longtemps les maisons centrales de détention ont , tout à la fois , servi aux réclusionnaires et aux mineurs , et si, par suite , la disposition de la loi n'a pas été , quant aux maisons de correction, rigoureusement exécutée, du moins, les enfants étaient placés dans une division ou quartier séparé des parties de la maison affectées aux hommes; ils n'étaient pas astreints aux mêmes travaux ; ils étaient même l'objet de soins particuliers au point de vue de l'instruction professionnelle.

(1) Le compte rendu pour l'année 1857 , constate que les jeunes libérés des diverses maisons d'éducation correctionelle , présentent un chiffre proportionnel de récidives moins élevé que les adultes.

Aujourd'hui il existe déjà six pénitenciers correctionnels. Le gouvernement a annexé depuis peu à plusieurs maisons centrales , et particulièrement à Clairvaux , Loos , Fontrevault et Gaillon , des

Ne serait-il pas possible d'étendre à tous les condamnés correctionnels le bénéfice de la moralisation
par le travail agricole ?

La France possède encore beaucoup de terres incul-
tes; dans la Gironde, par exemple, il existe une grande
étendue de terrains improductifs et susceptibles d'une
grande exploitation. Pendant la saison où le labourage
est interdit, on pourrait ouvrir des écoles pour appren-
dre à lire, écrire et compter; on établirait également
des ateliers pour les divers métiers. Lorsqu'il n'y aurait
plus de terres à défricher, on emploierait les condamnés aux travaux publics, routes, canaux, chemins de
fer.

Cette idée, du reste, a déjà été mise en pratique dans
d'autres pays ; ainsi le canton de Berne, depuis 1827,
emploie des prisonniers à la confection des routes. Ils
vont travailler par groupes, sous la conduite de surveillants armés, quelquefois sur des points fort éloignés;
et il n'y a pas parmi eux, soit dit en passant, plus de
tentatives d'évasion que parmi les détenus renfermés.

Mais revenons à notre Code Espagnol dont cette digression nous a éloignés.

Le troisième cas d'exception à la règle de son art. 70
est renfermé dans l'article 73.

La disposition de cet article 73 est claire, en tant que
règle générale d'application de peine, dans les circonstances qu'il prévoit : lorsque dans les cas indiqués par

terres qui sont destinées à être cultivées par les jeunes détenus.
Les heureux effets de cette innovation se sont immédiatement fait
sentir.

l'article 8, comme cas d'exemption de responsabilité criminelle, le bénéfice de cette exemption ne pourra être invoqué, faute du concours complet des circonstances nécessaires pour constituer l'exemption, l'existence de la majeure partie de ces circonstances, entraînera l'abaissement de la peine encourue jusqu'à la peine inférieure, laquelle sera appliquée par les tribunaux dans l'un de ses trois degrés, suivant le nombre et l'importance des circonstances qui manquent ou concourent.

Mais en tant qu'exception à l'article 70, en tant qu'il est admis que l'accusé se serait rendu coupable de l'un des crimes prévus par cet article 70, lesquels entraînent la peine de mort, et que, par suite de certaines circonstances, il se trouve apte à profiter du bénéfice de la disposition de cet article 73, c'est-à-dire à obtenir que la peine encourue soit remplacée par la peine inférieure, comment cet article s'appliquera-il ? La peine inférieure à la peine de mort est celle de la chaîne perpétuelle, aussi indivisible que la première ; comment les juges pourront-ils appliquer cette peine dans son degré supérieur, moyen ou inférieur, suivant le nombre et l'importance des circonstances qui manquent ou concourent, pour employer les termes de la loi, alors qu'elle n'a pas de degrés, qu'elle est indivisible ?

Cette difficulté, que nous croyons sérieuse et que ne nous paraît pas avoir prévue la loi, indique (ce que nous pensons fermement), que lorsque le législateur a rédigé l'article 73, il a complètement oublié que cet article devait être une exception à l'article 70, et qu'à ce titre sa disposition devait être conçue de façon à ce qu'elle pût s'harmoniser avec celle de cet article. La pensée du législateur s'est concentrée uniquement sur la question d'application de peine en règle générale, au cas du concours d'un plus ou moins grand nombre des circonstances dont la réunion complète constituerait l'exemption de responsabilité criminelle, et il a édicté une disposition pour ce cas. C'est là l'article 73, tout l'article 73 ; qu'on n'y cherche pas une exception à l'article 70, il est incompréhensible ou plutôt il n'existe pas à ce point de vue.

C'est dans l'article 74 que se trouve la véritable règle générale d'application des peines, suivant qu'il se rencontre dans le fait criminel une ou plusieurs circonstances aggravantes, une ou plusieurs circonstances atténuantes, le concours des unes et des autres ou leur absence absolue.

Analysons brièvement cette règle :

La loi, partant de ce principe que toute peine appliquée par elle à un fait criminel quelconque, est ou une peine divisible, et par conséquent composée de trois degrés, ou une peine composée de trois autres peines distinctes, dont chacune forme un degré, conformément aux dispositions des articles 83 et 84, ce qui est généralement vrai, les cas dans lesquels la peine étant unique et indivisible se réduisant à trois seulement, comme nous l'avons vu à propos de l'article 70, son système, sa règle générale se formule ainsi :

Lorsque le fait présente une ou plusieurs circonstances aggravantes et point de circonstances atténuantes, la peine infligée sera celle qui est déterminée par la loi, mais dans son degré le plus élevé (règles 3 et 6).

Lorsque le fait présente une circonstance atténuante,

sans circonstances aggravantes, la peine déterminée sera appliquée dans son degré inférieur, et s'il y a deux ou plusieurs circonstances atténuantes, ce sera la peine inférieure à la peine déterminée pour le délit, qui sera appliquée dans le degré que croira convenable le juge, suivant la valeur des circonstances atténuantes (règles 2 et 5) ;

Lorsqu'il y aura concours des circonstances atténuantes et aggravantes, les tribunaux les compenseront raisonnablement pour l'application de la peine (règ. 4) ;

Enfin, lorsqu'il n'y aura ni circonstances atténuantes ni circonstances aggravantes, la peine sera appliquée dans son degré moyen (règl. 1re).

Rapprochons ces dispositions de celles que contient notre Code pénal sur la matière :

D'abord, quant à l'influence des circonstances aggravantes dans l'application des peines, la loi française ne contient pas de système, de règle générale ; comme elle a placé, à côté de la définition de chaque crime, la ou les circonstances aggravantes qui pouvaient se rencontrer dans sa perpétration, elle a aussi placé sous chacun de ces crimes ainsi aggravé, la peine qu'elle a cru devoir infliger au coupable ; et cette peine est plus ou moins élevée, suivant la nature du fait, le nombre, ou seulement la nature des circonstances aggravantes.

Ainsi, en matière de vol, par exemple, sont également punis de la peine des travaux forcés à perpétuité :

1o Le vol commis avec les cinq circonstances aggravantes énumérées par l'article 384 ;

2o Le vol commis avec violence, lorsque cette violence a laissé des traces de blessures ou de contusions (art. 382) ;

Et 3º le vol commis sur un chemin public et avec deux des circonstances prévues dans l'article 381 (art. 383).

Ainsi , encore, sont punis de la même peine des travaux forcés à temps :

1º Le vol commis avec violence, et , de plus, avec deux des quatre premières circonstances prévues par l'article 381 (art. 382) ;

2º Le vol commis sur un chemin public, et, de plus, avec une seule des circonstances de l'article 381 (art. 383 , § 2) ;

3º Le vol commis à l'aide d'un seul des moyens énoncés dans le numéro 4 de l'article 381 (art. 384) ;

4º Enfin , le vol commis soit avec violence , lorsqu'elle n'aura laissé aucune trace de blessure ou de contusion, et qu'elle ne sera accompagnée d'aucune autre circonstance , soit sans violence , mais avec la réunion des trois circonstances suivantes :

1º Si le vol a été commis la nuit ;

2º S'il a été commis par deux ou plusieurs personnes ;

3º Si le coupable, ou l'un des coupables, était porteur d'armes apparentes ou cachées.

Quant à l'influence des circonstances atténuantes dans l'application des peines, l'article 463 de notre Code pénal contient un système fort clair et très-artistement fait.

En comparant la disposition de cet article à celle de l'article 74 du Code espagnol , nous sommes frappés d'une différence dans le système des deux législations, laquelle est toute à l'avantage de la législation française.

L'influence des circonstances atténuantes sur l'application de la peine, d'après la règle générale de l'art. 74, se réduit à amener un abaissement dans les degrés de la même peine; c'est le cas général; il n'y a que de très-rares exceptions, et même alors l'atténuation n'entraîne que la faculté de substituer à la peine originaire la peine immédiatement inférieure dans l'échelle légale.

D'après notre article 463, la reconnaissance des circonstances atténuantes implique, pour les crimes, l'obligation de réduire la peine d'un degré dans l'échelle et la faculté de la réduire de deux; pour les délits, la faculté de réduire l'emprisonnement même au-dessous de six jours, c'est-à-dire au terme de l'emprisonnement pour contravention de police.

Notre Code est donc, sur ce point, beaucoup plus large dans ses dispositions, beaucoup plus favorable au condamné en faveur duquel se reconnaissent des circonstances atténuantes, que le Code espagnol; nous constatons ce résultat avec d'autant plus d'empressement que nous n'avons rencontré que fort rarement l'occasion de signaler à l'avantage de notre loi pénale des résultats semblables.

Dans le rapprochement que nous venons de faire, nous n'avons pas parlé de la peine de l'amende; le Code espagnol a fait de l'influence des circonstances aggravantes ou atténuantes sur l'application de cette peine, l'objet d'un article et aussi, on peut le dire, d'un système particulier.

Ainsi, les règles générales de l'article 74 ne sont pas suivies en matière d'amende.

Dans l'application de cette peine, dit l'article 75, les tribunaux pourront parcourir toute l'étendue dans laquelle la loi leur permet de l'infliger; mais ils devront, pour en déterminer la quotité, tenir compte non seulement des circonstances atténuantes et aggravantes du fait, mais surtout et principalement de la fortune et des facultés du coupable.

Il y a dans cette disposition deux choses à remarquer :

La première, c'est la latitude, l'arbitraire complet laissé au juge dans l'application de la peine, ce qui est contraire aux principes qui ont dominé dans la rédaction du Code espagnol, et qui sont nettement indiqués par M. Pacheco dans ses observations sur le premier article de la section même que nous examinons, l'article 57. Après avoir dit que l'ancienne législation avait trop laissé à l'arbitraire du juge en matière d'application de peines, en vue des circonstances atténuantes ou aggravantes, il ajoute : que la nouvelle loi a, dans quelques cas, conservé quelque chose encore de cet arbitraire, mais que néanmoins les cas ordinaires et même exceptionnels d'application de peine, ont été prévus et réglés afin « qu'il reste seulement à l'arbitraire (du juge) ce » qui ne peut en aucune manière lui être arraché quel- » les que soient les institutions humaines (1). »

La seconde est la consécration du principe que, dans la détermination de la quotité de l'amende à infliger, le tribunal doit prendre en considération, surtout et principalement la fortune et les facultés du coupable.

Notre article 463 laisse au juge l'arbitraire le plus grand dans l'application de l'amende, lorsqu'il est intervenu en faveur de l'accusé ou du prévenu la reconnais-

(1) Même ouvrage, tome I, page 411, n° 3 *in fine.*

sance des circonstances aggravantes ou atténuantes ; dans le cas, surtout, de déclaration de circonstances atténuantes, l'amende peut être prononcée dans les limites de la peine de police, c'est-à-dire de 1 à 15 francs.

Mais aucune disposition de notre Code n'oblige le juge à tenir compte, dans l'application de cette peine, de la fortune ou des ressources du coupable ; son système exclut même la possibilité pour le juge d'user de cette faculté : notre loi pénale, en matière d'amende, ne se préoccupe que de la gravité du fait punissable ; il résulte de cette égalité dans la peine, une inégalité énorme dans la répression ou du moins dans les effets de la répression, car ainsi que le dit avec raison M. Pacheco :

« La peine de l'amende est un châtiment d'une es-
» pèce particulière et qui n'a que fort peu d'analogie
» avec les autres châtiments établis par la loi ; alors que
» ceux-ci frappent la personne ou la liberté qui est pres-
» que la personne même, celui-là atteint seulement la
» propriété qui est une chose essentiellement distincte ;
» la personnalité est une et identique chez tous les hom-
» mes, et la liberté est quelque chose de semblable pour
» tous ; il y a dans la propriété autant de diversité et
» dans les fortunes autant d'hétérogénéité et de dis-
» semblance qu'il y a de différence entre le mendiant
» ou le prolétaire qui vit de la charité, et le grand sei-
» gneur, opulent rival des princes, propriétaire d'im-
» menses territoires, possesseur d'inépuisables trésors.

» De là il résulte que si un châtiment personnel, la
» mort, la chaîne, la galère, frappe de la même ma-
» nière ou d'une manière à peu près semblable tous les

» hommes, un châtiment pécuniaire est le plus inégal
» qui se puisse concevoir, lorsque, identique dans son
» expression, il retombe sur deux personnes d'une for-
» tune différente. La peine de mort prive de la vie le
» puissant et le nécessiteux et la vie est égale pour eux;
» une amende de 1,000 réaux (263 fr.) fera sourire nos
» Crésus de la Bourse, et sera la confiscation pour un
» artisan qui, même en vendant tout ce qu'il possède,
» ne pourra pas parvenir à la parfaire » (1).

(1) Même ouvrage, tom. I, p. 429, nᵒˢ 1 et 2.

TROISIÈME SECTION.

Dispositions communes aux deux sections précédentes.

De l'accumulation des peines. — De l'exécution simultanée des condamnations. — Echelles graduelles. — Durée respective de chacun
des degrés supérieur , moyen et inférieur des peines divisibles.
(Comment. art. 76, 77, 78, 79, 80, 81, 82, 83, 84, 85.)

Le premier article de cette section proclame un
principe que la logique rigoureuse et absolue peut bien
admettre, mais que la raison repousse comme produisant, dans la pratique, des résultats essentiellement contraires, d'une part, au but tout à la fois répressif et mo-
ralisateur que doit avoir toute peine, et de l'autre, à une
équitable répartition de châtiments suivant la gravité
des faits criminels commis.

La disposition de cet article est absolument l'opposé
de celle du paragraphe 2 de l'article 365 de notre Code
d'instruction criminelle.

Celui-ci repousse l'accumulation de peines, celui-là
l'admet.

Notre législation est préférable, et quelques mots suf-
firont pour le prouver.

L'homme coupable de plusieurs faits criminels, que
ces faits soient de la même espèce ou d'une espèce différente, mais provenant d'une même disposition d'esprit ou inspirés par des mobiles divers, cet homme mé-

rite incontestablement un châtiment sévère ; cette réitération d'actes condamnables, cette persistance dans le crime, indiquent de mauvais instincts, une nature pervertie ; soit, mais la mission de la loi pénale n'est pas seulement de punir : les châtiments qu'elle édicte tendent aussi à ramener le coupable à de meilleurs sentiments par l'espérance du retour dans la société ; or, l'accumulation de peines, par la longueur de l'expiation qu'elle présente aux yeux du condamné, est de nature à lui faire perdre tout espoir de voir abréger sa peine par sa bonne conduite, c'est-à-dire à enlever au châtiment son principal caractère, la moralisation.

A un autre point de vue, cette accumulation de peines dans les cas de simples délits, peut produire une série de châtiments non interrompus, et dont la durée dépasse celle de la vie du condamné qui se trouvera ainsi frappé, en fait, d'une peine perpétuelle, sans avoir commis un crime de l'espèce de ceux auxquels seuls la loi attache des peines de cette nature.

Tels sont les motifs qui auraient dû, ce nous semble, décider le législateur espagnol à repousser le principe de l'accumulation des peines, comme l'avait repoussé la législation française.

On serait tenté de croire, au premier abord, que ce n'est qu'avec regret que ce principe a été consacré par la loi espagnole, ou plutôt qu'il est dans l'esprit de cette loi que des modifications y soient apportées dans la pratique. Le second paragraphe de son article 76 paraît, en effet, avoir été édicté pour éviter, autant que possible, dans l'accomplissement des peines, l'inconvénient de l'exécution distincte et successive.

Si tel devait être le résultat de la disposition de ce paragraphe, ce serait une contradiction. Le principe de l'accumulation des peines entraîne nécessairement l'exécution distincte et successive. Si les peines accumulées peuvent s'exécuter simultanément, c'est-à-dire toutes en même temps, le principe est détruit ; en fait, il n'y a plus accumulation. Ce second paragraphe de l'article 76 dit cependant que, lorsque cela sera possible, toutes les peines s'accompliront simultanément. Mais il est bon de remarquer que cette disposition est corrigée, disons mieux, anéantie par ces mots qui la suivent :
« Quand cette exécution simultanée ne sera pas possible,
» ou s'il *devait en résulter que quelqu'une des condam-*
» *nations devînt illusoire*, le condamné les subira suc-
» cessivement. »

L'exécution simultanée, en effet, ne peut avoir lieu que pour les peines de même nature et subies dans le même établissement. Or, dans ce cas, évidemment, l'accomplissement d'une seule entraîne l'accomplissement de toutes, ce qui rend les autres illusoires.

Exemple : *Paul* est reconnu coupable, par le même jugement, de trois délits, et condamné pour chacun d'eux à cinq ans de prison, ou bien, pour le 1er à cinq ans, pour le 2e à quatre, et pour le 3e à trois.

Si le principe de l'exécution simultanée est adopté, dans les deux cas, lorsqu'il a fait cinq ans de prison, il a accompli ses trois condamnations, d'où il résulte qu'il en est deux qui sont devenues illusoires.

Donc, toutes les fois que les condamnations pourront s'exécuter simultanément, par cela même, toutes, excepté une, deviendront illusoires. Or, comme, d'après le

paragraphe 2 de l'article 76, lorsque l'exécution simultanée pourra avoir pour résultat de rendre une ou plusieurs d'entre elles illusoires, elle ne devra pas avoir
lieu, il est clair que jamais, dans le système du Code
espagnol, il n'y aura exécution simultanée, que dès lors,
la disposition qui autorise cette exécution est lettre
morte; que par suite, c'est bien le principe de l'accumulation des peines, entier et sans restriction, que ce
Code a adopté.

Cette conclusion ne nous paraît pas contestable ;
aussi, nous ne pouvons pas nous expliquer parfaitement
le motif de la disposition exceptionnelle de l'article 77.
Evidemment, le principe d'accumulation de peines
adopté, il est logique d'infliger au coupable autant de
peines qu'il y a de délits constatés contre lui ; que ces
délits résultent du même fait ou de deux faits distincts,
ce ne sont pas moins deux délits punissables, deux délits qui méritent chacun une répression !

L'article 78, qui eût été mieux à sa place dans un Code
d'instruction criminelle que dans le Code pénal, ne peut
donner lieu qu'à une seule observation : c'est qu'il a
été édicté pour mettre un terme à un vieil abus introduit par l'indolence des juges, qui se contentaient, lorsqu'ils condamnaient un individu à une peine en entraînant une ou plusieurs autres accessoires, de ne prononcer
qu'une seule condamnation, sans spécifier si elle se rapportait à la peine principale ou à une des peines accessoires, de telle sorte que le condamné ne connaissait
jamais véritablement toute la portée de la décision qui
le frappait.

Dans les deux premières sections de ce chapitre, il a

été souvent parlé de peines supérieures ou inférieures à telles autres peines déterminées, ce qui impliquait l'existence d'échelles graduelles renfermées dans l'article 79.

Elles sont au nombre de quatre. Chacune d'elles forme un groupe de peines s'harmonisant très-bien entr'elles ; de plus, chaque échelle renferme son idée, sa nuance propre suivant l'espèce, la nature des faits criminels qu'elle est destinée à réprimer.

La première est composée des peines les plus élevées. Après la mort, qui *supprime* l'individu, toutes les peines qui suivent emportent avec elles la pensée, non seulement de la perte de la liberté et de tous les avantages sociaux, mais aussi, et surtout, celle d'un travail pénible. Ce sont les peines afflictives par excellence, les châtiments des grands crimes et des grands criminels.

La deuxième renferme une série de peines beaucoup plus douces ; la perte de la liberté est la pensée dominante de cette échelle. Nous sommes déjà placés, par cette échelle, dans une sphère de crimes ou de délits beaucoup moins graves.

Le groupe de peines contenu dans la troisième implique principalement l'idée d'éloignement du pays, de la patrie ou au moins de la résidence habituelle. Les délits religieux et politiques sont ceux auxquels seront infligées le plus ordinairement les peines de cette nature.

La quatrième n'a pas de caractère particulier. Les peines qui la composent et qui frappent le condamné dans la possession et la faculté d'exercice des fonctions publiques et des droits politiques, sont tantôt accessoires et tantôt principales, suivant les cas, quoique généralement accessoires, et peuvent être appliquées à toute espèce de faits criminels, graves ou moins graves, ordinaires et communs, ou religieux et politiques.

Voilà quelle est à nos yeux la signification de chacune des quatre échelles de peines de l'article 79.

Les articles suivants vont s'occuper des questions d'application ou au moins d'interprétation pratique de ces échelles ; les articles 80 et 81 nous présentent la détermination de leur limite supérieure ; l'article 82 fixe leur limite inférieure.

Les dispositions de ces trois articles étaient une nécessité, résultant du système même de la loi ; sans doute, dans l'échelle générale de l'article 24, comme dans les échelles graduelles de l'article 79, il y a au sommet, et comme couronnement, la peine de mort ; mais le législateur n'a pas voulu qu'elle pût être infligée hors des cas où elle avait été expressément et spécialement édictée par lui ; de là l'obligation de la déclaration contenue dans l'article 80.

Les articles 83 et 84 présentent les moyens d'application pratique de l'article 74, en fesant connaître la durée respective de chacun des degrés supérieur, moyen et inférieur des peines divisibles, et en expliquant comment, lorsque la peine édictée pour la répression d'un fait criminel se compose de trois peines indivisibles, doivent être formés les degrés de cette peine.

La disposition de l'article 85 est la consécration nouvelle, ou si on aime mieux, la confirmation des principes contenus dans les articles 75 et 82.

On a remarqué que tous les articles de cette section, à partir de l'article 79, sont particuliers au Code espagnol et qu'il n'y a, dans notre législation pénale, aucune disposition qui leur corresponde : la raison en est si simple que nous avons à peine besoin de l'indiquer. En matière de graduation de peines suivant les circonstances aggravantes ou atténuantes, notre loi procède d'une manière très-simple et beaucoup moins compliquée.

Quant aux circonstances aggravantes, nous avons déjà dit que le Code pénal français plaçait sous chaque fait criminel les circonstances aggravantes dont il lui paraissait susceptible, et à suite, la peine à infliger au coupable du fait ainsi aggravé.

Quant aux circonstances atténuantes, son article 463 prévoit tous les cas et donne tous les moyens d'atténuation possibles.

Dès lors, il était inutile qu'il édictât des règles, des séries et des tables, de l'espèce de celles que nous rencontrons dans la présente section du Code espagnol.

CHAPITRE V.

De l'exécution des peines et de leur accomplissement

PREMIÈRE SECTION.

Dispositions générales.

Motifs de l'introduction dans la loi pénale des dispositions contenues dans les articles 86 et 87. — Loi du 4 vendémiaire, an VI. — Examen du paragraphe 4 de l'art 88. (Comment. art. 86, 87, 88.)

La disposition des articles 86 et 87 du Code espagnol ne s'explique que par l'absence d'un Code d'instruction criminelle où cette disposition devait trouver naturellement sa place; les principes que proclament ces articles sont d'ailleurs inattaquables au point de vue de la justice; il eût même été, ce nous semble, inutile de les consacrer par une disposition particulière; de cela seul que la loi autorise contre une décision portant condamnation des voies d'appel, de nullité ou de cassation, il est évident que cette décision n'est devenue définitive, et par suite ne peut être exécutée que lorsque toutes ces facultés de réformation ou d'accumulation ont été épuisées, ou que le condamné y a renoncé tacitement ou expressément.

D'un autre côté, par cela même que la loi détermine la forme dans laquelle la condamnation devenue définitive doit être exécutée, elle prohibe implicitement tout autre mode d'exécution.

Mais il ne faut pas oublier, quand on lit et qu'on juge le Code pénal espagnol de 1848, que c'est une législation essentiellement nouvelle, faite pour un pays qui n'avait pas encore de législation pénale complète et en harmonie avec les idées de notre temps, et qui était par suite livré à tous les hasards de l'arbitraire des tribunaux ; les principes qui sont devenus pour nous incontestables, qui sont tellement passés dans nos mœurs judiciaires, que leur consécration par la loi est devenue inutile, étaient, en Espagne, avant le Code actuel, méconnus ou suivis selon l'arbitraire du juge ou de l'autorité chargée de l'exécution des jugements criminels.

Ainsi, il existe encore en Espagne, disent MM. de Vizmanos et Martinez, dans leur commentaire sur le Code pénal de 1848 (1), un juge qui ordonne *l'exécution* d'une condamnation à mort *sans préjudice de l'appel interjeté par le condamné.*

Jusqu'à la dernière révolution espagnole, la peine de mort était exécutée, contre les nobles, par la *décapitation* ou la *strangulation* et contre les plébéiens par la *pendaison*; plus tard la strangulation devint le supplice commun ; mais la loi distinguait au moment de l'apparition du Code actuel, entre la strangulation *vile* et la strangulation *ordinaire.*

Tout cela explique et justifie suffisamment l'introduc-

(1) Tome I, p. 334.

tion dans la loi pénale actuelle de dispositions de la nature de celles qu'édictent les articles 86 et 87.

Nos Codes d'instruction criminelle et pénal, ne nous fournissent aucune disposition correspondante à celle de l'article 88 ; ils ne se préoccupent en aucune façon des cas où le prévenu est tombé en démence, soit depuis la perpétration du fait criminel, mais avant la sentence de condamnation, soit depuis la prononciation de cette sentence.

Une ancienne loi, celle du 4 vendémiaire, an IV, encore en vigueur, a ordonné le transfert, dans les hospices, des *détenus malades*; différentes circulaires ministérielles, relatives à l'exécution de cette loi, ont décidé que cette expression de *détenu* s'appliquait tant au *condamné* qu'au *prévenu* renfermés dans les maisons d'arrêt ou de justice; il n'est pas douteux que l'expression *malade*, doit comprendre également l'aliéné et l'individu en démence.

Mais la loi, statuant d'une manière générale que tout détenu malade devra être transféré à l'hospice, implique par cela même qu'en aucun cas, et quel que soit le motif, le sujet de la condamnation, le détenu ne pourra être remis à sa famille. Nous le regrettons, car il nous semble qu'il est telle nature de folie et de démence qui doivent être mieux soignées, sinon guéries par les soins des proches, de la famille, que par le traitement des hôpitaux, et nous ne croyons pas qu'il soit dans les intérêts bien entendus de la justice de se refuser, dans aucun cas, mais surtout dans les cas de condamnations pour simples délits, à suivre les inspirations de l'humanité.

Le paragraphe 4 de l'article 88, disposant que, à

quelque époque que le coupable recouvre son bon sens, la sentence s'exécutera, peut présenter quelques difficultés dans le cas où la démence aura duré assez longtemps, pour faire acquérir au condamné la prescription de sa peine. En ce cas, la prescription sera-t-elle valablement acquise ?

La logique pure prescrit que, malgré l'absence de disposition formelle sur ce point, le condamné revenu à la santé soit rendu à sa peine.

M. Pacheco pense que, dans le cas prévu, la prescription est acquise, et que, par suite, le paragraphe 4 de l'article 88 ne peut être appliqué. Il ajoute même qu'au cas où le laps de temps exigé pour l'accomplissement de la prescription ne serait pas complètement écoulé, il serait convenable et juste qu'il intervînt en faveur du condamné une grâce spéciale. Car, dit-il, « une vérita-
» ble démence est une grande perturbation dans la vie
» d'un homme, et on pourrait difficilement le rendre
» responsable, lorsqu'il l'aura soufferte, de ce qui
» correspondrait à cette autre portion de son existence,
» entre laquelle et celle-ci se trouve placé un abîme de
» cette espèce (1).»

Cette solution est plus humaine que juridique, et nous doutons fort qu'elle soit appelée à faire jurisprudence.

(1) Même ouvrage, tom. 1, page 463, n° 7.

SECONDE SECTION.

Peines principales.

Du mode d'exécution de la peine de mort , et de celle des 'travaux forcés. — Décret du 28 mars 1852 , loi du 30 mai 1854. — Principe d'humanité consacré par l'article 97. — A quel âge les condamnés à la chaîne perpétuelle et temporaire sont transférés dans un autre établissement. — Cas dans lesquels la peine des travaux forcés perpétuels est appliquée dans les deux Codes. — Séparations des diverses catégories de condamnés. — De la déportation. — De la peine de la galère. — Article 105. — De la peine de la prison. — Les condamnés à l'internement employés au service militaire. — De la peine de la réprimande. — De l'arrêt majeur ou mineur. — Du Carcan. — De la Dégradation. — En quoi elle diffère de la nôtre. — Comment. des articles 89, 90, 91, 92, 93, 94, 95 , 96 . 97, 98, 99 , 100, 101, 102 , 103 , 104, 105, 106, 107, 108, 109, 110, 111, 112, 113, 114.)

Le mode d'exécution de la peine de mort diffère dans les deux législations ; et il est remarquable que la strangulation est un mode d'exécution à peu près particulier à l'Espagne, comme la décapitation par la guillotine était aussi , il y a peu de temps encore , exclusivement en usage chez nous.

La pendaison est le supplice le plus généralement employé dans les pays de l'Europe. On le trouve en vigueur en Angleterre, en Autriche, à Naples , à Parme, etc., etc.

La strangulation est, du reste, ancienne en Espagne. Le Code pénal actuel l'a prise dans le Code de 1822, lequel, de son côté, l'avait copiée de la législation antérieure, et n'avait fait que lui donner une consécration nouvelle. C'est probablement à cause de son ancienneté traditionnelle, que la loi pénale actuelle lui a accordé la préférence sur les autres modes d'exécution.

Il y a, dans la manière dont le condamné à mort doit être conduit au supplice, et dans le choix du costume qui lui est imposé d'après la loi espagnole, quelque chose de théâtral qui est comme un souvenir des processions et des supplices de l'inquisition. Pareille cérémonie nous paraît de nature à exciter la curiosité plus encore que la crainte, et à enlever à l'exécution de la peine le caractère de sévère simplicité qui doit en faire un châtiment exemplaire (1).

Les deux législations règlent de la même manière l'inhumation de l'exécuté. Il y a néanmoins, dans la loi espagnole, une disposition que nous ne pouvons approuver. Nous voulons parler de cette exposition du corps du supplicié sur l'échafaud, pendant de longues heures et même pendant une journée entière, si l'exécution a eu lieu le matin. Cet acte a en lui-même quelque chose

(1) Il est défendu, en Espagne, depuis un temps immémorial, d'exécuter une sentence de mort les jours de fête nationale ou religieuse ; à ces jours prohibés on a ajouté les vendredis. C'est une pensée religieuse qui a donné naissance à cet usage, le vendredi de la semaine chrétienne correspondant au jour de la crucifixion de Jésus-Christ. Il n'y a pas d'exemple que cet usage ait été méconnu, et qu'une exécution criminelle ait eu lieu un pareil jour. Un fait récent a fourni la preuve du soin scrupuleux avec lequel cette ancienne tradition est respectée. Le prêtre Mérino, condamné à mort pour tentative d'assassinat sur la reine Isabelle, devait être exécuté le lendemain du jour où la condamnation était devenue définitive. Mais ce jour se trouvant un vendredi, l'exécution fut renvoyée de droit au jour suivant.

de répugnant. Ce cadavre, défiguré par la souffrance, restant ainsi sous les yeux de tous, hommes, femmes, enfants, doit inspirer de l'horreur aux indifférents, une douleur et une honte profonde aux parents de l'exécuté ; c'est, en quelque sorte , une prolongation inhumaine du supplice pour la famille innocente. Cet usage est encore une vieille tradition qu'il eût été bon , croyons-nous, de repousser.

Le principe que la femme condamnée à mort, qui est reconnue enceinte, ne doit être exécutée qu'après la délivrance, est admis dans les deux législations ; nous pourrions ajouter dans toutes les législations, depuis la loi romaine, qui le consacrait formellement.

Avant le décret du 28 mars 1852, la peine des travaux forcés était exécutée en France de la même manière à peu près qu'elle doit l'être en Espagne, d'après la disposition de l'article 96 de son Code pénal. Deux différences néanmoins ressortent de la comparaison de son ancien article 17 avec les articles 94 , 95 et 96 du Code espagnol :

1º Les condamnés aux travaux forcés à perpétuité ne doivent pas être, d'après ce dernier Code, confondus avec les condamnés à temps ; ils sont placés dans des bagnes séparés. Les bagnes destinés aux condamnés à perpétuité sont situés hors de l'Espagne , tandis que ceux qui doivent recevoir les condamnés à temps sont situés dans l'intérieur du royaume ou dans les îles voisines. C'est une bonne disposition. Nous sommes convaincus, en effet , que la vie commune des hommes à jamais séparés de la société avec ceux qui étaient appelés à y rentrer un jour, ne contribuait pas peu à achever de pervertir ces derniers, et à les entraîner dans la voie de la récidive ;

2º Les tribunaux pouvaient, d'après la loi espagnole, en tenant compte de l'âge, de la santé, de l'état du condamné ou de toute autre circonstance personnelle, le dispenser des travaux pénibles qui auraient fait de cette peine, dans ce cas spécial, une véritable peine de mort, plus terrible et plus inhumaine que celle qui aurait été prononcée par une condamnation spéciale, parce qu'elle aurait entraîné pour le condamné de plus longues souffrances.

En France, six mille condamnés, rebut de la société, professeurs émérites de crimes et de vols, conspiraient incessamment contre le repos public. A la sortie du bagne, leurs projets s'exécutaient avec une audace et une habileté incroyables.

Ils s'habituaient à considérer le bagne comme leur hôtel des Invalides, et bon nombre ont avoué avoir commis un vol avec les circonstances aggravantes, afin d'éviter la peine de la réclusion.

Il fallait un remède à cette situation déplorable : le décret du 28 mars a paru ; il détermine le régime auquel seront soumis les condamnés aux travaux forcés, déportés à la Guyane. Pour ôter à ce décret tout caractère de retroactivité, des registres furent ouverts dans tous les bagnes, et les condamnés furent appelés à déposer librement et volontairement leur adhésion, après avoir pris connaissance du régime nouveau auquel ils devaient être soumis. Il s'en trouva trois mille environ qui, dans les premières heures, demandèrent spontanément à quitter les bagnes et à être déportés.

Voici une brève analyse des dispositions de ce décret :

Les déportés sont employés aux travaux de la colonisation, de la culture, de l'exploitation des forêts et tous autres travaux d'utilité publique.

L'accouplement des forçats au moyen du boulet est supprimé, et ils ne sont assujétis à le traîner qu'à titre de punition disciplinaire ou par mesure de sûreté.

Les femmes condamnées aux travaux forcés peuvent être conduites dans la Guyane et placées sur un établissement créé dans la colonie ; elles seront employées à des travaux en rapport avec leur âge et avec leur sexe. Après avoir subi deux ans de leur peine, tant en France que dans la colonie, les condamnés des deux sexes qui se seront rendus dignes d'indulgence par leur bonne conduite et leur repentir pourront obtenir : 1º l'autorisation de travailler, soit pour les habitants de la colonie, soit pour les administrations locales ; 2º l'autorisation de contracter mariage ; 3º la concession d'un terrain et la faculté de le cultiver pour leur propre compte. Cette concession ne pourra devenir définitive qu'après 10 années de possession.

La famille du condamné pourra être autorisée à le rejoindre dans la colonie et à vivre avec lui, lorsqu'il aura mérité cette faveur par sa bonne conduite.

Obligation de résider dans la colonie après la libération, pendant un laps de temps égal à la durée de la peine, est imposée à tout condamné dont la peine sera inférieure à huit années de travaux forcés. Si la peine est de huit années et au-delà, il sera tenu de résider à la Guyane française pendant toute sa vie, il ne pourra rentrer en France qu'en vertu d'une disposition spéciale des lettres de grâces qu'il aura méritées.

L'exercice des droits civils pourra être accordé partiellement ou intégralement aux condamnés. Ils pourront être autorisés à jouir ou à disposer de tout ou partie de leurs biens.

Les libérés qui se trouvent en France, peuvent être transportés à la Guyane, à la condition d'y être soumis au régime établi pour les déportés, sans préjudice de l'application de l'article 44 du Code pénal relatif à la surveillance de la haute police.

Revenons au Code pénal espagnol.

La disposition de l'article 97 de ce Code contient un principe, dont la consécration était rendue nécessaire par l'inhumanité avec laquelle les entrepreneurs, auxquels, sous l'ancienne législation, était accordée la faculté d'employer des galériens, traitaient ces condamnés.

Voici de quelle manière s'exprime M. Pacheco sur cet article :

« La consécration de ce principe est un acte insigne » d'humanité. Le désordre et les abus dont nous avons » été témoins, en cette matière, depuis quelques années » jusqu'à aujourd'hui, exigeaient ce remède radical. Il » fallait que la loi mit un terme à un aussi grand scan- » dale; qu'elle mit fin à cet esclavage le plus dur et le » plus horrible de tous les esclavages.

» Nous n'accusons pas ici tous les entrepreneurs aux- » quels il a été accordé, avant cette époque, des galé- » riens pour l'exécution de leurs travaux ; nous savons » que quelques-uns, et nous croyons qu'il y en a eu » même d'autres, les ont traités humainement, sinon

» par charité et philantropie, au moins par pudeur et
» par calcul. Mais la conduite de certains autres a été
» horrible. En rappelant qu'il y a lieu de poursuivre
» criminellement les chefs de ces entreprises, chacun
» pourra concevoir de quelle nature a été leur conduite.
» Nous, qui avons été obligés d'examiner un procès de
» cette espèce, nous garantissons que la réalité dépasse
» tous les soupçons possibles, et qu'une aussi froide et
» aussi inhumaine cruauté ne peut être comparée avec
» aucune autre de notre siècle (1).

Les articles 98 et 99 du même Code disposent dans
le même sens que les anciens articles 70, 71, 72 et 16
de notre Code, avec cette différence que la loi espagnole fixe à 60 ans au lieu de 70 l'âge auquel le coupable ne peut être condamné aux travaux forcés ou à la
déportation, doit obtenir la substitution d'une peine
plus douce à cette peine si rigoureuse, s'il a commencé
à la subir.

On sait que notre loi du 30 mai 1854 a abrogé l'article 72 de notre Code pénal, qui fixait à 70 ans accomplis l'âge auquel les condamnés aux travaux forcés
seraient enfermés dans une maison centrale jusqu'à
l'expiation de leur peine.

L'article 6 de cette loi dispose que les peines des travaux forcés à perpétuité et à temps, ne seront prononcées contre aucun individu âgé de 60 ans accomplis au
moment du jugement ; elles seront remplacées par celle
de la réclusion, soit à perpétuité, soit à temps, selon
la durée de la peine qu'elle remplacera.

_____

(1) Même ouvrage, tome 1, page 478, numéros 1 et 2.

De pareilles dispositions méritent la plus entière approbation.

Avant de passer à la comparaison des peines inférieures en degré à celle des travaux forcés, plaçons ici une observation sur l'emploi de la peine des travaux forcés perpétuels dans l'une et l'autre législation. Indépendamment des cas dans lesquels elle peut être substituée, dans notre loi pénale, à la peine de mort, par suite de l'admission des circonstances atténuantes en faveur du condamné, cette peine est formellement édictée, dans les cas prévus par les dix-huit articles de notre Code pénal. Ce sont les articles 56, 63. 132, 139, 145, 146, 304, 312, 316, 333, 342, 344, 381, 382, 383, 404, 434 et 435.

On la voit appliquée dans les articles 140, 141, 157, 169, 175, 213, 218, 332, 333, 341, 370, 413, 425, 426 et 467 du Code espagnol.

Dans les articles 141, 213, 218 et 426, elle forme un des trois degrés de la peine. Elle est le degré moyen dans le cas des articles 141 et 341, et le degré supérieur dans les autres.

Dans tous les cas où cette peine est édictée aujourd'hui par le Code espagnol, elle remplace la peine de mort prononcée pour ces mêmes cas, par la législation antérieure.

Elle a aussi remplacé la peine de mort dans notre Code, pour les crimes prévus dans les articles 63, 132, 139, 344, 381, 434 et 435, qui étaient punis de cette peine avant la réforme de 1832.

Enfin, il est à remarquer qu'alors que cette peine est employée par les deux législations à peu près aussi souvent, elles ne l'édictent contre les mêmes crimes que dans quatre cas : ceux de fausse monnaie, de contrefaçon des sceaux et titres publics de l'Etat, de castration et de vol qualifié.

La peine de la déportation établie par le Code espagnol, ne diffère pas seulement de la peine de la déportation telle que l'a établie notre loi des 8-16 juin 1850, en ce qu'elle est perpétuelle ou temporaire dans la loi espagnole, alors qu'elle est toujours perpétuelle dans notre législation ; mais elle se différencie surtout par l'exécution.

Le déporté, dans le système espagnol, est libre dans l'étendue, dans le rayon du lieu de déportation ; il est seulement placé, de fait, sous la surveillance de l'autorité ; dans ces conditions, il choisit lui-même le genre de travail ou d'occupation qui lui convient le mieux, et le gouvernement n'intervient, en aucune façon, dans ce choix.

Les déportés français sont divisés en deux catégories : les uns sont renfermés au lieu même de la déportation, dans une enceinte fortifiée ; c'est la déportation aggravée par la détention ; le déporté devient prisonnier ; les autres sont en liberté dans l'île affectée à l'accomplissement de leur peine ; le gouvernement laisse aux uns et aux autres la faculté de travailler s'ils le veulent ; mais il se réserve le droit de déterminer les moyens de travail qui leur seront donnés, ce qui implique le droit de leur refuser ces moyens et par suite la faculté de travailler.

La loi espagnole est donc incontestablement plus douce plus humaine que la loi française ; la raison en est simple : la première a été faite au point de vue exclusivement pénal ; la seconde est née malheureusement au milieu de circonstances et d'événements qui lui ont donné un caractère essentiellement politique ; elle se ressent de l'époque et des circonstances dans lesquelles elle a paru.

La peine du bannissement ne peut s'exécuter de différentes manières; sa nature et son objet sont les mêmes dans tous les pays.

Cependant certaines législations présentent, quant à cette peine, une particularité que nous croyons devoir signaler ; la particularité , du reste , ne se rapporte pas à l'exécution mais bien à *l'application* de la peine : le Code de Prusse article 6, le Code de Bavière article 36 , le Code pénal autrichien article 22 et le Code pénal romain de 1832, notamment , n'appliquent la peine du bannissement qu'aux étrangers ; le motif de cette disposition paraît être dicté par un scrupule d'autant plus remarquable qu'il est généralement fort rare ; c'est dans l'intérêt de la sécurité des populations des Etats voisins, qu'ils croient devoir ne pas leur envoyer des condamnés, des coupables ; la nature des crimes et délits auxquels cette peine est appliquée dans toutes les législations , semblerait néanmoins devoir écarter une pareille préoccupation ; ces crimes ou délits sont à peu près exclusivement politiques , et il est bien rare que l'homme considéré et banni comme dangereux pour le gouvernement de son pays , puisse l'être également pour celui d'une autre nation dans laquelle il est souvent inconnu , et au milieu de laquelle il se trouve toujours privé en tous cas des moyens d'action ou d'influence qui pouvaient le faire redouter de son gouvernement.

16

La peine de la galère, établie par le Code espagnol, correspond par sa nature et le mode de son exécution à notre peine de la réclusion ; le galérien espagnol est enfermé comme le réclusionnaire français dans une prison ; comme lui, il est soumis au travail ; le produit de ce travail peut être, pour l'un comme pour l'autre, employé en partie à leur profit ; mais le Code espagnol dispose de plus qu'une autre partie de ce même produit sera employé à rendre effective la responsabilité civile encourue par le condamné.

On observera également que la seule chose qui différencie la peine de la galère de la peine de la réclusion espagnole, c'est l'emploi du produit du travail du condamné ; le réclusionnaire travaille exclusivement pour l'Etat comme le condamné à la chaîne.

Du reste, la disposition de l'article 105 du Code pénal espagnol est une nouveauté ; les législations précédentes ne contenaient aucune disposition de cette nature.

Le mode d'exécution de la peine de la prison est le même dans les deux législations ; la distribution du produit du travail du condamné diffère seulement sur un point ; nous avons déjà signalé cette différence à propos de la galère et de la réclusion ; le Code espagnol divise ce produit en trois parts, dont l'une est affectée à l'extinction des dommages causés par le fait criminel, et dont le prisonnier est civilement responsable ; notre Code ne le divise qu'en deux parts : la première doit participer à couvrir les dépenses communes de l'établissement pénitentiaire ; la seconde est réservée au condamné.

L'internement et l'interdiction des lieux, sont des diminutifs du bannissement; il n'y a dans les articles qui déterminent le mode d'exécution de ces peines, qu'une disposition qui peut mériter d'arrêter un instant l'attention.

C'est la disposition du second paragraphe de l'article 107, qui donne au gouvernement la faculté d'employer au service militaire les condamnés à l'internement non mariés et sans moyens d'existence, si, d'ailleurs, leur âge, leur santé et leur bonne conduite le permettent.

Cette substitution du service militaire à la peine de l'internement a quelque chose de fort singulier et surtout de fort éloigné de nos idées françaises : en Espagne, depuis long-temps, les esprits sont familiarisés avec ce genre de peine : le Code pénal actuel ne fait qu'accorder au gouvernement la faculté d'employer au service militaire les condamnés à l'internement : mais antérieurement, avant 1839, surtout, les tribunaux *condamnaient* certains délinquants au service militaire : le service militaire devenait ainsi une peine, comme la prison ; il faut croire qu'il résultait pour l'armée de graves inconvénients de cette pratique, puisqu'il intervint, le 13 août 1839, une ordonnance royale qui abolit *la peine du service militaire.*

Il paraît néanmoins que la question tranchée par l'ordonnance du 13 août 1839 fut soulevée dans le sein de la commission du Code pénal, et donna lieu à des discussions qui aboutirent à l'espèce de transaction que renferme le 2e paragraphe de l'art. 107.

« La question particulière du service militaire, dit » M. Pacheco, fut longuement débattue dans le sein

» de la commission : il y fut examiné, sous tous les points
» de vue, s'il était convenable d'établir une peine de
» cette espèce, et le résultat fut de laisser au gouverne-
» ment la faculté que nous venons d'indiquer (1) ».

Nous ignorons, si, en l'état, et depuis le nouveau
Code, le gouvernement Espagnol a fait usage de cette
faculté.

La peine de la réprimande n'existe pas dans notre
Code pénal, quoique les présidents de nos Cours d'assises
et de nos Tribunaux en usent quelquefois sous le nom
ou la forme d'avertissement, vis-à-vis des accusés ac-
quittés ou condamnés à une peine peu sévère.

Le Code pénal Espagnol de 1822 l'avait établie conjointement avec la rétractation, la satisfaction publique
ou privée, le blâme et l'avertissement ; le Code actuel
n'a conservé que la réprimande publique ou privée, et
n'a donné aucune formule particulière, de sorte que les
termes dans lesquels elle doit être conçue restent aban-
donnés à l'arbitraire du juge.

Cette peine est, du reste, rarement appliquée par le
Code Espagnol; l'art. 365 l'inflige conjointement avec
la prison correctionnelle, l'arrêt majeur ou la prison
mineure, pour le délit d'outrage à la pudeur ou aux
bonnes mœurs, et les art. 481, 482, 483 et 493 pour
diverses contraventions. Dans les deux premiers articles
elle est accompagnée d'une peine corporelle légère, et
d'une amende, et dans les deux derniers de l'arrêt.

L'arrêt majeur et mineur sont les degrés inférieurs
de la peine générale d'emprisonnement. La différence

(1) Même ouvrage , t. 1 , p. 494, n° 8.

entre l'arrêt majeur et le dernier degré de la prison
correctionnelle consiste non-seulement dans la durée de
la peine, mais encore dans le lieu où elle doit être subie;
le condamné à la prison correctionnelle, même au dernier degré, accomplit la peine dans un établissement situé
dans l'étendue de la province de son domicile; le condamné à l'arrêt majeur l'accomplit dans un établissement placé au chef-lieu de *Partido* ou arrondissement,
dans lequel se trouve son domicile, c'est-à-dire presque
dans le lieu où sont sa famille et ses intérêts matériels.
Une différence plus saillante encore est celle qui résulte
de ce que la loi n'impose pas le travail forcé au condamné
à l'arrêt majeur, tandis que le condamné à la prison
correctionnelle y est soumis.

Quant à l'arrêt mineur, c'est la prison chez soi, la
simple défense de sortir pendant un temps déterminé.

La peine du carcan s'appelait, sous le Code pénal
Espagnol de 1822, peine d'assister à l'exécution du
coupable : elle était entourée dans l'exécution de plus
de solennité que dans le Code actuel; en outre, la loi
prévoyait le cas où le condamné à cette peine, pendant
l'acte d'exécution ou lorsqu'il est conduit pour assister à
cet acte, prononçait quelques outrages ou paroles inju-
rieuses ou scandaleuses, et indiquait les punitions qui devaient lui être infligées en réparation de ce manquement.

Voici qu'elles étaient ses dispositions sur ce point :

« Art. 62. — Le coupable condamné à voir exécu-
» ter la sentence de mort infligée à un autre, sera
» conduit avec le coupable principal, à la suite et sur
» une monture de la même espèce, mais vêtu de ses
» vêtements ordinaires, la tête découverte et les mains

» attachées : il portera aussi sur la poitrine et sur l'épaule
» un écriteau qui indique son délit comme complice ,
» aide , recéleur, etc. , etc. et sera compris dans les
» publications, placé au pied de l'échafaud pendant
» l'exécution de la peine principale.

» Art. 63. — Si pendant qu'il assiste ou pendant
» qu'il est conduit pour assister à l'exécution d'un
» autre , le coupable commettait quelqu'acte d'irrévé-
» rence ou d'insolence, il sera mis dans un cachot avec
» les fers dès son retour à la prison, et il y demeurera
» au pain et à l'eau seulement pendant l'espace de un
» à huit jours, suivant la gravité du fait. Avant qu'il
» sorte de la prison pour aller subir la peine, il lui sera
» donné connaissance de cette disposition. Si le man-
» quement en public consistait en blasphêmes, obscé-
» nités, outrages à l'autorité ou aux spectateurs, et que
» le coupable ne se contînt pas à suite d'un premier
» avertissement , l'exécuteur de la justice lui mettra
» immédiatement un baillon. »

L'article 113 du nouveau Code ne contient pas de
disposition semblable à celle de l'art. 63 du Code de
1822 que nous venons d'indiquer : de telle sorte , que
si un fait de la nature de ceux que prévoit ce dernier
article vient à se produire dans l'exécution de la peine
du carcan, la répression, se trouvera laissée à l'arbitraire du geôlier de l'établissement dans lequel il subit
sa peine principale, et sur les lieux de l'exécution à
l'appréciation de l'exécuteur.

Pour bien comprendre la portée et la signification de
la formule employée pour la dégradation, il faut se rappeler que cette peine accessoire , préliminaire de celle

des travaux forcés à perpétuité, ne s'applique qu'aux fonctionnaires publics. Elle n'a aucune espèce de rapport, malgré la conformité de nom, avec notre dégradation civique, laquelle, comme nous l'avons déjà vu, est analogue à celle de l'interdiction des droits politiques charges, fonctions, emplois ou offices publics de la loi Espagnole.

Le condamné à la dégradation, porte l'art. 114, sera dépouillé par un huissier en audience publique du Tribunal, de l'uniforme, costume officiel, insignes et décorations qu'il aura.

Le dépouillement se fera à la voix du Président qui l'ordonnera en employant la formule suivante : « Dé-
» pouillez un tel, (le nom du condamné) de ses insi-
» gnes et décorations que la loi le déclare indigne de
» porter : la loi le dégrade parce qu'il s'est dégradé
» lui-même (1). »

---

(1) Le système pénitentiaire espagnol consacre le principe de la séparation des diverses catégories des prisonniers. Sage et salutaire mesure que devraient adopter tous les réformateurs.

Les bagnes situés hors de la Péninsule sont destinés aux condamnés aux travaux forcés à perpétuité.

Dans les pénitenciers sont renfermés les individus condamnés aux travaux forcés à temps.

Les îles Baléares et les îles Canaries sont destinées aux réclusionnaires à perpétuité.

Les peines de la galère majeure, mineure et correctionnelle, de la prison majeure, mineure et correctionnelle, de l'arrêt majeur et mineur, sont subies dans un établissement affecté à chacun de ces divers châtiments.

Les femmes condamnées à la chaîne, à la réclusion, à la galère ou à la prison sont enfermées dans des corps de bâtiments séparés, ou dans des compartiments distincts affectés à chacune des diverses catégories de peines.

Celles condamnées à l'arrêt majeur le subissent dans la prison du chef-lieu du *partido*, où elles sont soumises aux travaux propres à leur sexe.

TITRE IV.

De la responsabilité civile.

Effet de cette responsabilité.— Obligations qui en dérivent ; leur
étendue, leurs limites.— Dispositions qui diffèrent de la législation
française. — Examen des articles 118 et 123. — (Comment. art·
115, 116, 117, 118, 119, 120, 121, 122, 123.)

Le chapitre II, titre 2 du livre premier du Code espagnol, articles 15 à 18, a établi les cas de responsabilité civile et déterminé les individus responsables. Le
présent titre s'occupe de la fixation des limites de cette
responsabilité. Certains articles de ce titre trouvaient
plus naturellement leur place dans un Code civil ; mais
l'absence de ce Code a nécessité, comme nous l'avons
fait observer à propos de dispositions de la même nature, leur introduction dans le Code pénal.

Les articles du titre 4 sont généralement rédigés avec
un soin qui témoigne du désir d'éviter toute difficulté
d'interprétation, et de substituer à l'absence ou à l'obscurité des règles sur cette matière, qui se rencontraient
dans l'ancienne législation espagnole, des règles claires
et précises.

Ainsi, dès le premier article du titre, est nettement
formulé l'effet de la responsabilité civile : elle comprend,
dit l'article 115, la *restitution,* applicable aux délits

contre la propriété, la *réparation* du dommage causé
applicable aux mêmes délits et destinée à remplacer la
restitution, au cas où, par suite de la destruction ou de
la perte des objets qui ont été la matière du délit, la
restitution ne peut avoir lieu; enfin, l'*indemnité* du préjudice causé, applicable aux délits contre les personnes.

Puis, viennent les règles établissant la manière dont
ces diverses obligations seront accomplies, et la détermination de l'étendue de ces mêmes obligations.

Les principes généraux sur cette matière, développés
dans la série des articles qui composent le titre IV, sont,
sur presque tous les points, conformes aux principes
consacrés par notre législation et notre jurisprudence.
Il y a pourtant deux dispositions particulières qui s'éloignent de ces principes.

La première est celle de l'article 118, qui comprend,
dans les préjudices dont indemnité est dûe par le responsable, ceux qui ont été causés non seulement à la
personne lésée et à sa famille, mais *même à un tiers*.

M. Pacheco donne l'exemple suivant d'un cas dans
lequel cette disposition est applicable :

« Supposons, dit-il, que l'assassiné faisait pour un
» tiers un ouvrage dont il avait reçu le prix, prix qu'il
» ne pouvait rendre. L'assassin ou l'individu coupable
» de sa mort devra restituer à ce tiers l'équivalent de la
» perte causée par son délit. Quiconque est cause d'un
» préjudice de cette nature, de cette classe, doit être
» tenu de l'indemnité suivant toutes les règles de la jus-
» tice (1).»

_____

(1) Même ouvrage, tome 1, page 509, n° 3.

Nous croyons que la loi est allée trop loin, et que sa disposition est susceptible d'une interprétation qu'elle n'a pas prévue, car elle ne l'aurait pas acceptée. Ainsi, en prenant pour type l'exemple cité par M. Pacheco : quel est le préjudice causé à ce tiers qu'il met en scène, et dont réparation est dûe par l'assassin ? C'est la perte de la somme donnée pour prix de l'ouvrage qui devait être fait par la victime. Le coupable tuant le débiteur du tiers devient débiteur à sa place. Mais alors, tous ceux dont la victime était débiteur, à quelque titre que ce soit, et qui comptaient sur son travail pendant un plus ou moins grand nombre d'années pour rentrer dans leurs fonds, se trouvent également lésés par sa mort, éprouvent un préjudice : l'assassin en est responsable ! Comprend-on jusqu'où peut s'étendre une pareille responsabilité ? Et en suivant et développant la portée logique de cette disposition, en l'appliquant à tous les préjudices directs et indirects que peut occasionner à un tiers la perpétration d'un crime ou d'un délit contre un individu, on arriverait à des conséquences véritablement monstrueuses, que justifierait néanmoins la *lettre* de la loi ; on se trouverait en face d'impossibilités non seulement légales, mais même matérielles. Evidemment, il sera nécessaire que la prudence et le tact du juge réduisent la portée de la disposition de cet article, à des limites raisonnables et pratiques.

La seconde disposition est celle de l'article 123. Elle reconnaît et proclame l'obligation, pour l'Etat, d'indemniser lui-même, à défaut du condamné responsable, les victimes du crime ou du délit. Nous approuvons entièrement ce principe. Jusqu'à présent et dans l'organi-

sation politique actuelle des gouvernements, les obligations des citoyens vis-à-vis de l'Etat sont rigoureusement,
sévèrement amenées à exécution, et l'Etat ne se regarde
comme tenu à d'autres réparations vis-à-vis des citoyens
que celles qu'il lui plaît d'accorder. En retour des sacri-
fices de toute nature qu'il impose, sa protection, trop
souvent stérile, ne s'est jamais étendue au préjudice résultant de la perpétration d'un fait criminel qu'il n'a
pas su empêcher.

Il n'est pas de principe ·qui nous paraisse plus juste
que celui que, seule peut-être entre les législations de
nos jours, a consacré la loi pénale espagnole.

Le principe proclamé par l'article 123 de cette loi,
serait, dit M. Pacheco, « le *desideratum* de la justice
» criminelle dans ses rapports avec les individus. Mais
» quand cessera-t-il d'être une maxime ? quand ce *desi-*
» *deratum* se convertira-t-il en fait ? » (1).

Le gouvernement espagnol se hâtera, nous n'en dou-
doutons pas, de reconnaître cette obligation et de s'occuper des moyens de la remplir. Quoi qu'il en soit, il
n'est pas moins honorable pour les législateurs de 1848,
d'avoir inscrit sans hésitation le principe dans leur œuvre.

(1) Même ouvrage, tome 1, p. 515, nᵒˢ 1 et 2 sur l'art. 123.

TITRE V.

Des peines encourues par ceux qui enfreindront leur condamnation, et ceux qui pendant la durée de leur peine commettront un nouveau délit.

CHAPITRE Ier.

DES PEINES ENCOURUES PAR CEUX QUI ENFREINDRONT LEUR CONDAMNATION.

De l'évasion des condamnés. — Peines qu'ils encourent. — Considérations sur la légitimité de cette peine. — Opinion de M. Pacheco. — Le Code ne punit pas l'évasion du détenu préventivement.(Comment art. 124.)

La loi Espagnole, comme on le voit par la disposition de son art. 124, ne punit que l'évasion du condamné ou le fait d'enfreindre sa condamnation. L'évasion du détenu préventivement n'est frappée d'aucune peine. Notre Code pénal va plus loin : il réprime l'infraction de la condamnation et punit par son art. 245 l'évasion du simple détenu. Pour notre part, nous n'admettons la légitimité d'une peine ni dans l'un ni dans l'autre cas.

Punir un prévenu ou un condamné de son évasion , ou de l'infraction de la condamnation, ce n'est pas, pour la société, user d'un droit, c'est abuser de sa force ; c'est faire supporter au prévenu ou condamné la peine

d'une faute qui n'est pas la sienne, mais bien celle des
agents qui devaient le garder, le surveiller: c'est renverser, fouler aux pieds les principes de droit pénal et
de raison humaine, qui veulent que celui-là seul qui
commet le fait punissable, soit passible du châtiment.

M. Pacheco est lui aussi de cette opinion; il la soutient par des raisons qui nous paraissent convaincantes
et que nous allons reproduire; l'importance de la question, et le talent avec lequel elle est traitée, seront
notre excuse, pour la longueur de l'extrait que nous
lui empruntons :

« Celui qui enfreint la condamnation qui lui a été
» infligée, dit cet auteur, doit-il, par hasard, généra-
» lement parlant, encourir une peine quelconque ? —
» Voilà une question et une grave question que nous
» présentent tout d'abord les intitulés du titre et du
» chapitre que nous venons de transcrire. Voilà une
» question et une grave question, que le moment est
» venu d'éclaircir, pour contribuer par notre appro-
» bation ou notre censure, quelque insignifiantes que
» soient l'une et l'autre, à l'appréciation de cette partie
» du Code que nous examinons.

» Que l'infraction des condamnations ne soit pas une
» œuvre méritoire pour la société; qu'elle produise
» dans cette même société perturbation, désordre,
» alarme; que le législateur doive s'occuper de l'empê-
» cher par des moyens efficaces; toutes ces proposi-
» tions sont, suivant notre manière de voir, claires et
» évidentes et ne peuvent être méconnues ni mises en
» doute. Les condamnations sont prononcées parce-
» qu'elles sont justes et que l'utilité publique le réclame;

» elles s'exécutent pour que le crime soit expié et pour
» mettre un terme à l'anxiété qu'il a causée. Si ces
» remèdes ne sont pas complètement mis à exécution,
» l'ordre naturel et l'ordre matériel s'altèrent et souf-
» frent. Ce qui devait s'accomplir pour leur donner
» satisfaction, reste inaccompli : à la perturbation pre-
» mière s'en ajoute une seconde. Nous le répétons,
» l'exécution des sentences de condamnation est de la
» plus grande importance.

» Mais il y a dans ce monde beaucoup de choses de
» la plus grande importance, dont l'exécution n'est pas
» sanctionnée par des dispositions pénales. La raison en
» est très-simple : il ne peut y avoir de peine où il n'y
» a pas de délit : et il n'y a pas délit lorsque l'on agit
» avec droit ou au moins en vertu d'un stimulant irré-
» sistible, d'un stimulant naturel à l'homme et que les
» lois doivent respecter.

» Pourquoi ne punit-on pas celui qui, poursuivi par
» la justice, en appelle à la fuite et échappe aux pour-
» suites ? Pourquoi ne punit-on pas celui qui s'évade de
» la prison où il est détenu pendant qu'on instruit sa
» cause ? Pourquoi ne punit-on pas celui qui manque à
» la vérité dans ses déclarations, en niant un délit prouvé
» contre lui ? Pourquoi respecte-t-on tant son droit de
» défense, qu'on n'exige même pas le serment pour ses
» déclarations, alors qu'on l'exige de tout autre qui
» dépose en justice ?

» La loi, notre nouvelle loi, a respecté les impulsions
» de la personnalité humaine, qui repousse le mal qui
» va retomber sur elle, alors même, que ce soit évi-
» demment avec justice. La loi, notre nouvelle loi, a

» compris, et c'est à son honneur, qu'on ne peut châtier
» un être actif et sensible, parcequ'il cherche à échap-
» per à une sentence de condamnation qui le menace
» dans sa liberté ; comment cette même loi n'a-t-elle
» pas compris que l'impulsion qui pousse à fuir la
» galère est la même que celle qui pousse aussi à fuir
» la prison préventive ; et que si elle doit être respectée
» dans le second cas, elle doit l'être aussi, et ne pas être
» punie dans le premier, sous peine d'inconséquence ?

» Mais dans un cas, pourra-t-on dire, il n'y avait
» pas jugement, et la vérité restait encore douteuse ;
» dans l'autre la vérité est déjà constatée et le condamné
» est certainement coupable. — Pauvre et faible argu-
» ment, suivant nous! Ce qui excuse le prisonnier qui
» s'évade, ce n'est pas l'idée qu'il peut être innocent :
» ce qui l'excuse, nous l'avons déjà dit, c'est l'instinct
» nécessaire de la nature humaine qui nous porte à fuir
» le mal et éviter la douleur. Lorsque *le droit* du cou-
» pable est en contradiction avec *les droits* sociaux, le
» pouvoir doit prendre ses précautions pour qu'il ne se
» réalise pas, mais il n'a pas la faculté de l'appeler délit
» parcequ'il s'est réalisé. Vous craignez que les prison-
» niers s'échappent? Ayez des prisons sûres. Vous
» craignez que les galériens s'évadent? Surveillez-les
» avec tout le soin que comporte la prudence humaine.
» Mais ne les blâmez pas de ce qu'ils profitent de votre
» négligence, parcequ'il faudrait, pour que cela n'arri-
» vât pas, qu'ils fussent des saints ou qu'ils ne fussent
» pas des hommes !

» Il est vrai que les inspirations de la raison se sont
» fait jour, peu à peu, en cette matière. Jusqu'à la

» constitution de 1812 on exigea le serment des accusés
» dans leurs déclarations pour les pousser ainsi au par-
» jure. Dans nos anciennes lois, celles qui nous ont
» régi jusqu'à ce jour, l'évasion de la prison était punie
» de châtiments cruels et atroces ; nous avons déjà pro-
» gressé sur ce point. Un temps viendra, qui n'est pas
» très-éloigné, où on s'étonnera que le présent chapitre
» ait trouvé place dans notre Code, et où l'on abolira
» les peines qu'il inflige à ceux qui enfreignent leur
» condamnation.

» Est-ce à dire, par hasard, qu'on ne doive rien faire
» contre le coupable indocile et habile qui cherche à
» s'évader ou qui s'est évadé ? Nous n'allons pas jusque
» là. Certaines précautions, en ce qui le concerne,
» seront nécessaires, plus nécessaires que pour ses
» compagnons tranquilles ; et qui dit précautions contre
» un délinquant, parle certainement d'un surcroît de
» rigueur ; mais cette matière, à notre avis, concerne
» seulement les réglements des établissements péniten-
» tiaires, et leur application devra être purement admi-
» nistrative et non judiciaire. Aucune augmentation de
» durée de la peine ; rien qui constitue de nouvelles
» peines ; rien de ce que, dans les bons principes, les
» Tribunaux seuls peuvent ordonner. Pour autorité le
» chef de l'établissement ; pour moyen l'identité de la
» personne ; pour résultat une plus grande sûreté,
» mais seulement une plus grande sûreté. » (1)

Nous n'avons rien à ajouter à ces raisons dont la

(1) Même ouvrage, t. 1, page 516, 517 et 518, n⁰ˢ 1, 2, 3, 4, 5,
6, 7, 8.

puissance est augmentée encore de toute la valeur que leur donne la position de M. Pacheco, comme ancien ministre de la justice, et sa réputation méritée de jurisconsulte et de criminaliste éminent.

Signalons maintenant les points de contact ou de différence, qui se rencontrent dans le mode de répression des infractions de condamnations, admis par l'un et l'autre Code.

L'examen général de l'art. 124 de la loi espagnole et son rapprochement des articles correspondants de notre Code, nous inspirent une observation préliminaire; le Code français n'a édicté des dispositions répressives, que contre les infracteurs des peines de déportation, de bannissement et de sujétion à la surveillance de la haute police, c'est-à-dire des peines qui n'affectent pas expressément la liberté du condamné. Le Code espagnol punit l'infraction de toutes les peines comprises dans son échelle pénale ; toutes, nous nous trompons : il en est deux, celle de l'arrêt majeur et celle de l'arrêt mineur, dont l'infraction n'est pas réprimée, et nous ne pouvons nous expliquer pourquoi il en est ainsi ; le fait seul de l'infraction d'une peine étant punissable, quelle que soit d'ailleurs sa nature et son importance, l'exception faite en faveur des deux peines de l'arrêt ne se comprend pas.

La peine de l'infraction de la déportation perpétuelle est la réclusion perpétuelle dans la loi espagnole, les travaux forcés à perpétuité dans la loi française; la réclusion étant considérée comme une peine moindre que les travaux forcés, la loi espagnole est dans ce cas plus douce que la nôtre.

L'infraction du bannissement temporaire, est réprimée, par le Code français, de la détention pendant le
temps qui restait à courir jusqu'à l'expiration du bannissement, et la détention peut être élevée jusqu'au double de ce temps ; le Code espagnol, la punit de la prison correctionelle qui dure, on se le rappelle, de 7 mois
à 3 ans, et dispose que la durée de cette peine ne
compte pas pour l'accomplissement de ce qui reste de
la durée du bannissement, lequel aura lieu après l'accomplissement de la nouvelle peine.

On remarque la différence essentielle que présentent
ces deux dispositions : dans la loi française, l'infraction
a pour résultat de faire substituer une peine d'une nature différente à la peine originaire, celle-ci disparaît
complètement pour faire place à l'autre ; dans le système du Code espagnol, il n'en est plus ainsi : l'infracteur restera toujours soumis à l'accomplissement de la
peine du bannissement ; seulement, il y aura, entre
l'accomplissement de la première partie de cette peine,
séparée de la seconde par l'infraction, un laps de temps
destiné à l'accomplissement de la peine infligée pour
cette même infraction.

Cette disposition de la loi espagnole ne nous paraît
pas satisfaisante ; pour ceux qui, comme nous, n'admettent pas la légitimité d'une peine pour infraction
de condamnations, c'est trop, cela va sans dire ; pour
ceux, au contraire, qui croient une pareille peine nécessaire, ce n'est pas assez ; pour être logique, le législateur espagnol devait, comme le législateur français,
punir l'infraction du bannissement d'une peine d'une
autre nature, d'une peine corporelle, plus élevée dans

l'échelle pénale que le bannissement ; il l'avait déjà fait, du reste , pour les peines précédentes , pourquoi ne pas le faire pour celle-ci ? Il faut être logique jusqu'au bout.

L'infraction de ban entraîne pour le condamné, dans le Code espagnol, l'arrêt majeur, dont la durée est de un à six mois ; le Code français, plus sévère , la punit d'un emprisonnement qui peut être de 5 ans , et cependant il est bon d'observer que cette peine, déjà si forte, est fort douce , légère même, comparativement à celle qu'édictait ce même Code avant la réforme de 1832 ; à cette époque le condamné en état d'infraction de ban pouvait être détenu , « durant un intervalle de temps , » disait notre ancien article 45, qui pouvait s'étendre » jusqu'à l'expiration du temps fixé pour l'état de la sur- » veillance spéciale. »

Parmi les peines dont l'infraction, non punie par nos lois , est punie par le Code espagnol , nous citerons comme exemple de l'injustice, de l'illégitimité des pei- nes infligées au condamné infracteur, celle de l'inter- diction et de la suspension des droits politiques, charge, profession et emploi, qui correspond, comme on sait , tout à la fois et dans de certaines limites , à notre dé- gradation civique et à notre interdiction des droits civi- ques, civils et de famille.

L'infraction des peines de l'interdiction des droits est frappée par la loi espagnole de l'arrêt majeur (un à six mois), et d'une amende de 20 à 200 duros (105 fr. 20 c à 1052 fr.).

Celle de la peine de la suspension des mêmes droits, etc., est réprimée par une augmentation de la même peine pendant une durée égale à la première, et d'une amende de 10 à 100 duros (52 fr. 60 c à 526 fr.).

Or, qu'on réfléchisse un instant sur la nature de cette peine, et l'on s'apercevra, ou que son infraction est impossible, ou que si elle peut avoir lieu, la faute de cette infraction doit être toute entière attribuée à l'autorité.

En effet, le seul moyen d'enfreindre l'interdiction ou la suspension de droits etc., c'est, ou que l'autorité, de son propre mouvement, nomme le condamné à une fonction quelconque ou l'appelle à l'exercice des droits politiques, etc., ou bien que l'autorité, agissant sur la simple demande, la sollicitation du condamné, lui concède droits ou emplois.

Dans le premier cas, le condamné n'intervient en rien, il n'est coupable à aucun point de vue ; dans le second, il se borne à solliciter, à demander ; où est le crime ? l'acte de demande est-il illicite en lui-même ? N'est-ce pas à l'autorité seule qu'il appartient de savoir si elle doit accorder ou refuser, et pourquoi elle doit agir ainsi ? Le condamné est-il en faute si l'autorité ne sait ce qu'elle fait ou ce qu'elle ordonne, ce qui est ou non dans ses attributions ?

Dans l'un et l'autre cas, le condamné sera donc puni parce que l'autorité aura commis une erreur ou une légéreté, se sera montrée oublieuse ou ignorante de ses devoirs et de ses attributions ; voilà où mène la logique d'un principe faux et mauvais !

CHAPITRE II.

Des peines encourues par ceux qui commettront un nouveau délit ou contravention pendant la durée de leur condamnation.

Déviation aux principes sur la récidive. — Son influence morale sur la loi. — Théorie du Code napolitain sur cette matière. — Réflexions de M. Pacheco. — De l'accumulation des peines. — Différence entre l'article 76 et l'article 125. (Comment. art. 125.)

Si, dans le Code pénal français, la récidive entraîne non seulement une augmentation dans le degré de la peine encourue pour le second fait criminel commis , mais même, pour les crimes, une peine supérieure, cela tient à ce que ce Code a fait de la récidive même un délit ou un crime, qui vient s'ajouter au délit ou au crime principal , et l'élever d'un degré de criminalité.

Le Code pénal espagnol qui a fait, lui, par les paragraphes 17 et 18 de son article 10 , de la récidive une circonstance aggravante seulement , ne pouvait attribuer à ce fait de la récidive, d'autre puissance que celle d'entraîner une aggravation du fait criminel principal , laquelle, suivant les principes généraux établis dans la seconde section du chapitre IV, de son titre III, livre I, se traduit par une augmentation dans le degré de la peine.

C'est là, du moins, ce que commandait la logique, ce qu'il aurait dû faire pour être conséquent avec ses principes.

Ce n'est pourtant pas ce qu'il a fait dans trois cas : celui que prévoit le dernier paragraphe de la première règle de son article 125, celui que prévoit le second paragraphe de la deuxième règle et le premier des deux que prévoit la troisième règle du même article ; dans ces cas, le récidiviste est frappé, non plus de la même peine en son degré le plus élévé, mais d'une peine supérieure.

Pourquoi cette déviation de principes ? Si, aux yeux du législateur espagnol, la récidive n'était et ne pouvait être qu'une circonstance aggravante, il fesait bien de le déclarer et de statuer en conséquence ; si elle était quelque chose de plus, si, comme dans le système du législateur français, elle constituait, par elle seule, un fait criminel punissable qui, uni au fait criminel principal, changeait le caractère de ce dernier, et l'élevait à un degré supérieur dans la sphère de criminalité, il était logique et raisonnable qu'elle entrainât non seulement une augmentation dans le degré de la peine, mais une autre peine plus grave.

La disposition de l'article 125, dans les cas que nous venons d'indiquer, est en opposition formelle avec le principe des paragraphes 17 et 18 de l'article 10. Que fera le juge appelé à statuer sur un de ces deux cas ? Statuera-t-il conformément aux règles établies par l'article 125 ? Mais dans ce cas il violera le principe contenu dans l'article 10 et les règles d'application de peine, au cas de circonstances aggravantes, établies par le chapitre IV du livre III. Appliquera-t-il au contraire le principe de l'article 10 et les règles du chapitre IV du livre III ? En ce cas, il méconnaitra la disposition de l'article 125.

Et , en dernière analyse , que produira dans la pratique une pareille contradiction ? Une jurisprudence variable et contradictoire , une application de peines différentes pour des faits criminels identiques dans leur gravité , leur nature , leurs circonstances légales, et par suite l'affaiblissement , le dépérissement de l'influence morale de la loi.

M. Pacheco , après avoir expliqué les dispositions de cet article 125 , fait remarquer qu'il ne contient rien sur l'influence que la remise ou commutation de peine et l'amnistie , doivent exercer sur la question de criminalité de la récidive ; il rappelle , à ce sujet , les règles établies , sur ce point, par le Code napolitain , et fait suivre ce rapprochement des réflexions que nous croyons devoir transcrire, parce qu'elles s'appliquent également à notre Code.

Voici les dispositions des articles du Code napolitain qui contiennent ces règles :

« Art. 90. — La remise ou commutation de la peine » accordée par le prince , n'enlèvera pas à celui qui l'a » obtenue le caractère de condamné, quant aux effets de » la récidive. Au contraire, elle sera considérée comme » aggravation, quant à ces effets, si cette condition est » imposée dans l'acte de grâce.

» Art. 91. — Toute disposition souveraine qui en- » lève à une action son caractère de crime ou qui , par » mesure générale , annule la peine , détruira de droit

» les effets de l'instruction et de la sentence , et celui
» qui en aura été favorisé, alors même qu'il commette
» depuis un nouveau crime, ne pourra être considéré
» comme récidiviste. »

Voici maintenant les réflexions de M. Pacheco :

« Le Code napolitain , dont nous avons copié divers
» articles dans nos concordances , contient deux dispo-
» sitions qui nous paraissent très-justes et que nous au-
» rions désiré voir consignées dans le nôtre ; ce sont
» celles qui se rapportent aux remises de peines et
» amnisties relativement à la matière même des récidi-
» ves et des nouveaux délits. Le cas est non seulement
» possible mais fréquent , et dans l'état actuel de notre
» législation, le Code étant muet comme il l'est sur ce
» point , il peut y avoir lieu à des doutes sérieux et em-
» barrassants ; il est vrai qu'on eût pu le résoudre en
» d'autres endroits, mais il ne l'est pas, et c'est ici qu'il
» serait le plus naturel et opportun de voir consignée la
» solution.

» Que doit-on , en effet, prendre pour base lorsqu'un
» individu dont la peine a été commuée, ou un amnistié,
» commet un nouveau délit ? Faut-il regarder le passé
» comme existant encore pour les conséquences de notre
» article (125), ou bien le considérer comme purgé, ou
» bien enfin, le tenir pour entièrement disparu, comme
» s'il n'eût jamais existé ? Voilà trois hypothèses possi-
» bles, dont chacune produirait un droit différent.

» Nous répétons que la théorie du Code napolitain
» nous paraît raisonnable , et nous ne voyons aucun in-
» convénient à la recommander et à la suivre, comme
» théorie de bon sens, sinon comme théorie de tel Code ;

» elle consiste en ce que la remise ou commutation de
» la peine, accordée par le souverain, n'enlève pas à
» celui qui en est l'objet le caractère de condamné,
» pour les effets de la récidive ou d'un nouveau man-
» quement, mais qu'au contraire, toute disposition
» souveraine qui efface une action de la classe du crime,
» ou qui, par mesure générale, annule la peine, dé-
» truit de droit les effets de l'instruction et de la sen-
» tence, et laisse son auteur dans la position où il au-
» rait été, s'il n'eût pas commis d'acte criminel. Ainsi,
» pour le criminel gracié, on se souviendra de ce qu'il
» a fait ; pour l'amnistié, on ne doit se souvenir de
» rien : pour le premier, il y aura lieu à aggravation ;
» pour le second, elle ne peut exister pour ce qui a été
» abandonné à l'oubli, à moins que dans l'acte d'am-
» nistie il n'ait été fait une réserve contraire.

» Plus on réfléchit sur ces dispositions, plus on les
» trouve justes et plus on désirerait les voir, elles ou
» d'autres semblables, dans les articles de notre
» Code (1).

Nous nous associons à l'appréciation de M. Pacheco,
mais nous voudrions voir étendre même à la remise de
peine le privilége accordé à l'amnistie. La remise de
peine n'intervient, en général, qu'après l'accomplissement d'une partie de la peine, et elle est motivée sur la
bonne conduite, le repentir, l'amélioration du condamné. L'autorité supérieure qui l'accorde, ne l'accorde
que parce qu'elle considère l'expiation comme complète,
ou au moins comme suffisante. C'est un acte de justice

(1) Même ouvrage, tome 1, page 541, numéros 1, 2, 3, 4.

plutôt que de faveur. Pourquoi refuser à cet acte de justice le privilége d'anéantir le passé dans l'oubli, quand ce même privilége est accordé à l'amnistie, qui est toujours considérée comme acte de faveur ?

Revenons au système des deux législations quant à la récidive. Nous avons déjà vu que, si on jugeait du système du Code espagnol par les principes énoncés dans les §§ 17 et 18 de son article 10, la récidive ne constituerait qu'une circonstance aggravante, dont l'effet ne serait autre, quant au condamné, que de lui faire appliquer le maximum de la peine encourue pour le second fait criminel commis, à la différence du système du Code pénal français, qui considérait la récidive comme un fait criminel par lui-même, lequel s'ajoutait au second acte punissable, en élevait la criminalité d'un degré, et frappait en conséquence le récidiviste d'une peine supérieure à celle qu'il aurait encourue pour le fait criminel, apprécié abstraction faite de la récidive. Mais nous avons reconnu aussi, par l'examen de l'article 125, que, dans plusieurs cas, le Code espagnol avait abandonné les principes des paragraphes 17 et 18 de l'article 10, pour appliquer le système du Code pénal français.

Il est un point sur lequel les deux législations sont complètement d'accord ; c'est de confondre, sous la qualification commune de récidive, et de placer sous les mêmes conditions de pénalité, la réitération du même crime ou délit, et le fait de commettre un second acte criminel après la perpétration d'un premier, d'une gravité et d'une nature différentes, d'un caractère même complètement opposé.

La comparaison des dispositions de l'article 125 du

Code espagnol avec les articles correspondants du Code
français, examinées dans leurs détails, ne peut donner
lieu à aucune observation particulière. Dans tous les cas
où la loi espagnole est restée fidèle à son principe de ne
voir, dans la récidive, qu'une circonstance aggravante,
elle ne la punit que du maximum de la peine encourue
pour le deuxième fait criminel ; dans les autres cas,
c'est-à-dire dans ceux où elle abandonne ce système
pour se rapprocher de celui de la loi française, la récidive entraîne, comme dans cette dernière, une peine
supérieure d'un degré à celle qui est édictée pour la répression du fait criminel.

Le paragraphe 4 de l'article 125 est la reproduction
du principe d'accumulation de peines, déjà consacré,
comme nous l'avons vu, dans le Code espagnol, par
l'article 76. Il y a cependant une différence entre les
dispositions de ces deux articles, sinon dans le principe,
du moins dans la manière dont devront s'exécuter
les peines accumulées. L'article 36 dit qu'elles s'accompliront en commençant par les plus graves, et l'article 125 laisse aux tribunaux la faculté d'indiquer le
mode d'exécution. Cette différence, du reste, ne change
rien au principe, et le laisse subsister tout entier. Nous
avons, à propos de l'examen de l'article 76, apprécié la
valeur de ce principe ; nous n'y reviendrons pas.

TITRE VI.

De la prescription des peines.

Silence du Code sur la prescription en matière d'actions criminelles.
— Légitimité et nécessité de cette prescription. — Caractère des
diverses législations. — De la perpétuité des peines. — Condition
imposée par l'article 137 pour l'accomplissement de la prescription.
(Comment. art. 126, 127.)

A la lecture des articles du Code pénal espagnol qui
statuent sur la prescription en matière criminelle, on
remarque qu'à côté du titre qui traite de la prescription
des peines, il ne s'en trouve pas un autre intitulé : de
la prescription des actions.

Si la question de la légitimité de la prescription, en
matière d'actions criminelles comme en matière de
peines, n'était pas mise en doute par certains criminalistes ; si quelques Codes modernes n'avaient pas, les
uns repoussé formellement cette double prescription,
les autres admis et consacré la prescription des peines
seulement, on pourrait supposer, comme le fait M. Pacheco (1), que c'est une question d'ordre qui a décidé la
commission des Codes espagnols à réserver pour le futur
Code d'instruction criminelle, lés dispositions relatives
à la prescription des actions.

(1) Même ouvrage, t. 1, p. 542, n° 3.

Mais l'hypothèse de M. Pacheco nous paraît difficile à accepter; le scrupule qu'il prête à la commission des Codes espagnols est presqu'impossible à admettre, en présence des nombreuses dispositions de droit pénal et d'instruction criminelle, que nous avons déjà rencontrées et signalées, et dont l'introduction dans le Code pénal se justifiait, du reste, par la considération que les Codes spéciaux dans lesquels elles auraient dû être placées n'existaient pas encore et n'existeraient peut-être pas de longtemps ; la matière de la prescription des peines n'appartient-elle pas, d'ailleurs, elle aussi, à un Code d'instruction criminelle, plus encore qu'à un Code pénal?

Nous sommes donc portés à croire que si la prescription des actions n'a été l'objet d'aucune disposition dans le Code espagnol, c'est qu'en principe, ce Code a cru devoir la repousser, et cependant, admise la légitimité de la prescription de la peine, la légitimité, disons mieux, la nécessité de la prescription de l'action, n'est pas sérieusement contestable.

L'homme ou la société offensés et lésés, qui laissent s'écouler les mois et les années, sans demander réparation d'un acte criminel, n'ont-il pas, sinon renoncé implicitement à le poursuivre, au moins, reconnu son peu de gravité? D'un autre côté, et au point de vue de la légitimité de la condamnation à intervenir, la justice d'une décision rendue, alors que le temps a détruit ou affaibli, soit les preuves du délit, soit les moyens de défense, ne pourra-t-elle pas être mise en doute? Enfin, et puisque la peine doit avoir pour but l'intimidation et l'exemple, autant que la répression, n'est-il pas à craindre, que, suivant de si loin le délit oublié déjà, elle ne soit considérée comme une rigueur inutile, injuste peut-être, plutôt que comme un châtiment mérité ?

Pour nous, qui sommes également convaincus que l'une et l'autre prescriptions sont raisonnables, justes, nécessaires, nous n'hésiterions pas, si nous étions forcés d'abandonner l'une pour sauver l'autre, à donner la préférence à la prescription de l'action sur la prescription de la peine ; il n'y a rien qui répugne davantage, ce nous semble, aux sentiments innés d'équité et de justice que cette perpétuité de l'action criminelle qui, nouvelle épée de Damoclès, reste sans cesse suspendue sur la tête d'un homme que les tribunaux proclameront peut être innocent le jour où on le traduira devant eux, et qui, au cas même où il serait réellement coupable, aggrave et augmente le châtiment légal de longues années d'inquiétudes et de souffrances morales.

Les Codes Prussien, paragraphe 597, Autrichien (art. 207 et s.) et Napolitain (art. 613 à 616); ceux de Bade, Saxe, Wurtemberg, ne statuent aussi que sur la prescription de la peine ; le Code Brésilien est plus logique, il repousse l'une et l'autre prescription (art. 65). L'article 139 du Code pénal de Bavière, dispose que ce n'est pas le laps du temps, mais bien plutôt l'amélioration manifestée pendant ce temps par le coupable; aussi cet article exige-t-il une bonne *conduite non interrompue* pendant les délais de la prescription (1).

Notre Code d'instruction criminelle, qui consacre les

___

(1) Code pénal de Bavière, par M. Charles Vatel, Appendice, page 329.

deux espèces de prescription, est incontestablement plus humain et plus raisonnable que ces diverses législations ; la justice des hommes n'est ni assez sûre ni assez immuable pour prétendre à la perpétuité de son action et de ses arrêts.

A propos de la prescription des peines admise, par des législations qui consacrent et les peines perpétuelles et la répression de l'infraction des condamnations, nous sommes frappés du contraste ou plutôt de la contradiction que présente le rapprochement de ces différents principes ; la prescription de la peine de mort et des autres peines perpétuelles par 20 ou 15 ans, n'est-elle pas la critique la plus forte, la protestation la plus éclatante, contre la perpétuité même de ces peines ? Ce qui doit durer toujours devrait-il pouvoir jamais se prescrire ? La seule reconnaissance de cette possibilité de prescription par un laps de temps quelconque, ne détruit-elle pas le principe de la perpétuité de la peine ? Evidemment, la *logique, le droit pur* repoussent la prescription de la peine perpétuelle, mais la raison et l'humanité exigent sa consécration ; oui, sans doute, la conscience de tous se révolterait contre la non admission de la prescription des peines, mais ne doit-elle pas se révolter, ne se révolte-t-elle pas, par la même raison, contre la perpétuité de la peine ? Philosophes et criminalistes qui osez dire que la peine peut être perpétuelle, soyez donc logiques jusqu'au bout et dites aussi que la peine ne peut pas se prescrire ? En admettant la perpétuité de la peine, vous avez déjà placé la justice faillible de l'homme au-dessus de la justice infaillible de Dieu, car celle-ci prévoit et accepte le repentir et vous le niez, et en certains

cas, vous le repoussez, en le rendant impossible ; pourquoi donc vous arrêter à mi-chemin et retourner sur vos
pas, en proclamant la possibilité de la prescription de la
peine que vous avez faite éternelle ? Serait-il donc fatalement inévitable que tout principe mauvais fût obligé
de se reconnaître tel et de se condamner lui-même !

La prescription de la peine, mise en présence de la
répression de l'infraction de la condamnation, nous
offre ce singulier spectacle : d'un côté le législateur excite
le condamné, et surtout le condamné à perpétuité, par
les avantages résultant de la prescription de la peine à
enfreindre sa condamnation, et d'un autre côté, cette
infraction est qualifiée et punie par lui comme délit.

Etrange situation, que celle dans laquelle se trouve
placé le législateur, qui, au lieu de rompre résolument
avec les traditions mauvaises ou les faux principes, veut
les conserver en les atténuant, ou chercher à les com-
biner avec les idées justes, les principes de la raison,
de l'équité, de l'humanité ! Il est forcé de suivre ces
principes jusque dans leurs conséquences les plus manifestement contraires aux instincts et aux nécessités de
son temps, les plus hautement condamnées par la conscience générale, ou de tuer moralement son œuvre par
des oppositions et des contradictions continuelles.

Avec la perpétuité des peines, et la répression de
l'infraction des condamnations, la prescription des peines est illogique, contradictoire, absurde : les peines
perpétuelles n'existant pas, l'infraction des condamnations n'étant pas punie, la prescription des peines est
un principe moral, raisonnable, souverainement équitable et juste.

En comparant dans leurs détails, les dispositions des deux législations, quant à la durée du temps nécessaire pour prescrire la peine, on remarque que, contrairement à la loi française, la loi espagnole a distingué entre les peines de mort et de la chaîne perpétuelle, et les autres peines afflictives graves : les deux premières ne se prescrivent que par 20 ans, terme fixé par le Code français pour la prescription de toutes les peines criminelles; les autres se prescrivent par 15 ans. Le délai de prescription des peines correctionnelles, et des peines de police, est plus long dans le Code espagnol que dans le Code français; et cette circonstance, en ce qui touche les peines correctionnelles surtout, mérite d'autant plus d'être signalée, que la durée de la peine est moins longue dans la loi espagnole que dans la loi française. Ainsi la peine correctionnelle la plus élevée dans le Code espagnol, la galère correctionnelle, ne dure que de 7 à 36 mois (art. 83), tandis que la prison correctionnelle, dans notre loi, a une durée de 6 jours à 5 ans (Art. 40).

Mais, ce qui, dans les dispositions du titre du Code espagnol, que nous examinons maintenant, mérite surtout d'attirer l'attention, c'est la condition imposée par l'art. 127 pour que la prescription des peines puisse s'accomplir.

Cet art. exige que, non-seulement, le condamné n'ait commis aucun crime ou délit pendant la durée du temps nécessaire pour prescrire, mais encore, que ce temps, il l'ait passé dans la Péninsule ou les îles adjacentes.

Evidemment, il faudrait qu'il n'y eût pas de police en Espagne, ou que cette police fût fort mal faite, pour qu'un condamné put séjourner dans ce royaume ou les îles qui le touchent, pendant 20, 15, 10 ou même 5 ans sans être découvert. Or, comme il existe une police, et une police aussi bien organisée que partout ailleurs, dans le royaume et les possessions espagnoles, l'art. 127 doit être considéré comme enlevant complètement au condamné la faculté de prescrire sa peine, et inutilisant par suite le principe de la prescription consacré par l'art. 126.

Cette conséquence, M. Pacheco la tire comme nous : (1)

« Il est vrai, dit-il, qu'avec les conditions qui ont
» été adoptées, ce sera un cas extraordinaire et pres-
» que miraculeux, que celui de l'accomplissement de la
» prescription d'une peine. Si c'était là ce que l'on dési-
» rait, certainement on aura atteint le but : mais alors
» il valait presqu'autant avoir copié l'art. 65 du Code
» Brésilien ou l'art. 178 de notre Code de 1822. (2) »

Nous sommes complètement de l'avis de M. Pacheco : mieux vaut repousser franchement un principe que de le consacrer formellement par un article et de le détruire jésuitiquement, dans une disposition suivante, en entourant son application pratique de difficultés qui la rendent impossible.

Tels sont les principes qui dominent les deux législations. Ne ressort-il pas de ce parallèle la nécessité et l'urgence de réformer notre système pénal ?

La suppression des bagnes a commencé la grande

(1) Même ouvrage, tom. 1, p. 547, n° 8.

(2) Nous avons déjà dit que le Code Brésilien n'admet pas la prescription des peines; le Code espagnol de 1822 ne l'admettait pas non plus.

œuvre de la régénération pénale, qui ne sera complète que par la révision du Code de 1832.

Il ne faut pas mener les hommes par les voies extrêmes, a dit Montesquieu. On doit être ménager des moyens que la nature nous donne pour les conduire ; qu'on examine la cause de tous les relâchements, on verra qu'elle vient de l'impunité des crimes, et non de la modération des peines.

DEUXIÈME PARTIE.

CODE PÉNAL ESPAGNOL.

LIVRE PREMIER.

Dispositions générales relatives aux délits et fautes, aux individus responsables et aux peines.

TITRE Ier.

DES DÉLITS ET FAUTES ET DES CIRCONSTANCES QUI EXEMPTENT DE LA RESPONSABILITÉ CRIMINELLE, L'ATTÉNUENT OU L'AGGRAVENT.

CHAPITRE Ier.

Des Délits et Fautes.

Article Premier. — Est délit ou faute toute action ou omission volontaire punie par la loi.

Les actions ou omissions punies par la loi sont toujours réputées volontaires à moins de preuve contraire.

Celui qui commettra volontairement un fait en sera responsable, et encourra la peine que la loi indique, alors même que le dommage en retomberait sur une personne autre que celle qu'il se proposait d'offenser.

Art. 2. — Ne seront soumis à aucune répression, les actes ou omissions autres que ceux antérieurement qualifiés par la loi de délits ou fautes.

Au cas où un Tribunal serait saisi d'un fait quelconque

qu'il croirait digne de répression et qui ne serait pas puni par la loi, il s'abstiendra de statuer sur ledit fait, et exposera au gouvernement les raisons qui le portent à penser que ledit fait devrait être l'objet d'une sanction pénale.

De même, lorsqu'il résulterait de la stricte application des dispositions du Code, une peine notablement excessive, étant tenu compte du degré de malice et du dommage causé par le délit, le Tribunal en référera au gouvernement, en lui exposant ce qu'il lui paraîtrait convenable de faire, sans préjudice de l'exécution immédiate de sa sentence. (1)

Art. 3. — Sont punissables, non-seulement le délit consommé, mais aussi le délit frustré et la tentative.

Il y a délit frustré, lorsque le coupable, quoiqu'il ait fait tout ce qui était en son pouvoir pour consommer son coupable projet, ne l'a pas accompli, par des causes indépendantes de sa volonté.

Il y a tentative, lorsque le coupable ayant donné un commencement d'exécution au délit, directement par des actes extérieurs, ne persiste pas, pour une cause quelconque ou un accident, qui n'est pas un propre et volontaire désistement de sa part.

Art. 4. — *Sont aussi punissables* le complot *et* la proposition de commettre un délit.

Il y a complot lorsque deux ou plusieurs personnes se concertent pour l'exécution d'un délit.

La proposition s'effectue lorsque celui qui a résolu de

(1) Les mots en lettres italiques indiquent le texte des dispositions révisées et promulguées par un décret royal du 30 juin 1850.

commettre un délit , en propose l'exécution à une autre ou à d'autres personnes.

L'abandon du complot ou de la proposition de commettre un délit , en faisant part et révélant à l'autorité publique le plan et ses circonstances avant qu'il y ait eu commencement d'exécution, exempte de toute peine.

Art. 5. — Les fautes ne sont punies, qu'autant qu'elles ont été consommées.

Art. 6. — Sont réputés délits graves ceux que la loi punit de peines afflictives.

Sont réputés délits moins graves ceux que la loi punit de peines correctionnelles.

Les fautes sont les infractions que la loi punit de peines légères.

Art. 7. — Ne sont pas soumis aux dispositions du présent Code, les délits militaires, les délits de presse, de contrebande, ceux qui se commettent en contravention des lois sanitaires , *ni ceux qui se trouveraient punis par des lois spéciales.*

CHAPITRE II.

Des circonstances qui exemptent de la responsabilité criminelle.

Art. 8. — Sont exempts de responsabilité criminelle :

1º Le fou et l'individu en démence , à moins qu'il n'ait agi dans un intervalle de raison. Lorsqu'un fou ou un individu en démence aurait commis un acte que la loi qualifie délit grave, le tribunal ordonnera qu'il sera enfermé dans un des hôpitaux destinés aux malades de cette catégorie, et il ne pourra en sortir sans l'autorisation préalable du même tribunal.

En toute autre circonstance, il sera remis à sa famille, moyennant caution de le garder. Si la caution n'est pas donnée, la disposition du paragraphe précédent sera observée.

2º Le mineur de 9 ans.

3º Le majeur de 9 ans mais mineur de 15 ans, à moins qu'il n'ait agi avec discernement.

Le tribunal se prononcera expressément sur ce point, pour le condamner ou le déclarer irresponsable.

4º Celui qui agira pour la défense de sa personne ou de ses droits, moyennant le concours des circonstances suivantes :

Première : Agression illégitime.

Seconde : Nécessité rationnelle du moyen employé, pour empêcher ou repousser ladite agression.

Troisième : Absence de provocation suffisante de la part de celui qui se défend.

5º Celui qui agit pour la défense de la personne ou des droits de ses ascendants, descendants, de son conjoint ou de ses frères, de ses alliés aux mêmes degrés, et de ses consanguins jusqu'au 4ᵉ degré (1), moyennant toujours le concours de la première et de la seconde circonstances énoncées dans le numéro précédent, et à condition que si la provocation provient de la personne attaquée, le défenseur n'y ait pas participé.

6º Celui qui agit pour la défense de la personne et des droits d'un tiers, moyennant le concours de la pre-

(1) Appendice.

mière et de la seconde circonstances énoncées dans le numéro 4, et à condition que le défenseur ne soit pas poussé, par vengeance , ressentiment ou autre motif illégitime.

7º Celui qui, pour éviter un mal, commet un fait qui cause un dommage à la propriété d'autrui, moyennant le concours des circonstances suivantes :

Première : Réalité du mal qu'il s'agit d'éviter.

Seconde : Que ce mal fût plus considérable que celui qui a été causé pour l'éviter.

Troisième : Qu'il n'y eût pas d'autre moyen praticable et moins préjudiciable de l'empêcher.

8º Celui qui, dans l'exécution d'un acte licite , avec le soin voulu, cause un mal par pur accident, sans la moindre faute et sans l'intention de le causer.

9º Celui qui agit, entraîné par une force irrésistible (art. 64).

10º Celui qui agit, poussé par la crainte insurmontable d'un mal plus considérable.

11º Celui qui agit dans l'accomplissement d'un devoir ou dans l'exercice légitime d'un droit, d'une autorité, d'une fonction ou d'un emploi.

12º Celui qui agit en vertu de l'obéissance à laquelle il est tenu.

13º Celui qui commet une omission quelconque , se trouvant empêché pour une cause légitime ou insurmontable.

CHAPITRE III.

Des circonstances qui atténuent la responsabilité criminelle.

Art. 9.— Sont circonstances atténuantes :

1o Celles qui sont exprimées dans le chapitre précédent , quand manque le concours de toutes les conditions requises, nécessaires pour exempter, dans les cas respectifs, de la responsabilité criminelle ;

2o Celle que le coupable est âgé de moins de dix-huit ans ;

3o Celle que le délinquant n'ait pas eu l'intention de causer tout le mal qu'il a fait ;

4o Celle qu'il y ait eu provocation ou menaces immédiates de la part de l'offensé ;

5o Celle d'avoir commis le fait pour venger tout de suite une offense grave faite au prévenu, ses ascendants, descendants, son conjoint, ses frères ou alliés au même degré ;

6o Celle de commettre le délit en état d'ivresse, pourvu que l'état d'ivresse ne soit pas habituel ou postérieur au projet de commettre le délit ;

Est réputé habituel, le fait qui se produit trois fois ou plus avec l'intervalle de 24 heures au moins , entre l'un et l'autre acte ;

7o Celle d'agir sous l'empire d'une excitation si forte qu'elle ait naturellement produit trouble et aveuglement d'esprit ;

8o Et enfin toute autre circonstance de même valeur et analogue aux circonstances précédentes.

CHAPITRE VI.

*Des circonstances qui aggravent la responsabilité
criminelle.*

Art. 10. — Il y a circonstances aggravantes :

1o Quand l'offensé est ascendant, descendant, conjoint, frère ou allié au même degré de l'offenseur ;

2o Quand le fait a été commis avec guet-à-pens, entendant par ces mots qu'il a été commis traîtreusement ou en toute sécurité ;

3o Quand le délit a été commis moyennant paiement, récompense ou promesse ;

4o Quand le délit a été exécuté par le moyen d'une inondation, d'un incendie ou du poison ;

5o Quand le dommage produit par le délit a été volontairement augmenté, en causant d'autres dommages qui n'étaient pas nécessaires à son accomplissement ;

6o Quand on a agi avec préméditation reconnue ;

7o Quand a été employée l'astuce, la fraude ou un déguisement ;

8o Quand il y a eu abus d'une supériorité quelconque ou emploi d'un moyen de nature à affaiblir la défense ;

9o Quand il y a eu abus de confiance ;

10o Quand le coupable s'est prévalu de son caractère public ;

11o Quand le délit a été commis comme moyen d'en perpétrer un autre ;

12o Quand il a été employé des moyens ou qu'il existe un concours de circonstances qui ajoutent l'infamie aux résultats naturels de l'action ;

13º Quand le délit a été commis à l'occasion d'un incendie, d'un naufrage ou de toute autre calamité ou malheur ;

14º Quand le délit a été commis avec l'aide de gens armés ou d'individus qui assurent ou procurent l'impunité ;

15º Quand le délit a été commis de nuit ou dans un lieu inhabité ;

Cette circonstance sera prise en considération par les tribunaux, suivant la nature et les circonstances du délit.

16º Lorsque le délit aura été commis en mépris ou pour outrager l'autorité publique ;

17º Quand le coupable aura déjà été antérieurement puni pour un délit que la loi châtie d'une peine égale ou supérieure ;

18º Quand il y aura récidive d'un délit de la même nature ;

19º Quand le délit aura été commis en un lieu sacré, en un lieu qui jouit du *privilége d'immunité*, ou en un lieu dans lequel l'autorité se trouve dans l'exercice de ses fonctions ;

20º Quand le fait a été commis en outrage ou mépris du respect dû à l'offensé pour ses fonctions, son âge ou son sexe ou dans la demeure de l'offensé, lorsque celui-ci n'aura pas provoqué le délit ;

21º Lorsque le fait aura été exécuté au moyen d'effraction ou escalade d'un lieu fermé ;

22º Lorsque le fait aura été exécuté en usant d'armes prohibées par les réglements ;

23º Et enfin en toute autre circonstance de même valeur et analogue aux circonstances précédentes.

TITRE II.

DES PERSONNES RESPONSABLES DES DÉLITS ET FAUTES.

CHAPITRE Ier.

Des personnes responsables criminellement des délits et contraventions.

Art. 11.— Sont responsables criminellement des délits et fautes:

1o Les auteurs,

2o Les complices,

3o Les recéleurs.

Art. 12.— Sont considérés comme auteurs:

1o Ceux qui prennent une part immédiate à l'exécution du fait ;

2o Ceux qui en obligent ou en incitent directement d'autres à l'exécuter ;

3o Ceux qui participent à l'exécution du fait par un acte sans lequel il n'eût pas été exécuté.

Art. 13. — Sont complices, ceux qui, ne se trouvant pas compris dans l'article précédent, participent à l'exécution du fait par des actes antérieurs ou simultanés.

Art. 14. — Sont recéleurs, ceux qui, ayant connaissance de la perpétration du délit, sans y avoir participé comme auteurs ni comme complices, interviennent postérieurement à son exécution, de l'une des manières suivantes :

1º En tirant profit eux-mêmes ou aidant les délinquants à tirer profit des produits du délit ;

2º En cachant ou faisant disparaître le corps du délit, les produits ou les instruments pour en empêcher la découverte ;

3º En logeant, cachant le coupable *ou favorisant sa fuite*, moyennant le concours de l'une des circonstances suivantes :

Première. Qu'il y ait abus de la part du recéleur des fonctions publiques dont il est revêtu ;

Seconde. Que le délinquant soit coupable de régicide, de parricide, ou d'homicide commis dans l'une des circonstances désignées *dans le numéro* 1 *de l'article 333 ou qu'il soit connu comme coupable habituel d'autres délits.*

Sont exonérés des peines imposées aux recéleurs, ceux qui le sont pour leurs ascendants, descendants, conjoints, frères ou alliés aux mêmes degrés, à l'exception de ceux qui se trouvent compris dans le nº 1 du présent article.

CHAPITRE II.

Des personnes responsables civilement des délits et fautes.

Art. 15. — Toute personne responsable criminellement d'un délit ou d'une faute, l'est aussi civilement.

Art. 16. — L'exemption de responsabilité criminelle énoncée aux nos 1, 2, 3, 7 et 10 de l'article 8 n'entraîne pas l'exemption de la responsabilité civile, laquelle deviendra effective sous les règles suivantes :

1re. Dans le cas du no 1, sont civilement responsables pour les faits commis par les fous ou les individus en démence, les personnes qui les ont légalement sous leur surveillance, *si elles ne font constater qu'il n'y a eu de leur part ni faute ni négligence.*

Le fou ou l'individu en démence sera responsable sur ses propres biens, s'il n'a pas de gardien légal, sauf le bénéfice de la compétence, en la forme établie par le Code civil.

2me. Dans les cas des nos 2 et 3, les mineurs de 15 ans qui commettraient un fait puni par la loi, seront responsables sur leurs propres biens.

S'ils n'ont pas de biens, leurs pères ou surveillants seront responsables *de la manière exprimée dans la règle première.*

3me. Dans le cas du n° 7, sont civilement responsables les personnes en faveur desquelles aura été commise l'action mauvaise à proportion du bénéfice qu'elles en auront retiré.

Les tribunaux indiqueront en leur sage appréciation la cote-part proportionnelle pour laquelle chaque intéressé devra être responsable.

Lorsque les personnes responsables ou les cotes-parts respectives ne pourraient être équitablement désignées, même par approximation, ou que la responsabilité s'étendrait à l'état ou à la majeure partie d'une population, et toujours dans tous les cas où le dommage aurait été causé avec l'intervention de l'autorité, l'indemnité sera réglée en la forme établie par les lois ou réglements spéciaux.

4me. Dans le cas du n° 10, seront principalement

responsables ceux qui auront causé la crainte et subsidiairement, à leur défaut, ceux qui auront commis le
fait.

Art. 17. — Sont aussi civilement responsables à défaut de ceux qui le sont criminellement, les aubergistes,
cabaretiers ou individus qui sont à la tête d'établissements semblables, pour les délits commis dans leurs
établissements, pourvu qu'il y ait eu de leur part infraction aux réglements de police.

Sont, en outre, les aubergistes, subsidiairement
responsables de la restitution des effets volés ou soustraits dans leurs établissements, vis-à-vis de ceux qui y
sont logés, ou de leur indemnisation, pourvu que ces
derniers eussent antérieurement donné connaissance
audit aubergiste ou aux individus sous sa dépendance,
du dépôt desdits effets dans l'auberge. Cette responsabilité n'existera pas au cas de vol avec violence ou intimidation contre les personnes, à moins qu'il n'ait été
commis par ceux qui sont sous la dépendance de l'aubergiste.

Art. 18. — La responsabilité subsidiaire, établie dans
l'article précédent, sera aussi étendue aux bourgeois,
maîtres et individus exerçant une industrie quelconque,
pour les délits ou fautes commis par leurs domestiques,
élèves, ouvriers, apprentis ou ceux qui sont sous leur
dépendance dans l'accomplissement de leurs devoirs ou
de leur service.

TITRE III.

DES PEINES.

CHAPITRE Iᵉʳ.

Des peines en général.

Art. 19. — *Aucun délit et aucune des fautes dont les tribunaux seuls peuvent connaître, ne seront punis d'aucune peine qui n'ait été antérieurement établie par une loi, une ordonnance ou un ordre émanés d'une autorité qui a le droit de les édicter.*

Art. 20. — Toujours, lorsque la loi a réduit la peine applicable à un délit ou à une faute, et que cette loi est publiée avant la prononciation du jugement qui eût appliqué ladite peine aux coupables de ce délit ou de cette faute, ceux-ci profiteront du bénéfice de la loi.

Art. 21. — Le pardon de la partie offensée n'éteint pas l'action pénale. Elle éteindra seulement la responsabilité civile quant à l'indemnité due à l'offensé, si celui-ci y renonce expressément.

La disposition de cet article n'est pas applicable aux délits qui ne peuvent être poursuivis sans la préalable dénonciation et le consentement de l'offensé.

Art. 22. — Ne sont pas considérés comme peines, la restriction de la liberté des prévenus, la destitution ou suspension des fonctionnaires publics, ordonnées par les autorités supérieures, en vertu de leurs attributions, ou par les tribunaux pendant le procès ou pour l'instruction du procès, ni les amendes et autres corrections que les supérieurs infligent à leurs subordonnnés *et administrés*, en vertu de leur juridiction disciplinaire ou *de leurs attributions gouvernementales.*

Art. 23. — La loi ne reconnaît aucune peine infamante.

CHAPITRE II.

De la classification des peines.

Art. 24. — Les peines qui peuvent être infligées conformément au présent Code, et leurs différentes catégories, sont comprises dans l'échelle suivante :

ÉCHELLE GÉNÉRALE.

Peines afflictives.

Mort.
Chaîne perpétuelle.
Réclusion perpétuelle.
Déportation perpétuelle.
Bannissement perpétuel.
Chaîne temporaire.
Réclusion temporaire.
Déportation temporaire.
Bannissement temporaire.
Galère majeure.
Prison majeure.
Internement majeur.
Interdiction absolue perpétuelle.
Interdiction spéciale perpétuelle de certaine charge publique, droit politique, profession ou emploi.

Interdiction temporaire absolue des charges publiques et droits politiques.

Interdiction spéciale temporaire de charge, droit, profession ou emploi.

Galère mineure.

Prison mineure.

Internement mineur.

Peines correctionnelles.

Galère correctionnelle.

Prison correctionnelle.

Interdiction de lieux.

Sujétion à la vigilance de l'autorité.

Réprimande publique.

Suspension de charge publique, droit politique, profession ou emploi.

Arrêt majeur.

Peines légères.

Arrêt mineur.

Réprimande privée.

Peines communes aux trois catégories précédentes.

Amende.

Caution.

Peines accessoires.

Carcan.

Dégradation.

Interdiction civile.

Perte ou confiscation des instruments et objets du délit.

Remboursement des frais occasionnés par le juge‑ment.

Paiement des dépens du procès.

Art. 25. — Les peines d'interdiction ou suspension de charges publiques, droits politiques, profession ou emploi, sont accessoires dans les cas où la loi, ne les infligeant pas spécialement, déclare que les autres pei‑nes les entraînent avec elles.

Celles de remboursement des frais occasionnés par le jugement et le paiement des dépens du procès, sont im‑posées par la loi aux auteurs de tout délit et de toute faute et à leurs complices, recéleurs, et de plus aux personnes légalement responsables.

CHAPITRE III.

De la durée et de l'effet des peines.

PREMIÈRE SECTION.

Durée des peines.

Art. 26. — Les peines de la chaîne, de la réclusion, de la déportation et du bannissement temporaires du‑rent de 12 à 20 ans.

Celles de galère, prison et internement majeurs durent de 7 à 12 ans.

Celles d'interdiction absolue et d'interdiction spéciale temporaires, durent de 3 à 8 ans.

Celles de galère, prison et internement mineurs durent de 4 à 6 ans.

Celles de galère, prison correctionnelle et interdiction de lieux, durent de 7 mois à 3 ans.

Celle de sujétion à la vigilance de l'autorité dure de 7 mois à 3 ans.

Celle de la suspension dure de 1 mois à 2 ans.

Celle d'arrêt majeur dure de 1 à 6 mois.

Celle d'arrêt mineur dure de 1 à 15 jours.

Celle de la caution dure le temps déterminé par les tribunaux.

Sont inclus et comptés les deux jours dans lesquels commence et finit l'exécution de la peine.

Art. 27.— La disposition de l'article précédent ne s'appliquera pas aux peines prononcées comme accessoires des autres ; en ce cas, les peines accessoires dureront le temps respectivement déterminé par la loi.

Art. 28. — La durée des peines temporaires commencera à courir du jour où la sentence de condamnation sera exécutée, *ce qui s'entend, pour les peines personnelles, si le coupable est déjà au pouvoir de l'autorité, et s'il n'y est pas, dès qu'il se présentera où qu'il sera pris.*

S'il est intervenu un recours en nullité ou en cassation, et qu'à suite de ce recours la peine ait été réduite, la durée de ladite peine se comptera à partir de la publication de la sentence annulée ou cassée.

SECONDE SECTION.

Effets des peines suivant leur nature respective.

Art. 29. — Ceux qui auront subi les peines du carcan ou de la dégradation, ne pourront être réhabilités que

par une loi spéciale, bien qu'ils aient obtenu la remise
des peines principales.

Art. 30. — La peine de l'interdiction absolue perpétuelle entraîne :

1º La privation de tous les honneurs, de toutes les
charges et de tous les emplois publics que possédait le
condamné, alors même qu'ils provînssent de l'élection
populaire ;

2º La privation de tous les droits politiques, actifs
et passifs ;

3º L'incapacité d'obtenir les charges, emplois, droits
et honneurs qui viennent d'être mentionnés ;

4º La perte de tout droit à la jubilation, pension de
retraite (1), ou autre pension pour les emplois qu'il
aurait occupés antérieurement, sans préjudice des aliments que le gouvernement pourra lui accorder pour
services éminents.

Ne sont pas compris dans cette disposition, les droits
déjà acquis au moment de la condamnation par la veuve
ou les enfants du condamné.

Art. 31. — La peine d'interdiction absolue temporaire des charges publiques ou des droits politiques,
entraîne pour le condamné :

1º La privation de tous les honneurs, emplois et
charges publiques, alors même qu'ils proviendraient de
l'élection populaire ;

_____

(1) L'expression espagnole *cesantiá* que nous avons traduit par pension de retraite, faute d'un mot correspondant en français, désigne
plus spécialement les pensions allouées aux fonctionnaires de l'ordre
administratif, tandis que le mot jubilation désigne spécialement les
pensions de retraite des magistrats.

2º La privation de tous les droits politiques, actifs et passifs pendant le temps de la peine ;

3º L'incapacité d'obtenir les emplois, charges, droits et honneurs mentionnés, également pendant le temps de la peine.

Art. 32. — L'interdiction spéciale perpétuelle des charges publiques produit :

1º La privation de la charge ou emploi qu'elle frappe et des honneurs qui y sont attachés ;

2º L'incapacité d'en obtenir d'autres dans la même carrière.

Art. 33. — L'interdiction spéciale perpétuelle des droits politiques prive à tout jamais de la capacité d'exercer les droits qu'elle frappe.

Art. 34. — L'interdiction spéciale temporaire d'une charge publique produit :

1º La privation de la charge ou emploi qu'elle frappe et des honneurs qui y sont attachés ;

2º L'incapacité d'en obtenir d'autres, dans la même carrière pendant le temps de la peine.

Art. 35. — L'interdiction spéciale temporaire des droits politiques produit l'incapacité d'exercer les droits qu'elle frappe pendant le temps de la peine.

Art. 36. — La suspension d'une charge publique empêche de l'exercer et d'en obtenir une autre dans la même carrière pendant le temps de la peine.

Art. 37. — La suspension de droits politiques en empêche également l'exercice pendant le temps de la peine.

Art. 38. — Lorsque la peine de l'interdiction des droits dans quelqu'un de ses degrés ou celle de la suspension seront appliquées à des ecclésiastiques, leurs effets se limiteront aux charges, droits et honneurs qui ne viendront pas de l'Eglise. Les ecclésiastiques qui auront encouru lesdites peines ne pourront, pendant le temps de leur durée, exercer dans le royaume la juridiction ecclésiastique, le soin des âmes et le ministère de la prédication, ni toucher les rentes ecclésiastiques, la *Congrua* exceptée. (1)

Art. 39. — L'interdiction perpétuelle spéciale d'une profession ou d'un office, prive à tout jamais le condamné de la faculté de l'exercer.

L'interdiction temporaire le prive également de cette faculté pendant le temps de la peine.

Art. 40. — La suspension d'une profession ou d'un office produit les mêmes effets que l'interdiction temporaire pendant la durée de la peine.

Art. 41. — L'interdiction civile prive le condamné, pendant sa durée, des droits de puissance paternelle, d'autorité conjugale, de l'administration de ses biens et du droit d'en disposer par actes entrevifs.

Sont exceptés les cas où la loi en a expressément déterminé les effets.

Art. 42. — La sujétion à la surveillance de l'autorité impose au condamné les obligations suivantes :

1. Fixer son domicile et le faire connaître à l'autorité immédiatement chargée de le surveiller, et ne pouvoir en changer sans en prévenir la même autorité et en avoir reçu d'elle l'autorisation par écrit.

2. Observer les règles d'inspection qu'elle a déterminées d'avance.

_____

(1) Voir au commentaire de cet article ce que c'est que la *Congrua*.

3. Adopter un métier, un art, une industrie ou une profession, s'il n'a des moyens personnels et connus d'existence.

Toutes les fois qu'un condamné aura été placé sous la surveillance de l'autorité, il en sera donné connaissance au gouvernement.

Art. 43. — La peine de la caution impose au condamné l'obligation de présenter un répondant sûr, qui garantisse que ledit condamné ne commettra pas le fait préjudiciable qu'il s'agit de prévenir et qui s'oblige, au cas où il le commettrait, de payer la somme fixée par le Tribunal dans son jugement.

Le Tribunal fixera, dans sa sagesse, la durée du cautionnement.

Si le condamné ne fournit pas la caution, il encourra la peine d'arrêt mineur.

Art. 44.— Les condamnés à la peine de l'interdiction des charges publiques, droits politiques, profession ou office, perpétuelle ou temporaire, peuvent être réhabilités dans les formes fixées par la loi, sous réserve des dispositions de l'art. 29, pour les cas dont il s'occupe.

Art. 45. — La grâce ne produit pas la réhabilitation pour l'exercice des charges publiques et droits politiques, ni l'exemption de la sujétion à la surveillance de l'autorité, si l'acte de grâce n'accorde pas spécialement cette réhabitation ou cette exemption en la forme prescrite par le Code de procédure.

Art. 46. — *Dans tous les cas, où, suivant la loi, sera prononcée la condamnation aux dépens, sera également prononcée la condamnation aux frais occasionnés par le jugement.*

Art. 47. — *La taxe des dépens comprendra unique-*
ment l'allocation des droits et indemnités consistant en
quantités fixes et immuables antérieurement déterminées
par les lois, décrets ou ordonnances royales : les indem-
nités et droits qui ne se trouvent pas dans ce cas corres·
pondent aux frais du jugement.

L'importance de ceux-ci sera fixée par le Tribunal,
la partie préalablement entendue.

Les honoraires des promoteurs fiscaux (1) seront com-
pris dans les frais du jugement, à moins que la loi ne
statue autrement sur la manière dont seront rémunérés
ces fonctionnaires (2).

Art. 48. — Au cas où les biens du coupable ne seraient pas suffisants pour couvrir toutes les condamnations pécunaires, elles seront payées dans l'ordre suivant :

1º La réparation du dommage et l'indemnisation du
préjudice causés;

2º *Le remboursement des frais occasionnés par le ju-*
gement ;

3º *Les dépens du procès ;*

4º *L'amende.*

Art. 49. — Si le condamné ne possédait pas de quoi
payer les condamnations pécuniaires comprises sous
les numéros 1, 2 et 4 de l'article précédent, il suppor-
tera, par voie de substitution et par contrainte, la peine
de la prison correctionnelle au taux d'un demi *duro* (3)

(1) Officiers du ministère public.

(2) Une ordonnance royale du 27 décembre 1851 a abrogé ce paragraphe, en fixant d'une manière définitive le traitement des promoteurs fiscaux et en mettant ce traitement à la charge de l'Etat.

(3) Le *duro espagnol* vaut *cinq francs vingt-six centimes* de
monnaie française.

pour chaque jour de prison, sans cependant que la durée de l'emprisonnement puisse jamais dépasser deux ans.

Le condamné à la peine de 4 ans de prison ou autre plus grave, ne sera pas soumis à cette contrainte.

TROISIÈME SECTION.

Peines qui emportent avec elles d'autres peines accessoires.

Art. 50. — La peine de mort, lorsqu'elle n'est pas exécutée, par suite de la remise de la peine accordée au coupable, entraine avec elle celle de l'interdiction absolue, perpétuelle, et la sujétion du condamné à la surveillance de l'autorité pendant toute sa vie.

Art. 51. — Les peines du carcan et de la dégradation civile entraînent avec elles, celles de l'interdiction absolue et perpétuelle et la sujétion à la surveillance de l'autorité pendant la vie des condamnés.

Art. 52. — La peine de la chaîne perpétuelle entraîne avec elle les suivantes :

1° Le carcan, au cas où la peine de la chaîne perpétuelle a été infligée à un co-coupable de celui qui a été condamné à la peine de mort pour l'un des délits de trahison, régicide, parricide, vol avec violence, assassinat ou meurtre exécuté moyennant payement, récompense ou promesse.

Cette peine ne produira pas cet effet, lorsqu'elle aura été infligée à l'ascendant, descendant, conjoint ou frère du coupable condamné à mort, à un homme âgé de de plus de soixante ans ou à une femme.

2° La dégradation au cas où la peine principale de la

chaîne perpétuelle aura été infligée à un fonctionnaire public, pour abus commis dans l'exercice de ses fonctions ;

3º L'interdiction civile;

4º L'interdiction de droits, charges ou emplois, perpétuelle absolue ;

5* La sujétion à la surveillance de l'autorité pendant la vie du condamné, au cas où il aurait obtenu la remise de la peine principale.

Art. 53. — La peine de la réclusion perpétuelle entraîne avec elle celles indiquées dans les numéros 4 et 5 de l'article précédent.

Art. 54. — Celles de la déportation perpétuelle et du bannissement perpétuel entraînent avec elles les suivantes :

1º L'interdiction absolue perpétuelle des charges pupubliques et des droits politiques;

2º Sujétion à la surveillance de l'autorité pendant la vie des condamnés, quoiqu'ils aient obtenu la remise de la peine principale.

Art. 55.—La peine de la chaîne temporaire entraîne avec elle les suivantes :

1º L'interdiction civile du condamné pendant la durée de la peine ;

2º L'interdiction absolue perpétuelle des charges ou droits politiques , et la sujétion à la surveillance de l'autorité pendant la durée de la peine principale et une autre période de la même étendue, qui commencera à se compter à partir de l'achèvement de la peine.

Art. 56. — La peine de galère majeure entraîne avec elle les suivantes :

1º L'interdiction absolue perpétuelle au condamné des charges publiques.

2º La sujétion à la surveillance de l'autorité, pour un temps égal à celui de la condamnation principale, lequel commencera à compter à partir de l'achèvement de celle-ci.

Art. 57. — Les peines de réclusion, déportation et bannissement temporaires, galères mineure et correctionnelle et internement majeur, entraînent avec elles, celles de l'interdiction absolue des condamnés des charges et droits politiques, et la sujétion à la surveillance de l'autorité, pendant la durée de leur condamnation et une autre durée égale, qui commencera à se compter à partir de l'achèvement de ladite peine.

Art. 58. — Les peines de prison majeure, mineure et correctionnelle, internement mineur et interdiction de lieux, entraînent avec elles, la suspension de toute charge et des droits politiques du condamné pendant la durée de la peine.

Art. 59. — Toute peine infligée pour un délit entraîne après elle la perte des produits dudit délit et des instruments avec lesquels il a été exécuté.

Les uns et les autres seront saisis, à moins qu'ils n'appartiennent à un tiers non responsable du délit.

CHAPITRE IV.

De l'application des peines.

Règles pour l'application des peines aux auteurs de délits consommés , de délits frustrés et de tentatives de délit, à leurs complices et aux recéleurs.

Art. 60. — Les auteurs d'un délit ou d'une faute seront punis de la peine appliquée par la loi au délit ou à la faute qu'ils ont commis.

Toutes les fois que la loi indique, d'une manière générale , la peine applicable à un délit , cela s'entend de cette manière qu'elle est applicable au délit consommé.

Art. 61. — Les auteurs d'un délit frustré seront punis de la peine du degré immédiatement inférieur à celle appliquée par la loi au délit consommé.

Art. 62.— Les auteurs d'une tentative de délit seront punis d'une peine inférieure de deux degrés à celle appliquée par la loi au délit.

Le complot pour commettre un délit sera puni comme la tentative ; la proposition de le commettre sera punie d'une peine inférieure de deux degrés à la précédente , excepté les cas dans lesquels les articles spéciaux du Code indiqueraient une peine supérieure.

Art. 63. — Les complices seront punis d'une peine inférieure d'un degré à celle appliquée aux auteurs du délit.

Art. 64. — Les recéleurs seront punis d'une peine

inférieure de deux degrés à celle appliquée aux auteurs du délit.

Sont exceptés de cette règle les recéleurs *dont il est parlé dans le numéro 3 de l'article 14, qui se trouvent dans le premier cas prévu par le même numéro,* lesquels seront punis de la peine de l'interdiction perpétuelle spéciale, si le délinquant protégé par le recéleur est coupable d'un délit grave, et de celle de l'interdiction spéciale temporelle, si ledit délinquant est coupable d'un délit moins grave.

Art. 65. — Les dispositions générales contenues dans les quatre articles précédents, ne seront pas appliquées dans le cas où le délit frustré, la tentative, la complicité et le recel sont punis par la loi d'une peine spéciale.

Art. 66. — Pour la graduation des peines applicables, conformément aux articles 61, 62, 63 et 64, aux auteurs de délit manqué, ou à la tentative et aux complices et recéleurs de ces délits, les règles suivantes seront observées :

1re Lorsque la peine édictée pour le délit est unique et indivisible, celle qui doit être infligée aux auteurs de délit frustré et aux complices du délit consommé, est la peine immédiatement inférieure, qu'elle soit divisible ou indivisible ; et celle qui doit être infligée aux auteurs de tentative de délit et aux recéleurs, est celle qui est inférieure de deux degrés, laquelle sera appliquée dans son degré moindre moyen ou supérieur, suivant les circonstances.

2e Lorsque la peine édictée pour le délit est une peine composée de deux peines indivisibles, celle qui doit être appliquée aux auteurs de délit frustré et aux complices du délit consommé, se composera de la moins élevée des deux dites peines et des degrés supérieur et moyen de la suivante ; et celle qui doit être infligée aux auteurs de tentative et aux recéleurs, est aussi la même peine suivante dans son degré inférieur et celle qui la suit immédiatement dans ses dégrés supérieur et moyen.

3e Lorsque la peine édictée pour le délit sera une peine composée de deux peines indivisibles et du degré supérieur d'une autre peine divisible, celle qui doit être appliquée aux auteurs de délit frustré et aux complices du délit consommé, est la dernière desdites trois peines dans toute son extension; et celle qui doit être appliquée aux auteurs de tentative et aux recéleurs du délit est celle qui suit immédiatement, également dans toute son extension.

4e Lorsque la peine édictée pour le délit sera une peine unique et divisible, celle qui doit être appliquée aux auteurs du délit frustré et aux complices du délit consommé, est la peine immédiatement inférieure, et celle qui doit être appliquée aux auteurs de tentative et aux recéleurs est celle qui est inférieure de deux degrés.

5e Lorsque la peine édictée pour le délit sera une peine composée de trois peines divisibles, celle qui doit être appliquée aux auteurs du délit frustré et aux complices du délit consommé, se composera des deux peines les moins élevées des trois, et de celle qui suit immédiatement, et celle qui doit être appliquée aux auteurs de tentative et aux recéleurs, se composera de la plus basse des trois et des deux suivantes.

NOTA. — **Application pratique des règles précédentes.**

Peine édictée pour le délit.	Peine applicable aux auteurs du délit frustré et aux complices du délit consommé.	Peine applicable à l'auteur de la tentative et aux recéleurs.
1ᵉʳ CAS.		
Mort	Chaîne perpétuelle. . . .	Chaîne temporaire.
2ᵉ CAS.		
De la chaîne perpétuelle à la mort.	De la chaîne temporaire dans son degré moyen à la chaîne perpétuelle.	Galère majeure dans son degré moyen à la chaîne temporaire dans son degré inférieur.
3ᵉ CAS.		
De la chaîne temporaire dans son degré supérieur à la mort.	Chaîne temporaire.	Galère majeure.
4ᵉ CAS.		
Chaîne temporaire.	Galère majeure.	Galère inférieure.
5ᵉ CAS.		
De la galère inférieure à la chaîne temporaire.	De la galère correctionnelle à la galère majeure.	De l'arrêt majeur à la galère inférieure.

SECONDE SECTION.

Règles pour l'application des peines en considération des circonstances atténuantes ou aggravantes.

Art. 67. — Les circonstances atténuantes ou aggravantes se prendront en considération pour diminuer ou augmenter la peine dans les cas et conformément aux règles prescrites par cette section.

Art. 68. — Ne produisent pas l'effet d'augmenter la

peine, les circonstances aggravantes qui constituent par elles-mêmes un délit spécialement punissable, ou un délit que la loi a expressément décrit et puni.

Ne produisent pas non plus cet effet les circonstances aggravantes tellement inhérentes au délit, que sans leur concours, le délit n'existerait pas.

Art. 69. — Les circonstances aggravantes ou atténuantes qui résultent de la disposition morale du délinquant et de ses relations particulières avec l'offensé, ou de toute autre cause personnelle, serviront à aggraver ou atténuer la responsabilité des seuls auteurs, complices ou recéleurs auxquels elles se rapporteront.

Celles qui résultent de l'exécution matérielle du fait ou des moyens employés pour l'exécuter serviront à aggraver ou atténuer la responsabilité de ceux-là seuls qui en avaient connaissance au moment de l'acte ou de leur coopération au délit.

Art. 70. — Dans le cas où la loi édicte une peine unique indivisible, les tribunaux l'appliqueront sans avoir égard aux circonstances atténuantes ou aggravantes qui se rencontrent dans le fait.

Lorsque la loi édicte une peine composée de deux peines indivisibles, les tribunaux appliqueront la plus forte, à moins qu'il ne se rencontre quelque circonstance atténuante.

Sont exceptés de ces dispositions, les cas dont il est parlé dans les trois articles suivants.

Art. 71. — A défaut du concours de toutes les circonstances exigées dans le cas prévu par le paragraphe 8 de l'article 8 pour exempter de toute responsabilité, seront observées les dispositions de *l'article* 480.

Art. 72. — Le mineur de 15 ans, le majeur de 9 ans, qui ne sera pas exempté de responsabilité parce que le tribunal aura déclaré qu'il a agi avec discernement, sera puni d'une peine discrétionnaire, mais toujours inférieure de deux degrés au moins à celle édictée par la loi pour le délit qu'il aura commis.

Au majeur de 15 ans et mineur de 18 ans s'appliquera toujours la peine, dans son degré correspondant à la peine immédiatement inférieure à celle qui est édictée par la loi.

Art. 73. — Sera appliquée également la peine immédiatement inférieure à celle édictée par la loi, lorsque le fait ne sera pas entièrement excusable, faute de quelqu'une des circonstances exigées pour exempter de responsabilité criminelle dans les cas prévus par l'article 8, si d'ailleurs il se rencontre la majeure partie de ces circonstances ; et ce dans le degré que les tribunaux jugeront applicable, étant tenu compte par eux, du nombre et de l'importance des circonstances qui manquent ou concourent.

Cette disposition s'entend sans préjudice de celle qui est contenue dans l'article 71.

Art. 74. — Dans les cas où la peine édictée par la loi contient trois degrés, soit que la peine soit unique et divisible, soit qu'elle soit composée de trois peines distinctes, dont chacune forme un degré, suivant la règle établie par les articles 83 et 84, les tribunaux observeront pour l'application de ladite peine, suivant qu'il y aura ou non des circonstances atténuantes ou aggravantes, les règles suivantes :

1re. Lorsqu'il n'y aura dans le fait ni circonstances

atténuantes, ni circonstances aggravantes, ils infligeront la peine édictée par la loi dans son degré moyen ;

2me. Lorsqu'il y aura seulement quelque circonstance
atténuante, ils infligeront la peine dans son degré inférieur ;

3me. Lorsqu'il y aura seulement quelque circonstance
aggravante, ils infligeront la peine dans son degré supérieur ;

4me. Quand il y aura concours de circonstances atténuantes et aggravantes, ils les compenseront raisonnablement pour le choix de la peine, en tenant compte de
la valeur des unes et des autres ;

5me. Lorsqu'il y aura deux ou plusieurs circonstances
atténuantes bien qualifiées et aucune circonstance aggravante, les tribunaux infligeront la peine immédiatement inférieure à celle édictée par la loi dans le degré
qu'ils jugeront convenable suivant le nombre et l'importance desdites circonstances ;

6me Quels que soient le nombre et l'importance des
circonstances aggravantes, les tribunaux ne pourront
infliger une peine supérieure à celle qui est édictée par la
loi dans son degré le plus élevé ;

7me. Dans les limites de chaque degré, les tribunaux
détermineront la quotité de la peine, en considération
du nombre et de l'importance des circonstances aggravantes et atténuantes et de la plus grande ou de la moindre étendue du mal causé par le délit.

Art. 75. --- Dans l'application des amendes, les tribunaux pourront parcourir toute l'étendue dans laquelle
la loi leur permet de les imposer, en consultant, pour
en déterminer la quotité dans chaque cas, non seulement

les circonstances atténuantes et aggravantes du fait , mais surtout et principalement la fortune et les facultés du coupable.

Dispositions communes aux deux sections précédentes.

Art. 76. — Les coupables de deux ou plusieurs délits ou fautes , seront punis de toutes les peines applicables aux diverses infractions , *sans préjudice du premier cas prévu dans le paragraphe 3 de l'article 2.*

Le condamné subira toutes ses condamnations simultanément , si c'est possible ; lorsque cela ne sera pas possible, ou s'il devait résulter de cela que quelqu'une des peines deviendrait illusoire , il les subira successivement en commençant par les plus graves ou celles qui sont les plus fortes dans l'échelle générale , excepté celles du bannissement , de l'internement et de l'interdiction de lieux , lesquelles se subiront après l'accomplissement d'une autre peine quelconque de celles comprises dans les échelles graduelles nos 1 et 2.

Art. 77. — La disposition de l'article précédent n'est pas applicable au cas où un seul fait constitue deux ou plusieurs délits , ou lorsque l'un des délits est le moyen nécessaire employé pour commettre l'autre.

Dans ces cas, sera seulement appliquée la peine correspondant au délit le plus grave, en l'appliquant dans son degré le plus élevé.

Art. 78. — Toujours, lorsque les tribunaux infligeront une peine qui en entraîne d'autres avec elle de par la disposition de la loi, suivant les prescriptions de la troisième section du chapitre précédent , ils condamneront expressément le coupable à ces dernières peines.

Art. 79. — Dans les cas où la loi édicte une peine inférieure ou supérieure dans un ou plusieurs de ses degrés à une autre peine déterminée, seront observées paur sa graduation les règles prescrites par l'article 66.

La peine inférieure ou supérieure sera prise dans l'échelle graduelle qui comprend la peine déterminée.

Lorsqu'il y aura lieu d'appliquer une peine supérieure à l'arrêt majeur, elle sera prise dans l'échelle où sont comprises les peines applicables aux délits de la même espèce , plus graves que celui qui est puni de l'arrêt majeur.

Les tribunaux, dans ces cas, auront égard, pour faire l'application de la peine inférieure ou supérieure, aux échelles suivantes :

Echelles graduelles.

ECHELLE NUMÉRO 1.

Degrés.

1° Mort.

2° Chaîne perpétuelle.

3° Chaîne temporaire.

4° Galère majeure.

5° Galère mineure.

6° Galère correctionnelle.

7° Arrêt majeur.

ECHELLE NUMÉRO 2.

Degrés.

1. Réclusion perpétuelle.
2. Réclusion temporaire.
3. Prison majeure.
4. Prison mineure.
5. Prison correctionnelle.
6. Arrêt inférieur.

ECHELLE NUMÉRO 3.

Degrés.

1. Déportation perpétuelle.
2. Bannissement perpétuel.
3. Déportation temporaire.
4. Bannissement temporaire.
5. Internement majeur.
6. Internement mineur.
7. Interdiction de lieux.
8. *Sujétion à la surveillance de l'autorité.*
9. *Réprimande publique.*
10. Caution de conduite.

ÉCHELLE NUMÉRO 4.

Degrés.

1. Interdiction absolue perpétuelle de charges et droits politiques.
2. Interdiction spéciale perpétuelle de charge publique, droits politiques, profession ou emploi.
3. Interdiction spéciale temporaire de charge publique, droits politiques, profession ou emploi.

4. Suspension de quelque charge publique, droit politique, profession ou emploi.

Art. 80. — Dans les cas où la loi édicte une peine supérieure à une autre peine déterminée, sans indiquer spécialement celle qui doit être infligée, s'il n'y avait pas de peine supérieure dans l'échelle graduelle à laquelle elle se rapporte, ou si la peine supérieure était la peine de mort, sera infligée la peine de la chaine perpétuelle.

Art. 81. — Lorsqu'il sera nécessaire d'élever l'interdiction absolue perpétuelle à un degré supérieur, la peine d'interdiction sera aggravée par la prison mineure.

Quand il y aura lieu de passer de cette peine à une peine inférieure, sera infligée celle de l'interdiction absolue temporaire, et de celle-ci il sera descendu à la suspension.

Art. 82. — L'amende se considérera comme la peine immédiatement inférieure à la dernière de toutes celles contenues dans les échelles graduelles.

Quand il sera nécessaire d'élever cette peine ou de l'abaisser à d'autres degrés, on augmentera pour chaque dégré supérieur, d'un quart, sur le maximum de l'amende fixée et on diminuera d'autant sur le minimum pour chaque degré au-dessous.

Les Tribunaux qui peuvent appliquer les peines légères pourront infliger des amendes jusqu'à 15 *duros* (75 fr.)

Ceux qui sont compétents pour appliquer les peines correctionnelles, pourront les infliger jusqu'à 300 *duros* (1500 fr.)

Ceux qui sont compétents pour appliquer les peines afflictives pourront infliger les amendes dans toute leur étendue.

La même règle sera suivie relativement aux amendes qui ne consistent pas en une quantité fixe, mais bien proportionnelle.

Dans les cas prévus par le présent article, l'emprisonnement par voie de contrainte établi par l'article 49, ne pourra jamais dépasser, par rapport à l'amende, 30 jours.

Art. 83. — Dans les peines divisibles, *la période légale de leur durée est divisée en trois parties égales qui forment les trois degrés inférieur, moyen et supérieur.*

Le temps que comprend chaque degré est celui qui est désigné dans le suivant :

TABLEAU DEMONSTRATIF
DE LA DURÉE DES PEINES DIVISIBLES ET DE CHACUN DE LEURS DEGRÉS.

PEINES.	TEMPS que comprend TOUTE LA PEINE.	TEMPS que comprend LE DEGRÉ INFÉRIEUR.	TEMPS que comprend LE DEGRÉ MOYEN.	TEMPS que comprend LE DEGRÉ SUPÉRIEUR.
Chaîno, réclusion, déportation, bannissement..........	de 12 à 20 ans......	de 12 à 14 ans.....	de 15 à 17 ans.....	de 18 à 20 ans.....
Galère, prison, internement... *(Tempore Majeur,)*	de 7 à 12 ans.......	de 7 à 8 ans......	de 9 à 10 ans.......	de 11 à 12 ans.....
Interdiction absolue, interdiction spéciale..........	de 3 à 8 ans........	de 3 à 4 ans........	de 5 à 6 ans........	de 7 à 8 ans.......
Suspension................	deux ans............	de 1 à 8 mois.......	de 9 à 16 mois.....	de 17 à 24 mois.....
Galère, prison, internement... *(Tempore Mineur.)*	de 4 à 6 ans.........	de 4 ans à 4 ans et 8 mois........	de 4 ans et 9 mois à 5 ans et 4 mois.	de 5 ans et 5 mois à 6 ans..........
Galère { correctionnelles } Prison...........	de 7 à 36 mois......	de 7 à 16 mois......	de 17 à 26 mois....	de 27 à 36 mois....
Interdiction de lieux........	de 7 à 36 mois......	de 7 à 16 mois......	de 17 à 26 mois....	de 27 à 36 mois....
Sujétion à la surveillance de l'autorité...............	de 7 à 36 mois.....	de 7 à 16 mois......	de 17 à 26 mois....	de 27 à 36 mois....
Arrêt majeur...........	de 1 à six mois.....	de 1 à 2 mois......	de 3 à 4 mois.....	de 5 à 6 mois.....
Arrêt mineur...........	de 1 à 15 jours.....	de 1 à 5 jours.....	de 6 à 10 jours....	de 11 à 15 jours....

Lorsqu'il y aura à faire des subdivisions dans le degré du tableau précédent, les tribunaux appliqueront, quant à ce, la peine discrétionnairement, dans les limites préfixées par la loi.

Art. 84. — Dans les cas où la loi indique une peine composée de trois peines distinctes, chacune de ces peines forme un degré de pénalité : la plus légère, l'inférieur ; la suivante, le moyen, et la plus grave le supérieur.

Lorsqu'elle l'indique en une forme non prévue spécialement en ce livre premier, les Tribunaux l'appliqueront, en maintenant, s'il est possible, l'harmonie dans les limites qui ont été préfixées et de la manière indiquée par les dispositions générales du Code.

Art. 85. — La disposition de l'article 83 ne s'applique pas à la peine de l'amende : la graduation de la quotité qui pourra être imposée dans les limites fixées par la loi, se fera conformément aux prescriptions de l'article 75.

CHAPITRE V.

De l'exécution des peines et de leur accomplissement.

PREMIÈRE SECTION.

Dispositions générales.

Art. 86. — Aucune peine ne pourra être mise à exécution, si ce n'est en vertu d'une sentence exécutoire.

Art. 87. — Ne pourra, non plus, être mise à exé-

cution aucune peine en une autre forme que celle prescrite par la loi, ni avec d'autres circonstances que celles
qui sont expressément indiquées dans son texte.

Seront observées, en outre des dispositions de la loi,
les dispositions des réglements particuliers relatifs à
l'administration des établissements dans lesquels doivent se subir les condamnations, touchant la nature, le
temps et les autres circonstances des travaux, les relations des condamnés avec d'autres personnes, les secours qu'ils peuvent recevoir et le régime alimentaire.

Des réglements statueront sur la séparation des sexes
dans des établissements distincts ou au moins dans des
divisions différentes.

Art. 88.— Les délinquants qui, depuis le délit, tom-
beront en état de folie ou de démence, ne subiront aucune peine ; les jugements de condamnation ne leur
seront même pas notifiés jusqu'à ce qu'ils aient recouvré
la raison, suivant, du reste, ce qui, pour de pareils
cas, est déterminé par le Code de procédure.

Celui qui perdra la raison depuis le prononcé du
jugement qui le frappe d'une peine afflictive, sera mis
en observation dans la prison même ; et lorsqu'il sera
définitivement reconnu en état de démence, il sera
transféré dans un hôpital, où on le placera dans une
chambre isolée.

Si la condamnation entraîne une peine moindre, le
tribunal pourra décider que le fou ou l'individu en démence sera remis à sa famille, moyennant caution de le
garder et de le tenir à la disposition dudit tribunal, ou
qu'il sera enfermé dans un hôpital à la volonté dudit
tribunal.

A quelque époque que l'individu en démence recouvre la raison, la sentence s'exécutera.

Ces dispositions seront observées même lorsque la folie ou démence surviendrait pendant l'accomplissement de la peine.

SECONDE SECTION.

Peines principales.

Art. 89. — La peine de mort s'exécutera par la strangulation sur un échafaud.

L'exécution se fera de jour et publiquement, dans le lieu habituellement destiné à cela, ou dans celui que fixera le tribunal lorsqu'il y aura quelques motifs spéciaux pour cela.

Cette peine ne sera pas exécutée pendant les jours de fête religieuse ou nationale.

Art. 90. — Le condamné à la peine de mort sera conduit à l'échafaud avec une hopa (1) noire, sur une monture ou en charrette.

Le crieur public publiera à haute voix la sentence dans les lieux de passage indiqués par le tribunal.

Art. 91. — Le régicide et le parricide seront conduits à l'échafaud avec une *hopa* jaune et un *birrete* (1) de la même couleur, l'une et l'autre portant des taches rouges.

Art. 92. — Le cadavre de l'exécuté restera exposé sur l'échafaud jusqu'à une heure avant la nuit, moment

(1) Tunique serrée en forme de soutane.
(2) Bonnet en forme de pain de sucre.

où il sera enterré ; il sera remis , à cet effet, à ses parents et amis s'ils le demandent. L'inhumation ne pourra se faire avec pompe.

Art. 93. — La peine de mort prononcée contre une femme enceinte ne sera pas exécutée ; le jugement qui la prononce ne lui sera pas même notifié jusqu'à ce qu'il se soit écoulé quarante jours depuis son accouchement.

Art. 94. — La peine de la chaîne perpétuelle se subira en quelqu'un des lieux destinés à cet objet, de l'Afrique, des Canaries ou d'outre mer.

Art. 95.— La peine de la chaîne temporaire se subira en un des arsenaux de marine, ou chantiers de travaux de fortifications, chemins, canaux de l'intérieur de la Péninsule et des îles adjacentes.

Art. 96. — Les condamnés à la chaîne temporaire ou perpétuelle travailleront au profit de l'Etat. Ils porteront toujours une chaîne au pied, descendant de la ceinture ou attachée à celle d'un autre condamné. Ils seront employés à des travaux durs et pénibles, et ne recevront aucun secours du dehors.

Néanmoins, lorsque le tribunal, tenant compte de l'âge , de la santé , de la position ou de quelques autres circonstances personnelles au délinquant, croira qu'il doit exécuter sa peine en travaux intérieurs de l'établissement, il l'exprimera dans le jugement.

Art. 97. — Les condamnés à la chaîne temporaire ou perpétuelle ne pourront être employés à des travaux de simples particuliers, ni aux travaux publics exécutés par entreprises ou par suite de contrats faits avec le gouvernement.

Art. 98. — Le condamné à la chaîne temporaire ou perpétuelle qui aurait accompli 60 ans, avant le jugement, subira sa peine dans un établissement de galère majeure. S'il accomplit ses 60 ans depuis le jugement, il sera transféré dans ledit établissement de galère majeure, dans lequel il restera pendant le temps préfixé par le jugement.

Art. 99. — Les femmes qui seront condamnées à la chaîne temporaire ou perpétuelle, subiront leur peine dans un établissement de galère majeure de ceux destinés aux personnes de leur sexe.

Art. 100. — La réclusion perpétuelle se subira dans un établissement situé à l'intérieur ou au dehors de la Péninsule, et en tous cas éloigné du domicile du condamné.

Tous les condamnés à cette peine seront assujettis au travail forcé au profit de l'Etat, dans l'enceinte de l'établissement ; le travail, la discipline, le costume et le régime alimentaire seront les mêmes partout.

Art. 101. — La réclusion temporaire se subira de la même manière que la réclusion perpétuelle, mais dans la Péninsule, aux îles Baléares ou aux Canaries.

Art. 102. — Les peines de la déportation perpétuelle ou temporaire se subiront outre-mer, dans les lieux à ce destinés par le gouvernement.

Les déportés pourront se livrer en liberté, sous la surveillance de l'autorité, à leur profession ou état dans le rayon compris dans les limites de l'établissement pénitentiaire.

Art. 103. — Le condamné à l'exil sera expulsé du territoire espagnol, pour toujours si l'exil est perpétuel, et s'il est temporaire, pour la durée de la peine.

Art. 104. — Les peines de galère se subiront dans les établissements à ce destinés, lesquels devront être situés, pour la galère majeure, dans la Péninsule, aux îles Baléares ou aux Canaries ; pour la galère mineure, dans le ressort de la *Audiencia* (1) qui l'aura infligée ; et pour la galère correctionnelle, dans la province où le condamné aura son domicile, ou à défaut dans celle où le délit aura été commis.

Les condamnés à la galère seront soumis à un travail forcé dans l'intérieur de l'établissement dans lequel ils subiront la peine.

Art. 105. — Le produit du travail des galériens sera destiné :

1° A rendre effective leur responsabilité civile résultant du délit ;

2° A indemniser l'établissement des frais qu'ils occasionnent ;

3° A leur procurer quelque avantage ou adoucissement pendant leur détention s'ils le méritent ; et à leur former un fonds de réserve qui leur sera remis à leur sortie de la galère.

Art. 106. — La peine de la prison se subira dans les établissements à ce destinés, lesquels devront être situés : pour la prison majeure, dans la péninsule, aux îles Baléares ou aux Canaries ; pour la prison mineure, dans le ressort de la *Audiencia* qui l'aura prononcée ; et pour la correctionnelle, dans la province où sera le domicile du condamné ou, à défaut, dans celle où aura été commis le délit.

(1) Cour d'appel.

Les condamnés à la prison ne pourront sortir de l'établissement dans lequel ils la subiront , pendant la durée de leur peine, et ils s'occuperont à leur profit de travaux de leur choix, pourvu que lesdits travaux soient compatibles avec la discipline réglementaire.

Ils seront néanmoins assujettis forcément aux travaux de l'établissement, jusqu'à ce qu'ils aient rendu effectives les responsabilités indiquées dans les numéros 1 et 2 de l'article précédent ; y seront assujettis également, ceux qui n'auront ni état ni moyens d'existence connus et légitimes.

Art. 107. — Les condamnés à l'internement majeur seront conduits dans une ville ou district situé aux îles Baléares ou aux Canaries, ou dans un point isolé de la Péninsule, dans lequel ils resteront en pleine liberté sous la surveillance de l'autorité.

Ceux qui pourront être utiles par leur âge, leur santé et leur bonne conduite, pourront être destinés par le gouvernement au service militaire, s'ils sont célibataires et n'ont pas de moyens d'existence.

Art. 108. — Le condamné à l'internement mineur , résidera forcément dans le lieu que lui désigne la condamnation, et duquel il ne pourra sortir pendant la durée de la peine sans autorisation du gouvernement , pour juste motif.

Le lieu de l'internement sera éloigné de dix lieues au moins de celui où a été commis le délit et de celui de la résidence antérieure du condamné.

L'interné sera soumis à la surveillance de l'autorité.

Art. 109. — Le condamné à l'interdiction de lieux , ne pourra pénétrer dans le lieu ou les lieux indiqués par le jugement, ainsi que dans le rayon désigné, lequel comprendra une distance de cinq lieues au moins et quinze au plus du lieu désigné.

Art. 110. — Le condamné à la réprimande publique la recevra en personne, à l'audience du tribunal, portes ouvertes.

Le condamné à la réprimande privée, la recevra en personne, à l'audience du Tribunal ou du juge, en présence du greffier et portes fermées.

Art. 111. — L'arrêt majeur se subira dans l'établissement public à ce destiné, dans les chefs-lieux de *partido* (1).

La disposition des paragraphes 2 et 3 de l'article 106, est applicable dans leurs cas respectifs aux condamnés à cette peine.

Art. 112. — L'arrêt mineur se subira dans les Hôtels-de-ville, ou autres lieux publics, ou dans la maison même du condamné, lorsque le statuera ainsi le jugement, sans que le condamné puisse sortir desdits lieux pendant toute la durée de la peine.

TROISIÈME SECTION.

Peines accessoires.

Art. 113. — Le condamné à la peine du carcan sera conduit sur une monture et entouré d'une garde suffisante, en tête du cortége du condamné ou des condamnés à la peine capitale.

_____

(1) Le *partido* correspond à la division judiciaire d'arrondissemen en France ; c'est le ressort du juge de première instance.

A l'arrivée au lieu du supplice , il sera placé sur un siége sur l'échafaud , et il y demeurera pendant l'exécution, attaché à une poutre par un cercle de fer qu'on lui mettra au cou.

Art. 114. — Le condamné à la dégradation sera dépouillé par un huissier, en audience publique du Tribunal , de l'uniforme , costume officiel, insignes et décorations qu'il aura.

Le dépouillement se fera à la voix du président, qui l'ordonnera en employant la formule suivante : « Dé-« pouillez un tel (le nom du condamné), de ses insignes » et décorations que la loi le déclare indigne de porter ; » la loi le dégrade parce qu'il s'est dégradé lui-même.»

TITRE IV.

DE LA RESPONSABILITÉ CIVILE.

Art. 115. — La responsabilité civile établie par le chap. 2 , titre II du présent livre, comprend :

1° La restitution ;

2° La réparation du dommage causé ;

3° L'indemnité pour le préjudice causé.

Art. 116.—La restitution devra être celle de la chose elle-même, s'il est possible, avec bonification pour détérioration et dépérissement à l'appréciation du tribunal.

La restitution se fera alors même que la chose soit au pouvoir d'un tiers et que celui-ci l'ait acquise par un moyen légitime, sauf son recours contre qui de droit.

Cette disposition ne recevra pas application dans le

cas où le tiers aurait prescrit la chose conformément
aux dispositions de la loi civile.

Art. 117. — La réparation se fera, en évaluant la valeur du dommage, suivant l'appréciation du Tribunal ,
mis en ligne de compte le prix naturel de la chose autant que possible et le prix d'affection par la personne
lésée.

Art. 118. — L'indemnité du préjudice comprend,
non seulement le préjudice causé à la personne lésée,
mais aussi le préjudice qui résulte du délit pour la famille ou pour un tiers.

Les Tribunaux régleront l'importance de l'indemnité
de la manière indiquée dans l'article précédent pour le
réglement de la réparation.

Art. 119. — L'obligation de restituer , de réparer le
dommage ou d'indemniser du préjudice , passe aux héritiers du responsable.

L'action en répétition de la restitution, de la réparation ou de l'indemnité, passe aussi aux héritiers de la
personne lésée.

Art. 120. — Dans le cas où il y aurait deux ou plusieurs individus civilement responsables d'un délit ou
d'une contravention, les Tribunaux indiqueront dans
quelle proportion chacun d'eux doit en répondre.

Art. 121. — Malgré la disposition de l'article précédent, les auteurs d'un délit ou d'une contravention,
sont toujours solidairement responsables pour la totalité.

Les auteurs d'un délit , sont, de plus , responsables
pour les parts de leurs complices et recéleurs, sauf le recours réciproque de ceux-ci pour leurs responsabilités
respectives.

Les complices d'un délit sont solidairement responsables entre eux et subsidiairement pour les parts des auteurs et recéleurs ; cette disposition est applicable à ces derniers, relativement à leurs parts et à celles des auteurs et complices du même délit.

Art. 122. — Celui qui profitera, à titre lucratif, des produits d'un délit ou d'une contravention, sera tenu de l'indemnité jusqu'à concurrence du profit qu'il en aura retiré.

Art. 123. — Une loi spéciale déterminera les cas et la forme en lesquels l'Etat indemnisera la personne lésée par un délit ou une contravention, lorsque les auteurs du délit et les personnes responsables manqueront de moyens pour suffire à cette indemnité (1).

TITRE V.

DES PEINES ENCOURUES PAR CEUX QUI ENFREINDRONT LEURS CONDAMNATIONS ET CEUX QUI, PENDANT LA DURÉE DE LEUR PEINE, COMMETTRONT UN NOUVEAU DÉLIT.

Des peines encourues par ceux qui enfreindront leur condamnation.

Art. 124. — Ceux qui enfreindront leur condamnation, seront punis des peines respectives, indiquées dans les règles suivantes :

1re. Le condamné à la chaîne perpétuelle subira cette peine, en supportant les privations les plus grandes qu'autorisent les réglements et en étant soumis aux travaux les plus pénibles ;

(1) Cette loi n'existe pas encore (mai 1852.)

2me. Le condamné à la réclusion perpétuelle subira sa peine en portant une chaîne de sûreté pendant le temps de 2 à 6 ans;

3me. Le déporté à perpétuité sera condamné à la réclusion perpétuelle dans le lieu même de la déportation;

4me. Le banni du royaume à perpétuité sera condamné à la déportation perpétuelle;

5me. Le condamné à la chaîne ou à la réclusion temporaires, à la galère, à la prison ou aux arrêts, sera recommandé pour un sixième ou un quart en sus de la durée de sa condamnation primitive;

6me. Les condamnés au bannissement ou à la déportation temporaires, seront condamnés à la prison correctionnelle et, cette peine achevée, ils accompliront la peine précédente.

Les déportés subiront la prison dans le lieu de déportation.

7me. Les condamnés à l'internement majeur ou mineur seront condamnés à la prison correctionnelle, appliquant aux premiers depuis le degré majeur jusqu'au degré supérieur, et aux seconds depuis le degré inférieur jusqu'au degré moyen; et ces peines achevées, ils accompliront la peine de l'internement;

8me. Le condamné à l'interdiction de lieux sera condamné à l'internement pour la durée de l'interdiction;

9me. Le condamné à l'interdiction de charge, droits politiques, profession ou emploi, qui les obtiendra ou les exercera, lorsque le fait ne constituera pas un délit spécial, sera condamné à l'arrêt majeur et à une amende de 20 à 200 duros (100 à 1,000 fr.);

10me. Le condamné à la suspension de charge, droits

politiques, profession ou emploi, qui les exercera, subira une prolongation de peine pour un temps égal à celui de sa condamnation primitive et une amende de 10 à 100 duros (50 à 500 fr.) ;

11me. Le condamné à la surveillance de l'autorité qui enfreindra les règles qu'il doit observer, sera condamné à l'arrêt majeur..

CHAPITRE II.

Des peines encourues par ceux qui commettent un nouveau délit ou contravention pendant la durée de leur condamnation.

Art. 125. — Ceux qui, condamnés par sentence exécutoire, commettront un délit ou une contravention pendant la durée de leur condamnation, ou lorsqu'ils l'accomplissent, ou alors qu'ils l'ont enfreinte, seront punis des peines respectives indiquées dans les règles suivantes :

1re. Le condamné à la chaîne perpétuelle qui commettra un autre délit que la loi punit de *la peine de chaîne perpétuelle jusqu'à la peine de mort*, sera puni de cette dernière peine.

Si le délit qu'il a commis emporte la peine de la chaîne temporaire dans son degré le plus élevé jusqu'à la peine de mort, il sera jugé suivant les dispositions générales du présent Code.

S'il commet un délit que la loi punit de la chaîne perpétuelle ou autre peine moindre, il subira sa condamnation primitive soumis aux privations les plus grandes qu'autorisent les réglements et assujetti aux travaux *les plus durs* et les plus pénibles.

2me. Le condamné à la réclusion ou à la déportation perpétuelle qui commet un délit que la loi punit de la chaîne perpétuelle, subira cette peine de la manière prescrite dans le troisième paragraphe de la règle précédente.

S'il commet un délit puni de la réclusion ou de la déportation perpétuelle, il sera puni de la peine de la chaîne perpétuelle.

3me. Le condamné à la réclusion perpétuelle qui commet un délit puni par la loi de peine inférieure à celles qui sont indiquées dans les règles précédentes, sera condamné à la chaîne perpétuelle, si la peine du nouveau délit est celle de la chaîne temporaire, et en tout autre cas, il subira sa condamnation primitive, soumis aux privations les plus grandes que déterminent les réglements ;

4me. Dans tous les autres cas, non compris en les règles précédentes, le condamné à une peine quelconque qui commet un autre délit ou une autre contravention, sera condamné à la peine appliquée par la loi à la nouvelle contravention ou délit, dans son degré le plus élevé ; il subira cette peine et la peine primitive dans l'ordre fixé par jugement du tribunal, conformément aux règles prescrites par l'article 76 pour le cas où des peines différentes sont imposées au même délinquant.

TITRE VI.

DE LA PRESCRIPTION DES PEINES.

Art. 126. — Les peines infligées par sentence exécutoire se prescrivent :

Celles de mort et de chaîne perpétuelle par 20 ans ;

Les autres peines afflictives par 15 ans ;

Les peines correctionnelles par 10 ans ;

Les peines légères par 5 ans.

La durée de la prescription se compte à partir de la notification de la sentence exécutoire qui prononce la peine.

Art. 127. — Pour que la prescription s'accomplisse , il est nécessaire que le condamné, pendant sa durée , n'ait commis aucun délit et n'ait point quitté la péninsule et les îles adjacentes.

LIVRE SECOND.

Délits et leurs peines.

TITRE Ier.

DÉLITS CONTRE LA RELIGION. (1)

Art. 128. — La tentative pour abolir ou changer en Espagne la religion catholique, apostolique et romaine, sera punie des peines de la réclusion temporaire et du bannissement perpétuel, si le coupable exerce l'autorité publique et commet le délit en abusant de son autorité.

Si ces circonstances ne concourent pas, la peine sera celle de la prison majeure, et au cas de récidive celle du bannissement perpétuel.

Art. 129. — Celui qui célèbrera des actes publics d'un culte qui ne sera pas celui de la religion catholique, apostolique et romaine, sera puni de la peine de l'exil temporaire :

Art. 130. — Seront punis de la peine de prison correctionnelle :

1º Celui qui enseignera publiquement l'inobservation des préceptes religieux ;

2e Celui qui, publiquement aussi, se moquera de quelqu'un des mystères ou sacrements de l'Eglise, ou excitera à les mépriser de toute autre manière ;

3º Celui qui, ayant propagé des doctrines ou des

(1) Appendice.

maximes contraires au dogme catholique, persistera à les publier après qu'elles auront été condamnées par l'autorité ecclésiastique.

. Le récidiviste de ces délits sera puni du bannissement temporaire.

Art. 131. — Celui qui foulera aux pieds, jettera à terre, ou de tout autre manière profanera les saintes hosties de l'Eucharistie, sera puni de la peine de la réclusion temporaire.

Art. 132. — Celui qui, dans le but de tourner en ridicule la religion, foulera aux pieds ou profanera des images, des vases sacrés, ou autres objets destinés au culte, sera puni de la peine de prison majeure.

Art. 133. — Celui qui, par actes ou paroles, tournera en ridicule publiquement quelqu'un des rites ou pratiques de la religion, s'il le fait dans le temple ou pendant quelque acte du culte, sera puni d'une amende de 20 à 200 duros (100 à 1000 fr.) et de l'arrêt majeur.

En toute autre circonstance il lui sera infligé une amende de 15 à 150 duros (75 à 750 fr.), et l'arrêt mineur.

Art. 134. — Celui qui frappera un ministre de la religion lorsqu'il sera dans l'exercice de son ministère, sera puni de la peine de prison majeure.

Celui qui, en pareilles circonstances, l'offensera par paroles ou par gestes, sera puni de la peine supérieure d'un degré à celle qui est édictée pour l'injure.

Art. 135. — Ceux qui, par violence, désordre ou scandale empêcheront ou troubleront l'exercice du culte public dans ou hors le temple, seront punis de la peine de prison correctionnelle.

Au cas de récidive ils seront punis de la prison inférieure.

Art. 136. — L'Espagnol qui apostasiera publiquement la religion catholique, apostolique, romaine, sera puni de la peine du bannissement perpétuel.

Cette peine cessera du moment où il rentrera dans le giron de l'Eglise.

Art. 137. — Tous ceux qui commettront les délits dont il est parlé dans les articles précédents seront punis, en sus des peines indiquées dans lesdits articles, de l'interdiction perpétuelle de toute profession ou emploi dans l'enseignement.

Art. 138. — Celui qui exhumera des cadavres humains, les mutilera ou profanera de quelqu'autre manière, sera puni de la peine de prison correctionnelle.

TITRE II.

DÉLITS CONTRE LA SURETÉ EXTÉRIEURE DE L'ÉTAT.

CHAPITRE Iᵉʳ.

Délits de Trahison.

Art. 139. — La tentative de détruire l'indépendance ou l'intégrité de l'Etat, sera punie de la peine de mort.

Art. 140. — L'Espagnol qui engagera une puissance étrangère à déclarer la guerre à l'Espagne, ou se concertera avec elle dans le même but, sera puni de la peine de mort, si la guerre vient à être déclarée, et en tout autre cas de celle de la chaîne perpétuelle.

Art. 141. — L'Espagnol qui portera les armes contre sa patrie sous les drapeaux étrangers , sera puni de la peine de la chaîne temporaire en son degré supérieur , jusqu'à la peine de mort.

Art. 142. — Sera également puni de la peine de la chaîne temporaire en son degré supérieur jusqu'à la peine de mort :

1. Celui qui facilitera à l'ennemi l'entrée du royaume, le progrès de ses armes, la prise d'une place, d'un poste militaire, d'un vaisseau de l'Etat, des magasins de vivres ou de munitions de guerre.

La tentative de ces délits sera punie de la même peine que leur consommation.

2. Celui qui fournira aux troupes d'une puissance ennemie, de l'argent, des armes, des vaisseaux, des effets, des vivres, des munitions de guerre ou tous autres moyens directs de faire la guerre à l'Espagne ;

3. Celui qui fournira à l'ennemi des plans de forteresses ou terrains, des documents ou notices qui conduisent directement à faire la guerre à l'Espagne ;

4. Celui qui, en temps de guerre, mettra obstacle à ce que les troupes nationales reçoivent les secours indiqués dans le numéro 2, et les documents et notices indiqués dans le numéro 3 ;

5. Celui qui séduira une troupe espagnole ou une troupe qui est au service de l'Espagne, pour la faire passer à l'ennemi ou lui faire déserter ses drapeaux alors qu'elle est en campagne ;

6. Celui qui recrutera en Espagne des hommes pour le service des armées d'une puissance ennemie.

Art. 143. — Le complot pour l'exécution de quelqu'un des délits indiqués dans les articles précédents se punira de la peine de prison majeure.

La proposition de commettre ces mêmes délits se punira de la galère correctionnelle.

Art. 144. — Celui qui communiquera ou révélera directement ou indirectement à l'ennemi, des documents ou négociations qui doivent être tenus secrets et dont il aurait eu connaissance à raison de son emploi ou par quelque moyen condamnable, encourra la peine de la chaîne temporaire en son degré le plus élevé à la peine de mort.

S'il a eu connaissance des documents ou renseignements sur les négociations par tout autre moyen, il sera puni de la peine de galère inférieure, à moins que la révélation ou communication ne se trouve comprise dans le cas prévu par le numéro 3 de l'article 142.

CHAPITRE II.

Délits qui compromettent la tranquillité ou l'indépendance de l'État.

Art. 145. — Celui qui, en dehors des conditions prescrites par les lois, exécutera dans le royaume les bulles, brefs, rescripts ou mandements de la Cour pontificale, ou leur donnera cours, ou les publiera, sera puni des peines de la prison correctionnelle et d'une amende de 300 à 3000 duros (1500 à 15000 fr.)

Si le délinquant est un ecclésiastique, la peine sera celle de l'exil temporaire, et au cas de récidive celle de l'exil perpétuel.

Art. 146. — Celui qui exécutera, introduira ou publiera dans le royaume quelque ordre, quelque disposition ou document émané d'un gouvernement étranger, qui porterait atteinte à l'indépendance ou à la sûreté de l'Etat, sera puni de la peine de la prison inférieure et d'une amende de 50 à 500 duros (150 à 1500 fr.) à moins que ce délit n'en entraîne directement d'autres plus graves, auquel cas il sera puni comme auteur de ces derniers.

Art. 147. — Au cas où quelqu'un des délits dont il est parlé dans les deux articles précédents serait commis par un employé du gouvernement en abusant de ses fonctions, il sera puni, en outre des peines signalées dans lesdits articles, de celle de l'interdiction absolue perpétuelle.

Art. 148.—Celui qui, par des actes non suffisamment autorisés, provoquerait ou fournirait motif à une déclaration de guerre contre l'Espagne de la part d'une autre puissance, ou exposerait les Espagnols à éprouver des vexations ou représailles en leurs personnes ou en leurs propriétés, sera puni de la peine de prison majeure, et, s'il est fonctionnaire public, de celle de la réclusion temporaire.

Art. 149. — Sera infligée la peine de la réclusion temporaire à celui qui violerait la trève ou l'armistice convenus entre la nation espagnole et une autre nation ennemie, ou entre leurs forces belligérantes de terre ou de mer.

Art. 150. — Celui qui, dans l'accomplissement d'une mission publique, compromettrait la dignité, la foi ou les intérêts de la nation espagnole, sera puni des peines de prison majeure et d'interdiction perpétuelle de la charge qu'il exerçait.

Art. 151.—Celui qui, sans autorisation légitime, lèverait des troupes dans le royaume pour le service d'une puissance étrangère, ou employerait des vaisseaux à la course, quel que soit le but qu'il se proposerait ou la nation vis-à-vis de laquelle il exercerait des actes d'hostilité, sera puni des peines de prison majeure et d'une amende de 500 à 5000 duros (1500 à 15000 fr.)

Art. 152. — Celui qui, en temps de guerre, entretiendrait une correspondance avec le pays ennemi ou le pays occupé par les troupes de l'ennemi, sera puni :

1. De la peine de prison majeure, si la correspondance se faisait en chiffres ou signes de convention ;

2. De la prison correctionnelle, si elle se fesait en la forme ordinaire et que le gouvernement l'eût prohibée ;

3. De la réclusion temporaire, si elle contenait des avis et notices qui pussent profiter à l'ennemi, quelle que fût la forme de la correspondance, et alors que le gouvernement ne l'eût pas déjà prohibée.

Si le coupable se proposait d'être utile à l'ennemi avec ses avis et notices, seront observées les dispositions de l'article 142.

Art. 153. — L'Espagnol coupable de la tentative de passer en pays ennemi, lorsque le gouvernement l'aurait défendu, sera puni des peines de prison correctionnelle et d'une amende de 30 à 300 duros (150 à 1500 francs.)

CHAPITRE III.

Délits contre le droit des gens.

Art. 154. — Celui qui tuerait un monarque étranger, résidant en Espagne, sera puni de la peine de mort.

Toute autre voie de fait contre sa personne, se punira de la peine de la chaîne temporaire.

Art. 155. — Celui qui violerait l'immunité personnelle ou le domicile d'une personne royale étrangère, résidant en Espagne ou du représentant d'une autre puissance, sera puni de la peine de prison correctionnelle.

Art. 156. — Le délit de piraterie commis contre des Espagnols ou des sujets d'une autre nation qui ne se trouve pas en guerre avec l'Espagne, sera puni de la peine de la chaîne temporaire en son degré le plus élevé à la peine de mort.

Art. 157. — Encourront la peine de la chaîne perpétuelle à la peine de mort, ceux qui commettront le délit dont il est parlé dans l'article précédent :

1º Lorsqu'ils auront pris quelque bâtiment à l'abordage ou en faisant feu;

2º Lorsque le délit aura été accompagné d'homicide ou de quelqu'une des lésions indiquées dans les articles 341 et 342;

3º Lorsqu'il aura été accompagné de quelqu'un des attentats contre la pudeur indiqués dans le chapitre II du titre X du présent livre;

4º Lorsque les pirates auront laissé quelques personnes sans moyens de salut;

5º En tout cas, le capitaine ou patron des pirates.

Art. 158. — Les dispositions des deux articles précédents sont applicables à celui qui remettrait à des pirates le bâtiment à bord duquel il se trouverait.

Art. 159. — Celui qui, résidant dans les domaines espagnols, trafiquerait avec des pirates connus pour tels, sera puni comme leur complice.

TITRE III.

DÉLITS CONTRE LA SURETÉ INTÉRIEURE DE L'ÉTAT ET L'ORDRE PUBLIC.

CHAPITRE Iᵉʳ.

Délits de lèse-majesté.

Art. 160. — Le coupable de tentative contre la vie ou la personne du roi ou du successeur immédiat à la couronne, encourra la peine de mort.

Art. 161. — Le complot tendant à commettre le délit dont il est parlé dans l'article précédent sera puni de la peine de la chaîne temporaire.

Art. 162. — La proposition de commettre le délit prévu par l'article 160 sera puni de la peine de galère majeure.

Art. 163.— Celui qui, ayant connaissance d'une conspiration contre la vie du roi ou du successeur immédiat à la couronne, ne le révélerait pas dans le délai de 24 heures à l'autorité, sera puni de la prison correctionnelle.

Cette disposition n'est pas applicable aux ascendants, descendants, conjoint, frères ou alliés aux mêmes degrés du conspirateur.

Art. 164. — Celui qui insultera le roi ou le successeur immédiat à la couronne en leur présence, sera puni de la chaîne temporaire.

S'il les a insultés par écrit ou publiquement, hors de leur présence, il sera puni des peines de prison majeure et d'une amende de 100 à 1,000 duros (500 à 5,000 fr.)

Les insultes commises de toute autre manière, seront punies de la prison inférieure si elles sont graves et de la prison correctionnelle si elles sont légères.

Art. 165. — Les délits dont il est parlé dans les articles précédents de ce titre, commis contre le régent ou les régents du royaume, le père, la mère ou l'épouse du roi, la reine mère ou les infants d'Espagne, seront punis des peines inférieures d'un degré à celles qui sont édictées dans lesdits articles, à moins qu'il n'ait été encouru une peine supérieure, conformément aux dispositions du présent code.

L'homicide consommé ou frustré de quelqu'une des personnes mentionnées dans le paragraphe précédent, sera puni de la peine de mort.

Art. 166. — Le fait de pénétrer par violence dans la demeure du roi, de la reine ou du successeur immédiat à la couronne, ou du régent du royaume, sera puni de la peine de la chaîne temporaire.

CHAPITRE II.

Délits de rébellion et de sédition.

PREMIÈRE SECTION.

Rébellion.

Art. 167. — Sont coupables de rébellion , ceux qui se révoltent publiquement et se mettent en état d'hostilité ouverte contre le gouvernement pour l'un des résultats suivants :

1º Détrôner le roi ou le priver de sa liberté individuelle ;

2º Changer l'ordre légitime de succession à la couronne , ou empêcher que celui qui en a le droit se charge du gouvernement du royaume ;

3º Déposer le régent ou la régente du royaume ou les priver de leur liberté individuelle ;

4º Exercer et user par soi-même ou dépouiller le roi, le régent ou la régente du royaume des prérogatives que que la constitution leur accorde , ou les limiter dans leur libre exercice ;

5º Soustraire tout ou partie du royaume , ou quelque corps de troupes de terre ou de mer à l'autorité du gouvernement ;

6º Exercer et user par soi-même, ou dépouiller les ministres de la couronne de leurs attributions constitutionnelles , en empêcher ou en restreindre le libre exercice ;

7º Empêcher l'accomplissement des élections des dé-

putés aux Cortès dans tout le royaume , ou leur réunion légale;

8º Dissoudre les Cortès ou mettre obstacle aux délibérations de l'un des corps législatifs ou leur arracher
une résolution quelconque.

Art. 168. — Ceux qui, en engageant et déterminant
les rebelles , auront excité ou soutenu la rébellion , et
ses principaux chefs subiront la peine de mort.

Art. 169. — Ceux qui exerceront une autorité subalterne dans la rébellion , seront punis de la chaîne perpétuelle à la peine de mort :

1º S'ils étaient personnes actuellement constituées en
autorité civile ou ecclésiastique, ou s'il y a eu combat
entre les rebelles et la force publique fidèle au gouvernement , ou entre les citoyens les uns contre les autres,
ou s'il y a eu des dévastations qui aient mis en péril la
vie des personnes.

2º S'ils ont levé des hommes, exigé des contributions
ou détourné les fonds publics de leur légitime destina-
tion.

En tout autre cas, ils seront punis de la peine de la
chaîne temporaire, en son degré le plus élevé à la peine
de mort, laquelle peine encourront aussi ceux qui son-
neraient ou feraient sonner les cloches ou tout autre
instrument pour exciter à la rébellion , et ceux qui dans
le même but adresseraient à la multitude des sermons,
des harangues, des mandements épiscopaux, des discours
d'une autre nature ou des écrits imprimés, si la rébellion
arrive à consommation, à moins qu'ils ne méritent la
qualification de promoteurs.

Art. 170. — Ceux qui auront été seulement acteurs

dans la rébellion, seront punis de la peine de la chaîne temporaire à la peine de mort.

Art. 171. — Au cas où la rébellion n'aura pas été organisée par des chefs notoirement connus pour tels, seront réputés chefs, ceux qui, de fait, auront dirigé les autres ou auront parlé au nom des rebelles, ou auront signé les reçus ou autres écrits expédiés en leur nom, ou exercé d'autres actes semblables pour le compte des rebelles.

Art. 172. — Seront punis comme rebelles de la peine de la déportation perpétuelle, ceux qui, sans s'être révoltés contre le gouvernement, commettraient par artifices ou par tout autre moyen, l'un des délits compris dans quelqu'un des huit numéros de l'art. 167.

Art. 173. — La conspiration, pour commettre le délit de rébellion, sera punie de la peine de prison majeure.

La proposition de le commettre sera punie de la prison correctionnelle.

SECONDE SECTION.

Sédition.

Art. 174. — Sont coupables de sédition, ceux qui se révoltent publiquement pour l'un des objets suivants :

1º Empêcher la promulgation ou l'exécution des lois, ou le libre accomplissement des élections populaires dans quelque collége électoral.

2º Empêcher le libre exercice des fonctions d'une autorité quelconque ou l'accomplissement de ses ordres administratifs ou judiciaires.

3⁰ Exercer un acte de haine ou de vengeance contre la personne ou les biens d'une autorité quelconque , de ses agents ou de quelque classe de citoyens , ou contre les propriétés de l'Etat ou d'une corporation publique quelconque.

Art. 175. — Ceux qui en poussant ou décidant les séditieux, auront excité ou soutenu la sédition et ses principaux chefs seront punis, savoir :

1⁰ Ceux qui exercent une autorité civile ou ecclésiastique de la peine de la chaîne perpétuelle s'ils se sont emparés des fonds ou autres biens publics ou particuliers, et, en tout autre cas, de la peine de la réclusion perpétuelle ;

2⁰ Ceux qui n'exerceraient aucune autorité seront punis de la chaîne temporaire , s'ils se sont emparés des fonds ou autres biens dont il est parlé dans le numéro précédent, et, en tout autre cas, de la réclusion temporaire.

Art. 176. — La disposition de l'article 171 est applicable au cas de sédition, quand bien même elle ne serait pas arrivée à s'organiser avec des chefs connus.

Art. 177. — Ceux qui auraient pris part à la sédition par l'un des moyens indiqués dans le quatrième paragraphe de l'article 169 , seront punis de la peine de prison majeure s'ils ne méritent pas d'être qualifiés de promoteurs.

Art. 178. — Ceux qui auront été seulement auteurs dans la sédition , seront punis de la peine de l'internement mineur.

Art. 179. — Au cas où la sédition ne serait pas arrivée à s'aggraver au point d'embarrasser d'une manière sensible l'exercice de l'autorité publique et n'aurait pas non plus occasionné la perpétration d'un autre délit grave, les séditieux seront jugés conformément aux dispositions de l'article 182.

Art. 180. — Le complot pour commettre le délit de sédition, sera puni de la peine de prison correctionnelle.

La proposition de le commettre, sera punie des peines de la sujétion à la surveillance de l'autorité et de la caution.

TROISIÈME SECTION.

Dispositions communes aux deux sections précédentes.

Art. 181. — Aussitôt que se manifeste la rébellion ou la sédition, l'autorité supérieure intime pendant deux fois aux révoltés l'ordre de se dissoudre et de se retirer immédiatement, laissant entre les deux sommations l'intervalle moralement nécessaire.

Si les révoltés ne se retirent pas immédiatement après la seconde sommation, l'autorité fera usage de la force publique pour les dissoudre.

Les sommations se feront en faisant flotter le drapeau national devant les révoltés, s'il est jour; et s'il est nuit la sommation se fera au son du tambour, du clairon ou d'autre instrument pour ce convenable.

Si les circonstances ne permettent pas l'usage des moyens indiqués, les sommations se feront par d'autres moyens, procurant toujours la publicité la plus grande.

Ne sera respectivement pas nécessaire la première ou

la seconde sommation, du moment où les rebelles ou séditieux feraient feu.

Art. 182. — Lorsque les rebelles ou séditieux se dissoudront ou se soumettront à l'autorité légitime avant des sommations ou à suite desdites sommations, seront exempts de toutes peines les simples acteurs de l'un ou l'autre de ces délits ainsi que les séditieux dont il est parlé dans l'article 175, s'ils n'étaient pas fonctionnaires publics.

Les tribunaux, en ce cas, abaisseront pour les plus coupables, de un ou deux degrés, les peines indiquées dans les deux sections précédentes.

Art. 183. — (1) Ceux qui séduiraient des troupes pour commettre le délit de rébellion seront punis de la peine de la réclusion perpétuelle.

Ceux qui les séduiraient pour le délit de sédition seront punis de la peine de réclusion temporaire.

La séduction pour la simple désertion sera punie en ses auteurs de la peine de l'arrêt majeur en son degré le moins élevé, et la même peine sera appliquée aux complices et recéleurs.

La disposition des deux premiers paragraphes du présent article, s'applique pour le cas où les séducteurs ne seraient pas compris dans la disposition du n° 5 de l'article 167.

Si la rébellion ou la séduction arrivent à accomplis-

_____

(1) En vertu d'une ordonnance royale du 20 octobre 1848, la disposition de cet article reste suspendue jusqu'à la publication de la loi organique des tribunaux, et en conséquence *les civils* restent, comme précédemment, soumis aux lois et ordonnances militaires lorsqu'ils se seront rendus coupables des délits indiqués dans ledit article 183.

sement, les séducteurs seront réputés promoteurs et respectivement placés sous le coup des articles 168 et 175.

Art. 184. — Les délits particuliers commis dans une rébellion ou une sédition ou à cause d'elles, seront respectivement punis conformément aux dispositions du présent Code.

Lorsqu'on n'en pourra découvrir les auteurs, seront punis comme tels les chefs principaux de la rébellion ou de la sédition.

Art. 185. — Les ecclésiastiques et fonctionnaires publics qui commettraient quelqu'un des délits dont il est parlé dans les deux sections précédentes, seront punis du degré le plus élevé de la peine qui correspond à leur culpabilité respective, et de plus de celle de l'interdiction absolue perpétuelle. Cette disposition ne sera pas observée dans le cas où seraient applicables les articles 168 et 175.

Art. 186. — Les autorités *directement nommées par le gouvernement*, qui n'auraient pas résisté à la rébellion ou à la sédition par tous les moyens qui étaient en leur pouvoir, subiront la peine de la prison majeure et celle de l'interdiction absolue perpétuelle.

Celles qui ne seraient pas nommées directement par le gouvernement, subiront la peine de l'internement majeur et celle de l'interdiction perpétuelle absolue.

Art. 187. — Les fonctionnaires qui continueraient à exercer leurs fonctions sous les ordres des révoltés, ou qui, sans que leur démission ait été acceptée, abandonneraient leurs fonctions, alors qu'il y a danger de rébellion ou de sédition, encourront la peine de la suspension à celle de l'interdiction perpétuelle spéciale.

Art. 188. — Ceux qui accepteraient des fonctions des rebelles ou séditieux seront punis de la peine de l'interdiction absolue temporaire des charges publiques.

CHAPITRE III.

Des attentats et manques de respect contre l'autorité et d'autres désordres publics.

Art. 189.—*Commettent un attentat contre l'autorité :*
1º *Ceux qui, sans se révolter ouvertement, emploient la force ou l'intimidation pour arriver à l'une des fins indiquées dans les délits de rébellion et de sédition.*

2º *Ceux qui attaquent ou résistent avec violence, emploient la force ou l'intimidation contre l'autorité publique ou ses agents, lorsque celle-ci ou ceux-ci exercent les fonctions de leur charge et même lorsqu'ils ne sont pas en exercice alors qu'ils sont connus ou se sont annoncés comme tels.*

Art. 190. — *Les attentats compris dans l'article précédent seront punis de la peine de prison mineure en son degré moyen, jusqu'à la prison majeure au même degré et d'une amende de 50 à 500 duros, s'il y a concours de quelqu'une des circonstances suivantes :*

1re *Si l'agression a eu lieu à main armée ;*

2e *Si les coupables étaient fonctionnaires publics ;*

3e *Si les délinquants ont porté la main sur l'autorité ou sur les personnes accourues à son secours ;*

4e *Si par suite de la contrainte, l'autorité a accédé aux exigences des délinquants.*

En l'absence de ces circonstances, la peine sera celle

*de la prison correctionnelle en son degré moyen, jus-
qu'à celle de la prison mineure au même degré, et l'a-
mende de 30 à 300 duros.*

*Si les coupables étaient en état de récidive, la peine,
dans le premier cas, sera celle de la prison mineure en
son degré le plus élevé jusqu'à celle de la prison majeure, et l'amende de 50 à 500 duros ; et dans le second
cas, celle de la prison correctionnelle en son degré le
plus élevé, jusqu'à celle de la prison mineure et l'a-
mende de 30 à 300 duros.*

Art. 191. — Celui qui, en faits ou en paroles, outra-
gera gravement l'un des corps législatifs pendant leur
session, ou l'une de leurs commissions, dans l'accomplissement des actes publics en lesquels elles représentent
lesdits corps, sera puni de la peine de la prison majeure.

Lorsque les outrages seront moins graves, la peine
sera celle de l'arrêt majeur jusqu'à celle de la prison
correctionnelle.

Art. 192. — Commettent un manque de respect
contre les autorités :

*1° Ceux qui troublent gravement l'ordre des séances
du corps législatif et ceux qui dans ces séances outragent, insultent ou menacent un député ou un sénateur ;*

*2° Ceux qui calomnient, outragent, insultent ou me-
nacent :*

*1° Un sénateur ou un député pour les opinions qu'il a
manifestées dans le sénat ou le congrès ;*

*2° Les ministres de la couronne ou une autre auto-
rité dans l'exercice de leurs charges;*

3° Un supérieur à l'occasion de ses fonctions.

Dans tous ces cas, la provocation en duel, alors

même qu'elle serait privée et cachée, sera réputée me-
nace grave, produisant tous les effets indiqués dans les
dispositions du présent article.

Art. 193. — *Si le manque de respect consistant en la*
calomnie, l'outrage, l'insulte ou la menace dont parle
l'article précédent est grave, le délinquant subira la
peine de prison correctionnelle en son degré moyen, jus-
qu'à celle de prison mineure au même degré et l'amende
de 20 à 200 duros (100 à 1,000 fr.) ;

Si elle est moins grave, la peine sera celle de l'ar-
rêt majeur en son degré le plus élevé, jusqu'à celle de
la prison correctionnelle en son degré inférieur, et l'a-
mende de 10 à 100 duros (50 à 500 fr.) ;

Si les coupables étaient en état de récidive, la peine,
dans le premier cas, sera celle de la prison correction-
nelle en son degré le plus élevé jusqu'à celle de la prison
mineure au même degré, et l'amende de 20 à 200 duros
(100 à 1,000 fr.), et dans le second cas, celle de la pri-
son correctionnelle jusqu'à celle de la prison mineure à
son degré le moins élevé et l'amende de 10 à 100 duros
(50 à 500 fr.)

Art. 194. — *Pour les effets des dispositions pénales*
dirigées contre ceux qui commettent un attentat ou un
manque de respect contre l'autorité ou les fonctionnaires
publics, il est entendu, que sont toujours considérés
comme étant en exercice : les ministres de la couronne
et les autorités revêtues de fonctions permanentes ou
appelées à les exercer dans tous les cas et en toutes cir-
constances.

L'autorité outragée dans l'exercice de ses fonctions,
s'entend aussi de cette manière, que l'attentat ou le

*manque de respect se soient produits à l'occasion des
fonctions ou à raison de la charge dont est revêtue ladite
autorité.*

Art. 195. — *Celui qui, par violence, ou dans des vues*
contraires à la constitution ou par tout autre motif réprouvable , empêcherait un sénateur ou un député
d'assister aux Cortès, subira la peine de la prison correctionnelle.

Art. 196. — Ceux qui causeront du tumulte ou troubleront gravement l'ordre à l'audience d'un tribunal ,
pendant les actes publics particuliers à une autorité
quelconque, dans quelque collège électoral , *dans les
spectacles publics*, solennités ou réunions nombreuses ,
seront punis, *selon la gravité du délit*, de la peine de
l'arrêt majeur *jusqu'à celle de la prison correctionnelle
et d'une amende de 20 à 200 duros.*

Art. 197. — Ceux qui troubleront gravement l'ordre public, pour adresser un outrage ou commettre
tout autre fait blâmable contre un particulier, ou à toute
autre fin réprouvable, encourront la peine de l'arrêt
majeur jusqu'à celle de la prison correctionnelle.

Si ce délit avait pour objet de mettre obstacle à
l'exercice des droits politiques de quelque individu , il
sera, de plus, infligé au coupable l'interdiction temporaire de l'exercice du même droit.

Art. 198. — Celui qui poussera dans un lieu public
des cris provoquant à la rébellion ou à la sédition , et
celui qui , aux mêmes fins, commettra quelqu'un des
actes indiqués dans le paragraphe quatrième de l'article 169, sera puni de la peine de prison mineure.

Art. 199. — Celui qui commettra quelque illégalité

dans quelqu'un des actes d'élection des députés de la nation, sera puni des peines de prison inférieure, d'une amende de 100 à 1,000 duros (500 à 5,000 fr.), et de l'interdiction temporaire de l'exercice du droit électoral.

Cette disposition est applicable aux coupables de subornation de votes pour ladite charge.

Lorsque ces délits se commettront dans quelque autre élection populaire, seront infligées les peines d'arrêt majeur, une amende de 10 à 100 duros (50 à 500 fr.), et l'interdiction temporaire de l'exercice du droit électoral.

Art. 200. — Celui qui pénétrera armé dans un collége électoral ou dans quelque réunion autorisée par la loi, pour les élections populaires, sera puni d'une amende de 50 à 500 duros (250 à 2,500 fr.), et de l'interdiction temporaire du droit électoral.

Art. 201. — Au cas où celui qui commettra les délits indiqués dans ce chapitre serait constitué en autorité civile ou ecclésiastique, il sera puni du maximum de la peine applicable, et de celle de l'interdiction perpétuelle spéciale jusqu'à celle de l'interdiction absolue perpétuelle.

Art. 202. — Les ecclésiastiques qui, dans l'exercice de leur ministère, provoqueraient à l'exécution de quelqu'un des délits compris dans ce chapitre, seront punis de la peine d'interdiction de lieux si leurs provocations ne produisent pas d'effet, et de celle de l'internement mineur si elles en produisent.

Art. 203. — Ceux qui détruiront ou détérioreront des peintures, des statues ou un autre monument public d'utilité ou d'ornement, seront punis de la peine de la prison correctionnelle.

Art. 204. — Ceux qui enlèveront des prisons ou des établissements pénitentiaires quelque personne qui y serait détenue, ou qui faciliteront son évasion, seront punis des peines indiquées dans l'article 276 suivant le cas, s'ils ont employé la violence ou la subornation, et d'une peine inférieure d'un degré s'ils ont employé d'autres moyens.

Si l'enlèvement ou l'évasion ont été effectués hors desdits établissements, en violentant ou surprenant ceux qui étaient chargés de les conduire, les mêmes peines seront appliquées en leur degré inférieur.

Art. 205. — *Ceux qui attaqueront un conducteur de la correspondance publique, pour intercepter et garder ladite correspondance, ou s'en emparer ou l'anéantir de quelque manière que ce soit, seront punis, s'il y a eu violence, de la peine de prison inférieure à son degré le plus élevé, jusqu'à celle de galère majeure ; en tout autre cas, de la peine de galère mineure de son degré le moins élevé au degré moyen.*

Art. 206. — Les dispositions du présent chapitre ne sont pas applicables au cas où les faits qu'elles répriment doivent être qualifiés rébellion ou sédition.

CHAPITRE IV.

Des associations illicites.

PREMIÈRE SECTION.

Sociétés secrètes.

Art. 207.— Sont sociétés secrètes :

1º Celles dont les membres s'imposent sous ou sans serment , l'obligation de cacher à l'autorité publique l'objet de leurs réunions et leur organisation intérieure.

2º Celles dont les membres, dans leur correspondance entr'eux ou avec les autres associations, se servent de chiffres hiéroglyphes ou autres signes mystérieux.

Art. 208. — Ceux qui exerceraient un commandement ou la présidence , ou auraient reçu des grades supérieurs dans une société secrète , et ceux qui prêteraient à ladite société les maisons qu'ils possèdent , administrent ou habitent , seront punis de la peine de la prison majeure.

Les autres affiliés seront punis de la prison mineure, et les uns et les autres de l'interdiction perpétuelle absolue.

Art. 209. — Seront exemptés des peines indiquées dans l'article précédent , et condamnés uniquement à celle de la caution les membres d'une société secrète, quelle qu'en soit la catégorie, qui se présenteront spontanément devant l'autorité et lui déclareront ce qu'ils savent de l'objet et des plans de la société.

L'autorité, en recevant la déclaration, ne pourra leur

faire aucune question relativement aux personnes qui composent la société.

Art. 210. — *S'il est constant qu'une société secrète a pour objet la perpétration de quelqu'un des délits compris dans les chapitres 1 et 2 du présent titre, les chefs et associés subiront les peines respectivement applicables aux conspirateurs de ces mêmes délits.*

Lorsque la société aura pour objet la perpétration de quelqu'autre délit, la peine sera, pour les affiliés, celle qui est applicable aux auteurs de la tentative, et pour les chefs des sociétés celle du délit frustré.

SECONDE SECTION.

Des autres associations illicites.

Art. 211. — Est aussi illicite toute association de plus de 20 personnes, qui se réunit tous les jours ou à des jours déterminés, pour traiter de sujets religieux, littéraires ou de toute autre espèce, si elle ne s'est formée avec l'autorisation de l'autorité publique, ou si elle manque aux conditions qui lui ont été imposées.

Art. 212. — L'association dont il est parlé dans l'article précédent sera dissoute, et ses directeurs, chefs ou administrateurs seront punis d'une amende de 20 à 200 duros (100 à 1,000 fr.), *et au cas de récidive, de l'arrêt majeur et d'une amende double.*

TITRE IV.

CHAPITRE Iᵉʳ.

De la falsification des sceaux et marques.

PREMIÈRE SECTION.

*De la falsification, de la signature ou de l'estampille
royale, du sceau de l'Etat et de la signature
des ministres.*

Art. 213ʀ — Celui qui falsifiera la signature ou l'estampille du roi ou du régent du royaume, le sceau de l'Etat ou la signature des ministres de la couronne, sera puni de la peine de la chaîne temporaire, en son degré moyen jusqu'à celle de la chaîne perpétuelle.

SECONDE SECTION.

Falsification des autres sceaux publics.

Art. 214.— La falsification des sceaux à l'usage de quelque autorité ou administration publique, sera punie des peines de la galère mineure, et d'une amende de 20 à 200 duros (100 à 1,000 fr.)

Art. 215. — La falsification des marques des contrôleurs des matières d'or et d'argent, sera punie de la peine de galère majeure et d'une amende de 50 à 500 duros (250 à 2,500 fr.)

Art. 216. — La falsification des sceaux, marques et

contre-seings à l'usage des administrations de l'Etat, pour constater l'origine d'un objet quelconque, ou assurer la perception des impôts, sera punie de la peine de la prison mineure, et d'une amende de 100 à 1,000 duros (500 à 5,000 fr.)

TROISIÈME SECTION.

Falsification des marques et sceaux des particuliers.

Art. 217.— La falsification des sceaux, marques et contreseings à l'usage des établissements d'industrie ou de commerce, sera punie des peines de prison mineure et d'une amende de 50 à 500 duros (250 à 2500 fr).

CHAPITRE II.

De la falsification de la monnaie.

Art. 218.— Celui qui fabrique, introduit ou livre à la circulation une monnaie fausse, de l'espèce de celle qui a cours légal dans le royaume et qui soit d'une valeur inférieure à celle de la monnaie légale, sera puni des peines de la chaîne temporaire en son degré moyen jusqu'à celle de la chaîne perpétuelle, et d'une amende de 500 à 5000 duros (2500 à 25000 fr.), si la monnaie fausse est d'or ou d'argent, et des peines de galère majeure et d'une amende de 50 à 500 duros (250 à 2500 fr.), si c'est de la monnaie de billon.

Art. 219.— Celui qui rognera une monnaie légale, sera puni des peines de galère majeure et d'une amende de 50 à 500 duros (250 à 2500 fr.), si la monnaie est d'or ou d'argent, et de celle de galère correctionnelle et d'une amende de 20 à 200 duros (100 à 1000 fr.), si c'est de la monnaie de billon.

Celui qui introduira ou livrera à la circulation la monnaie rognée, encourra les mêmes peines.

Art. 220.— Celui qui fabriquera, introduira ou livrera à la circulation dans le royaume, une monnaie fausse qui y ait cours légal et soit de la même valeur que la monnaie légale, sera puni des peines de galère inférieure et d'une amende de 500 à 5000 duros (2500 à 25000 fr.

Art. 221.— Celui qui falsifiera, introduira ou livrera à la circulation dans le royaume une monnaie fausse d'une espèce qui n'y ait pas cours légal, sera puni des peines de galère mineure et d'une amende de 200 à 2000 duros (1000 à 10000 fr.

Art. 222.— Celui qui, ayant reçu de bonne foi une monnaie fausse, la livrerait à la circulation après que sa fausseté aura été reconnue, sera puni, lorsque la mise en circulation excédera 15 duros (75 fr.), d'une amende égale à une amende triple de la valeur de la dite monnaie.

CHAPITRE III.

De la falsification des billets de banque, titres de crédit de l'Etat et papier timbré.

Art. 223.— Celui qui introduirait ou livrerait à la circulation de fausses inscriptions de la dette publique au porteur, de faux billets du trésor ou de quelque établissement de banque créé par autorisation du gouvernement, et celui qui falsifierait lesdites inscriptions ou billets, seront punis des peines de la chaîne temporaire en son degré moyen à celles de la chaîne perpétuelle et d'une amende de 500 à 5000 duros (2500 à 25000 fr.)

Art. 224. — Celui qui falsifierait le papier timbré, les inscriptions ou titres de la dette publique, les mandats du trésor, les billets de loteries (1) ou tout autre titre de crédit ou de valeurs de l'Etat, sera puni des peines de la chaîne temporaire et d'une amende de 500 à 5000 duros (2500 à 25000.)

Ceux qui les introduiraient et les livreraient à la circulation encourront les mêmes peines.

Art. 225. — Celui qui, ayant acquis de bonne foi les titres et effets dont il est parlé dans les deux articles précédents, les livrerait à la circulation alors qu'il en connaîtrait la fausseté, sera puni d'une amende du tout au triple de la valeur du titre, sans qu'elle puisse être jamais abaissée au-dessous de 50 duros (250 francs).

CHAPITRE IV.

De la falsification de documents.

PREMIÈRE SECTION.

De la falsification de documents publics ou officiels et commerciaux.

Art. 226. — Sera puni des peines de la chaîne temporaire et d'une amende de 100 à 1,000 duros (500 à

---

(1) La loterie existe en Espagne comme source de revenus pour le gouvernement qui en a le privilége exclusif.

5,000 fr.) , l'ecclésiastique ou fonctionnaire public qui , abusant de ses fonctions, commettra un faux :

1º En contrefaisant ou simulant un écrit , une signature ou paraphe ;

2º En supposant dans un acte l'intervention de personnes qui ne sont pas réellement intervenues ;

3º En attribuant à celles qui ont intervenu dans ledit acte, des déclarations ou manifestations autres que celles qu'elles ont faites ;

4º En manquant à la vérité dans le narré des faits ;

5º En altérant les dates véritables ;

6º En faisant , dans un document vrai, quelque altération ou intercalation qui en change le sens ;

7º En donnant une copie conforme authentique d'un document supposé ou en manifestant dans cette copie une chose contraire ou différente de celle que contient l'original vrai ;

8º En cachant au préjudice de l'Etat ou d'un particulier quelque document officiel.

Art. 227. — Le simple particulier qui commettra, dans un document public ou officiel , dans des lettres de change ou toute autre catégorie de titres commerciaux, quelqu'un des faux indiqués dans l'article précédent , sera puni des peines de galère majeure et d'une amende de 100 à 1,000 duros (500 à 5,000 fr.)

SECONDE SECTION.

De la falsification de documents privés.

Art. 228. — Celui qui au préjudice d'un tiers et avec intention de causer ledit préjudice, commettrait dans un document privé quelqu'un des faux désignés dans l'article 226 , sera puni des peines de la prison mineure et d'une amende de 100 à 1,000 duros (500 à 5,000 fr.)

TROISIÈME SECTION.

De la falsification des passeports et certificats.

Art. 229. — Le fonctionnaire public qui délivrerait un passeport sous un nom supposé ou le donnerait en blanc, sera puni des peines de prison mineure et d'interdiction temporaire absolue.

Cette disposition n'est pas applicable au cas où le fonctionnaire, pour justes causes communiquées à son supérieur, délivrerait le passeport en la forme indiquée dans le paragraphe précédent.

Art. 230. — Celui qui ferait un faux passeport sera puni des peines de prison correctionnelle et d'une amende de 10 à 100 duros (50 à 500 fr.)

Les mêmes peines seront infligées à celui qui, dans un passeport vrai , changerait le nom de la personne en faveur de laquelle il a été délivré, ou le nom de l'autorité qui l'a délivré *ou qui l'altérerait en quelqu'autre circonstance essentielle.*

Art. 231. — Celui qui ferait usage du passeport dont il est parlé en l'article précédent, sera puni d'une amende de 10 à 100 duros (50 à 500 fr.)

Encourront la même peine ceux qui feraient usage d'un vrai passeport, délivré en faveur d'une autre personne.

Art. 232. — Le médecin qui délivrerait un faux certificat de maladie ou lésion , dans le but d'exempter une personne de quelque service public , sera puni des peines de prison correctionnelle et d'une amende de 20 à 200 duros (100 à 1,000 fr.)

Art. 233. — Le fonctionnaire public qui délivrerait un faux certificat de mérites ou services , de bonne conduite, de pauvreté ou d'autres circonstances semblables de recommandation, sera puni de la peine de la suspension d'emploi et d'une amende de 10 à 100 duros (50 à 500 fr.)

Art. 134. — Celui qui falsifierait un document de l'espèce indiquée dans les deux articles précédents, sera puni des peines de l'arrêt majeur et d'une amende de 5 à 50 duros (25 à 250 fr.)

Cette disposition est applicable à celui qui userait aux mêmes fins , de faux documents.

CHAPITRE V.

Dispositions communes aux chapitres précédents.

Art. 235. — Celui qui fabriquerait ou introduirait des coins, sceaux, marques ou quelqu'autre espèce d'outils et instruments notoirement destinés aux falsifications dont il est parlé dans les précédents chapitres de ce titre, sera puni des mêmes peines pécuniaires et des peines personnelles immédiatement inférieures en degré, à celles qui sont infligées aux falsificateurs.

Art. 236. — Celui qui aurait en son pouvoir quelqu'un des outils ou instruments dont il est parlé dans l'article précédent, et qui ne donnerait pas justification suffisante relativement à leur acquisition ou possession , sera puni des mêmes peines pécuniaires et des peines personnelles inférieures de deux degrés à celles qui sont applicables à la falsification à laquelle lesdits objets ou instruments sont propres.

Art. 237. — Le fonctionnaire qui, pour exécuter quelque falsification au préjudice de l'Etat, d'une corporation ou d'un particulier dont il dépend, ferait usage d'outils ou instruments légitimes qui lui auraient été confiés, encourra les mêmes peines pécuniaires et les peines personnelles immédiatement supérieures en degré à celles qui sont applicables à la falsification commise, et il lui sera toujours infligé, de plus, la peine de l'interdiction perpétuelle absolue.

Art. 238. — Lorsque le gain qu'auront retiré ou que se seront proposé de faire les coupables de falsification punis par le présent titre, pourra être évalué, lesdits coupables seront frappés d'une amende égale à une amende triple dudit gain, à moins que le maximum de ladite amende ne soit inférieur au minimum de celle qui est infligée pour le délit, auquel cas celle-ci sera appliquée.

Art. 239. — Les coupables des falsifications punies dans ce titre, qui se déclareront à l'autorité avant tout commencement d'exécution et révèleront les circonstances du délit, seront exempts de peine, excepté de la sujétion à la surveillance que les tribunaux pourront leur infliger.

Pour jouir de l'exemption accordée par le présent article dans les cas de falsification de monnaie ou de toute autre espèce de titre de crédit de l'Etat, de banques autorisées par le gouvernement, il sera de plus nécessaire que la révélation se soit produite avant l'émission de la monnaie ou des titres.

Dans les autres cas, il faut aussi que la falsification n'ait causé aucun préjudice à un tiers ou que celui-ci en ait été complètement indemnisé.

Art. 240. — *Les tribunaux abaisseront d'un ou deux degrés la peine, suivant leur appréciation, et remplaceront celle de la galère par celle de la prison, dans tous les cas prévus par le chapitre précédent, lorsque le faux n'aura pas occasionné au préjudice réel et considérable à un tiers, ni produit un grave scandale.*

CHAPITRE VI.

Du faux témoignage et de l'accusation et dénonciation calomnieuses.

Art. 241. — Celui qui, dans une cause criminelle et relativement à un délit grave, fera un faux témoignage, sera puni :

1o De la peine infligée à l'accusé, si celui-ci en a été puni par suite du faux témoignage ;

2o De la peine immédiatement inférieure, si l'accusé n'a pas subi de peine ;

3o De la peine inférieure de deux degrés à celle qui était applicable au délit imputé, si le jugement n'avait pas été confirmé ou qu'il y ait eu absolution ;

4o Des peines de galère majeure et d'une amende de 50 à 500 duros (250 à 2,500 fr.), lorsque les peines indiquées dans les numéros précédents seront inférieures à celle-ci , ou qu'elles ne pourraient pas être exécutées contre la personne du faux témoin.

Art. 242. — Le faux témoignage fait en instance, sur un délit moins grave, sera puni des peines de galère mineure et d'une amende de 20 à 200 duros (100 à 1,000 fr.).

S'il se produit sur une contravention , il sera puni de la galère correctionnelle en son degré le plus bas et d'une amende de 10 à 100 duros (50 à 500 fr.)

Art. 243. — Le faux témoignage donné en faveur d'un coupable, sera puni des peines de galère correctionnelle et d'une amende de 20 à 200 duros (100 à 1,000 fr.), si la poursuite a lieu pour un délit, et de celles d'arrêt majeur et d'une amende de 10 à 100 duros (50 à 500 fr.) si la poursuite a lieu pour une contravention.

Art. 244. — Le faux témoignage en cause civile sera puni des peines de galère correctionnelle et d'une amende de 50 à 500 duros (150 à 2,500 fr.

Si la valeur de la demande ne dépasse pas 50 duros (250 fr.) , les peines seront celles d'arrêt majeur et une amende de 10 à 100 duros (50 à 500 fr.)

Art. 245. — Les peines édictées par les articles précédents sont applicables aux experts qui fausseraient la vérité dans leur rapport.

Art. 246. — Alors que la fausse déclaration du témoin ou de l'expert aura été faite à suite de subornation, les peines seront celles immédiatement supérieures en degré à celles qui sont respectivement édictées par les articles précédents, en leur infligeant de plus l'amende égale ou triple de la valeur de la promesse ou du don.

Le don sera saisi lorsqu'il aura été remis ou suborné.

Art. 247. — Lorsque le témoin ou l'expert, sans manquer substantiellement à la vérité, l'altérera par des réticences ou des inexactitudes, les peines seront :

1o Une amende de 20 à 200 duros (100 à 1,000 fr.) lorsque le faux sera fait en la cause relative à un délit ;

2o Une amende de 10 à 100 duros (50 à 500 fr.) lorsqu'il sera relatif à une contravention ou à une affaire civile.

Art. 248. — L'accusation ou dénonciation qui aurait été déclarée calomnieuse, par jugement confirmé, sera punie des peines de prison mineure, lorsqu'elle se rapportait à un délit grave ; des peines de la prison correctionnelle si elle se rapportait à des délits moins graves, et de celles de l'arrêt majeur s'il s'agissait d'une contravention, en infligeant, de plus, en tous cas, une amende de 50 à 500 duros (250 à 2,500 fr.)

Art. 249. — Celui qui présentera sciemment en justice de faux témoins, ou des titres faux, sera puni comme coupable de faux témoignage.

CHAPITRE VII.

De l'usurpation de fonctions, qualités et noms supposés.

Art. 250. — Celui qui usurperait le caractère qui autorise à administrer les sacrements et exercerait les actes à ce propos, sera puni de la peine de galère majeure.

S'il y a eu usurpation du caractère de diacre ou sous-diacre, la peine sera celle de la galère correctionnelle.

Art. 251. — Celui qui se ferait passer pour une autorité, un fonctionnaire public ou un professeur d'une faculté qui exige un titre , et exercerait les actes particuliers à cette profession ou à ces emplois, sera puni , *dans le premier cas , de la peine de la prison mineure; dans le second et le troisième, de celle de la prison correctionnelle.*

Art. 252. — Le simple usage de l'habit , des insignes ou de l'uniforme particuliers au clergé ou à un emploi public, sera puni de l'arrêt majeur et d'une amende de 10 à 100 duros (50 à 500 fr.)

TITRE V.

DÉLIT CONTRE LA SANTÉ PULIQUE.

Art. 253. — Celui qui, sans y être suffisamment autorisé , travaillera des substances nuisibles à la santé ou des produits chimiques qui peuvent produire de grands dommages, pour les vendre ou les distribuer, les vendra ou en fera le commerce, sera puni des peines de l'arrêt majeur et d'une amende de 50 à 500 duros (250 à 2,500 fr.)

Art. 254. — Celui qui étant autorisé pour le trafic de substances qui peuvent être nuisibles à la santé, ou de produits chimiques de la catégorie indiquée dans l'article précédent, les distribuerait ou les fournirait, sans observer les formalités prescrites par les réglements respectifs , sera puni des peines de l'arrêt majeur et d'une amende de 10 à 100 duros (50 à 500 fr.)

Art. 255. — Les pharmaciens qui distribueraient des

médicaments détériorés ou substitueraient les uns aux autres , en le faisant de manière à nuire à la santé, seront punis des peines de la prison correctionnelle et d'une amende de 20 à 200 duros (100 à 1,000 fr.)

Art. 256. — Les dispositions des deux articles précédents sont applicables à ceux qui trafiqueraient des substances ou produits qu'ils indiquent , et à ceux qui sont sous les ordres des pharmaciens lorsqu'ils seront les coupables.

Art. 257. — Celui qui, par quelque mélange nuisible à la santé , altérerait les boissons ou les comestibles destinés à la consommation publique, sera puni des peines de prison correctionnelle et d'une amende de 10 à 100 duros (50 à 500 fr).

TITRE VI.

DU VAGABONDAGE ET DE LA MENDICITÉ.

Art. 258. — Sont vagabonds, ceux qui ne possèdent ni biens, ni revenus, qui n'exercent habituellement aucune profession, aucun art ou métier , qui n'ont aucun emploi , aucune place , aucune industrie , aucune occupation licite , ou quelqu'autre moyen légitime et connu d'existence , alors même qu'ils sont mariés et ont un domicile fixe.

Art. 259. — Le vagabond sera puni des peines de l'arrêt majeur *jusqu'à celle de la prison correctionnelle en son degré inférieur* et de la sujétion à la surveillance de l'autorité pour un an , *et de celles de la prison cor-*

24

*rectionnelle et de deux années de surveillance, s'il ré-
cidive.*

Art. 260. — Les vagabonds qui changeront fréquemment de résidence, sans autorisation compétente, *et
ceux qui fréquenteront les maisons de jeu*, seront punis
des peines de la prison correctionnelle et de deux ans
de sujétion à la surveillance de l'autorité.

Art. 261. — Le vagabond qui sera arrêté déguisé ou
dans un costume qui ne lui serait pas habituel, ou bien
encore, porteur de rossignols, autres instruments ou
armes qui inspireraient de justes soupçons, sera condamné aux peines de la prison correctionnelle en son
degré le plus élevé et à trois années de sujétion à la
surveillance de l'autorité.

Les mêmes peines seront infligées au vagabond qui
chercherait à pénétrer dans une maison, une habitation ou un lieu fermé, sans un motif qui l'excuse.

Art. 262. — A quelque époque que le vagabond auquel auraient été infligées les peines de l'arrêt et de la
sujétion à la surveillance de l'autorité donne caution
d'application et de bonne conduite, il sera gracié de
l'accomplissement de sa peine.

Le cautionnement consistera en le chiffre que fixeront les tribunaux dans leur jugement, sans qu'il
puisse être au-dessous de 50 duros (250 fr.) ni au-dessus de 250 (1,250 fr.), lequel se déposera en une banque publique.

La caution durera trois ans; le répondant aura le
droit de demander, à quelque époque que ce soit, sa libération et le remboursement de la somme déposée,
moyennant la remise à l'autorité compétente de la per-

sonne du vagabond pour qu'il accomplisse ou achève sa peine.

Art. 263.— Celui qui, sans l'autorisation exigée, demanderait habituellement l'aumône sera condamné aux peines de l'arrêt majeur et à la surveillance de l'autorité pour un an.

Lorsque le mendiant ne pourra pas se procurer sa subsistance par son travail ou qu'il sera mineur de 14 ans, l'autorité exécutera les dispositions prescrites par les réglements.

Art. 264. — La disposition du premier paragraphe de l'article précédent, est applicable à celui qui, sous un faux motif, aurait obtenu l'autorisation de mendier ou continuerait à le faire depuis qu'a cessé la cause qui la lui avait fait obtenir.

Art. 265. — Le mendiant qui se trouvera dans l'un des cas prévus par l'article 261, sera puni des peines édictées par cet article.

Art. 266. — La disposition de l'article 262 est applicable aux mendiants frappés par les articles 263 et 264.

TITRE VII.

DES JEUX ET LOTERIES.

Art. 267. — Les banquiers et maîtres des maisons de jeux de chance ou de hasard, et entrepreneurs et distributeurs de billets de loteries non autorisées, seront punis de la peine de l'arrêt majeur *et d'une amende de 20 à 200 duros* (100 à 1,000 fr.); *et, au cas de récidive, de la peine de la prison correctionnelle en son degré*

*inférieur jusqu'à son degré moyen et d'une amende
double.*

*Les joueurs qui fréquenteraient les maisons dont il
vient d'être parlé, seront punis de la peine de l'arrêt
majeur en son degré inférieur ou d'une amende de* 10 *à*
100 *duros* (50 à 500 fr.); *en cas de récidive, de la
peine d'arrêt majeur et d'une amende double.*

L'argent et les effets exposés au jeu, les meubles de
l'habitation et les instruments, objets et outils destinés
au jeu ou à la loterie seront saisis.

Art. 268. — Ceux qui emploieraient au jeu des
moyens frauduleux pour s'assurer la chance, seront punis comme escrocs.

TITRE VIII.

DES DÉLITS COMMIS PAR LES FONCTIONNAIRES PUBLICS DANS L'EXERCICE DE LEURS FONCTIONS.

CHAPITRE Ier.

Prévarication.

Art. 269.—Le juge qui, sciemment, prononcera une
sentence définitive, manifestement injuste, encourra :

1o La peine d'interdiction perpétuelle absolue, si la
sentence porte condamnation au criminel pour un délit, et, de plus, la même peine que celle qui est prononcée par la sentence, si elle a été exécutée, et la peine
inférieure d'un degré à celle qui est édictée par la loi si
la sentence est inappellable et porte absolution dans le
cas d'un délit grave ;

2º La peine d'interdiction perpétuelle spéciale en tout autre cas.

Art. 270. — Le fonctionnaire public qui, sciemment et avec injustice manifeste, ordonnerait ou proposerait une sentence ou mesure, dans une affaire contentieuse administrative ou purement administrative, encourra la peine d'interdiction perpétuelle spéciale.

Art. 271.— Le fonctionnaire public, qui, manquant aux devoirs de ses fonctions, omettrait malicieusement de provoquer la poursuite et le châtiment des délinquants, encourra la peine de l'interdiction perpétuelle spéciale.

Art. 272.— Le juge qui, malicieusement, se refuserait à juger, sous prétexte d'obscurité, insuffisance ou silence de la loi, sera puni de la peine de la suspension.

Cette disposition s'entend sans préjudice de celles contenues dans l'article 2.

Encourra la même peine, le juge coupable de retard malicieux dans l'administration de la justice.

Art. 273. — L'avocat ou procureur qui, abusant malicieusement de ses fonctions, causerait un préjudice à son client ou divulguerait ses secrets, sera puni suivant la gravité du préjudice causé, des peines de la suspension jusqu'à celles de l'interdiction perpétuelle spéciale et d'une amende de 50 à 500 duros (250 à 2,500 fr.)

Art. 274.— L'avocat ou procureur qui, ayant accepté la défense d'une partie, défendrait ensuite sans le consentement de celle-ci, la cause contraire, dans la même affaire, sera puni des peines de l'interdiction spéciale temporaire et d'une amende de 20 à 200 duros (100 à 1,000 fr.)

Art. 275.— Les dispositions de ce chapitre sont applicables dans leurs différents cas aux assesseurs (1) , arbitres forcés, arbitres amiables et experts.

CHAPITRE II.

Infidélité dans la garde des prisonniers.

Art. 276.— L'employé public coupable de connivence dans l'évasion d'un prisonnier dont la conduite ou la garde lui auraient été confiées, sera puni :

1° Au cas où le fugitif aurait été condamné par sentence exécutoire en une peine quelconque : de celle qui lui est inférieure de deux degrés, et de celle de l'interdiction perpétuelle spéciale ;

2° De la peine inférieure de trois degrés à celle appliquée par la loi au délit pour lequel était poursuivi le fugitif, s'il n'était pas condamné par sentence exécutoire, et de la peine de l'interdiction spéciale temporaire.

Art. 277. — Le simple particulier qui, se trouvant chargé de la conduite ou de la garde d'un prisonnier ou détenu, commettrait quelqu'un des délits indiqués dans

(1) « L'assesseur est le *lettré* (c'est-à-dire l'avocat) qui assiste le » juge *non lettré*, pour le conseiller en ce qui touche à l'administra-» tion de la justice. » *Elementos de pratica forense*, par D. M. Ortiz de Zuniga.

Ces assesseurs sont attachés aux *alcaldes* qui ne sont pas avocats, aux tribunaux militaires, artillerie, marine et aux tribunaux des ingénieurs, aux tribunaux des mines, aux tribunaux de commerce, et généralement à tous les tribunaux composés de juges pour lesquels n'est pas exigé le titre de licencié en droit. Ces tribunaux les consultent sur toutes les questions de droit qui se présentent dans les procès ou contestations de leur juridiction.

l'article précédent, sera puni des peines immédiatement inférieures en degré à celles applicables au fonctionnaire public.

CHAPITRE III.

Infidélité dans la garde de documents.

Art. 278. — L'ecclésiastique ou fonctionnaire public qui soustraira ou détruira des documents ou papiers qui lui auraient été confiés à raison de ses fonctions, sera puni :

1° Des peines de prison majeure et d'une amende de 50 à 500 duros (250 à 2,500 fr.), si du fait il résulte un grave dommage pour un tiers ou pour la chose publique ;

2° De celles de la prison correctionnelle et d'une amende de 20 à 200 duros (100 à 1000 fr.), lorsque ces circonstances ne se rencontreront pas.

Dans l'un et l'autre cas, il lui sera, de plus, infligé la peine de l'interdiction perpétuelle spéciale.

Art. 279. — Le fonctionnaire public qui, ayant à sa charge la garde de papiers ou effets scellés par l'autorité, briserait les scels ou consentirait à ce qu'on les brise, sera puni des peines de prison correctionnelle, d'interdiction perpétuelle spéciale et d'une amende de 50 à 500 duros (250 à 2,500 fr.)

Art. 280. — Le fonctionnaire public qui ouvrirait ou consentirait à ce qu'on ouvre, sans l'autorisation compétente, des papiers ou documents fermés, dont la garde lui aurait été confiée, encourra les peines de l'arrêt

majeur, l'interdiction temporaire spéciale et une amende
de 25 à 250 duros (125 à 1,250 fr.)

Art. 281.— *Les peines indiquées dans les trois articles précédents sont applicables aux simples particuliers
chargés accidentellement de l'expédition ou de la garde
de documents ou papiers, par commission du gouvernement, ou des fonctionnaires auxquels ils avaient été confiés à raison de leurs fonctions.*

CHAPITRE IV.

Violation de secrets.

Art. 282.— Le fonctionnaire public qui révèlerait les
secrets dont il a connaissance à raison de ses fonctions,
sera puni des peines de la suspension, et d'une amende
de 10 à 100 duros (50 à 500 fr.)

Si de la révélation il résulte un grave dommage pour
la chose publique, les peines seront: l'interdiction absolue perpétuelle, la prison majeure, et une amende de
50 à 500 duros (250 à 2,500 fr.)

Art. 283. — Le fonctionnaire public qui, abusant de
ses fonctions, commettrait le délit de s'emparer ou se
saisir des papiers, ouvrir ou intercepter la correspondance d'un autre fonctionnaire, sera puni des peines de
l'interdiction spéciale temporaire, prison correctionnelle et d'une amende de 10 à 100 duros (50 à 500 fr.)

*Si l'interception ou l'ouverture avait lieu pour des
dépêches officielles, la peine serait celle de l'interdiction
spéciale perpétuelle, prison correctionnelle et une
amende de 50 à 500 duros (250 à 2,500 fr.)*

Art. 284.— Le fonctionnaire public qui, connaissant à raison de ses fonctions les secrets d'un simple particulier, les dévoilerait, encourra les peines de la suspension, arrêt majeur et une amende de 10 à 100 duros (50 à 500 fr.)

Les mêmes peines seront encourues par ceux qui, exerçant quelqu'une des professions qui exigent diplôme, révéleraient les secrets qui, à raison de leur profession, leur auraient été confiés.

CHAPITRE V.

Résistance et désobéissance.

Art. 285.— *Ceux qui désobéiraient gravement à l'autorité ou à ses agents dans l'accomplissement d'un service public, seront punis de la peine d'arrêt majeur jusqu'à celle de prison correctionnelle, et d'une amende de 20 à 200 duros* (100 à 1,000 fr.)

Art. 286.— Le fonctionnaire public qui se refuserait ouvertement à obéir aux ordres de ses supérieurs, encourra les peines d'interdiction perpétuelle spéciale et d'arrêt majeur.

Art. 287.— Le fonctionnaire qui, ayant suspendu pour un motif quelconque l'exécution des ordres de ses supérieurs, refuserait de les exécuter après que ceux-ci auraient désapprouvé la suspension, subira la peine de l'interdiction perpétuelle spéciale et celle de la *prison correctionnelle.*

CHAPITRE VI.

Refus d'aide et abandon d'emploi.

Art. 288. — Le fonctionnaire public qui, requis par l'autorité compétente, ne prête pas la coopération dûe, pour l'administration de la justice ou autre service public, sera puni de la suspension de son emploi et d'une amende de 10 à 100 duros (50 à 500 fr.)

Si, de son abstention, il résultait un grave dommage pour la chose publique ou pour un tiers, les peines seraient celles de l'interdiction perpétuelle spéciale et une amende de 20 à 200 duros (100 à 1,000 fr.)

Art. 289. — Le fonctionnaire qui, sans que sa démission ait été acceptée, abandonnera ses fonctions avec dommage pour la chose publique, sera puni de la peine de la suspension jusqu'à celle de l'interdiction temporaire de charges ou fonctions.

Cette disposition doit s'entendre sans préjudice de celle que contient l'article 187.

CHAPITRE VII.

Nominations illégales.

Art. 290. — Le fonctionnaire public qui, sciemment, proposerait ou nommerait à un emploi public une personne chez laquelle ne se rencontrent pas les qualités requises légales, sera puni des peines de la suspension et d'une amende de 10 à 100 duros (50 à 500 fr.

CHAPITRE VIII.

Abus contre les simples particuliers.

Art. 291. — Le fonctionnaire public qui, s'attribuant le pouvoir judiciaire, imposerait quelque châtiment équivalent à une peine personnelle, encourra :

1o La peine de l'interdiction temporaire spéciale de la fonction qu'il exerce jusqu'à l'interdiction absolue de toute charge publique, si le châtiment infligé est équivalent à une peine afflictive ;

2o Celle de la suspension jusqu'à celle de l'interdiction temporaire spéciale, si le châtiment infligé est équivalent à une peine correctionnelle ;

3o Celle de la suspension, s'il est équivalent à une peine légère.

Art. 292. — Si la peine arbitrairement infligée a été exécutée, en sus des peines indiquées dans l'article précédent sera appliquée au fonctionnaire coupable la peine de la même nature de celle qu'il a prononcée etau même degré.

Si la peine n'a pas été exécutée pour une cause indépendante de la volonté du fonctionnaire, il lui sera infligé la peine immédiatement inférieure en degré ; et si l'inéxécution provient de la révocation spontanée dudit fonctionnaire, il encourra uniquement les peines édictées par l'article précédent.

Art. 293. — Lorsque la peine arbitrairement infligée sera pécuniaire, le fonctionnaire coupable, sera puni :

1o Des peines de l'interdiction spéciale temporaire et

d'une amende égale ou triple si la peine infligée par lui a été exécutée ;

2° De celles de la suspension depuis le degré moyen jusqu'au degré supérieur et d'une amende de la moitié au tout, si la peine infligée n'a pas été exécutée pour cause indépendante de sa volonté ;

3° De celle de la suspension en son degré inférieur, si elle n'a pas été exécutée par suite de la révocation spontanée dudit fonctionnaire.

Art. 294. — Le fonctionnaire public qui, dans l'arrestation ou l'introduction de l'instance dirigée contre un sénateur ou un député aux Cortès, n'observera pas les formalités prescrites par la constitution (1), encourra la peine de l'interdiction temporaire spéciale.

Art. 295. — Seront punis des peines de la suspension et d'une amende *de* 5 *à* 50 *duros* (25 à 250 fr.) :

1° Le fonctionnaire public qui ordonnerait ou exécuterait illégalement, ou manifestement en dehors de sa compétence, la détention d'un individu ;

2° Le juge qui ne mettrait pas en liberté le détenu dont l'élargissement a été prononcé ;

3° Le geolier d'une prison ou le chef d'un établissement pénitentiaire qui recevrait dans ledit établissement

---

(1) Article 42 de la constitution du 18 juin 1837 : « Les sénateurs
» et les députés ne pourront être poursuivis ni arrêtés durant les
» sessions, sans l'autorisation du Corps législatif auquel ils appar-
» tiennent, à moins qu'ils ne soient trouvés en flagrant délit ; mais
» dans ce cas et dans celui où ils seraient poursuivis ou arrêtés dans
» l'intervalle des sessions des Cortès, il devra en être rendu compte
» le plus promptement possible au corps dont ils font partie pour
» qu'il le sache et prenne une résolution. »

en état d'arrestation ou de détention, un individu, *sans les formalités requises prévues par la loi* ;

4º Le geolier ou autre fonctionnaire public qui cacherait à l'autorité un détenu qu'il doit lui présenter ;

5º Tout fonctionnaire public qui ne donnerait pas la due exécution à un mandat d'élargissement délivré par l'autorité compétente ou retiendrait dans les établissements pénitentiaires le condamné qui a achevé sa peine.

Quand la personne qui commettrait quelqu'un des délits dont il est parlé dans cet article, ne jouira pas d'un traitement fixe de l'Etat, il encourra, de plus, la peine de l'arrêt majeur jusqu'à l'interdiction de lieux.

Les tribunaux infligeront la même aggravation, lorsque l'emprisonnement ou détention arbitraire dépassera huit jours sans préjudice de ce qui est statué pour ce cas par l'article 297.

Art. — 296. — Les dispositions de l'article précédent sont applicables :

1º Aux juges qui ordonneraient ou prolongeraient indûment la mise au secret d'un détenu ;

2º Au geolier qui, sans ordre de l'autorité compétente, mettrait au secret ou dans une prison autre que celle qu'il doit occuper, un détenu ou un condamné ;

3º Au geolier ou chef d'établissement pénitentiaire qui imposerait aux détenus ou condamnés des privations indues, ou userait contre eux d'une rigueur non nécessaire ;

4º Au fonctionnaire public qui refuserait à un détenu, ou à celui qui le représenterait, un certificat ou témoignage de sa détention, ou omettrait, sans motif légitime, de donner suite à quelque demande relative à sa mise en liberté; ,

5° Au fonctionnaire public qui, étant chargé de la police administrative ou judiciaire et ayant connaissance de quelque détention arbitraire, omettrait d'en faire part à l'autorité supérieure compétente ou de se livrer aux diligences obligées en pareil cas ;

6° Au fonctionnaire public qui ne recevrait pas la déclaration du détenu ou ne lui ferait pas connaître la cause de sa détention dans le délai fixé par les lois (1).

Art. 297. — Le fonctionnaire public coupable des abus indiqués dans les nos 1, 4 et 5 de l'article précédent et dans le no 5 de l'article 295, sera puni des peines de l'interdiction temporaire et d'une amende de 50 à 500 duros (250 à 2,500 fr.), lorsque, par suite de l'abus, la détention se prolongerait au-delà de deux mois.

Art. 298. — Le fonctionnaire public qui placerait arbitrairement une personne arrêtée ou un détenu dans un lieu autre que la prison ou l'établissement à ce affecté, sera puni d'une amende de 10 à 100 duros (50 à 100 fr.)

Art. 299. — Le fonctionnaire public qui, abusant de ses fonctions, violerait le domicile d'une personne quelconque en dehors des cas et de la forme prescrits par la loi, sera puni des peines de la suspension et d'une amende de 10 à 100 duros (50 à 500 fr.)

Art. 300. — Le fonctionnaire public qui, en s'acquit-

(1) Ce délai est de 24 heures à partir du moment où le prévenu est à la disposition du magistrat ou fonctionnaire.

tant d'un acte de ses fonctions, commettrait quelque vexation injuste contre les personnes, ou userait de contraintes illégitimes ou non nécessaires à l'accomplissement de ses fonctions, sera puni des peines de la suspension et d'une amende de 10 à 100 duros (50 à 500 fr).

Tout fonctionnaire public de l'ordre administratif qui retarderait ou refuserait aux particuliers la protection ou le service qu'il doit leur accorder suivant les lois et réglements, encourra la peine de la suspension et une amende de 10 à 100 duros (50 à 500 fr.)

Art. 301. — Le fonctionnaire public qui refuserait arbitrairement de donner un certificat ou une attestation, ou mettrait obstacle à la présentation ou au cours d'une demande, sera puni d'une amende de 10 à 100 duros (50 à 500 fr.)

Si l'attestation, certificat ou demande avaient trait à un abus commis par lui, l'amende sera de 20 à 200 duros (100 à 1,000 fr.)

Art. 302. — Le fonctionnaire public qui solliciterait une femme qui aurait des intérêts dépendant de sa solution, sera puni de la peine d'interdiction temporaire spéciale.

Art. 303. — Le geolier qui solliciterait une femme placée sous sa garde sera puni de la peine de la prison mineure.

Si la femme sollicitée était épouse, fille, mère, sœur ou alliée au même degré d'un individu qui serait placé sous sa garde, la peine sera celle de la prison correctionnelle.

En tout cas, il encourra, en outre, la peine de l'interdiction perpétuelle spéciale.

CHAPITRE IX.

Abus commis par les ecclésiastiques dans l'exercice de leurs fonctions.

Art. 304.— L'ecclésiastique qui, dans un sermon, dans un discours, un édit, un mandement ou tout autre document auquel il donnerait de la publicité, censurerait, comme contraires à la religion, quelque loi, décret, ordonnance, disposition ou sentence émanés de l'autorité publique, sera puni de la peine de l'interdiction de lieux.

Art. 305. — L'ecclésiastique qui, de ce requis par le tribunal compétent, refuserait de lui remettre les actes demandés pour juger un recours de force introduit, ou refuserait de lever les censures ou la force ecclésiastique, sera puni de la peine de l'interdiction temporaire.

La récidive sera punie de la peine de l'interdiction perpétuelle spéciale.

Art. 306. — Les peines édictées dans les chapitres précédents du présent titre, contre les délits que commettraient les fonctionnaires publics dans l'exercice de leurs fonctions, seront infligées aux ecclésiastiques qui abuseraient de la juridiction ou de l'autorité qu'ils exercent, en tant qu'elles pourraient leur être appliquées.

CHAPITRE X.

Usurpation d'attributions.

Art 307. — Le fonctionnaire public qui, outrepassant ses attributions, édicterait des réglements ou dispositions générales, sera puni de la peine de la suspension.

Art. 308.— Le juge qui s'arrogerait des attributions propres aux autorités administratives, ou mettrait obstacle à l'exercice légitime des attributions desdites autorités, sera puni de la peine de la suspension.

Encourra la même peine, tout fonctionnaire public de l'ordre administratif qui s'arrogerait des attributions judiciaires, ou mettrait obstacle à l'exécution d'une sentence ou décision émanée du juge compétent.

Art. 309. — Le fonctionnaire public qui, légalement requis d'inhibition, continuerait à procéder, avant qu'il eût été statué sur le conflit, sera puni d'une amende de 20 à 200 duros (100 à 1,000 fr.)

CHAPITRE XI.

De la prise de possession anticipée et de la prolongation indue de fonctions publiques.

Art. 310. — Le fonctionnaire public qui continuerait à exercer son emploi, sa charge ou sa commission après qu'il *aurait dû les cesser, conformément aux lois, réglements ou dispositions spéciales à son administration particulière*, sera puni des peines de l'interdiction temporaire en son degré inférieur, et d'une amende de 10 à 100 duros (50 à 500 fr.)

Art. 311. — Celui qui entrerait en fonctions d'un emploi ou d'une charge publique sans avoir prêté le serment ou fourni le cautionnement exigés par les lois, dans la forme voulue, restera suspendu de l'emploi ou de la charge jusqu'à accomplissement des formalités respectives , et encourra une amende de 5 à 50 duros (25 à 250 fr.)

Art. 312.— Le fonctionnaire coupable de quelqu'un des délits punis par les articles précédents , et qui aurait perçu , à raison de ses fonctions ou de sa commission , quelques droits ou émoluments , sera , en outre , condamné à les restituer et à une amende de 10 à 50 % de leur quotité.

CHAPITRE XII.

Disposition générale applicable aux précédents chapitres du présent titre.

Art. 313.— Le fonctionnaire public qui , dans l'exercice de ses fonctions, commettrait quelque abus qui ne serait pas spécialement puni dans les précédents chapitres de ce titre, encourra une amende de 20 à 200 duros (100 à 1,000 fr.), lorsque le dommage causé par l'abus ne pourra être estimé , et du vingt au cent pour cent de son importance lorsqu'il pourra l'être, sans néanmoins que ladite amende puisse être abaissée au dessous de 20 duros (100 fr.)

CHAPITRE XIII.

Subornation.

Art. 314. — Le fonctionnaire public qui , par dons ou promesses , commettrait quelqu'un des délits indiqués dans les précédents chapitres de ce titre , en outre des peines par eux édictées , encourra celles de

l'interdiction absolue perpétuelle et une amende de la
moitié au tout des dons ou promesses acceptés.

Encourra la même amende et la peine de l'interdiction spéciale temporaire, le fonctionnaire public qui,
par dons ou promesses, ferait ou omettrait quelque
acte licite et dû, propre à ses fonctions.

Le fonctionnaire public qui accepterait des cadeaux qui
lui seraient offerts en considération de ses fonctions,
sera puni, pour ce seul fait, de la réprimande publique,
et, au cas de récidive, de la peine d'interdiction spéciale.

La disposition de cet article est applicable aux assesseurs, arbitres forcés, arbitres amiables et experts.

Art. 315. — Au cas où le délit commis pour dons ou
promesses se trouverait compris dans la disposition de
l'article 313, il sera puni des peines de l'interdiction
spéciale temporaire et de la même amende.

Art. 316. — Le suborneur sera puni des peines applicables à ses complices, dans les cas respectifs, excepté celles de l'interdiction ou de la suspension.

Lorsque la subornation aura été employée en cause
criminelle, en faveur d'un coupable, par son conjoint,
quelqu'un de ses ascendants, descendants, frères ou
alliés aux mêmes degrés, il sera seulement infligé au
suborneur une amende égale à la valeur du don ou de
la promesse.

Art. 317. — En tous cas les dons seront saisis.

CHAPITRE XIV·

Malversation des fonds publics.

Art. 318.— Le fonctionnaire public qui, ayant à sa charge des fonds ou effets publics , les soustrairait ou consentirait à ce qu'ils fussent soustraits par un autre , sera puni :

1ᵒ De la peine de l'arrêt majeur , si la soustraction ne dépasse pas 10 duros (50 fr.) ;

2ᵒ De celle de la prison mineure, si elle excède 10 duros (50 fr.), et ne dépasse pas 500 duros (2,500 fr.) ;

3ᵒ De celle de la prison majeure , si elle excède 500 duros et ne dépasse pas 10,000 (50,000 fr.);

4ᵒ De celle de la chaîne temporaire , si elle dépasse 10,000 duros.

Dans tous ces cas, sera jointe la peine de l'interdiction perpétuelle absolue.

Art. 319. — Le fonctionnaire, qui avec dommage ou entrave pour le service public, appliquerait à son usage personnel ou à celui d'autrui, les fonds ou effets commis à sa garde, sera puni des peines de l'interdiction spéciale temporaire et d'une amende du 10 au 50 0/0 de la quantité qu'il aurait soustraite.

S'il n'y a pas réintégration , lui seront infligées les peines portées par l'article précédent.

Si l'usage indû desdits fonds n'a occasionné ni dommage , ni entrave pour le service public, il encourra les peines de la suspension et une amende du 5 au 25 0/0 de la quantité soustraite.

Art. 320. — Le fonctionnaire public qui donnerait aux fonds ou effets qu'il administre, une application publique différente de celle à laquelle ils étaient destinés, encourra les peines de l'interdiction temporaire et une amende du 5 au 50 0/0 de la quantité distraite, s'il est résulté du fait dommage ou entrave pour le service auquel ils devaient être appliqués ; et celles de la suspension, s'il n'est résulté ni dommage ni entrave.

Art. 321. — Le fonctionnaire public qui, devant faire un payement comme détenteur de fonds de l'Etat, ne le ferait pas, sera puni des peines de la suspension et d'une amende du 5 au 25 0/0 de la somme qui est restée impayée.

Cette disposition est applicable au fonctionnaire public, qui, requis avec ordre de l'autorité compétente, refuserait d'effectuer la remise d'une chose commise à sa garde ou à son administration.

L'amende se graduera, dans ce cas, sur la valeur de la chose et ne pourra être au dessous de 10 duros (50 fr.).

Art. 322. — Les dispositions de ce chapitre seront étendues à celui qui est chargé, en vertu d'une disposition quelconque, de fonds, rentes ou effets provinciaux ou municipaux, ou appartenant à un établissement d'instruction ou de bienfaisance, et aux administrateurs ou dépositaires de fonds saisis, sequestrés ou déposés par l'autorité publique, alors même qu'ils appartiendraient à de simples particuliers.

CHAPITRE XV.

Fraudes et exactions illégales.

Art. 323. — Le fonctionnaire public qui, intervenant, en raison de ses fonctions , dans une commission de fournitures, contrats, marchés ou liquidations d'effets ou biens publics , se concerterait avec les intéressés ou spéculateurs , ou userait de quelqu'autre artifice pour frauder l'Etat, encourra les peines de galère correctionnelle et d'interdiction perpétuelle spéciale.

Art. 324. — Le fonctionnaire public qui s'intéresserait directement ou indirectement dans quelque classe de contrat ou opération , en laquelle il doit intervenir à raison de son emploi , sera puni des peines d'interdiction temporaire et spéciale , et d'une amende de 10 à 50 0/0 de la quotité de l'intérêt qu'il aura pris dans l'entreprise.

Cette disposition est applicable aux experts , arbitres et agents comptables particuliers , relativement aux biens ou aux choses, dans l'estimation, vente ou partage desquelles ils sont intervenus , et aux tuteurs, curateurs et exécuteurs testamentaires , relativement aux biens appartenant à leurs pupilles et aux biens compris dans la succession.

Art. 325. — Le fonctionnaire public qui, abusant de ses fonctions, commettrait quelqu'un des délits indiqués dans le chap. V , tit. XIV du présent , encourra, en plus des peines y édictées, celle de l'interdiction perpétuelle spéciale.

Art. 326. — Le fonctionnaire public, qui, sans autorisation compétente, imposerait une contribution arbitraire, ou commettrait quelqu'autre exaction ayant rapport au service public, sera puni des peines de la suspension et d'une amende du 5 à 25 0/0 de la quantité exigée.

Lorsque le contribuable aura résisté à l'exaction comme illégale et que la réalisation en aura été opérée par l'emploi de la force publique, les peines seront celles de l'interdiction temporaire spéciale et d'une amende de 10 à 50 0|0.

Art. 327. — Si le fonctionnaire commettait à son profit personnel les exactions indiquées dans l'article précédent, il sera puni conformément à la disposition de l'article 318.

Art. 328. — Le fonctionnaire public qui exigerait directement ou indirectement des droits supérieurs à ceux qui lui compétent à raison de ses fonctions, sera puni d'une amende du double au quadruple de la quantité exigée.

Le coupable habituel de ce délit, encourra de plus la peine de l'interdiction temporaire.

CHAPITRE XVI.

Négoces défendus aux fonctionnaires.

Art. 329. — Les juges, les fonctionnaires du ministère fiscal, les chefs militaires, les chefs civils ou les receveurs des finances d'une province ou district qui, pendant l'exercice de leurs fonctions, se livreraient directement ou indirectement à des opérations de change,

de commerce ou de trafic dans les limites de leur juridiction ou commandement, sur des objets qui ne seraient
pas le produit de leurs propriétés personnelles , seront
punis des peines de la suspension et d'une amende de
50 à 500 duros (250 à 2,500 fr.)

Cette disposition n'est pas applicable à ceux qui placeraient leurs fonds en actions de banques , ou de toute
autre entreprise ou compagnie, à la condition qu'ils
n'exerceront dans ces entreprises ni emploi, ni intervention directe administrative ou économique.

Art. 330. — Ne sont pas compris dans les dispositions de l'article précédent, les fonctionnaires du ministère fiscal auxquels est permis l'exercice de la profession
d'avocat, les juges des tribunaux de commerce et les
Alcaldes.

CHAPITRE XVII.

Disposition générale.

Art. 331. — Quant aux effets du présent titre , est
réputé fonctionnaire quiconque exerce une charge publique , alors même qu'il ne soit pas nommé par le roi et
ne reçoive pas de traitement de l'Etat.

TITRE IX.

Délits contre les personnes.

CHAPITRE Ier.
Homicide.

Art. 332. — Celui qui tuerait son père , sa mère ou
son enfant légitime, naturel ou adoptif ou un autre de ses

ascendants, descendants légitimes ou son conjoint, sera puni comme parricide :

1º De la peine de mort s'il y a concours de la circonstance de préméditation reconnue ou d'actes de cruauté qui auraient eu pour but d'augmenter sciemment les souffrances du blessé ;

2º De la peine de la chaîne perpétuelle jusqu'à celle de mort, s'il ne se rencontre dans le fait aucune des deux circonstances indiquées dans le numéro précédent.

Art. 333. — Celui qui tuerait une personne autre que celles comprises dans l'article précédent sera puni :

1º De la peine de la chaîne perpétuelle jusqu'à la peine de mort, si le fait a été commis avec quelqu'une des circonstances suivantes :

1re. Avec guet-à-pens;

2e. Moyennant un prix ou une promesse rémunératoire ;

3e. Au moyen d'une inondation, d'un incendie ou du poison ;

4e. Avec préméditation reconnue ;

5e. Avec des actes de cruauté ayant pour but avéré d'augmenter sciemment et inhumainement les souffrances du blessé:

2º De la peine de la réclusion temporaire, en tout autre cas.

Art. 334. — Si un homicide a été commis dans une querelle ou rixe, et que l'auteur ne puisse pas être découvert, mais que l'on connaisse ceux qui ont causé des lésions graves, ces derniers seront tous punis de la peine de prison majeure.

Si ceux qui ont causé des lésions graves ne peuvent

être découverts, tous ceux qui auront exercé des violences contre l'homicidé, seront punis de la peine de la prison mineure.

Art. 335. — Celui qui aiderait un autre individu à se suicider, sera puni de la peine de la prison majeure ; s'il l'avait aidé jusqu'au point de le mettre lui-même à mort, il sera puni de la peine de la réclusion temporaire en son degré inférieur.

CHAPITRE II.

De l'infanticide.

Art. 336. — La mère qui, pour cacher son déshonneur, tuerait son enfant âgé de moins de trois jours, sera punie de la peine de la prison mineure. Les ascendants de la mère qui, pour cacher le déshonneur de celle-ci, commettraient ce délit, seront punis de la peine de la prison majeure.

Hors de ces cas, celui qui tuerait un nouveau-né encourra les peines de l'homicide.

CHAPITRE III.

Avortement.

Art. 337. — Celui qui, de propos délibéré, causerait un avortement, sera puni :

1º De la peine de la réclusion temporaire, s'il a exercé des violences sur la personne de la femme enceinte ;

2º De la peine de la prison majeure, si, alors même qu'il a agi sans violence, il a agi sans le consentement de la femme ;

3º De la peine de la prison mineure, si la femme a consenti.

Art. 338. — Sera puni de la prison correctionnelle l'avortement produit par la violence, lorsqu'il n'y aura pas eu dessein de le causer.

Art. 339. — La femme qui se procurerait son avortement à elle-même, ou consentirait à ce qu'une autre personne le lui procure, sera punie de la prison mineure.

Si elle l'a fait pour cacher son déshonneur, elle encourra la peine de la prison correctionnelle.

Art. 340. — Le médecin qui, abusant de son art, procurerait un avortement ou y coopérerait, encourra les peines respectivement édictées par l'article 337, en leur degré supérieur.

CHAPITRE IV.

Lésions corporelles.

Art. 341. — Celui qui, de propos délibéré, châtrerait un autre individu, sera puni de la peine de la chaîne temporaire en son degré le plus élevé jusqu'à la peine de mort.

Art. 342. — Toute autre mutilation exécutée également de propos délibéré, se punira de la peine de la chaîne temporaire.

Art. 343. — Celui qui blesserait, frapperait ou maltraiterait de fait un autre individu, sera puni comme coupable de lésions graves :

1º De la peine de la prison majeure, si des résultats des lésions le blessé est resté en état de démence, incapable de travailler, impotent, hors d'état de faire usage de quelque membre ou notablement difforme ;

2º De celle de la prison correctionnelle, si les lésions ont produit pour le blessé une maladie ou incapacité de travail de plus de 30 jours.

Si le fait a été exécuté contre quelqu'une des personnes mentionnées en l'article 332, ou avec quelqu'une des circonstances indiquées dans le numéro 1 de l'art. 333, les peines seront : celle de la chaîne temporaire dans le cas du numéro 1 du présent article, et celle de galère inférieure dans le cas du numéro 2 du même article.

Art. 344. — Les peines de l'article précédent sont applicables respectivement à celui qui, sans intention de le tuer, cause à un autre individu quelque lésion grave, en lui administrant sciemment des substances ou boissons nuisibles, ou en abusant de sa crédulité ou de sa faiblesse d'esprit.

Art. 345. — Les lésions non comprises dans les articles précédents, qui produisent pour le blessé une incapacité de travail de cinq jours ou plus, ou la nécessité de l'assistance du médecin pour le même temps, sont réputées moins graves, et seront punies de l'arrêt majeur, de l'interdiction de lieux, ou d'une amende de 20 à 200 duros (100 à 1,000 fr.), suivant la prudente appréciation des tribunaux.

Lorsque la lésion moins grave sera faite avec l'intention manifeste d'outrager ou avec des circonstances ignominieuses, seront infligées simultanément l'interdiction de lieux et l'amende.

Art. 346. — Les lésions moins graves causées aux pères, ascendants, tuteurs, curateurs, prêtres, maîtres ou personnes constituées en dignité ou autorité publique, seront punies toujours de la prison correctionnelle.

Ari. 347. — Si d'une querelle ou rixe, il résulte des lésions dont l'auteur ne soit pas connu, seront infligées les peines immédiatement inférieures en degré, à celui qui paraîtra en avoir causé quelqu'une au blessé.

CHAPITRE V.

Disposition genérale.

Art. 348. — Le mari qui, surprenant sa femme en adultère, tuera sur le moment celle-ci ou son complice ou leur causera quelque lésion grave, sera puni de la peine de l'interdiction de lieux.

S'il leur cause des lésions d'une autre classe, il sera exempt de toute peine.

Ces règles sont applicables, pour les mêmes circonstances, aux pères, relativement à leurs filles mineures de 23 ans et à leurs corrupteurs, tant qu'elles demeureront dans la maison paternelle.

Le bénéfice de cet article, ne profite pas à ceux qui auraient procuré ou facilité la prostitution de leurs femmes ou filles.

CHAPITRE VI.

Du Duel (1).

Art. 349. — L'autorité qui aurait connaissance qu'un duel se concerte, procèdera à l'arrestation du provocateur et à celle du défié, si celui-ci avait accepté le défi,

(1) Voyez appendice.

et elle ne les mettra pas en liberté qu'ils n'aient offert, sous parole d'honneur, d'abandonner leur projet.

Celui qui, manquant déloyalement à sa parole, provoquerait de nouveau son adversaire, sera puni despeines de l'interdiction temporaire absolue des charges publiques et de l'internement mineur.

Celui qui accepterait le duel, dans le même cas, sera puni de la peine de l'interdiction de lieux.

Art. 350. — Celui qui tuerait en duel son adversaire sera puni de la peine de prison majeure ;

S'il lui a causé les lésions indiquées dans le n° 1 de l'article 343, il sera puni de la peine de prison mineure.

En toute autre cas, il sera infligé aux combattants la peine de l'arrêt majeur, quoiqu'il ne se cause pas de lésions.

Art. 351. — Au lieu des peines indiquées dans l'article précédent, seront infligées : celle de l'internement mineur au cas d'homicide, celle de l'interdiction de lieux, au cas de lésions comprises dans le n° 1 de l'article 343, et une amende de 10 à 100 (50 à 500 fr.) dans les autres cas :

1° Au provoqué en duel qui se battrait faute d'avoir obtenu de son adversaire une explication sur les motifs du duel ;

2° Au défié, qui se battrait parce que son adversaire aurait refusé des explications suffisantes ou une satisfaction honorable de l'offense commise.

3° A l'injurié qui se battrait faute d'avoir pu obtenir de l'offenseur les explications suffisantes ou la satisfaction honorable qu'il lui aurait demandée.

Art. 352. — Les peines indiquées dans l'article 350 seront appliquées dans leur degré le plus élevé :

1° A celui qui provoquerait en duel, sans expliquer à son adversaire les motifs, si celui-ci l'exige ;

2° A celui qui ayant provoqué, même avec un motif, n'admettrait pas les explications suffisantes ou la satisfaction honorable que lui offrirait son adversaire ;

3° A celui qui, ayant fait à son adversaire quelque outrage, se refuserait à lui accorder des explications suffisantes ou une satisfaction honorable.

Art. 353.— Celui qui en inciterait un autre à provoquer ou accepter un duel, sera respectivement puni des peines indiquées dans l'article 350, si le duel a lieu.

Art. 354.— Celui qui décrierait ou discréditerait publiquement un autre individu, parce qu'il aurait refusé un duel, encourra les peines édictées pour les injures graves.

Ar. 355. — Les parrains d'un duel duquel il résulterait mort ou lésions, seront repectivement punis comme auteurs de ces délits avec préméditation, s'ils ont poussé au duel, ou s'ils ont usé de quelque déloyauté dans son exécution ou dans le réglement des conditions.

Il seront punis comme complices de ces mêmes délits, s'ils ont réglé le duel à mort ou avec un avantage évident pour quelqu'un des combattants.

Ils encourront les peines de l'arrêt majeur et une amende de 50 à 500 duros (250 à 2,500 fr.), s'ils n'ont pas fait tout ce qu'ils pouvaient faire pour réconcilier les parties, ou s'ils n'ont pas fait leur possible pour concerter les conditions du duel de la manière la moins dangereuse possible pour la vie des combattants.

Art. 356. — Le duel qui aurait lieu sans l'assistance de deux parrains majeurs ou plus, de chaque côté, et sans que ceux-ci aient choisi les armes et réglé toutes les autres conditions, sera puni :

1° De la prison correctionnelle, s'il n'en est résulté ni mort, ni lésions ;

2° Des peines générales du présent Code, s'il y a eu mort ou lésion, sans cependant qu'elles puissent jamais être abaissées au dessous de la prison correctionnelle.

Art. 357. — Seront infligées aussi les peines générales du présent Code, et de plus, celle de l'interdiction absolue temporaire :

1° A celui qui provoquerait ou motiverait un défi pour un intérêt pécuniaire ou un objet immoral ;

2° Au combattant qui commettrait la déloyauté de manquer à quelqu'une des conditions concertées entre les parrains.

TITRE X.

Délits contre l'honnêteté.

CHAPITRE Ier.

Adultère.

Art. 358. — L'adultère sera puni de la peine de prison mineure.

Commettent un adultère, la femme mariée qui fréquente un homme autre que son mari, et l'homme qui la fréquente sachant qu'elle est mariée, quoique, depuis, le mariage soit déclaré nul.

Art. 359. — Il ne sera pas infligé de peine pour le

délit d'adultère, si ce n'est en vertu de la plainte du mari offensé.

Celui-ci ne pourra porter plainte que contre les deux coupables en même temps, s'ils sont vivants l'un et l'autre, et jamais, s'il a consenti à l'adultère ou pardonné à l'un des deux.

Art. 360. — Le mari pourra, en tout temps, remettre la peine infligée à son épouse, en se réunissant de nouveau à elle.

En ce cas, sera également tenue pour remise la peine du complice.

Art. 361. — Le jugement en cause de divorce, pour adultère, sera un obstacle absolu à l'action pénale, lorsqu'il portera absolution.

S'il porte condamnation, sera nécessaire un nouveau jugement pour l'application des peines.

Art. 362. — Le mari qui tiendrait une concubine dans la maison conjugale ou au dehors, mais avec scandale, sera puni de la peine de la prison correctionnelle.

La concubine sera punie de la peine d'interdiction de lieux.

La disposition des articles 359 et 360 est applicable au cas sur lequel statue le présent article.

CHAPITRE II.

Viol.

Art. 363. — Le viol d'une femme sera puni de la peine de la chaîne temporaire.

Il y a viol lorsqu'on jouit d'une femme dans quelqu'un des cas suivants :

1º Quand on use de force ou d'intimidation ;

2º Lorsque la femme se trouve privée de raison ou de sentiment par une cause quelconque ;

3º Lorsqu'elle est mineure de douze ans accomplis, alors même qu'il ne se rencontre aucune des circonstances indiquées dans les deux numéros précédents.

Art. 364.— Celui qui abuserait déshonnêtement d'une personne de l'un ou l'autre sexe, dans quelqu'une des circonstances indiquées en l'article précédent, sera puni, suivant la gravité du fait, de la peine de la prison *correctionnelle jusqu'à celle de la prison mineure.*

Art. 365. — *Seront punis de la peine de l'arrêt majeur jusqu'à la prison correctionnelle, et de la réprimande publique ceux qui, d'une manière quelconque, offenseraient la pudeur ou les bonnes mœurs par des faits gravement ou éminemment scandaleux, non compris expressément dans les autres articles du présent Code.*

Au cas de récidive, ils seront punis de la peine de la prison correctionnelle jusqu'à la prison mineure, et de la réprimande publique.

CHAPITRE III.

De la séduction et corruption de mineurs.

Art. 366.— La séduction d'une jeune fille majeure de 12 ans et mineure de 23, commise par une autorité publique, un prêtre, un domestique, un serviteur à gages, un tuteur, un maître ou une personne chargée, à quelque titre que ce soit, de l'éducation ou de la garde de la victime, sera punie de la peine de la prison mineure.

Encourra la même peine, celui qui se rendrait coupable de séduction de sa sœur ou descendante, quoiqu'elle fût majeure de 23 ans.

La séduction commise moyennant artifice, par toute autre personne, se punira de la peine de la prison correctionnelle.

Tout autre abus déshonnête, commis par les mêmes personnes et dans les mêmes cas, sera puni de la peine de la prison correctionnelle.

Art. 367. — Celui qui, habituellement ou par abus d'autorité ou de confiance, excitera ou facilitera la prostitution ou la corruption des mineurs pour satisfaire les désirs d'autrui, sera puni de la peine de la prison correctionnelle.

CHAPITRE IV.

Rapt.

Art. 368. — Le rapt d'une femme exécuté contre sa volonté et dans des vues déshonnêtes, sera puni de la peine de la chaîne temporaire.

En tous cas, la même peine sera infligée si la personne enlevée était mineure de 12 ans.

Art. 369. — Le rapt d'une jeune fille mineure de 23 ans et majeure de 12 ans, exécuté avec son consentement, sera puni de la peine de la prison mineure.

Art. 370. — Les coupables du délit de rapt qui ne pourront faire connaître le lieu où se trouve la personne enlevée, ou donner une explication satisfaisante sur sa mort ou sa disparition seront punis de la peine de la chaîne perpétuelle.

Dispositions communes aux trois chapitres précédents.

Art. 371. — *Il ne pourra être exercé des poursuites pour cause de séduction, sans la plainte de la personne lésée, de son tuteur, de ses père et mère ou aïeux.*

Pour exercer des poursuites dans les causes de viol et dans celles de rapt exécuté dans des vues déshonnêtes, il suffira de la dénonciation de la personne intéressée, de ses père et mère, aïeux ou tuteurs, quoique la plainte n'ait pas été formulée dans la forme voulue.

Si la personne lésée ne pouvait personnellement, à cause de son âge ou de son état moral, ester en justice et qu'elle fût de tout point abandonnée, manquant de père et mère, aïeux, frères, tuteur ou curateur qui dénonceraient le fait, il pourra être vérifié au moyen de la voix publique par le procureur syndic (1) ou le procureur fiscal.

Dans tous les cas prévus par le présent article, le coupable se soustrait à la peine en se mariant avec la personne offensée, la procédure étant arrêtée à quelque degré qu'elle soit arrivée.

Art. 372. — Les coupables de viol, séduction ou rapt seront aussi condamnés par voie d'indemnité :

1° A doter la personne offensée si elle est célibataire ou veuve;

2° A reconnaître les enfants si la qualité de leur origine (2) ne s'y oppose ;

(1) Agent communal chargé des affaires litigieuses de la commune et en même temps exerçant les fonctions de ministère public auprès du tribunal de l'Alcalde.

(2) Les distinctions sociales résultant des fonctions ou de la fortune

3º En tous cas à entretenir les enfants.

Art. 373. — Les ascendants , tuteurs , curateurs , maîtres ou autres personnes qui, par abus de leur autorité ou de leur charge , auraient coopéré comme complices à la perpétration des délits compris dans les trois chapitres précédents , seront punis comme auteurs.

Les maîtres ou personnes chargées d'une manière quelconque de l'éducation ou direction de la jeunesse , seront de plus condamnés à l'interdiction perpétuelle spéciale.

Art. 374. — Les personnes comprises dans l'article précédent et tous autres coupables de corruption de mineurs dans l'intérêt d'un tiers, seront condamnés aux peines de l'interdiction du droit d'exercer la tutelle et d'être membres du conseil de famille, et à la sujétion à la surveillance de l'autorité pour le temps que les tribunaux fixeront.

TITRE XI.

DES DÉLITS CONTRE L'HONNEUR.

CHAPITRE Iᵉʳ.

Calomnie.

Art. 375.— La calomnie est la fausse imputation d'un délit de ceux qui donnent lieu aux poursuites d'office.

sont fortement. enracinées encore dans les mœurs espagnoles ; ainsi, et pour le cas spécial prévu par cet article , la position sociale du bourgeois aisé s'oppose à ce qu'il reconnaisse l'enfant qu'il aurait eu de sa domestique qu'il aurait violée ; il en est de même du fonctionnaire supérieur à l'égard de la fille d'un modeste bourgeois ou de la fille d'un employé subalterne.

Art. 376. — La calomnie propagée par écrit et avec publicité, sera punie :

1º Des peines de prison correctionnelle et d'une amende de 100 à 1,000 duros (500 à 5,000 fr.), lorsqu'il y aura imputation d'un délit grave;

2º De celles de l'arrêt majeur et d'une amende de 50 à 500 duros (250 à 2,500 fr.), lorsqu'il y aura imputation d'un délit moins grave.

Art. 377. — La calomnie non propagée avec publicité et par écrit, sera punie :

1º Des peines de l'arrêt majeur en son degré supérieur et d'une amende de 50 à 500 duros (250 à 2,500 fr.), lorsqu'il y aura imputation d'un délit grave;

2º De celles de l'arrêt majeur en son degré inférieur et d'une amende de 20 à 200 duros (100 à 1,000 fr.), lorsqu'il y aura imputation d'un délit moins grave.

Art. 378. — L'accusé de calomnie restera exempt de toute peine, s'il prouve le fait criminel qu'il avait imputé.

La sentence dans laquelle sera reconnue la calomnie, se publiera dans les journaux officiels, si le calomnié le demande.

CHAPITRE. II.

Injures.

Art. 379. — Est injure, toute expression proférée ou action exécutée en vue de déshonorer, discréditer ou faire mépriser une autre personne.

Art. 380. — Sont injures graves :

1º L'imputation d'un délit de ceux qui ne donnent pas lieu à des poursuites d'office ;

2º L'imputation d'un vice ou manque de moralité
dont les conséquences peuvent porter une atteinte considérable à la réputation, au crédit ou aux intérêts de
l'offensé ;

3º Les injures qui, par leur nature, par occasion ou
circonstances, sont tenues pour déshonorantes par l'o-
pinion publique ;

4º Celles qui, raisonnablement, méritent la qualification de graves, attendu l'état, la dignité, ou les circonstances personnelles à l'offensé ou à l'offenseur.

Art. 381.— Les injures graves, faites par écrit et
avec publicité seront punies de la peine de l'interdiction
de lieux en son degré moyen jusqu'au degré supérieur
et d'une amende de 50 à 500 duros (250 à 2,500 fr.)

Si ces circonstances ne concourrent pas, elles seront
punies des peines de l'interdiction de lieux en son degré
inférieur jusqu'au degré moyen et d'une amende de 10
à 100 duros.

Art. 382.— Les injures légères seront punies des
peines de l'arrêt majeur en son degré inférieur et d'une
amende de 20 à 200 duros (100 à 1,000 fr. lorsqu'elles
auront été faites par écrit et avec publicité.

Sans le concours de ces circonstances, elles seront
punies comme contraventions.

Art. 383.— Le prévenu d'injure ne sera pas admis à
la preuve de la vérité de ses imputations, si ce n'est
lorsqu'elles auraient été dirigées contre des fonctionnaires publics et à l'occasion de faits relatifs à l'exercice
de leurs fonctions.

En ce cas, le prévenu sera absous s'il prouve la vérité
des imputations.

CHAPITRE III.

Dispositions générales.

Art. 384.— Le délit de calomnie et d'injure se commet non seulement manifestement, mais aussi au moyen d'allégories, caricatures, emblêmes ou allusions.

Art. 385.— La calomnie et l'injure se réputeront faites par écrit et avec publicité, lorsqu'elles se propageront au moyen d'écrits imprimés, lithographiés ou gravés, par affiches ou placards satiriques affichés dans les lieux publics, ou manuscrits communiqués à plus de dix personnes.

Art. 386. — Le prévenu de calomnie ou injure couverte ou équivoque, qui refuserait de donner en jugement, relativement aux dites injure ou calomnie, une explication satisfactoire, sera puni comme coupable de calomnie ou injure manifeste.

Art. 387.— Les éditeurs des journaux dans lesquels auraient été propagées les calomnies ou injures, inséreront dans lesdits journaux, dans le délai que fixeront les lois et à leur défaut le tribunal, la satisfaction ou sentence portant condamnation, si l'offensé le réclame.

Art. 388.— Pourront exercer l'action en calomnie ou injure, les ascendants, descendants, conjoint et frères de l'offensé décédé, à condition que la calomnie ou l'injure ait remonté jusqu'à eux, et en tous cas l'héritier(1).

Art. 389. — Il y aura lieu de même à l'action en ca-

(1) Constatons cette nouvelle supériorité sur notre Code, qui laisse la mémoire des morts exposée aux souillures des pamphlétaires!

lomnie ou injure, lorsqu'elle se sera produite au moyen de publications faites en pays étranger.

Art. 390. — Personne ne pourra intenter une action en calomnie ou injure qui s'est produite en instance, sans l'autorisation du juge ou tribunal qui en connaîtrait.

Art. 391. — Personne ne sera puni pour calomnie ou injure, si ce n'est sur la plainte de la partie offensée, sauf le cas où l'outrage aurait été dirigé contre l'autorité publique, les corporations ou classes de l'Etat déterminées.

Le coupable d'injure ou calomnie contre des particuliers, sera relevé de la peine infligée en obtenant le pardon de la partie offensée.

Relativement aux effets de cet article, sont réputés autorités, les souverains ou princes des nations amies ou alliées, les agents diplomatiques de ces mêmes nations, et les étrangers revêtus d'un caractère public qui, selon les traités, conventions ou pratiques, devaient être compris dans cette disposition.

Pour procéder dans les cas exprimés en le paragraphe précédent, il faut un ordre préalable spécial du gouvernement.

TITRE XII.

DES DÉLITS CONTRE L'ÉTAT CIVIL DES PERSONNES.

CHAPITRE Ier.

Supposition de part et usurpations de l'état civil.

Art. 392. — La supposition de part et la substitution d'un enfant à un autre, seront punies des peines de galère majeure et d'une amende de 50 à 500 duros (250 à 2,500 fr.)

Les mêmes peines seront infligées à celui qui cacherait ou exposerait un enfant légitime dans l'intention de lui faire perdre son état civil.

Art. 393. — Le médecin ou le fonctionnaire public qui, abusant de sa profession ou de sa fonction, coopérerait à l'exécution de quelqu'un des délits indiqués dans l'article précédent, encourra les peines qu'il édicte et, de plus, celle de l'interdiction temporaire spéciale.

Art. 394. — Celui qui usurperait l'état civil d'un autre, sera puni de la peine de galère majeure.

CHAPITRE II.

Célébration de mariages illégaux.

Art. 395. — Celui qui contracterait un second ou ultérieur mariage, sans que le précédent se trouvât légitimement dissous, sera puni de la peine de la prison majeure.

Encourra la même peine, celui qui contracterait mariage, étant engagé dans les ordres *sacrés* ou lié par un vœu solennel de chasteté.

Art. 396. — Celui qui, sous le coup d'un autre empêchement dirimant, pour lequel l'Eglise ne *peut accorder* des dispenses, contracterait mariage, sera puni de la peine de la prison mineure.

Art. 397. — Celui qui contracterait un mariage entâché d'un empêchement pour lequel l'Eglise peut accorder des dispenses, sera puni d'une amende de 10 à 100 duros (50 à 500 fr.)

Si, par sa faute, le mariage ne se revalidait pas, la dispense préalablement obtenue dans le délai fixé par les tribunaux, il sera puni de la peine de la prison mineure, dont il sera relevé, quand il voudra faire revalider le mariage.

Art. 398.— Celui qui, dans un mariage illégal, mais valable suivant les lois de l'église, ferait intervenir le prêtre par surprise ou artifice, sera puni de la peine de la prison correctionnelle.

S'il l'avait fait intervenir par violence ou intimidation, il sera puni de la peine de la prison majeure.

Art. 399. — Le mineur qui contracterait mariage, sans le consentement de ses père et mère ou des personnes qui les remplacent pour cela, sera puni de la prison correctionnelle.

La peine sera celle de l'arrêt majeur, si les personnes désignées avaient approuvé le mariage depuis qu'il a été contracté.

Art. 400. — La veuve qui se marierait avant l'expiration des 301 jours depuis la mort de son mari ou avant son accouchement, si elle était restée enceinte, encourra la peine de l'arrêt majeur et une amende de 20 à 200 duros (100 à 1,000 fr.)

Encourra la même peine, la femme dont le mariage aurait été déclaré nul, si elle se marie avant son accouchement ou le terme des 301 jours, depuis sa séparation légale.

Art. 401.— L'adoptant qui, sans dispense civile préalable, contracterait mariage avec ses enfants ou descendants adoptifs, sera puni de la peine de l'arrêt majeur.

Art. 402. — Le tuteur ou curateur qui, avant l'approbation légale de ses comptes , contracterait mariage ou consentirait à ce que ses enfants ou descendants le contractassent avec la personne qu'il aurait eue sous sa garde , sera puni des peines de la prison correctionnelle et d'une amende de 100 à 1,000 duros (500 à 5,000 fr.)

Art 403. — L'ecclésiastique qui autoriserait un mariage prohibé par la loi civile, ou pour lequel il y aurait quelque empêchement canonique, qui ne pourrait être levé par des dispenses , sera puni des peines d'internement mineur et d'une amende de 50 à 500 duros (250 à 2,500 fr.).

Si l'empêchement pouvait être levé par des dispenses, les peines seront celles de l'interdiction de lieux et une amende de 20 à 200 duros (100 à 1,000 fr.)

Dans l'un et l'autre cas, il sera condamné, par voie d'indemnité de préjudices, au paiement des frais de la dispense , solidairement avec le conjoint qui a commis la fraude.

S'il y avait eu bonne foi de la part des deux contractants, il sera condamné pour la totalité.

Art. 404. — Dans tous les cas prévus par ce chapitre, le contractant qui a commis la fraude sera condamné à doter, suivant ses moyens, la femme qui aurait contracté le mariage de bonne foi.

TITRE XIII.

DES DÉLITS CONTRE LA LIBERTÉ ET LA SURETÉ.

CHAPITRE Ier.

Détentions illégales.

Art. 405. — Celui qui emprisonnerait ou détiendrait un tiers pour le priver de sa liberté, sera puni de la peine de la prison majeure.

Encourra la même peine, celui qui fournirait un lieu pour l'exécution du délit.

Si le coupable rendait à la liberté l'emprisonné ou détenu, dans les trois jours de sa détention, sans avoir obtenu le résultat qu'il s'était proposé, et sans avoir commencé la mise à exécution des moyens qu'il voulait employer pour l'atteindre, les peines seront celles de la prison correctionnelle et une amende de 20 à 200 duros (100 à 1,000 francs.)

Art. 406. — Le délit dont il est parlé dans l'article précédent sera puni de la peine de la réclusion temporaire :

1º Si l'emprisonnement ou détention avaient duré plus de 20 jours ;

2º S'ils avaient été exécutés en simulant l'autorité publique ;

3º S'il avait été causé des lésions graves à la personne emprisonnée ou détenue, ou si elle avait été menacée de mort.

Art. 407. — Celui qui, hors des cas autorisés par

la loi, aurait arrêté une personne pour la présenter à l'autorité, sera puni des peines de l'arrêt majeur et d'une amende de 5 à 50 duros (25 à 250 fr.)

CHAPITRE II.

Soustraction de mineurs.

Art. 408. — La soustraction d'un mineur de **7** ans, sera punie de la peine de la chaîne temporaire.

Art. 409. — Encourra la même peine, celui qui, se trouvant chargé de la personne d'un mineur, ne le représenterait pas à ses parents ou tuteurs, ni ne donnerait explication satisfactoire relativement à sa disparition.

Art. 410.—Celui qui persuaderait à un mineur légal, mais majeur de **7** ans, d'abandonner la maison de ses parents, tuteur ou personnes commises à la garde de sa personne, sera puni des peines de l'arrêt majeur, et d'une amende de 20 à 200 duros (100 à 1,000 fr.)

CHAPITRE III.

Abandon d'enfants.

Art. 411. — L'abandon d'un enfant mineur de **7** ans sera puni des peines de l'arrêt majeur, et d'une amende de 10 à 100 duros (50 à 500 fr.)

Lorsque, par suite des circonstances de l'abandon, la vie d'un enfant serait mise en péril, le coupable sera puni de la prison correctionnelle, à moins que le fait ne constitue un autre délit plus grave.

Art. 412. — Celui qui, étant chargé de l'éducation ou de l'instruction d'un mineur , le placerait dans un établissement public ou le remettrait à une personne, sans le consentement de celui qui le lui aurait confié, ou à son défaut, celui de l'autorité , sera puni d'une amende de 20 à 200 duros (100 à 1,000 fr.)

CHAPITRE IV.

Disposition commune aux trois chapitres précédents.

Art. 413. — Celui qui détiendrait illégalement une personne quelconque ou soustrairait un enfant mineur de 7 ans, sera puni de la peine de la chaîne perpétuelle s'il ne fait pas connaître le lieu où il se trouve, ou ne prouve pas qu'il l'a laissé en liberté.

Encourra la même peine , celui qui abandonnerait un enfant mineur de 7 ans, s'il ne prouve pas qu'il l'a laissé abandonné sans avoir commis un autre délit.

CHAPITRE V.

De la violation de domicile.

Art. 414. — Celui qui entrerait dans le domicile d'un tiers contre la volonté de celui qui y demeure, sera puni de l'arrêt majeur et d'une amende de 10 à 100 duros (50 à 500 fr.).

Si le fait était exécuté avec violence ou intimidation, les peines seront la prison correctionnelle et une amende de 10 à 100 duros (50 à 500 fr.).

Art. 415. — La disposition de l'article précédent n'est pas applicable à celui qui entre dans le domicile d'autrui, pour se mettre à l'abri d'un mal grave , l'éviter aux habitants de la maison ou à un tiers , ni à celui qui le fait pour rendre service à l'humanité ou à la justice.

Art. 416. — Les dispositions de ce chapitre ne sont pas applicables relativement aux cafés, cabarets, auberges et autres maisons publiques pendant qu'elles seraient ouvertes.

CHAPITRE VI.

Des menaces et violences.

Art. 417. — Celui qui en menacerait un autre de lui causer à lui-même ou à sa famille, en leurs personnes, en leur honneur ou en leur propriété un mal qui constitue un délit, sera puni :

1º De la peine immédiatement inférieure en degré à celle édictée par la loi, pour le délit dont il menaçait , si la menace avait été faite en exigeant une somme ou en imposant quelqu'autre condition illicite et si le coupable a atteint son but, et de la peine inférieure de deux degrés s'il ne l'a pas atteint.

La peine sera infligée en son degré le plus élevé , si les menaces étaient faites par écrit ou au moyen d'un émissaire.

2º Des peines de l'arrêt majeur et d'une amende de 10 à 100 duros (50 à 500 fr.), si la menace n'était pas conditionnelle.

Art. 418. — Les menaces d'un mal qui ne constitue pas un délit, faites en la forme indiquée dans le numéro 1 de l'article précédent, seront punies de la peine de l'arrêt majeur.

Art. 419. — Dans tous les cas des deux articles précédents , l'auteur des menaces pourra être condamné à
donner caution de ne plus offenser le menacé, et, à défaut , à la peine de la sujétion à la surveillance de l'autorité.

Art. 420. — Celui qui , sans y être légitimement autorisé , empêcherait , par violence , un autre individu de
faire une chose non prohibée par la loi, ou le contrain-
drait à faire ce qu'il ne voudrait pas faire , que ce soit
juste ou injuste , sera puni des peines de l'arrêt majeur
et d'une amende de 5 à 50 duros (25 à 250 fr.).

Art. 421. — Celui qui s'emparerait, par violence,
d'une chose appartenant à son débiteur, pour se payer
avec elle, sera puni des peines de l'arrêt majeur et d'une
amende équivalente à la valeur de la chose, mais qui ne
pourra en aucun cas être abaissée au-dessous de 15 duros (75 fr.).

CHAPITRE VII.

Découverte et révélation de secrets.

Art. 422. — Celui qui, pour découvrir les secrets d'un
autre , s'emparerait de ses papiers ou lettres et les divulguerait, sera puni des peines de la prison correctionnelle et d'une amende de 20 à 200 duros (100 francs à
1,000 francs).

S'il ne les divulguait pas, les peines seront l'arrêt majeur et une amende de 10 à 100 duros (50 à 500 fr.)

Cette disposition n'est pas applicable aux mari, père
et mère , tuteur ou à ceux qui les remplacent , relati-

vement aux papiers ou lettres de leurs femmes, enfants ou mineurs qui se trouvent sous leur dépendance.

Art. 423. — L'administrateur, employé ou domestique qui, dans un pareil but, surprendrait les secrets de son supérieur et les divulguerait, sera puni des peines de l'arrêt majeur et d'une amende de 20 à 200 duros (100 à 1,000 fr.).

Art. 424. — Le commis, employé ou ouvrier d'une fabrique ou autre établissement industriel qui, au préjudice du chef, découvrirait les secrets de son industrie, sera puni des peines de la prison correctionnelle et d'une amende de 10 à 100 duros (50 à 500 fr.).

TITRE XIV.

DÉLITS CONTRE LA PROPRIÉTÉ.

CHAPITRE Ier.

Des vols.

PREMIÈRE SECTION.

Des vols avec violence contre les personnes.

Art. 425. — Le coupable de vol avec violence ou intimidation contre les personnes, sera puni de la peine de la chaîne perpétuelle jusqu'à la peine de mort :

1o Lorsque pour arriver au vol ou à l'occasion du vol il y aurait eu homicide ;

2o Lorsque le vol aurait été accompagné de viol ou mutilation commis de propos délibéré ;

3° Lorsqu'il aurait été commis dans un lieu désert ou en bande, si, pour commettre le délit ou à son occasion, il a été fait quelqu'une des lésions punies dans le numéro 1 de l'article 343, ou que la personne volée ait été détenue sous condition de rachat ou pendant plus d'un jour ;

4° En tous cas , sera puni de ladite peine , le chef de la bande , armée en totalité ou en partie.

Il y a bande lorsque plus de trois malfaiteurs participent à un vol.

Art. 426. — Lorsque quelqu'une des circonstances indiquées dans le numéro 3 de l'article précédent, se rencontre dans le vol , et qu'il n'a pas été commis dans un lieu désert et en bande, le coupable sera puni de la peine de la chaîne temporaire en son degré moyen, jusqu'à la chaîne perpétuelle.

Art. 427. — Hors des cas exprimés dans les articles précédents , le vol commis avec violence ou intimidation graves contre les personnes , se punira de la peine de la chaîne temporaire ; *lorsqu'il n'y aura pas de gravité dans la violence ou l'intimidation la peine, sera celle de la galère majeure.*

Art. 428.— Les malfaiteurs présents à la perpétration d'un vol, dans un lieu désert et en bande, seront punis comme auteurs de l'un des attentats quelconques commis par ladite bande, s'ils ne prouvent qu'ils ont cherché à l'empêcher.

Est présumé avoir été présent aux attentats commis par une bande, le malfaiteur qui marche habituellement avec elle , sauf la preuve du contraire.

Art. 429. — La tentative de vol, accompagnée de

quelqu'un des délits exprimés dans l'article 425, sera punie comme le vol consommé.

Art. 430. — Celui qui, pour en frauder un autre, l'obligerait, par violence ou intimidation, à lui souscrire, consentir ou remettre un acte public ou document, sera puni, comme coupable de vol, des peines respectivement édictées dans ce chapitre.

SECONDE SECTION.

Des vols avec emploi de la force contre les choses.

Art. 431. — Les malfaiteurs qui, porteurs d'armes, commettraient un vol dans une église ou lieu *sacré*, encourront la peine de *la galère majeure dans son degré moyen, jusqu'à celle de la chaîne temporaire au même degré*, s'ils commettaient le délit :

1° Avec escalade ;

Il y a escalade lorsque on entre par une voie qui n'est pas celle à ce destinée ;

2° Avec rupture de mur ou toit, ou effraction de portes ou fenêtres ;

3° En faisant usage de fausses clefs, rossignols ou autres instruments semblables, pour pénétrer dans le lieu du vol ;

4° En s'introduisant dans le lieu du vol à la faveur de noms supposés, ou en simulant l'autorité ;

5° Dans un lieu désert et en bande.

Au cas de récidive, ils seront punis de la peine de la chaîne temporaire en son degré moyen jusqu'au degré supérieur.

Encourront les mêmes peines respectives , ceux qui voleraient, avec les mêmes circonstances, dans un lieu habité.

Lorsque , dans ce dernier cas , il n'y aurait pas récidive , et que la valeur des objets volés n'atteindrait pas 100 duros (500 fr.), la peine sera celle de la galère majeure.

Art. 432.— Ceux qui , sans armes , commettraient un vol dans une église ou lieu habité , avec quelqu'une des circonstances prévues dans l'article précédent , seront punis de la peine de *galère mineure en son degré le plus élevé, jusqu'à celle de galère majeure en son degré moyen.*

Art. 433.—Le vol commis avec armes ou sans armes, dans un lieu non habité , se punira de la peine de galère mineure en son degré le plus élevé , jusqu'à celle de galère majeure en son degré moyen , à condition qu'il se rencontre quelqu'une des circonstances suivantes :

1° *Escalade ;*

2° Effraction de murs , toits , portes ou fenêtres ;

3° Fracture de portes intérieures , armoires , coffres ou autre classe de meubles ou objets fermés ou scellés ;

4° *La circonstance d'avoir fait usage de fausses clefs, rossignols ou autres instruments semblables pour pénétrer dans le lieu du vol.*

Art. 434. — Dans les cas de l'article précédent , la peine respectivement indiquée sera abaissée d'un degré, lorsque la valeur du vol n'excédera pas 100 duros (500 francs) , à moins qu'il n'ait causé la ruine du volé.

Le vol qui n'excéderait pas 5 duros (25 fr.), sera puni de *la galère correctionnelle.*

Art. 435. — Dans les cas prévus par les deux articles précédents, le vol d'objets destinés au culte, commis dans un lieu sacré ou pendant un acte religieux, sera puni de la peine de la galère majeure.

CHAPITRE II.

Des vols simples.

Art. 436. — *Celui qui aurait en son pouvoir des fausses clefs, rossignols ou autres instruments notoirement destinés à l'exécution du délit de vol, et ne se justifierait pas suffisamment sur leur acquisition ou conservation, sera puni de la peine de la galère correctionnelle.*

Encourront la même peine, ceux qui fabriquent ou vendent lesdits instruments.

Art. 437. — Sont coupables de vol simple :

1º Ceux qui, par esprit de lucre et sans violence ou intimidation contre les personnes, ni emploi de la force contre les choses, s'emparent des choses mobilières d'autrui, sans la volonté de leur propriétaire ;

2º Ceux qui, par esprit de lucre, nieraient avoir reçu de l'argent ou une autre chose mobilière qui leur aurait été remise à titre de prêt, dépôt ou à tout autre titre qui oblige à rapport ou restitution ;

3º *Les coupables de dommages qui soustraient ou tirent profit des fruits ou objets provenant du dommage causé, quelle que soit leur importance, sauf les cas prévus par les articles 487 et 489, les numéros 22, 24 et 26 de l'article 495, et les articles 496 et 498.*

Art. 438. — Les coupables de vol simple seront punis :

1o De la peine de galère mineure, si la valeur de la chose volée dépassait 500 duros (2,500 fr.);

2o De celle de la galère correctionnelle, si elle ne dépassait pas 500 duros (2,500 francs), et dépassait 5 duros (25 fr.);

3o De celle de l'arrêt majeur *jusqu'à la galère correctionnelle* en son degré inférieur, si elle ne dépassait pas 5 duros (25 fr.);

Art. 439.— Le vol simple se punira des peines immédiatement supérieures en degré à celles respectivement indiquées dans l'article précédent :

1o S'il était de choses destinées au culte, et commis dans un lieu sacré ou pendant un acte religieux ;

2o *Si le vol était un vol domestique, ou un vol commis par un grave abus de confiance ;*

3o *Si le coupable était en état de récidive du même délit ou d'un autre semblable.*

CHAPITRE III.

De l'usurpation.

Art. 440.—Celui qui, avec violence contre les personnes, s'emparerait d'une chose immobilière, ou usurperait un droit réel appartenant à autrui, sera puni, en outre des peines qu'il encourra pour les violences commises; d'une amende du 50 au 100 0/0, du profit qu'il aurait retiré, sans que ladite amende puisse être jamais abaissée au dessous de 20 duros (100 fr.)

Si le profit ne pouvait pas être estimé, il sera infligé une amende de 20 à 200 duros (100 à 1,000 fr.)

Art. 441. — Dans le cas de l'article précédent , si le délit se commettait sans violence contre les personnes , l'amende sera du 25 au 50 0|0 sans pouvoir être jamais abaissée au-dessous de 15 duros (75 fr.)

Si le profit ne pouvait être estimé , il sera infligé une amende de 15 à 100 duros (75 à 500 fr.)

Art. 442. — Celui qui détruirait ou altérerait les limites ou bornes des communes ou héritages , ou toute autre classe de signes , destinés à fixer les limites de domaines contigus, sera puni d'une amende du 50 au 100 0/0 de l'utilité qu'elles procuraient ou devaient procurer.

Si l'utilité ne pouvait être estimée, il lui sera infligé une amende de 20 à 200 duros (100 à 1,000 fr.)

CHAPITRE IV.

Fraudes.

PREMIÈRE SECTION.

Soustraction de biens , faillite et insolvabilité punissables.

Art, 443. — Celui qui soustraira ses biens au préjudice de ses créanciers , sera puni :

1º De la peine de la galère majeure , s'il était un individu habituellement adonné au commerce ;

2º Si non , de celle de la galère mineure.

Art. 444. — Le failli qui serait déclaré en état d'insolvabilité frauduleuse, suivant les dispositions du Code de commerce, sera puni de la peine de galère mineure.

Art. 445. Le failli qui serait déclaré en état d'insolvabilité coupable, pour quelqu'un des motifs indiqués dans l'article 1,005 du code de commerce (1), sera puni de la peine de la prison correctionnelle.

Art. 446. — Dans les cas des deux articles précédents, si la perte occasionnée aux créanciers n'arrivait pas au 10 0/0 de leurs créances respectives, seront infligées au failli les peines immédiatement inférieures en degré à celles indiquées dans lesdits articles.

Lorsque la perte dépassera le 40 0/0, seront infligées, en leur degré supérieur, les peines indiquées dans les deux articles mentionnés.

Art. 447. — Les peines indiquées dans les trois articles précédents, sont applicables aux commerçants même non immatriculés (2), s'ils exerçaient habituellement le commerce.

Art. 448. — Le débiteur non adonné au commerce

(1) Il existe dans tous les chefs-lieux de province, en Espagne, un registre sur lequel tout négociant payant patente a le droit de se faire inscrire. Ceux-là seuls qui y sont inscrits ont le droit de vote pour la nomination des juges du tribunal de commerce et le droit de faire partie des *juntes* de commerce

(2) Article 1,005 du code de commerce espagnol :

» Sont réputés faillis de troisième classe ceux qui se trouvent dans » quelqu'un des cas suivants :

» 1º Lorsque les dépenses domestiques et personnelles du failli » auraient été excessives et démesurées, relativement à son avoir » liquidé et attendu les circonstances de son rang et de sa famille ;

» 2º S'il avait fait des pertes à quelque espèce de jeu qui excédas- » sent ce qu'expose, par voie d'amusement et divertissement de » cette espèce, un père de famille rangé ;

» 3º Si les pertes étaient provenues de nombreux paris, d'achats » et de ventes simulées ou autres opérations d'agiotage, dont le suc- » cès dépend absolument du hasard ;

» 4º S'il avait revendu à perte, où à un prix moindre que le prix

qui se constitue en état d'insolvabilité, par dissimulation ou aliénation frauduleuse de ses propriétés, sera puni:

1º De la peine d'arrêt majeur, si la dette dépasse 5 duros (25 fr.) et ne s'élève pas au-dessus de 100 duros (500 fr.) ;

2º De celle de la prison correctionnelle si elle dépassait 100 duros (500 fr.)

DEUXIÈME SECTION.

Escroqueries et autres tromperies.

Art. 449. — Celui qui en frauderait un autre pour la substance, quantité ou qualité des choses qu'il lui remettrait en vertu d'un titre obligatoire sera puni :

1º De la peine de l'arrêt majeur, si la fraude ne dépassait pas 20 duros (100 fr.) ;

2° De celle de la prison correctionnelle, si elle dépasse 20 duros (100 fr.) et non 500 (2,500 fr.) ;

3° De celle de la prison mineure, si elle dépasse 500 duros (2,500 fr.)

Art. 450. — Encourra les peines de l'article précédent, celui qui en frauderait d'autres, en faisant usage de faux nom, en s'attribuant un pouvoir, une influence ou des qualités supposés, simulant des biens, un crédit, une commission, une entreprise, ou des négocia-

» courant, des marchandises, achetées à terme dans les six mois » qui ont procédé la déclaration de faillite, qu'il devrait encore ;

» 5º S'il était établi que, dans l'espace de temps écoulé depuis le » dernier inventaire, jusqu'à la déclaration de faillite, il y a eu un » moment où le failli s'était trouvé en débit, pour ses obligations di-» rectes d'une somme double de son avoir liquide tel qu'il résultait » du même inventaire. »

tions imaginaires, ou en se servant de toute autre tromperie semblable , *qui ne rentre pas dans celles indiquées aux articles 251 et 252.*

Art. 451. — Les peines indiquées dans l'article 449
seront infligées en leur degré le plus élevé :

1º Aux orfèvres et joailliers qui commettraient une
fraude , en altérant dans leur qualité , titre ou poids ,
les objets de leur art ou de leur commerce ;

2º Aux marchands qui frauderaient , en usant de
poids ou mesures faux, dans la vente des objets de leur
commerce ;

3º A ceux qui frauderaient , sous prétexte de rému-
nérations supposées à des employés publics , sans préjudice de l'action en calomnie, qui compète à ceux-ci.

Art. 452. —Sont applicables les peines indiquées dans
l'article 449 :

1º A ceux, qui, au préjudice d'un autre, s'approprie-
raient ou s'empareraient de l'argent , des effets ou de
toute autre chose mobilière qu'ils auraient reçue en dépôt, commission , pour administrer ou à tout autre titre qui importe obligation de la rendre ou restituer ;

2º A ceux qui commettraient quelque fraude, en abusant du blanc-seing d'un autre, et rédigeant avec ledit
blanc-seing quelque acte préjudiciable au même individu ou à un tiers ;

3º A ceux qui frauderaient en faisant souscrire à un
autre, par artifice, un titre quelconque ;

4º A ceux qui, au jeu, useraient de fraudes pour s'assurer les chances du sort.

Lesdites peines seront infligées en leur degré le plus
élevé , au cas de dépôt forcé ou nécessaire.

Art. 453. — Sont aussi applicables , les peines indiquées dans l'article 449 , à ceux qui commettraient une fraude , en soustrayant, cachant ou rendant inutile, en tout ou en partie, quelque pièce, procédure, document ou autre acte d'une espèce quelconque.

Lorsque ce délit serait commis sans esprit de fraude, sera infligée à leurs auteurs une amende de 20 à 200 duros (100 à 1,000 fr.)

Art. 454. — Les délits compris dans les cinq articles précédents, seront punis de la peine respectivement supérieure d'un degré , *si les coupables étaient en état de récidive du même délit ou d'un délit de la même espèce.*

Art. 455. — Celui qui , feignant d'être propriétaire d'une chose , l'aliénerait , la donnerait à rente , la gréverait ou l'engagerait , sera puni d'une amende du tout au triple de l'importance du préjudice qu'il aura causé; encourra la même peine , celui qui disposerait d'une chose comme libre, sachant qu'elle était engagée.

Art. 456. — Encourront les peines indiquées dans l'article précédent :

1º Le propriétaire d'une chose mobilière qui la soustrairait à celui qui la détient légitimement , avec préjudice pour ledit individu ou pour un tiers ;

2º Celui qui souscrirait, au préjudice d'un autre , un contrat simulé.

Art. 457. — Encourront aussi les peines indiquées dans l'article 455, ceux qui commettraient quelque fraude à la propriété littéraire ou industrielle.

Les exemplaires, machines ou objets contrefaits , introduits ou employés frauduleusement, seront appliqués à la personne lésée , ainsi que les dessins et ustensiles employés pour l'exécution de la fraude , quand ils pouvaient servir seulement à la commettre.

Si cette disposition ne pouvait être exécutée , il sera infligé au coupable une amende du double de la valeur de la fraude , laquelle sera appliquée à la personne lésée.

Art. 458. — Celui qui, abusant de l'inexpérience ou des passions d'un mineur , lui ferait souscrire à son préjudice quelque obligation , décharge ou transmission de droit pour un prêt d'argent, un crédit ou toute autre chose mobilière , que le prêt soit clairement indiqué ou qu'il soit caché sous une autre forme, sera puni des peines de l'arrêt majeur et d'une amende du 10 au 50 0/0 de la valeur de l'obligation qu'aurait souscrite le mineur.

Art. 459. — Celui qui frauderait un tiers ou lui causerait un préjudice , en usant de quelque tromperie qui ne se trouve pas indiquée dans les articles précédents de la présente section , sera puni d'une amende du tout au double du préjudice qu'il causerait ; *au cas de récidive , d'une amende du double et de l'arrêt majeur en son degré moyen , jusqu'au degré supérieur.*

CHAPITRE V.

Des machinations pour altérer le prix des choses.

Art. 460. — Ceux qui exigeraient un don ou une promesse, pour ne pas prendre part à une enchère publique , et ceux qui tenteraient d'en éloigner les enchérisseurs au moyen de menaces, dons, promesses ou tout autre artifice , dans le but d'altérer le prix de l'adjudication , seront punis d'une amende du 10 au 50 0/0 de la valeur de la chose mise aux enchères, à moins qu'elle ne mérite d'être supérieure à cause de la nature de la menace ou des autres moyens qu'ils auraient employés.

Art. 461. — Ceux qui se coaliseraient, dans le but de faire élever ou baisser abusivement le prix du travail, ou d'en régler les conditions, seront punis, si la coalition avait un commencement d'exécution, des peines de l'arrêt majeur et d'une amende de 10 à 100 duros (50 à 500 fr.)

Si la coalition avait lieu dans une ville de moins de 10,000 âmes , les peines seront celles de l'arrêt mineur et une amende de 5 à 50 duros.

Les peines seront infligées, dans les deux cas, en leur degré supérieur, aux chefs et promoteurs de la coalition et à ceux qui, pour en assurer le succès, employeraient des violences ou menaces , à moins que par elles-mêmes elles ne méritent une peine supérieure.

Art. 462. — Ceux qui, en répandant de fausses rumeurs ou en usant de quelqu'autre artifice, chercheraient à altérer les prix naturels résultant de la libre concurrence pour les marchandises , actions , rentes publiques ou privées , ou toutes autres choses qui seraient objet de commerce, seront punis des peines de l'arrêt majeur et d'une amende de 100 à 1,000 duros (500 à 5,000 fr.)

Art. 463. — Lorsque la fraude indiquée dans l'article atteindrait les subsistances ou autres objets de première nécessité , en sus des peines indiquées dans le même article , sera infligée celle de la confiscation des produits qui auraient été l'objet de la fraude.

Pour que ces peines soient infligées, il suffira que la coalition ait eu un commencement d'exécution.

CHAPITRE VI.

Des maisons de prêts sur gages.

Art. 464.—Celui qui, sans autorisation de l'autorité, se livrerait habituellement aux prêts sur gages ou autres sûretés, sera puni d'une amende de 20 à 200 duros (100 à 1,000 fr.)

Art. 465. — Sera puni d'une amende de 100 à 1,000 duros (500 à 5,000 fr.), celui qui s'étant livré, avec ou sans autorisation de l'autorité, à l'industrie dont il est parlé dans l'article précédent, ne produirait pas des livres dans la forme voulue, portant sans blancs ni ratures, les quantités prêtées, les termes et intérêts, les noms et domicile des emprunteurs, la nature, qualité et valeur des objets donnés en gage, et les autres circonstances qu'exigent les réglements.

Les quantités prêtées seront confisquées.

Art. 466. — Le prêteur sur gages, qui ne donnerait pas une garantie du gage ou une sureté valable, séra puni d'une amende du double au quintuple de sa valeur, et la quantité qu'il aurait prêtée sera confisquée.

CHAPITRE VII.

De l'incendie et autres destructions.

Art. 467. — L'incendie sera puni de la peine de la chaîne perpétuelle jusqu'à celle de mort :

1° Lorsqu'il s'exécuterait dans quelque édifice, vaisseau ou lieu habités ;

2° Lorsqu'il s'exécuterait dans un arsenal, un chantier, un magasin de poudre, un parc d'artillerie ou le dépôt général d'archives de l'Etat.

Art. 468. — L'incendie sera puni de la peine de la chaîne temporaire :

1° Lorsqu'il s'exécuterait dans un édifice quelconque ou lieu destiné à servir de demeure, qui ne serait pas actuellement habité;

2° Quand il s'exécuterait dans une ville, alors même que ce serait dans un édifice ou local non destiné ordinairement à servir d'habitation ;

3° Quand il s'exécuterait dans des moissons, pâturages, bois ou plants.

Art. 469. — L'incendie d'objets non compris dans les deux articles précédents sera puni :

1° De la peine de galère correctionnelle, si le dommage causé à un tiers ne dépasse pas 10 duros (50 fr.) ;

2° De la peine de galère inférieure, si le dommage dépassant 10 duros (50 fr.) n'en dépasse pas 500 (2,500 fr.) ;

3° De celle de galère majeure, s'il dépasse 500 duros (2,500 fr.)

Art. 470. — Au cas d'incendie de cabanes, pallier ou hangar non habités, ou de tout autre objet dont la valeur ne dépasserait pas 50 duros (250 fr.), dans un temps et avec des circonstances qui excluent manifestement tout danger de propagation, le coupable n'encourra pas les peines indiquées dans ce chapitre, mais celles qu'il mériterait pour le dommage causé, conformément aux dispositions du chapitre suivant.

Art. 471. — Encourront respectivement les peines du

présent chapitre, ceux qui causent des dégâts au moyen de submersion ou échouement d'un navire, d'inondation, d'explosion d'une mine ou d'une machine à vapeur et en général par l'application de quelqu'autre agent ou moyen de destruction aussi puissant que ceux dont il vient d'être parlé.

Art. 472. — Celui qui serait arrêté porteur d'une mêche ou objet préparé et notoirement disposé pour incendier ou causer quelqu'un des dégâts indiqués dans ce chapitre, sera puni de la peine de la galère mineure.

Art. 473. — Le coupable d'incendie ou dégâts ne sera pas exempt des peines prononcées dans ce chapitre, alors même que pour commettre le délit il aurait incendié ou détruit des biens lui appartenant.

CHAPITRE VIII.

Des dommages.

Art. 474. — Sont coupables de dommages et placés sous l'application des peines de ce chapitre, ceux qui causeraient, dans la propriété d'autrui, quelque dommage qui ne se trouve pas compris dans le chapitre précédent.

Art. 475. — Seront punis de la peine de la prison mineure, ceux qui causeraient un dommage dont l'importance dépasserait 500 duros (2,500 fr.) :

1º Avec l'intention de mettre obstacle au libre exercice de l'autorité, ou pour se venger de ses décisions, que le délit soit commis contre les fonctionnaires publics ou de simples particuliers qui, comme témoins ou de toute autre manière, aient contribué ou puissent contribuer à l'exécution ou à l'application des lois ;

2º En le produisant par quelque moyen d'infection ou de contagion dans les troupeaux ;

3º En employant des substances vénéneuses ou corrosives ;

4º En bande et dans un lieu inhabité ;

5º Dans des archives ou registres ;

6º A des ponts, chemins, promenades ou autres objets d'usage public ou communal ;

7º En ruinant la personne lésée.

Art. 476. — Celui qui, avec quelqu'une des circonstances indiquées dans l'article précédent, causerait un dommage dont la valeur dépasserait 5 duros (25 fr.), mais n'en dépasserait pas 500 (2,500 fr), sera puni de la peine de la prison correctionnelle.

Art. 477. — L'incendie ou destruction de papiers ou documents dont la valeur pourrait être estimée, se punira conformément aux dispositions de ce chapitre ; si la valeur ne pouvait être estimée, les peines seront celles de la prison correctionnelle et une amende de 50 à 500 duros (250 à 2,500 fr.)

La disposition de cet article s'entend du cas où le fait ne constitue pas un autre délit plus grave.

Art. 478. — Les dommages non compris dans les articles précédents, dont la valeur dépasse 10 duros (50 fr.), seront punis d'une amende du tout au triple de la quantité à laquelle ils s'élèveraient, sans qu'elle puisse jamais être abaissée au-dessous de 15 duros (75 fr.)

Cette *disposition* n'est pas applicable aux dommages causés par un troupeau et, de plus, à ceux qui doivent être qualifiés de contraventions, conformément à ce qui est établi dans le livre III.

Les dispositions du présent chapitre seront appliquées seulement lorsqu'au fait considéré comme délit, ne correspond pas une peine supérieure à celle qui est fixée dans l'article 437.

CHAPITRE IX.

Dispositions générales.

Art. 479. — Sont exemptés de toute responsabilité criminelle et soumis seulement à la responsabilité civile, pour les vols simples, fraudes et dommages qu'ils se causeraient réciproquement:

1° Les conjoints, ascendants et descendants ou alliés dans la même ligne;

2° Le conjoint veuf, relativement aux choses ayant appartenu à son défunt conjoint, tant qu'elles ne seront pas passées au pouvoir d'un autre;

3° Les frères et beaux-frères s'ils vivaient ensemble.

L'exemption édictée en cet article, n'est pas applicable aux tiers qui participeraient au délit.

TITRE XV.

DE L'IMPRUDENCE TÉMÉRAIRE.

Art. 480. — Celui qui, par imprudence téméraire, commettrait un fait, qui, s'il avait été accompagné de malice, constituerait un délit grave, sera puni de la prison correctionnelle, et de l'arrêt majeur d'un à 3 mois s'il avait constitué un délit moins grave.

Ces mêmes peines seront respectivement infligées à celui qui, avec infraction des réglements, commettrait un délit par simple imprudence ou négligence.

Pour l'application de ces peines, les tribunaux agiront suivant leur prudent arbitraire, sans s'assujétir aux règles prescrites par l'article 74.

La disposition du présent article ne sera pas applicable, lorsque la peine édictée pour le délit sera inférieure à celles édictées dans son premier paragraphe; auquel cas les tribunaux appliqueront celle qui suit immédiatement la correspondante, en le degré qu'ils jugeront convenable.

LIVRE III.

Des Contraventions.

TITRE Ier.

Art. 481. — Seront punis des peines de l'arrêt de 1 à 10 jours, d'une amende de 3 à 15 duros (15 à 75 fr.) et de la réprimande :

1º Celui qui blasphémerait publiquement Dieu, la Vierge, les Saints ou les choses sacrées ;

2º Celui qui, en la même forme, par paroles, par actes ou au moyen d'estampes, dessins ou images, commettrait une irrévérence contre les choses sacrées ou contre les dogmes de la religion, sans arriver jusqu'à la dérision dont parle l'article 133 ;

3º Ceux qui, à un moindre degré que celui qui est fixé par ledit article, commettraient une simple irrévérence dans les temples ou à leurs portes, et ceux qui, aux portes aussi, inquiéteraient, insulteraient ou blâmeraient les fidèles qui concourent aux actes religieux ;

4º Celui qui, publiquement, maudirait le roi ou commettrait, dans d'autres termes, un outrage contre sa personne sacrée.

Art. 482. — Encourent les peines de 1 à 5 jours d'arrêt, et de 1 à 10 duros (5 à 50 fr.) d'amende et la réprimande :

1º Ceux qui, publiquement, offenseraient la pudeur par actes ou paroles déshonnêtes ;

2º Celui qui expose en public, et celui qui, avec ou sans publicité, vend des estampes, dessins ou images qui offensent la pudeur et les bonnes mœurs.

Les juges et les tribunaux apprécieront prudemment quand il y a publicité, dans les cas prévus par le présent article et le précédent, suivant les circonstances de lieu, de temps et de personnes, et le scandale produit par la contravention.

Encourt aussi la peine de l'article précédent :

1º Celui qui frauderait le public dans la vente des subsistances, soit en qualité, soit en quantité, pour une valeur qui n'excède pas 5 duros (25 fr.) Dans ce dernier cas, s'infligera alternativement l'arrêt ou l'amende, mais toujours la réprimande ; en cas de récidive, s'appliqueront conjointement ces trois peines ;

2º Le marchand auquel on saisirait des subsistances qui n'ont pas le poids, la mesure ou la qualité convenables.

Art. 483. — Seront punis des peines de 3 à 15 jours d'arrêt et de la réprimande :

1º Le mari qui maltraiterait sa femme sans lui causer les lésions de la nature de celles comprises dans le numéro 4 de l'article 484, et la femme désobéissante à son mari, qui le provoquerait ou l'injurierait ;

2º Le conjoint qui scandaliserait, dans ses dissensions domestiques, après avoir été admonesté par l'autorité ;

3º Les pères qui abandonnent leurs enfants, ne leur procurant pas l'éducation que permettent et exigent leur position sociale et leurs facultés ;

4º Les fils de famille qui manquent au respect et à la soumission qu'ils doivent à leurs père et mère ;

5° Les pupilles qui commettent la même faute vis-à-vis de leurs tuteurs ;

6° Les subordonnés dans l'ordre civil vis-à-vis de leurs chefs et supérieurs, lorsque le présent Code ou des lois spéciales n'indiqueront pas une peine supérieure ;

7° Les particuliers, vis-à-vis de quelque fonctionnaire revêtu d'une autorité publique, alors même qu'il ne soit pas dans l'exercice de ses fonctions, pourvu que, dans ce cas, il s'annonce ou se fasse connaître comme fonctionnaire.

Dans les cas dont il est parlé dans le présent article et les deux précédents, la réprimande sera privée.

Art. 484.—Seront punis des peines de l'arrêt de 5 à 15 jours, et d'une amende de 5 à 15 duros (25 à 75 fr.) :

1° Les marchands qui auraient des poids ou mesures faux , alors même qu'ils ne s'en seraient pas servis pour frauder ;

2° Ceux qui useraient , dans leur commerce, de poids ou mesures non contrôlés ;

3° Ceux qui violeraient les réglements pour l'exposition des enfants ;

4° Ceux qui causeraient une lésion qui empêcherait le blessé de travailler de un à quatre jours, ou rendrait indispensable le secours du médecin pour le même temps ;

5° Ceux qui en menaceraient d'autres avec des armes blanches ou des armes à feu , et ceux qui, se disputant, s'en armeraient , à moins que ce ne soit avec juste motif ;

6° Ceux qui feraient courir des voitures ou des chevaux, avec danger pour les personnes, le faisant de nuit ou dans un lieu fréquenté ;

7° Ceux qui pénétreraient avec violence dans un lieu clos ou défendu, pour y chasser ou y pêcher ;

Art. 485. — Seront punis de la peine de l'arrêt de 5 à 15 jours, ou d'une amende de 5 à 15 duros (25 à 75 fr.) :

1° Ceux qui, dans des chemins publics, rues, places, foires ou lieux semblables de réunion, établiraient des loteries, jeux d'invit ou de hasard ;

La disposition de cet article s'entend sans préjudice de ce qui est statué pour des cas d'une plus grande gravité, suivant la prudente appréciation des tribunaux, par l'article 267.

2° Ceux qui lapideraient, souilleraient ou détérioreraient des statues, peintures ou autres monuments d'ornement ou d'utilité publique, alors même qu'ils appartiennent à des particuliers ;

3° Ceux qui causeraient un dommage qui ne dépasse pas 5 duros (25 fr.) dans les promenades, parcs, bosquets ou autres lieux de récréation ou de promenade des villes, ou dans les objets d'utilité publique ;

La disposition de ce numéro et du précédent s'entend sans préjudice de ce que statue pour son cas l'article 437.

4° Ceux qui exerceraient, sans titre, les actes d'une profession qui en exige un ;

5° Ceux qui feraient usage de croix ou décorations, ou d'autres insignes qui ne leur appartiennent pas ;

6° Ceux qui enfreindraient les règles hygiéniques ou de salubrité, décrétées par l'autorité, en temps d'épidémie ou de contagion ;

7° Ceux qui enfreindraient les réglements sanitaires

relatifs aux épidémies des animaux, à la destruction de la sauterelle ou autre plaie semblable ;

8o Ceux qui enfreindraient les réglements de police , en ce qui concerne les femmes publiques ;

9o Ceux qui vendraient des médicaments sans l'autorisation compétente ;

10° Les médecins qui, remarquant sur une personne ou un cadavre des indices d'empoisonnement ou d'un autre délit grave, n'en préviendraient pas opportunément l'autorité ;

11° Ceux qui causeraient des lésions avec un bâton , une pierre ou un autre corps étranger, lorsque les lésions n'empêchent pas de travailler ni ne rendent pas indispensable le secours du médecin ;

12° Celui qui, en paroles et dans l'irritation de la colère, menacerait un autre individu de lui causer un mal qui constitue un délit , et qui se montrerait après repentant ;

13° Ceux qui détruiraient ou briseraient une cabane, un asile, une enceinte, une haie ou autre défense d'une propriété d'autrui , le dommage ne dépassant pas 5 duros (25 fr.) ;

14° Ceux qui exciteraient ou dirigeraient des charivaris ou autres réunions tumultueuses offensantes pour une personne ou troublant la tranquillité des populations.

Art. 486. — Seront punis d'une amende de 5 à 15 duros (25 à 75 fr.) :

1° Ceux qui, en contravention aux ordres de l'autorité , négligeraient de réparer ou démolir les édifices menaçant ruine ;

2º Ceux qui enfreindraient les règles de sûreté concernant le dépôt des matériaux et l'ouverture des puits ou excavations ;

3º Ceux qui donneraient des spectacles publics sans l'autorisation de l'autorité ou dépasseraient celle qui leur a été accordée ;

4º Ceux qui, en enfreignant les réglements sur les spectacles publics, occasionneraient quelque désordre ;

5º Ceux qui, assistant à un spectacle public, provoqueraient quelque désordre ou y participeraient ;

6º Les pharmaciens qui vendraient des médicaments composés en vertu de recettes qui ne sont pas dûment autorisées ;

7º Les pharmaciens qui vendraient des médicaments de mauvaise qualité ou substitueraient les uns aux autres ;

8º Ceux qui ouvriraient des établissements sans l'autorisation de l'autorité, lorsque cette autorisation est nécessaire ;

9º Les propriétaires ou employés de restaurants, cafés, confiseries ou autres établissements dans lesquels se vendent des comestibles ou boissons, qui enfreindraient les réglements de police relatifs à la conservation ou usage des vases ou instruments destinés au service ;

10º Ceux qui enfreindraient les réglements ou dispositions de l'autorité, relatifs à la garde des matières inflammables ou corrosives ou des produits chimiques qui peuvent occasionner des dégâts ;

11º Ceux qui, rencontrant un mineur de 7 ans, perdu ou abandonné, ne le remettraient pas à sa famille ou ne le recueilleraient pas ou ne le déposeraient pas en un lieu sûr, en en donnant avis à l'autorité , dans les deux derniers cas ;

12º Ceux qui ne secourraient ou n'assisteraient pas une personne qu'ils rencontreraient dans un lieu désert, blessée , maltraitée ou en danger de mourir , lorsqu'ils pourraient le faire sans préjudice pour eux.

Art. 487. — Le propriétaire de troupeaux qui entreraient dans la propriété d'autrui et y causeraient un dommage qui dépasserait 2 duros (10 fr.) , sera puni d'une amende, pour chaque tête de bétail :

1º De 3 à 9 réaux (75 cent. à 2 fr. 25), si les bêtes sont de race bovine ;

2º De 2 à 6 réaux (50 cent. à 1 fr. 50) , si elles sont de race chevaline, asine, ou si c'est une mule ou mulet;

3º De 1 à 3 réaux (25 à 75 cent.), si c'étaient des chèvres et que la propriété fût plantée d'arbres ;

4º De la totalité du dommage jusqu'à un tiers en sus, si c'étaient des bêtes à laine ou toute autre espèce d'animaux ; non comprise dans les numéros précédents.

Cette disposition sera observée , s'il s'agit d'un troupeau de chèvres et que la propriété ne fût pas plantée d'arbres.

Art. 488.— Pour le simple fait d'introduire dans un lieu défendu ou propriété d'autrui , sans autorisation , vingt bêtes de bétail ou plus, sera infligée à leur maître, une amende équivalente à la moitié de celle qui est indiquée dans l'article précédent.

Dans le cas du nº 4 de l'article précédent, sera observée la disposition de l'article 496 , quel que soit le nombre des têtes de bétail.

Art. 489. — Celui qui , en usant d'eaux appartenant à un autre ou en les distrayant de leur cours, causerait un dommage qui excéderait deux duros (10 fr.) mais ne dépasserait pas 25 (125 fr.), sera puni d'une amende du tout au triple du dommage causé.

Art. 490. — Celui qui couperait des arbres dans la propriété d'autrui, causant un dommage qui n'excéderait pas 25 duros (125 fr.) , sera puni d'une amende du tout ou triple du dommage.

Art. 491. — Celui qui entrerait dans la forêt d'un autre et qui, sans détruire les arbres , couperait des branches et ferait du bois , causant un dommage qui excéderait deux duros (10 fr.) , mais ne dépasserait 25 (125 fr.) , sera puni d'une amende de la moitié au double du dommage causé.

Art. 492. — Celui qui, par d'autres moyens que ceux indiqués dans les articles précédents, causerait un dommage dans les propriétés d'un autre , qui n'excéderait pas 10 duros (50 fr.), sera puni d'une amende du tout au double du dommage causé.

La disposition de cet article et des deux précédents s'entend sans préjudice de ce que dispose , pour le cas qu'il prévoit, l'article 437.

Art. 493. — Seront punis de l'arrêt d'un à 4 jours et de la réprimande :

1° Celui qui, dans des courses ou promenades nocturnes, troublerait la tranquillité publique en désobéissant à l'autorité ;

2° Celui qui prendrait part à des charivaris ou autres réunions offensantes pour une personne, non comprises dans le n° 14 de l'article 485 ;

3° Celui qui éteindrait l'éclairage public ou l'éclairage qui est placé à l'intérieur des édifices ou celui qui est placé à l'entrée ou dans les escaliers des maisons ;

4° Celui qui en injurierait malhonnêtement un autre en faits ou en paroles ;

5° Celui qui, par imprudence ou négligence, sans infraction des réglements, causerait un mal qui, s'il était malicieusement fait, constituerait un délit.

Art. 494. — Seront punis de l'arrêt d'un à quatre jours et d'une amende de 1 à 4 duros (5 à 20 fr.) :

1° Celui qui enfreindrait les ordres donnés par l'autorité, pour maintenir l'ordre public ou empêcher qu'il soit troublé ;

2° Celui qui pouvant, sans préjudice pour soi, prêter à l'autorité l'assistance qu'elle réclamerait au cas d'incendie, inondation, naufrage ou autre malheur, s'y refuserait ;

3° Celui qui manquerait à l'obéissance due à l'autorité, en n'accomplissant pas les ordres particuliers qu'elle lui donnerait, *dans tous les cas où la désobéissance n'est pas punie d'une peine supérieure par le présent Code ou des lois spéciales* ;

4° Celui qui enfreindrait les réglements relatifs au brûlement des bois, jachères ou autres produits de la terre ;

5° Celui qui contreviendrait aux règles établies pour éviter la propagation du feu des machines à vapeur, fours à chaux, fours ou autres lieux semblables ;

6° Celui qui tirerait une arme à feu, fusée, pétard ou autre projectile dans l'intérieur d'une ville ;

7° Celui qui ferait courir des voitures ou chevaux

dans l'intérieur d'une ville, hors des cas prévus dans le n° 6 de l'article 484 ;

8° Celui qui enfreindrait les règles de police données pour assurer l'approvisionnement des populations ;

9° Celui qui cacherait ses vrais prénoms et nom à l'autorité ou personne qui a le droit d'exiger qu'il les fasse connaître ;

10° Celui qui en menacerait un autre, par paroles, de lui causer un mal qui ne constitue pas un délit.

Art. 495.— Encourra une amende d'un 1/2 duro à 4 (2 fr. 50 à 20 fr.) :

1° Celui qui, obligé de présenter au prêtre un nouveau-né, pour son baptême, ne le ferait pas dans le délai de la loi ;

2° Celui qui ne ferait pas connaître un décès, par contravention à la loi ou aux réglements ;

3° Le médecin qui ne ferait pas connaître à l'autorité un délit grave, dont il aurait eu connaissance par l'exercice de sa profession ;

4° Celui qui se refuserait à recevoir, en paiement, une monnaie légitime et admissible ;

5° Celui qui enfreindrait les règles de police concernant les auberges, restaurants, cafés, tavernes et autres établissements publics ;

6° Celui qui, dans un but de lucre, interprêterait les songes, ferait des pronostics ou prédictions, ou abuserait de la crédulité d'une autre manière identique ;

7° Celui qui enfreindrait les règles établies pour l'éclairage public, dans les localités où ce service est fait par des particuliers ;

8° Celui qui, chargé de la garde d'un fou ou d'un

individu en démence, le laisserait errer dans des lieux publics, sans le surveiller comme il le doit ;

9° Le propriétaire d'un animal féroce ou dangereux, qui le laisserait détaché ou en position de faire du mal ;

10° Celui qui scandaliserait par son état d'ivresse ;

11° Celui qui sortirait déguisé en temps non autorisé, ou d'une manière contraire aux réglements ;

12° Celui qui se baignerait en violation des règles de décence et de sécurité établies par l'autorité ;

13° Celui qui construirait des cheminées, poêles ou fours en contravention aux réglements, ou négligerait de les tenir propres ou de les soigner, de telle sorte qu'il en résultât danger d'incendie ;

14° Celui qui enfreindrait les réglements relatifs aux voitures publiques ou particulières ;

15° Celui qui jetterait des animaux morts dans des endroits défendus, ou en violation des réglements de police ;

16° Celui qui enfreindrait les réglements de police dans le travail des objets fétides ou insalubres, ou les jetterait dans les rues ;

17° Celui qui jetterait des décombres dans les lieux publics, en contravention aux réglements de police ;

18° Celui qui aurait sur des balcons, fenêtres, terrasses ou autres points extérieurs de sa maison, des vases ou autres objets, en contravention aux réglements de police ;

19° Celui qui jetterait à la rue, des balcons, fenêtres ou tout autre endroit, de l'eau ou des objets pouvant causer un dommage ;

20° Celui qui lancerait des pierres ou autres objets

faciles à lancer, dans les lieux publics, avec danger pour les passants, ou contre les maisons ou édifices, au préjudice de ceux-ci, ou avec danger pour les personnes ;

21° Celui qui entrerait dans la propriété d'autrui pour cueillir des fruits et les manger sur le moment même ;

22° Celui qui entrerait avec voiture, chevaux ou animaux pouvant causer des dommages, dans des propriétés plantées ou semées ;

23° Celui qui entrerait dans la propriété d'autrui pour s'emparer des épis ou autre résidu de récoltes ;

24° Celui qui entrerait dans la propriété d'autrui fermée ou close ;

25° Celui qui entrerait sans violence, dans un lieu défendu et fermé, pour y chasser ou y pêcher ;

26° Celui qui enfreindrait les ordonnances relatives à la pêche ou à la chasse, dans la manière ou le temps de leur exécution ;

27° Celui qui contreviendrait aux dispositions des réglements, ordonnances ou coutumes locales de police urbaine ou rurale, non comprises dans le présent Code ;

Art. 496.— Le propriétaire de troupeaux qui entreraient dans la propriété d'autrui et y causeraient un dommage qui ne dépasserait pas 2 duros (10 fr.), sera puni d'une amende réglée suivant l'échelle de l'article 487 en son degré inférieur.

Au cas de récidive, elle sera appliquée dans son degré moyen, s'il n'y a pas de circonstance atténuante.

Art. 497. — Le propriétaire de troupeaux qui entreraient dans la propriété d'autrui, sans autorisation, mais sans causer du dommage, s'ils ne sont pas composés de 20 têtes de bétail , sera puni d'une amende de 1/2 à 4 duros (2 fr. 50 à 20 fr.)

Art. 498.— Celui qui, en usant des eaux d'autrui ou les détournant de leur cours , causerait un dommage qui n'excède pas 2 duros (10 francs), sera puni d'une amende du tout au double du dommage causé.

Art. 499. — Celui qui entrerait dans un bois appartenant à autrui et qui, sans détruire les arbres, couperait des branches ou ferait du bois, causant un dommage qui n'excède par 2 duros (10 fr.),sera puni d'une amende de la moitié au tout du dommage causé.

Au cas de récidive, l'amende sera de la moitié au double du dommage.

La disposition de cet article , s'entend sans préjudice de ce que dispose, pour le cas qu'il prévoit, l'article 437.

TITRE II.

DISPOSITIONS COMMUNES AUX CONTRAVENTIONS.

Art. 500. — Dans l'application des peines des deux titres précédents, les tribunaux statueront en leur prudent arbitraire, dans les limites de chacune d'elles et en tenant compte des circonstances du cas.

Art. 501. — Les complices des contraventions , seront punis des mêmes peines que les auteurs, dans leur degré inférieur.

Art. 502. — Seront toujours saisis :

1º Les armes que portait l'offenseur, quand il a commis un dommage , ou fait une injure, s'il les a montrées ;

2º Les boissons et comestibles falsifiés, altérés ou corrompus, s'ils sont nuisibles ;

3º Les produits falsifiés, altérés ou gâtés qui se vendraient comme étant naturels ou de bonne qualité ;

4º Les comestibles pour lesquels on frauderait le public pour la quantité ou la qualité ;

5º Les poids ou mesures faux ;

6º Les engins qui servent aux jeux ou loteries ;

7º Les objets qui s'emploient pour devinations ou autres tromperies semblables.

Art. 503. — Les tribunaux ordonneront, selon leur prudente appréciation, suivant les cas et circonstances, ladite saisie des instruments et objets servant à la perpétration des contraventions indiquées dans l'article précédent.

Art. 504. — Les condamnés à l'amende qui seraient insolvables, seront punis d'un jour d'arrêt pour chaque duro (5 fr.) qu'ils devront payer.

Lorsque la condamnation ne s'élèvera pas à un duro (5 fr.) ils seront néanmoins punis d'un jour d'arrêt.

Pour les autres responsabilités pécuniaires à l'encontre d'un tiers, ils seront punis d'un jour d'arrêt pour chaque demi-duro (2 fr. 50 c.)

Art. 505. — Dans les ordonnances municipales et autres réglements généraux ou particuliers d'administration, qui se publieraient plus tard, *il ne sera pas établi des peines supérieures à celles qui sont indiquées dans ce livre, alors même qu'elles soient édictées en vertu d'attributions gouvernementales, à moins qu'il n'en soit autrement statué par des lois spéciales.*

Conformément à ce principe, les dispositions du pré-

*sent livre, n'excluent ni ne limitent les attributions qui,
de par les lois des 8 janvier et 2 avril 1845, et toutes
autres lois spéciales, compétent aux agents de l'administration, pour édicter des ordonnances de police et de
bonne administration, et pour réprimer administrative-
ment les contraventions dans le cas ou ces mêmes lois les
chargent de leur répression.*

Disposition finale.

Art. 506. — Restent abrogées toutes les lois pénales
générales antérieures à la promulgation du présent
Code, excepté *celles relatives* aux délits non soumis aux
dispositions du même Code, conformément aux prescriptions de l'article 7.

Dispositions transitoires.

Jusqu'à la création des établissements pénitentiaires
destinés à l'exécution des peines indiquées dans le présent Code, les règles suivantes seront observées :

1º *Pour l'exécution des prescriptions de l'article 7
jusqu'à ce qu'il en soit autrement décidé, se réputent
délits militaires, les délits et contraventions qui, jusqu'à la publication du présent code, avaient été ainsi
qualifiés par la teneur des ordonnances relatives à l'armée de terre et de mer, leurs additions et explications,
et par la jurisprudence générale : n'étant pas innové en
l'état, relativement aux cas reconnus d'incompétence;*

2º Les femmes condamnées aux peines de la chaîne,
de la réclusion, de la galère ou de la prison, accompliront leur peine dans les établissements qui actuellement

servent exclusivement à la réclusion des personnes de leur sexe et il sera pourvu à la réunion dans des édifices séparés ou au moins dans des compartiments distincts, des condamnées à chacune des diverses catégories de peines ;

3° Les condamnés à la galère majeure ou mineure pourront être destinés, quant à présent, aux mêmes établissements, quoiqu'ils se trouvent situés hors du ressort de l'Audiencia qui a infligé la peine, pourvu qu'ils soient dans la Péninsule, ou dans les îles Baléares ou aux Canaries ;

4° Les condamnés à la prison majeure ou mineure pourront être également réunis dans un même établissement, situé dans la Péninsule, les îles Baléares ou les Canaries ;

5° Les condamnés à la galère et à la prison correctionnelles, pourront aussi être destinés au même établissement situé dans la province de leur domicile ou dans une des plus rapprochées, et on aura soin de les placer dans des compartiments différents ;

6° Les condamnés à l'arrêt majeur, qui, conformément à la disposition de l'article 111, doivent être assujétis au travail, accompliront leur peine suivant la disposition de la règle précédente, dans le même compartiment que les condamnés à la prison correctionnelle.

Cette disposition n'est pas applicable aux femmes lesquelles subiront l'arrêt dans la prison ou édifice public destiné à cela, dans le chef-lieu de *partido*, en les soumettant aux travaux propres à leur sexe.

LOI PROVISOIRE RÉFORMÉE

POUR L'APPLICATION DES DISPOSITIONS DU CODE PÉNAL.

En l'état et jusqu'à la publication du Code de procédure et de la loi constitutive des tribunaux, seront observées dans l'application des dispositions du Code pénal les règles suivantes (1) :

1re Les alcaldes et leurs lieutenants (2), dans les limites de leur juridiction respective, connaîtront en jugement verbal (3) des contraventions dont traite le livre 3 du Code pénal ;

11e Il n'y aura pas d'autre recours contre les jugements des alcaldes, que l'appel devant le juge de première instance du chef-lieu ;

15e La sentence du juge de première instance sera exécutée, et il n'y aura contre elle d'autre recours que celui de la responsabilité, conformément aux lois, devant la *audiencia* territoriale contre le juge, l'alcalde ou ses lieutenants (4) ;

---

(1) Nous avons extrait de cette loi, qui renferme 57 articles, les dispositions les plus importantes.

(2) Le nombre de lieutenants (*tenientes*) de l'alcalde en premier, ou seulement alcalde, est fixé suivant la population.

(3) Jugement qui n'est pas précédé d'une instruction écrite.

(4) Le juge est responsable, vis-à-vis de la partie et sur sa poursuite en l'*audiencia*, de sa décision notoirement injuste, malicieuse ou dictée par esprit de vengeance, de haine, etc... Il peut être, si es juges de la *audiencia* le reconnaissent coupable, non seulement

16e L'accusé absous est exempt de tous dépens ou de toute autre espèce de droits ;

17e Ils ne pourront non plus lui être imposés si, dans l'instruction, reconnaissant sa culpabilité, il se soumet à la peine indiquée par le Code ;

25e Pour procéder à l'arrestation d'une personne, il faut que le délit qui lui est imputé soit puni d'une peine plus grave que celle de l'internement inférieur ou arrêt majeur, conformément aux échelles graduelles de l'article 79.

Sont exceptés de cette disposition, le délit de vagabondage, qui donne toujours lieu à la prison, quelle que soit la peine indiquée par le Code.

Est également exceptée, l'arrestation par voie de substitution ou contrainte, la peine une fois prononcée ;

26e Un individu quelconque peut arrêter et mettre en prison, à la disposition du juge compétent, les coupables pris en *flagrant délit*, ceux qui ont contre eux un mandat d'arrêt, ceux qui se sont échappés de la prison ou de quelque établissement pénitentiaire, ou ceux qui étant pris, s'échapperaient, et ceux qui seraient surpris avec des objets provenant notoirement d'un délit ;

34e Dans les délits que le Code punit de la prison correctionnelle ou de la galère de la même classe, le

condamné à la suspension ou à la révocation, suivant les cas, mais aussi à des dommages-intérêts envers la partie ; la partie n'est admise à poursuivre sur sa dénonciation, que sous bail de caution ou dépôt d'une somme arbitrée par les juges de l'*audiencia*, et qui soit suffisante pour payer les frais du procès et indemniser le juge dénoncé, si la plainte n'est pas fondée, sans préjudice de l'action en calomnie ou diffamation compétant en ce cas au juge dénoncé.

coupable restera en liberté, à la prudente appréciation du juge, suivant les circonstances du fait, s'il fournit un cautionnement de 100 à 500 duros (500 à 2,500 fr.) déposés à la Banque espagnole de Saint-Fernand (1), ou de 500 à 2,000 duros (2,500 à 10,000 fr.) en hypothèques, sous la responsabilité du notaire qui a fait l'acte (2) ;

35e Sont exceptés du bénéfice de cette disposition et de celle de l'article 25, les délits de vol avec violence, vol simple et escroquerie, et ceux d'attentat et d'outrage à l'autorité, pour lesquels il y aura toujours lieu à l'arrestation du coupable, et l'arrestation sera effective, quelle que soit la peine qu'il mérite.

Resteront aussi en arrestation, les coupables de lésions graves ou moins graves, jusqu'au rétablissement du blessé.

(1) Banque correspondant à la Banque de France.
(2) Décret royal du 30 septembre 1855.

APPENDICE.

APPENDICE.

DES DÉLITS CONTRE LA RELIGION.

(Traduit du *Cours de droit pénal*, de M. Pacheco. — 1840.)

Les obligations de l'Eglise et de l'Etat sont distinctes en matière de délits religieux. On commettrait une grave erreur de les confondre : non seulement lorsque ces deux pouvoirs vivent pour ainsi dire séparés, suivant chacun leur route, l'Eglise en dehors de l'Etat et celui-ci de l'Eglise, mais encore lorsqu'il y a entre eux une alliance intime, lorsqu'ils s'aident, se protègent, se défendent avec le plus vif intérêt ; même dans cette hypothèse, ce sont deux pouvoirs distincts, ayant chacun sa propre sphère, et devant se servir des moyens appropriés à son caractère. L'Etat ne peut jamais considérer les délits au même point de vue religieux que l'Eglise, parce qu'il est une institution terrestre et temporelle, spécialement destinée aux choses de ce monde, et ne s'occupant des choses religieuses que lorsqu'elles ont un rapport direct avec la tranquillité publique. L'autorité religieuse interviendra lorsque les infractions à la morale seront des péchés, et l'autorité civile ne pourra s'en emparer que lorsqu'elles deviendront de véritables délits.

Je viens de dire, Messieurs, que la législation civile ne peut s'occuper de pareils faits que lorsqu'ils constituent de véritables délits. On pourra nous demander si,

dans certains cas, les fautes contre la religion doivent ef-
fectivement être comprises et inscrites dans le Code pénal,
comme de véritables infractions contre la société, et si la
sanction humaine peut atteindre ce qui semble, par sa
nature, appartenir à la sanction religieuse. Ne serait-il
pas plus conforme aux bons principes, pourra-t-on nous
demander, que l'Etat ne s'immisçât pas dans de telles
affaires, soit pour y mettre de l'ordre, soit pour y ap-
porter du trouble ? Ne vaudrait-il pas mieux qu'il s'abs-
tînt entièrement de convertir en délit ce qui est du ressort des consciences, en laissant à chaque religion
l'usage des moyens coercitifs qui lui sont propres ? Cette
question est d'une grande importance ; aussi est-il nécessaire de la résoudre avant d'aborder pleinement le
sujet qui nous occupe.

Mais avant, livrons-nous à l'examen attentif des actes
contre la religion, qui ont été qualifiés jusqu'à ce jour
de crimes contre la société. En analysant leurs divers
aspects, nous apprécierons le plus ou le moins de mérite
de cette qualification, non à l'aide de vagues appré-
ciations toujours discutables, mais par un examen rigoureux de chacun de ces actes compris dans la dénomina-
tion commune.

Ces actes contre la religion, susceptibles de tomber
ou qu'on peut avoir la prétention de faire tomber sous la
juridiction et la pénalité de l'Etat, sont de deux sortes :
ceux contre la foi ou contre le dogme ; ceux contre le
respect, la décence, la pudeur, les coutumes, la morale.

Les actes contre le dogme sont : l'apostasie, l'hérésie, la propagation de l'erreur, le prosélytisme, etc.
Doit-on les considérer comme des délits, et, comme

tels, doivent-ils être punis par la loi ? Celle-ci doit-elle les ranger dans cette catégorie et édicter des peines contre leurs auteurs ?

Ici, Messieurs, comme il arrive dans beaucoup d'autres cas, la loi civile doit se soumettre et s'accommoder à la loi politique, attendu que, dérivant de celle-ci, elle doit agir d'après les principes que cette dernière lui impose.

Supposons que la constitution du pays admette, ou tolère pour le moins, la liberté des cultes ; qui peut douter alors que les noms d'hérésie, d'apostasie, de prédication de l'erreur, que chacun d'eux lui donne, ne soient un acte innocent pour l'Etat, qui ne se préoccupe ni des erreurs, ni des vérités des différentes Eglises ? La discussion, le changement et la profession de toutes les croyances, et même d'aucunes, sont également respectées dans ces pays, qui ne peuvent concevoir qu'on puisse allier les idées de dogme avec celles du délit. A qui l'idée est-elle jamais venue, à notre époque, que de semblables délits puissent exister en Angleterre ? Qui croira qu'il n'en est pas de même en France ? Là où la loi politique est athée, ou seulement tolérante, les crimes contre le dogme sont un non sens.

Il n'en est pas ainsi là où la loi n'admet qu'une seule religion et ne reconnaît pas la liberté des cultes. Nous ne voulons ni défendre ni contredire un pareil système, que nous reconnaissons comme un fait dont on ne peut nier l'existence. Dans notre Espagne, la loi est intolérante, et la législation de l'Etat l'a consacré autant qu'elle l'a pu, et l'a étendu à la foi, à la discipline catholique romaine.

Là , où par des motifs qu'on croirait justes, il conviendrait d'adopter ce principe, je ne vois pas pourquoi, afin d'être conséquent , on se refuserait à reconnaître l'existence de certains délits contre le dogme. Ceux qui attaquent publiquement ce principe, ceux qui s'efforcent de le détruire par n'importe quel moyen, ceux-là, sans aucun doute, sont en lutte contre les lois et se rendent coupables, dans ce cas, d'un délit semblable aux délits politiques, dont nous nous sommes occupés dans la précédente leçon. C'est porter atteinte à la loi de la société, à ce qui est placé sous la sauvegarde de la constitution, à ce qui doit être respecté, malgré notre opinion contraire bien arrêtée, au point de vue théorique. Cette assimilation des délits religieux aux délits politiques, restreinte aux pays où le principe de l'intolérance est consacré, n'est pas le produit de notre imagination, mais c'est un fait reconnu par quiconque voudra tenir compte des révélations de la raison et de l'histoire. En les considérant d'abord sous leur caractère respectif, nous trouvons une parfaite similitude entre ces délits : leur criminalité, dans de tels cas, n'est autre qu'un acte contre la loi. Ajoutons que tous ceux qui connaissent l'histoire des temps passés, conviendront que la religion était la politique du moment, et que les disputes sur la foi et la discipline , remplaçaient les débats d'aujourd'hui sur les droits et la constitution. Les mêmes passions que la politique nous inspire animaient au même degré nos devanciers pour un article de foi.

Le temps a marché, et les discussions actuelles n'ont aucun rapport avec celles d'autrefois ; le discrédit et l'oubli dans lesquels sont tombés les recueils et les auteurs qui ont traité la question qui fait l'objet de cette leçon en sont les conséquences. Ce fait, loin d'infirmer ce que nous avançons, le confirme en tout point. Il est probable, pour le moins possible, que le moment viendra où on cessera de discuter sur la politique, comme on a cessé de disputer sur la religion. Nous ne saurions en assigner le terme et la limite, mais en raisonnant par analogie avec ce qui s'est passé, il nous est permis d'en prévoir le prochain avènement.

Quoiqu'il en soit, rigoureusement parlant, il est certain que là où il existe une religion d'Etat, proclamée par les lois, comme la seule tolérée dans le royaume, on doit considérer comme délits les attaques dirigées contr'elle par la voix de la presse, par la prédication, par le prosélytisme, et poursuivre ceux qui cherchent à dénigrer son dogme. Agir autrement, c'est enlever à l'intolérance sa sanction, c'est se montrer tolérant, en présence des différents systèmes religieux, qui prétendent capter la crédulité publique, c'est se mettre en contradiction avec le principe adopté et consacré solennellement dans les constitutions du pays.

Mais tout en m'exprimant ainsi, tout en reconnaissant qu'on peut, dans ce cas, tomber sous le coup des lois pénales, qui ont le droit de prévenir de pareils délits, lorsque la législation politique l'exige par motif d'intolérance, il est important d'ajouter une simple considération que nécessite, non pas tant la question en elle même et la difficulté de la résoudre, mais résultant des habitudes, des précédents, des mœurs au milieu desquels vécurent nos aïeux et nos pères, et qui constituèrent, pendant tant de siècles, le caractère de la nation espagnole. Aujourd'hui, avec les principes qui régissent le monde, avec la tendance qui l'entraîne et qui fait subir son influence, non seulement sur le peuple auquel nous appartenons, mais sur les autres parties du globe; aujourd'hui, les conséquences de la question que nous traitons peuvent et doivent même être envisagées sous deux aspects différents :

1° La douceur des peines qui, en comparaison de celles en vigueur dans d'autres temps, sont plutôt des corrections que de véritables châtiments ;

2° L'abstention complète de répression, lorsqu'il ne s'agit que de simples opinions, qui se produisent sans scandale et sans esprit de prosélytisme.

Messieurs, la raison nous dit, et la suite de cet exposé doit nous confirmer dans cette idée, que les peines cruelles et sévères appliquées aux délits contre la Foi, ne peuvent exister avec l'état actuel de l'Europe.

Elles sont tellement iniques, tellement absurdes qu'on peut actuellement les considérer comme impossibles, et quel que soit le jugement de l'histoire, soit qu'il les excuse, soit qu'il cherche à les expliquer, on ne peut de nos jours les qualifier en termes moins formels que ceux que nous venons d'employer.

J'en dis autant, Messieurs, des peines réservées aux crimes contre la conscience. Vis-à-vis de Dieu, qui scrute le fond de nos cœurs et à qui rien n'est caché, ils pourront être considérés comme tels, malgré nos efforts pour les dissimuler à nos semblables; mais la loi humaine n'a pas plus le droit que le pouvoir de les atteindre, et si par hasard, elle parvient à découvrir nos pensées les plus secrètes, elle manque essentiellement d'action légitime pour en poursuivre la répression devant les tribunaux. C'est une véritable tyrannie , que celle qui consistait à rechercher et à punir les simples croyances qui ne tendent en aucune manière à détruire la religion de l'Etat. Une telle répression n'est pas de la compétence de la loi civile, mais plutôt de la loi ecclésiastique. La pénalité sera l'excommunication, mais dans aucun cas le bûcher.

Je ne crois pas nécessaire, de nos jours, de combattre ici ce qu'on doit regarder comme une ombre , comme une chimère. On ne doit plus craindre , en parlant de bonne foi, la persécution religieuse. L'intolérance conservée dans la loi ne trouvera d'appui ni dans l'opinion, ni auprès des autorités ; et si nous courons en ce moment quelque danger sous ce rapport, c'est précisément le contraire de ce qui s'est vu et expérimenté autrefois. Aussi, est-il inutile d'observer que nous répudions toute tendance à l'esprit de persécution , lorsque c'est celui d'indifférence qui nous a envahis ; inutile de rompre de nombreuses lances contre les idées du temps passé , lorsque celles de nos jours sont si différentes, qu'on peut dire qu'il y a entr'elles une complète antinomie ; inutile d'entreprendre une critique amère de l'Inquisition , ce serait frapper un cadavre , puisqu'elle a disparu, du moins telle qu'on la comprenait autrefois, et si une inquisition quelconque est possible, elle diffère de l'autre autant que notre siècle diffère de celui de St-Dominique de Guzman.

Puisque nous avons parlé de l'Inquisition et que nous avons prononcé son nom terrible, étroitement lié à notre histoire, inséparable des idées sur les délits contre la Foi,

auquel on a prodigué de si noires accusations, soit dans
les pays étrangers, soit dans le nôtre, qu'il me soit permis, Messieurs, de consacrer quelques instants, je ne
dirai pas à une critique malveillante, mais à un examen impartial, jugeant cette institution au point de vue
historique, sans esprit rétrograde ni de prévention. J'ai
l'espoir que le temps employé à traiter ce sujet ne sera
pas perdu, car il est du plus grand intérêt dans l'histoire du droit pénal du royaume d'Espagne.

Certainement, l'Inquisition, avec son tribunal privi-
légié, avec ses châtiments sévères, avec ses sombres
mystères, avec la terreur qu'inspirait son nom, ne fut
pas seulement une institution indigène, née et conservée
exclusivement dans la Péninsule ; elle exista aussi dans
d'autres parties de l'Europe et y laissa des traces pro-
fondes et ineffaçables. Sans doute, il faut convenir que
nulle part, elle s'implanta plus fortement que parmi
nous, en prenant l'apparence d'un droit commun, au
lieu d'une institution exceptionnelle, en s'introduisant
avec vigueur dans les mœurs, et en exerçant une plus
grande influence sur la destinée du peuple ; que c'est
dans ce pays que ses formules et ses théories se sont
perfectionnées, si on peut s'exprimer ainsi, acquérant
une importance, obtenant des résultats qu'on chercherait vainement ailleurs. L'Inquisition espagnole est donc
le vrai type de l'Inquisition.

Si cela est vrai, Messieurs, un pareil fait ne se produit pas sans motif. Lorsqu'une institution s'enracine si
profondément et pendant si longtemps dans un peuple,
il faut qu'il existe une grande conformité avec son caractère et avec ses mœurs.

C'est ce qui est arrivé plus particulièrement dans la Péninsule que partout ailleurs. Issus de l'invasion des barbares, civilisés par le christianisme, dominés par la suprématie morale de Rome, tous les autres peuples étaient essentiellement catholiques, à l'époque où l'hérésie albigeoise fit naître l'Inquisition. Cependant, l'Espagne était encore plus foncièrement catholique qu'aucun d'eux. Elle avait combattu 500 ans pour sa religion (depuis la bataille de Covadonga jusqu'à la conquête de Séville.) Le principe religieux avait présidé à l'établissement des États péninsulaires, c'était le seul qui vivifiait le peuple espagnol ; il dominait tous ses intérêts, tous ses usages. Les royaumes des Asturies, de Léon, de Navarre, de Castille, d'Aragon, du Portugal étaient six véritables campements permanents, dans lesquels les enfants succédaient aux pères, les générations aux générations, n'ayant d'autre préoccupation, d'autre destinée que celle de combattre pour la foi catholique ; chaque espagnol était un croisé et cette croisade durait depuis six siècles.

Voilà ce que ne devront pas oublier ceux qui étudieront l'histoire ou la législation de notre pays. Ce serait une grave erreur de leur part de le comparer avec les autres du continent, où il n'y eut jamais de guerres de religion, où, si elles eurent lieu, elles furent de courte durée. Dans la Péninsule, au contraire, elles commencèrent avec la monarchie et même la précédèrent, se généralisèrent sous ce régime et constituèrent son état normal en y exerçant une influence irréparable.

En présence de cette influence, on comprendra, Messieurs, l'exagération de certains principes; car la guerre est un mauvais moyen pour adoucir les mœurs, et les habitudes qu'elle donne ne doivent pas être prises comme règle et modèle d'un bon gouvernement. L'intolérance devait donc être aussi naturelle qu'excessive, dépassant même ses conséquences les plus fatales. Ainsi, des rois tels que St-Ferdinand, portaient les fagots destinés aux bûchers des hérétiques, et le peuple applaudissait avec enthousiasme une telle ferveur. Il est vrai que lorsque ce peuple versait, pour sa religion, des torrents de sang, on ne pouvait s'étonner de sa joie de voir brûler les apostats, châtiment atroce, selon nous, mais qui paraissait naturel à cette époque. Mettons-nous à leur place et jugeons.

Comme nous l'avons observé, ce fut à l'apparition de l'hérésie albigeoise que Rome nomma ses premiers inquisiteurs. Ce fut un pas de plus dans la centralisation de l'Eglise et dans la prépondérance des pontifes romains, qui attribuèrent à leurs délégués la juridiction qui avait appartenu jusqu'alors aux Evêques. Si la procédure, si les peines de l'inquisition ne furent pas regardées comme une nouveauté, tellement elles étaient déjà en vigueur en Europe ; si cette législation paraît au premier abord imparfaite et les peines nous semblent cruelles, est-il juste d'en accuser une institution assez chargée de ses propres fautes, sans la rendre responsable de celles provenant de l'état moral de l'époque?

A la fin du XIIIe siècle, pendant le XIVe et presque tout le XVe, l'inquisition ne fut pas toutefois un tribunal permanent et de droit commun. A dire vrai, il n'y avait pas alors en Espagne l'ombre d'une hérésie, et cet esprit d'hostilité contre les Maures s'était tant soit peu amorti. Les rois d'Aragon commençaient à convoiter l'Italie, et ceux de Castille étaient assez occupés chez eux, par suite de l'extension du féodalisme et des guerres civiles qu'il excita. Il y eut un moment de vraie tolérance sous les règnes de Don Alonzo le Sage et de Pierre le Cruel, suivi bientôt de terribles réactions, qui firent payer cher aux Maures, surtout aux Juifs, ce répit de tolérance.

Toutefois, Messieurs, le mouvement précurseur de la Réforme, conséquence de la révolte des Albigeois, faisait des progrès dans les pays de l'Europe centrale, et ne devait pas arrêter les grands réformateurs du XVIe siècle. Rome armée de son Inquisition, prévoyant avec la sagacité qui l'a toujours distinguée, qu'elle trouverait dans cet instrument, sinon une pénalité irréprochable, du moins un moyen de guerre et d'assujétissement formidable ; Rome, disons-nous, qui s'efforçait d'étendre cette institution à tous les peuples chrétiens, ne pouvait oublier l'Espagne, dont l'importance était incontestable à cette époque ; c'était le moment de la réunion des couronnes d'Aragon et de Castille, la veille de l'union avec le Portugal, lorsque les Maures étaient expulsés de leurs derniers refuges et que l'Empire de Grenade disparaissait pour toujours. C'est alors que l'inquisition prit naissance, non comme une institution provisoire et de circonstance, mais essayant déjà à prendre racine dans le pays, comme un tribunal permanent et ordinaire, aspirant déjà à égaler, à s'élever même au dessus des conseils suprêmes placés à la tête de la nation.

Ces prétentions éprouvèrent certainement de la résistance : l'indépendance dont jouissaient les Aragonais, les souvenirs de l'Inquisition contre les Albigeois, furent autant d'obstacles à l'établissement , dans ce royaume, des juridictions étrangères. En Castille , la bonne reine Isabelle s'opposait, dans l'intérêt de ses sujets, à adopter une législation qui ne leur répugnait en aucune manière.

Enfin, l'inquisition s'établit , et ce résultat coïncida avec deux événements, qui durent lui donner une grande importance et augmenter considérablement son influence. Il y avait alors d'une part, si je puis m'exprimer ainsi, une recrudescence religieuse parmi les Espagnols ; c'était l'époque de la conquête de Grenade, des explorations africaines, des étonnantes découvertes du Nouveau-Monde. D'un autre côté, la réforme s'établissait définitivement , et Luther proclamait l'anéantissement de l'autorité pontificale et l'exaltation de la raison individuelle. Si nous ajoutons à ces circonstances, la politique adoptée par Charles Ier et ses successeurs, le caractère et les projets de Philippe II, nous aurons esquissé d'un seul trait le tableau historique de l'Inquisition espagnole.

Aujourd'hui, que nous la considérons comme enfouie dans les annales des temps les plus reculés , que nous n'avons ni à la flatter, ni à la craindre, qu'on peut la juger sans haine comme sans prédilection, on ne devrait pas répéter sur son compte toutes les absurdités entassées dans des livres très-remarquables, très-goutés du public, et regardés comme des oracles.

On peut envisager l'Inquisition comme tribunal, ou comme institution politique. Sous le premier rapport, tout homme sensé ne pourra approuver aujourd'hui sa procédure et sa jurisprudence ; mais ce blâme ne sera pas exclusivement personnel, il peut s'étendre à tous les tribunaux de cette époque.

Est-ce que l'Inquisition était la seule à se servir de la question ? Avait-elle inventé la peine du bûcher contre les hérétiques ? A-t-on oublié que saint Ferdinand, le plus grand homme de son siècle, n'hésitait pas à employer de pareils châtiments ?

Mettant de côté les calomnies qu'on a propagées sur quelques inquisiteurs, et rendant les lois responsables de leurs propres errements, il subsistera toujours contre ce tribunal une objection d'une grande importance. Nous voulons parler de l'immuabilité de la justice, et de l'obstacle insurmontable à tout progrès. Si les lois et l'Inquisition eussent été infaillibles, l'organisation du tribunal aurait pu être considérée comme parfaite ; mais comme il n'en est pas ainsi, il faut reconnaître qu'elle est entachée d'un vice radical.

Il ne nous appartient pas, Messieurs, d'examiner l'inquisition comme moyen politique. Ce serait nous éloigner du but que nous nous sommes proposé, et nous entraînerait à des considérations étrangères au droit pénal. Tout ce qu'on pourra en dire sous ce rapport, ne surpassera jamais le mal qu'elle nous a causé. Ce penchant à l'indolence, ce laisser-aller qu'elle a contribué à créer, ont été bien plus nuisibles à la nation, que sa doctrine et son système erroné dans l'administration de la justice. Au surplus, elle s'inspirait des mœurs de son siècle, exhalant et répandant dans le pays, une certaine nonchalance ascétique.

En résumé, l'Inquisition d'Espagne nous rendit un

service, celui d'empêcher le protestantisme, qui avait
une grande tendance à faire des prosélytes, de s'enra-
ciner et de se répandre parmi nous. Ce service sera nié
par ceux qui n'admettent pas comme un bienfait l'unité
religieuse des peuples. C'est après avoir longuement mé-
dité pour former notre opinion à cet égard, que nous
avons reconnu tous les avantages que l'ordre social peut
retirer de cette unité. Mais en échange de ce service, qui
peut être limité à 30 ou 40 années du xvie siècle, il est
hors de doute, que l'inquisition, soit par sa nature elle-
même, soit par les lois qu'elle appliquait avec un remarquable esprit de conservation, soit enfin par ses résultats
politiques, attira sur nous de grands malheurs qui ne
sont pas encore réparés ; car ce n'est pas dans quelques
années que l'on peut guérir une maladie arrivée à l'état
chronique pendant plusieurs siècles. A ce point de vue,
et sans recourir à des arguments discutables et à des
déclamations même calomnieuses, la raison condamnera toujours l'Inquisition espagnole ; nous en dirons
autant de sa législation, tout-à-fait contraire aux idées
progressives de notre époque.

Comment pourrions-nous approuver, Messieurs, un
système qui avait pour but de maintenir et de propager l'esprit de persécution, peut-être même à l'insu de
ceux qui tenaient les rênes du gouvernement, et de créer
des délits, lorsqu'il ne pouvait en trouver de réels ?
Pourrait-on tolérer de nos jours une législation qui scru-
tait les consciences, convertissait en délits ses actes les
plns intimes, et était amené inévitablement à inventer des
crimes, qui n'avaient pas même le caractère de délits ?
Lorsqu'on a de pareillles raisons pour condamner l'In-

quisition, il est inutile d'en chercher d'autres , sur la véracité desquelles il y aurait beaucoup à dire , si je n'étais pas pleinement justifié de les discuter.

Je termine, Messieurs , cette digression qui m'a paru sinon indispensable , du moins opportune, et je reviens au sujet de notre leçon.

Je pense avoir démontré primo : que dans les pays où la loi reconnaît la liberté des cultes, il ne peut exister des délits contre le dogme; secundo : que ces délits doivent se produire, toutes les fois que la constitution est intolérante et ne reconnaît d'autre religion que celle de l'Etat ; tertio : que, dans ce cas, la peine directe et naturelle devant émaner de l'Eglise , le droit civil ne peut lui donner qu'une sanction protectrice , comme celle qui résulte des peines correctionnelles; quarto : enfin, que la loi humaine est sans droit et devient tyrannique à l'excès, quand elle prétend rechercher les fautes de conscience, qui se manifestent sans scandale, et sans avoir recours à la prédication, ni au prosélytisme.

Arrivés à ce point, c'est le moment de parler de la seconde catégorie des délits que nous avons indiqués, et qui consistent à mépriser les choses saintes et la morale religieuse.

Ici, Messieurs, il n'y a point de distinction à faire entre les pays tolérants et ceux qui ne le sont pas. Il suffit que la constitution d'un Etat ne soit pas entièrement athée, qu'elle reconnaisse et respecte le sentiment religieux, ce grand principe, ce besoin de toutes les sociétés, pour qu'elle empêche le scandale qui peut résulter d'une impiété hardie et sans retenue. S'il y a une religion d'Etat, elle ne peut consentir à ce qu'on l'insulte, et qu'on se moque de ses cérémonies et de ses préceptes ; s'il n'y en a pas, pourvu que le gouvernement reconnaisse les différents cultes, il ne peut tolérer néanmoins qu'ils deviennent un motif d'agitation et de trouble. La loi doit commander le respect réciproque de toute religion et de tout culte, comme celui de la morale qui leur est commun. La loi dans ce cas, par cela même qu'elle doit garantir la liberté de la pensée, doit empêcher la licence des actes, qui violent les droits légitimes de la liberté.

Cela dit, je ne crois pas nécessaire d'ajouter de longues considérations sur le genre de pénalité propre à de pareils délits. On doit avoir compris, par les développements auxquels nous venons de nous livrer, que le châtiment direct, en matière religieuse, appartient de droit à l'autorité écclésiastique et consiste en des peines spirituelles. L'Etat n'a pas d'autre mission à remplir que celle d'appui, de protection, et pour ainsi dire de haute police. Il ne doit point s'immiscer dans les matières théologiques ; son rôle se réduit, lorsqu'il est intolérant, à empêcher tout attentat contre la religion établie ; dans le cas contraire, à obtenir des divers cultes qu'ils vivent en bonne harmonie, sans scandales ni discussions. Il doit, en outre, éviter avec soin de se substituer à l'Eglise, et de remplacer les peines que celle-ci inflige, par les châtiments corporels qui sont à sa disposition.

La question de savoir s'il devait ou ne devait pas y avoir des délits contre la religion, se trouve ainsi résolue. Nous avons déjà vu la différence qui existe entre la constitution qui n'admet qu'une seule religion, et celle qui en tolère plusieurs. Nous avons aussi observé qu'on ne peut classer dans la même catégorie, les fautes contre le dogme, du ressort exclusif de la raison, et celles contre le respect dû aux croyances qui ont un tout autre caractère. Quant à la vraie morale religieuse, qui est la vraie morale, elle augmente d'importance en matière de délit. La loi civile qui ne la protégerait pas, serait indigne de ce nom.

Si l'on me demande maintenant quel est le système préférable, celui que nous indiquent la philosophie et le bons sens, du système d'intolérance qui nous régit, ou de celui de tolérance et de liberté adopté dans la plus grande partie de l'Europe, je ne pourrais répondre catégoriquement, n'admettant, ne repoussant, ni condamnant aucun d'eux. La philosophie du dernier siècle, Messieurs, irréligieuse et subversive de sa nature, stygmatisa avec force tout principe d'intolérance, et exalta le régime de la liberté. Mais il ne faut pas s'y méprendre, ce n'était pas pour la liberté que la lutte avait lieu, mais pour l'impiété. L'esprit de notre siècle, peut être plus impartial en pareille matière et proclamer franchement son opinion.

Dans les pays où la diversité des croyances existe, et dont les habitants sont divisés sur une matière aussi importante que celle de la religion, il serait vraiment odieux et tyrannique de les contraindre à en adopter une seule, et à abandonner ou à renier leur culte. La loi humaine, ne peut s'arroger ce droit sans dépasser les limites que la raison lui impose. Le souverain ou les représentants d'une nation qui le tenteraient, ceux qui renouvelleraient la révocation de l'édit de Nantes, ou les persécutions des temps passés , attireraient sur eux la condamnation et l'anathême de toute l'Europe.

Mais il en est autrement lorsque l'état ne reconnaît qu'une seule religion. Qu'on tâche de conserver par de sages moyens une unité si désirable , qui serre si étroitement les liens sociaux, et qui, sous un certain rapport réunit tous les citoyens en une grande famille vis-à-vis de Dieu ; cela, Messieurs, loin d'être blâmable et tyrannique, est utile et favorable au pays et au gouvernement ; c'est un principe de sagesse , que doit approuver et encourager toute philosophie digne de ce nom. L'unité religieuse est un lien de cohésion d'autant plus important de nos jours, que c'est presque le seul qui nous reste. Pourquoi donc le repousser, et en faire l'objet de notre antipathie ? Pourquoi nous déclarer ses ennemis , lorsqu'on peut la conserver sans peine ? Si pour obtenir cette unité , il n'est pas nécessaire de sacrifier la légalité , ni de commettre des actes arbitraires, à plus forte raison est-il permis , lorsqu'elle existe déjà , d'adopter pour son maintien des mesures pleines de prudence et de raison.

En un mot, Messieurs, la prétention d'établir en France l'unité religieuse , serait un acte de tyrannie ; celle de la détruire en Espagne, serait une faute, une folie.

Je demande pardon à mon auditoire de me laisser parfois entraîner à des considérations qui n'entrent pas précisément dans le sujet de ce cours ; leur rapport avec l'objet de cette leçon justifiera les longs développement que nous venons de leur donner.

Maintenant, pour terminer cette dissertation, il nous

reste à parler des délits que nous avons qualifiés d'imaginaires, et qui ont, sans nul doute, quelque rapport avec les délits religieux semblables à celui qui existe entre la superstition et les croyances du genre humain. Dans cette catégorie, nous plaçons la magie, la sorcellerie, crimes impossibles, mais auxquels la société tout entière a cru pendant de longs siècles, et qui, encore aujourd'hui, ont quelque créance auprès de certaines personnes.

Il n'est pas nécessaire, Messieurs, de nous livrer à un long examen de cette classe de délits. La science moderne les regarde comme des illusions, et ne suivra pas les anciens errements en les mentionnant dans ses lois, et en déférant ses auteurs devant des tribunaux inexorables. Les scènes qu'offraient, il y a deux siècles, tous les pays de l'Europe avec leurs magiciens et leurs sorciers, sont les preuves les plus concluantes qu'on puisse alléguer contre l'ignorance et la faiblesse humaines. Lorsque de telles croyances étaient répandues, non seulement parmi les masses, mais parmi des personnes instruites, parmi des hommes remarquables dans toutes les branches de la science, il faut convenir que notre intelligence est bien bornée, et que nous sommes condamnés à vivre au milieu des erreurs inséparables de notre nature.

Cette époque est déjà passée, et la majeure partie de la société actuelle repousse d'aussi absurdes préjugés. Néanmoins, parmi les classes ignorantes, il en reste encore quelques-uns, et certaines gens spéculent sur la crédulité publique. Il ne se commet point de délits de magie et de sorcellerie, parce que ce sont des actes impossibles ; mais il y a des hommes qui se disent magiciens et sorciers, et qui, mettant à profit la crédulité de leurs semblables, leur extorquent de l'argent et occasionnent parfois de plus grands malheurs. La législation ne peut dédaigner de pareils faits, et la loi pénale doit atteindre ceux qui entretiennent et fomentent ces coupables illusions , non à cause du fait en lui-même, mais en vue des conséquences qui peuvent en résulter.

Le premier devoir des gouvernements, sur ce point , ne consiste pas tant à châtier les faiseurs de dupes et les charlatans, qu'à les empêcher d'exercer leur industrie. La civilisation est le meilleur antidote contre de pareils faits ; grâce à ses progrès dans la majeure partie de la société , nous sommes déjà débarrassés des sorciers, et lorsque son influence se fera sentir sur les masses, ces délits imaginaires disparaîtront pour toujours.

Rappelons-nous quelles étaient les croyances et les principes d'autrefois , comparons-les avec les croyances et les principes d'aujourd'hui, et nous apprécierons les immenses progrès de notre époque.

DU DUEL.

(Traduit du Cours de M. Pacheco.)

Le duel n'est ni un fait nouveau ni un crime des temps modernes, et il ne faut pas non plus en rechercher l'origine dans une trop haute antiquité. L'histoire, les lois, la philosophie des nations, où nous étudions les principes de la civilisation classique, ne l'ont point connu ; elles ne nous ont laissé aucune trace d'une telle coutume. Nous ne trouvons nulle part que les Grecs et les Romains aient fait usage de combat singulier pour vider leurs différends ou pour réparer leur honneur. Le combat des Horaces et des Curiaces n'a aucune analogie avec le duel des temps modernes. Thémistocles menacé par Eurybiade, ne le provoque pas pour venger son offense ; il se contente de lui dire : « Frappe, mais écoute. » Les idées des Grecs et des Romains sur l'honneur, devaient nécessairement être très-différentes de celles des siècles suivants, et le texte des lois sur l'injure, chez ce dernier peuple, confirme incontestablement une opinion que rien n'infirme ni ne rend suspecte.

Il y a, à la vérité, un historien de ce temps-là, qui donne le récit d'un certain fait qui ressemble à un duel ; il ne se passe pas chez les Romains, mais chez un peuple qui, à cette époque, était classé parmi les barbares.

Tite Live raconte le fait comme une coutume de quelques tribus espagnoles, et cette citation, très-répétée

depuis, est la première que nous offrent les annales
du monde, sur un fait qui devait plus tard prendre une
si grande importance. Il n'y est pas question, cependant,
de venger des injures, mais seulement de terminer un
litige, sur lequel les parties n'avaient pu se mettre
d'accord.

Tel devait être le duel, dans sa simplicité primitive.
Si, dans les temps où les gouvernements étaient encore
faibles et naissants, il était naturel que la force
tint le plus souvent la place du droit, et qu'au lieu de
recourir à l'autorité, les hommes voulussent se faire
justice eux-mêmes, il n'est pas étonnant que, lorsque
la société politique fut mieux organisée, il y eût (à ce
point de vue ou sous un autre rapport,) quelques res-
tes des mœurs primitives, se détachant avec plus d'éclat
au milieu des faibles progrès d'une société inégalement
civilisée. Ainsi, le récit de Tite Live, outre qu'il est
très-vraisemblable, fait présumer avec raison que ce
n'étaient pas seulement les Celtibériens ou les peuples
des environs de Carthagène qui suivaient cette coutume;
elle dût s'étendre des deux côtés des Pyrénées, et devenir une des origines du vrai duel, que les siècles postérieurs connurent et dont ils firent usage.

L'origine du duel date incontestablement du moyen
âge, et il eut pour cause une foule de circonstances ou
d'événements qui surgirent alors en Europe. Après l'en-
vahissement de l'empire romain, et la prise de possession de ses riches provinces, par ses successeurs, on vit
se réaliser et s'accomplir la plus grande des révolutions
dont le monde ait été témoin. Il n'entre pas dans le
plan de ce cours de traiter ce sujet; d'ailleurs, le temps

me manquerait même de le tracer à grands traits, par
suite de l'obligation de passer rapidement sur tant de
questions. Qu'il me suffise de dire que toutes les idées
et les principes de la justice humaine éprouvèrent un immense bouleversement, si toutefois elles ne disparurent
pas complétement. La civilisation romaine, semblable
sous tant de rapports à celle des temps modernes, et qui,
dans son perfectionnement et dans ses défauts, renfer-
mait les éléments progressifs de tant de siècles, fut re-
foulée, obscurcie, anéantie avec toutes ses conséquences, pour faire place à la domination barbare des enfants du Nord, qu'ils imposaient à l'Europe comme le
sceau de leur autorité toute-puissante. A la culture pas-
sionnée des arts qui la distinguait, succéda l'ignorance
la plus complète ; au relâchement des mœurs, qui avait
atteint un degré indescriptible, succéda un sentiment
d'indépendance, de liberté, d'audace, qu'on pouvait et
qu'on devait même qualifier de licence. Les notions du
droit furent altérées, celles de l'autorité bouleversées ;
la force devint la loi suprême ; le monde, las d'avilisse-
ments, fatigué d'obéir à des eunuques et à des monstres,
se révolta même contre les lois, et aurait méconnu, si
cela avait été possible, les idées les plus élémentaires
d'ordre et d'indépendance.

Au milieu, Messieurs, de cet immense cataclysme que
l'esprit peut à peine concevoir, il y avait deux germes
d'espérance qui assuraient le sort de la société future.
L'un fut cette même indépendance, cette même rudesse
de caractère et de sentiments qui, ne pouvant être
qu'accidentels et transitoires dans une société où il existait des éléments civilisateurs, assuraient, pour l'ave-

nir, plutôt un heureux renouvellement de la virilité
humaine, qu'un état de barbarie perpétuelle. L'autre
principe bienfaisant, qui germait au milieu de cette
confusion de peuples, consistait dans leur admission au
christianisme, dont l'esprit devait les instruire et dont
les tendances devaient les conduire. La société ancienne
l'avait assurément admis aussi ; mais, formée dans son
origine sous l'influence des idées païennes, elle n'avait
jamais abandonné ce caractère, ni fait de la nouvelle
loi l'unique fondement de sa morale et de son état actuel. L'œuvre de la religion chrétienne devait être bien
différente et beaucoup plus efficace chez ces peuples pri-
mitifs, qui n'opposèrent aux erreurs que l'ignorance, et
què la rudesse des mœurs aux faux systèmes philoso-
phiques. Pour accomplir sa mission dans le monde, elle
avait besoin d'un instrument flexible, qu'elle pût manier
en toute liberté, et approprier entièrement à ses vues.
Les peuples barbares étaient cet instrument, et le peuple romain ne pouvait remplir ce but sans se dissoudre
et périr.

Cependant, cette œuvre-providentielle ne devait pas
s'accomplir en un instant, ni être exempte et pure de
tous les accidents humains inhérents à notre nature. Il
devait en résulter des maux, des désordres ; pour atteindre son but, elle devait marcher comme l'humanité
marche toujours, par des sentiers tortueux, commettant des fautes et tombant dans de continuels égare-
ments. Dans le cas contraire, ce fait aurait été évidemment un miracle, et non le résultat de causes naturelles.

Eh bien ! cet esprit d'indépendance, ce manquement
ou ce mépris de l'autorité publique, cette absence de .

lois générales uni à l'esprit religieux , on peut dire
grossièrement religieux de cette époque ; toute cette
réunion d'idées et de circonstances qui produisit plus
d'une institution , plus d'une coutume, qui créa la noblesse moderne, la chevalerie et proclama les principes
de la féodalité , produisit aussi le duel , comme une
plante amère et vénéneuse , au milieu de tant d'autres
pleines de parfum et de vertu. Triste et fatale exubé-
rance de principes généreux et sociaux ! preuve évidente
de la loi qui pèse sur notre destinée et qui permet rarement que le bien naisse seul , même des principes les
plus purs, lorsqu'ils ne sont pas limités et régularisés
par tout ce qui doit les rendre parfaits. L'indépendance
dont chacun se vantait, l'empêchait de porter ses plaintes
au chef de la nation ou à ses ministres ; la pénurie ou le
manque absolu de lois le maintenait dans de telles prétentions ; la dévotion aveugle de ce temps là lui inspirait la croyance d'un jugement surnaturel et divin ,
pour la décision de chaque litige , de chaque dispute qui
pouvait survenir. C'est alors que l'on commença à faire
usage des preuves de l'eau bouillante , du feu et des
bêtes ; le même principe , la même opinion produisit
aussi les duels : un noble ne devait dépendre que de Dieu
et de son épée. Soit qu'il fût question de venger ses injures , soit qu'il fût question de revendiquer ses droits ,
le combat était le moyen le plus conforme à son caractère brutal , le plus honorable pour son orgueilleuse
présomption.

Sans doute, ces idées qui s'infiltrèrent peu à peu dans
la société , finirent par la dominer et la diriger complétement. La société, à son tour, les mélangea et les com-

bina, comme elle amalgame et analyse tout ce qui entre dans son immense laboratoire. Elle leur donna cette sorte de sanction qui émane de l'assentiment général et qui doit être, même pour les esprits les plus sceptiques et les plus exigeants, une preuve, sinon d'une complète justice et de vérité, mais offrant du moins quelques points de contact avec ces deux vertus.

Les législateurs de ces temps là furent contraints eux-mêmes de céder au torrent des idées qu'il n'était pas en leur pouvoir d'arrêter, soit qu'ils approuvassent ces idées, soit qu'ils se résignassent à leur empire ; l'Eglise et l'Etat se virent dans la nécessité de tolérer le duel, l'employant tantôt comme une ressource légale, tantôt comme une solution définitive des contestations particulières. L'Eglise et l'Etat agirent prudemment, puisque telle était l'opinion publique ; sans négliger de la combattre par des mesures efficaces, lorsqu'ils croyaient qu'elle s'égarait, ils étaient forcés d'en tenir compte en présence des exigences du régime contemporain des peuples. Les idées, Messieurs, ne disparaissent pas uniquement par la contradiction : il ne faut pas chercher à combattre et à annuler leurs effets en prohibant ce qu'elles sanctionnent. Lorsque leur empire est général, ce serait commettre une grande faute de ne pas les excuser quoiqu'on n'approuve pas leurs préceptes.

Nous renfermant spécialement dans les faits que nous offrent les annales de notre patrie et dans les principes proclamés par ses Codes, nous trouverons plus facilement la preuve de ce que nous venons d'avancer. Le duel était reçu à la fois comme un moyen de preuve, à défaut et même de préférence à d'autres, et aussi comme

un recours qu'adoptaient les chevaliers brouillés ou insultés , pour mettre un terme à leurs mésintelligences
et tirer vengeances de leurs querelles. Dans le premier
cas, c'était une espèce de jugement de Dieu, comme les
autres preuves que nous venons de citer ; dans le second , c'était la régularisation du droit de guerre , im-
puissant à remplacer celui de justice , dans une société
si peu compacte, si peu disciplinée. Les coutumes et les
lois avaient établi les formules dans l'un et l'autre cas ;
particulièrement , le Code des Partidas l'œuvre la plus
avancée dans la civilisation de ces temps là, avait dressé
avec un soin des plus minutieux le catalogue des règles
du duel, si on peut s'exprimer ainsi.

Ces lois , Messieurs , sont pleines de prévision sur le
mode de procéder et de mettre fin aux défis et aux
duels. Elles donnent même les formules que devaient
employer l'accusateur et l'accusé en présence du Roi et
de la Cour. Elles indiquent la marche que doit suivre
l'affaire destinée à être vidée par les armes depuis le commencement jusqu'à la fin. Le choix du lieu , des armes,
la place que doivent occuper les combattants par rapport
au soleil, l'ordre du combat , le jugement et les suites
y sont détaillés d'une manière complète. Il était convenable qu'il en fût ainsi , puisqu'elles avaient admis le
duel, et qu'elles lui confiaient les plus grands intérêts
et les plus hautes réputations.

Je pourrais citer , en effet , si cela était nécessaire ,
de grandes querelles en Aragon et en Castille, vidées au
moyen de ce combat judiciaire , qui était employé, dans
certains cas, comme moyen de preuve, tandis que dans
d'autres , il avait pour but de venger des injures adres-

sées aux particuliers ou aux peuples. Je me contenterai, Messieurs, relativement à ceux de la première catégorie, de vous rappeler les deux célèbres duels du Cid : celui contre le comte Gomez qui avait porté la main sur son père et celui contre les enfants de Carrion qui avaient attaqué l'honneur de ses filles ; mentionnons également le combat qui eut lieu sous les murs de Zamora, lorsque les Castillans défièrent cette ville à l'occasion du crime de Bellido-Delfos (1). Quant aux duels de la seconde catégorie, ceux auxquels on avait recours comme moyens de preuve, dans lesquels les tenants des deux parties combattaient sans animosité, notre histoire en offre un plus célèbre que tous ceux dont l'Europe peut se vanter. Je veux parler du combat qui eut lieu aux bords de la Pisuerga, avec l'accord et l'assentiment général, pour décider qu'elle était la liturgie préférable : de la mozarabe, qui était celle adoptée par St-Isidore, ou de la romaine qu'on voulait lui substituer. Voilà jusqu'où allait l'emploi des moyens dont nous venons de parler : voilà comment on confiait à la preuve d'un combat, les intérêts d'une si haute gravité d'après les idées de l'époque. On croyait, comme nous l'avons déjà dit, que l'assistance divine devait protéger celui qui défendait la raison et la vérité ; on suppliait le Ciel de sauver l'innocence, bien persuadé que le Ciel ne faillirait pas à une pareille obligation.

Cependant ces mêmes lois de Partida que nous venons

(1) Régicide qui eut lieu le 4 octobre 1072 sur Sancho Ier, fils de Ferdinand III, au moment où il se disposait à prendre par famine la ville de Zamora, où s'était réfugiée sa sœur Urraca. (Note du traducteur).

de citer, et qui renfermaient si minutieusement le formulaire des duels, portaient en réalité une sérieuse atteinte à ceux qui avaient pour but de terminer les contestations particulières. Organisant en quelque sorte un
pouvoir public, établissant un système rationnel de
preuves, vulgarisant les idées morales et scientifiques
qui avaient été jusqu'alors le patrimoine d'une si petite
minorité, elles portaient un coup mortel à une institution qui, soit par prévention, soit par nécessité, s'était
conservée intacte malgré l'absurdité qui la caractérisait.
Les progrès de la nouvelle civilisation, répandus à cette
époque, tout en rectifiant et perfectionnant les idées de
justice, faisaient voir combien était erronée la croyance
que la divine Providence faisait des miracles continuels
en faveur de ceux qui l'imploraient, au lieu d'avoir recours à la raison. Le duel, comme preuve, fut entièrement discrédité, du moment qu'il exista une justice ré-
gulière et qu'on découvrit des moyens plus sûrs pour se
rendre compte des faits et pour les qualifier ; de ce jour,
il disparut de toute l'Europe, sans avoir laissé la moindre trace de son existence.

Quant au duel pour cause d'injures et de vengeances
privées, il n'en a pas été de même aujourd'hui comme
autrefois. Les circonstances qui l'avaient maintenu, malgré le progrès de notre civilisation, sont les mêmes qui
le maintiennent encore de nos jours et ne paraissent pas
le faire disparaitre plus facilement. Cette espèce de duel,
défendu par les lois, est compris dans la classe des délits ;
mais l'opinion publique s'est toujours refusée à le reconnaître comme tel, et a rendu infructueux tous les essais
que les gouvernements ont tentés jusqu'ici pour l'abolir.

Les causes de ce fait anormal sont faciles à expliquer.
Il suffit de rappeler l'existence de ce sentiment désigné
sous le nom d'honneur, et qui a joué de tout temps un
rôle si important dans la société moderne, pour comprendre la faible autorité des lois contre un moyen que
l'opinion publique considère comme le seul susceptible
de la venger. Tant que les idées actuelles domineront le
monde, tant qu'on n'aura pas trouvé une nouvelle garantie pour l'honneur, je crains bien, Messieurs, que
tout le raisonnement employé pour condamner et pros-
crire le duel, soit complètement inutile, entièrement illusoire.

Il ne faut pas faire fausse route, en attribuant à la
raison abstraite plus de pouvoir sur nos actions qu'elle
en a réellement. Le duel, considéré sous son véritable
point de vue, renferme, sans contredit, tous les éléments constitutifs de gravité et d'importance d'un délit.
C'est d'abord une usurpation de l'autorité publique, puisque l'auteur de la provocation se substitue aux pouvoirs
de l'Etat, en voulant châtier lui-même ce qu'il considère
comme un dommage ou un crime. Ensuite ses résultats
ne prennent-ils pas ce caractère de préméditation que tout
homme sensé ne saurait qualifier avec trop de rigueur !

Dans certains cas, le duel peut dégénérer en une véritable tentative d'assassinat, lorsqu'il y a entre les combattants une inégalité trop grande dans le maniement
des armes. Comment pourrait-il ne pas être condamné
par toute personne douée de bon sens ? Comment pourrait-on le justifier, l'excuser même, lorsqu'on envisage
de sang-froid son caractère et ses dangers ?

Et cependant, Messieurs...... *Video meliora, pro-*

boque, deteriora sequor.... Nous-mêmes qui condamnons le duel, nous qui le rangeons dans la grande catégorie des crimes, nous, qui avons la prétention d'être compris parmi les hommes tranquilles, sensés, habitués à respecter les lois, si par hasard nous nous trouvons engagés dans ces affaires dites d'honneur, non seulement nous manquons de fermeté pour les refuser, mais nous les acceptons et nous leur prêtons notre concours. Je dis plus : si nous recevons une de ces insultes que les lois ne répriment point, dont le monde exige la réparation par l'épée ou le pistolet, nous sommes les premiers à la demander et nous forçons nos adversaires à l'accepter ; en cas de refus, nous les traitons de poltrons et de lâches, et nous leur crachons au visage, comme à des hommes vils, indignes de notre société. N'est-ce pas ce qui arrive dans notre siècle, ce que nous voyons autour de nous, ce que nous sentons nous-mêmes ?

Je laisse aux moralistes le soin de déplorer un tel état de choses, de le condamner avec énergie et d'élever incessamment la voix pour que tout le monde y renonce. J'apprécie à sa juste valeur non seulement l'importance et l'opportunité, mais encore l'utilité de cette mission. Chacun a le droit de propager les principes de morale ; les conseils d'humanité et de modération sont toujours utiles. Mais le législateur et le jurisconsulte doivent faire plus que le simple moraliste, et ils ne rempliraient pas leur mission, si, comme celui-ci, ils se bornaient aux préceptes ou aux investigations.

Nous devons maintenant faire connaître la cause qui a maintenu jusqu'à nos jours cette espèce de duels, tandis que celle qui servait de preuve, dont nous avons déjà

parlé, a complètement disparu. Cette cause, la voici :
c'est que les lois et la civilisation pouvaient trouver des
preuves plus appropriées aux mœurs, tandis que ni
les unes ni l'autre n'ont pu découvrir des moyens suffisants pour effacer les tâches faites à l'honneur. Quelle
était la réparation que les lois de tous les temps ont
prescrite pour les injures qui affectent le plus les hommes? Si elles ont eu soin d'édicter des peines insignifiantes pour telle ou telle parole, les faits les plus graves,
ceux qui offensent le plus, ne restent-ils pas impunis ?
N'y en a-t-il pas même qui doivent rester impunis, tant
que nous conservons les idées actuelles sur les affaires
d'honneur, puisqu'il n'est pas même permis de les nommer pour en demander une réparation quelconque.

La loi tenta donc l'impossible, en croyant facile, ou
pour le moins qui lui était loisible d'extirper le duel, en
entreprenant hardiment de l'arrêter sous le règne des
rois catholiques. Ceux-ci, guidés évidemment par une
pensée louable, juste et pieuse, en ordonnèrent subi-
tement la suppression, et édictèrent des peines contre
les contrevenants. Mais ils purent bientôt s'apercevoir
que l'opinion publique ne venait pas à leur aide dans
l'accomplissement de cette œuvre ; que les sentiments
d'honneur se soulevaient contre les prescriptions de la
loi, et que les gentilshommes d'Aragon et de Castille
éludaient cette pénalité, soit en se battant en secret,
soit en se donnant rendez-vous en France, à Naples, en
Portugal, pour vider leurs querelles, d'après les usages
traditionnels qu'ils tenaient de leurs ancêtres. Cette première tentative n'eut aucun résultat. C'est tellement
vrai, que, non seulement, nous voyons, dans les temps

postérieurs, des duels tolérés et qui eurent lieu publiquement , mais le règne de Charles 1er, successeur immédiat des monarques dont nous venons de parler, nous
offre un exemple d'un combat solennel, autorisé et prévu
par les lois de Partida. Il y eut un chevalier qui de-
manda le combat en présence du roi, autorisé qu'il était
par ces mêmes lois ; sa demande lui fut accordée, et le
combat eut lieu selon toutes les règles renfermées dans
le formulaire des Partidas.

Il est vrai qu'à la suite de ce même fait, on voulut défendre plus sévèrement le genre de duel autorisé par la
loi ; mais cette alternative d'indulgence et de sévérité ,
ce sentiment public, luttant franchement et ouvertement
contre les lois , cette nécessité de renouveler les prohibitions, afin qu'on ne pût alléguer l'usage contraire, tout
démontre , qu'en premier lieu , l'œuvre des rois catholiques n'avait pas été stable ni permanente, et en second
lieu, que ce célèbre défi que nous venons de citer , ne
devait pas être non plus *le dernier duel en Espagne*,
comme on n'a pas craint de l'avancer.

En effet, personne n'ignore les règles en usage dans
notre pays pendant les deux siècles de la domination
autrichienne. Si nous les avions oubliées , le théâtre espagnol en entier , qui a si admirablement dépeint les
mœurs publiques et privées de cette époque, suffirait pour
nous les rappeler. A l'appui de ce que nous avançons, nous
citerons surtout la nouvelle loi qui parut en 1678, destinée à rappeler et à étendre les dispositions prohibitives
des faits dont il vient d'être question. Il est donc certain
que les duels se succédaient fréquemment , et que l'o-
pinion publique commençait à être en désaccord, pour

mieux dire , en rébellion contre les lois antérieures. Le besoin de les renouveler sans cesse et de les rendre plus sévères, prouve que les prohibitions des derniers siècles restèrent sans effet. Aucune législation n'a eu besoin de proclamer une seconde fois que l'assassinat ou l'incendie sont des crimes; il serait même inutile de le déclarer une première fois, si elle pouvait se dispenser de donner aux peuples la classification des crimes , et de proportionner les châtiments aux délits.

Je ne veux pas, Messieurs , passer en revue toutes les ordonnances rendues depuis sur les duels. Au xviiie siècle, elles furent encore plus nombreuses, et il n'y eut pas un seul souverain qui n'en augmentât la liste.

Leur rigueur, du reste, égale leur multiplicité, et dépasse à un tel point le but de la justice humaine , qu'évidemment elles ne pouvaient ni ne devaient trouver des défenseurs. On comprend dès lors que le châtiment ordinaire infligé à ce délit était la peine de mort, édictée avec un esprit vraiment draconien. Ensuite elle mettait hors la loi ceux qui avaient pris part au duel, n'importe à quel degré; tous ceux-là, disons-nous, étaient condamnés également au dernier supplice. Le même sort était réservé aux combattants , aux tenants, aux témoins , à ceux qui avaient contribué, de quelque manière que ce fût , à la provocation , à l'acceptation , au combat , à ses préparatifs et à ses résultats. Il en était de même tant pour ceux qui avaient consommé le délit dont les suites étaient irréparables , que pour ceux qui, sans l'avoir consommé , en avaient prévenu les fâcheuses conséquences. La loi était égale pour tous, inflexible et inexorable pour tous. Le seul mot de duel entraîrait la peine capitale pour tous ceux qui y avaient pris part d'une façon quelconque.

On voit donc qu'on ne peut accuser d'indulgence la législation que nous venons d'examiner. Si jamais il s'en est trouvé une où la terreur et l'intimidation aient été complètes, c'est à coup sûr celle relative au duel. Elle essaya tout, elle embrassa tout, et se répéta souvent pour ne pas perdre de sa force pendant un seul jour. S'apercevant que l'opinion lui était défavorable, elle lutta avec elle corps à corps, et, maîtresse du pouvoir, elle crut sa victoire assurée. Croyez-vous, Messieurs, qu'elle l'ait remportée ?

Nous avons vu le contraire : nous avons tous été témoins de son impuissance. La génération a vu dès sa naissance se produire le même fait que les générations passées; c'est que le duel triomphe de la loi; que celle-ci est inutile et ridicule ; qu'elle est absolument impraticable ; que quand même elle serait praticable, elle ne réussirait point à faire disparaître les duels.

J'ignore si on combattra cette opinion par un argument qui, envisagé superficiellement, paraît avoir quelque valeur. On me dira peut-être : la législation répressive n'a pas supprimé les duels, il est vrai ; mais elle n'est pas la seule à subir une pareille impuissance, qui lui est commune avec la pénalité entière. Les châtiments infligés aux voleurs n'ont pas non plus fait disparaître les vols, comme ceux édictés contre les assassins n'ont pas mis un terme aux assassinats. Tant qu'il y aura des hommes avec leurs passions et leurs intérêts on n'obtiendra jamais un pareil résultat. Les peines, sans doute, sont nécessaires et utiles ; soit parcequ'elles ont pour but d'atteindre ceux qui commettent une faute, soit parce qu'elles produisent des résultats favorables, sans faire, toutefois, tout le bien que la société est en droit d'en attendre.

Voilà, Messieurs, un argument d'un grand poids sans doute, et que je n'hésite pas à qualifier de nouveau, de spécieux, sans vouloir toutefois en diminuer la portée. Non, on ne saurait comparer les conséquences des peines contre le duel, avec celles des peines contre les crimes ordinaires.

La question est mal posée, et elle le sera toujours tant qu'on recourra à cet argument. Il ne s'agit pas seulement de savoir si les peines contre le duel produisent un résultat plus ou moins favorable ; la critique qu'on leur adresse n'est pas motivée sur le fait de quelques duels, depuis que la pénalité a été appliquée. La véritable critique et la véritable question diffèrent essentiellement dans la comparaison de ces châtiments à ceux des assinats, par exemple. Il est vrai que la peine infligée à un assassin n'empêchera pas les assassinats, mais il est vrai aussi : 1° que cette peine sera appliquée chaque fois qu'on découvrira un assassinat ; 2° que tout le monde applaudira, contribuera, ou du moins ne s'opposera pas à son exécution ; 3° enfin, que l'exemple qui en résulte, influera plus ou moins sur les sentiments de ceux qui sont disposés à assassiner. Cette peine sera donc exécutable et exécutée ; toutes les fois qu'elle sera appliquée, l'opinion publique la considèrera comme un acte de justice, et comme un principe d'utilité publique.

Rien de semblable n'arrive relativement au duel. Ici la loi n'est pas exécutée, et son commandement est même une dérision : les autorités judiciaires, à moins d'y d'être forcées par une réquisition, ne cherchent pas à poursuivre ces délits, et les particuliers ne prêtent en aucune façon aide et concours à l'exécution des peines édictées. Les duels ont lieu comme un fait commun, ordinaire, qu'on regarde avec indifférence, ou même avec intérêt, comme tout autre événement qui arrive journellement dans la société. La justice se voit abandonnée dans sa poursuite, et rencontre même des obstacles si elle l'entreprend ; nous devenons autant de recèleurs du fait, parce que nous ne le regardons pas comme un crime. Nous nous opposons de toutes nos forces à l'œuvre de la loi pénale. Bien plus, si les tribunaux, se conformant aux prescriptions de la loi, viennent par hasard à en appliquer les dispositions, loin d'accepter leurs arrêts comme un acte de justice et d'expiation, nous le qualifions d'acte rigoureux, arbitraire et tyrannique. Ajoutons enfin, que la terreur salutaire et l'intimidation, résultat ordinaire des peines, sont nulles en pareille matière ; qu'aucune *affaire dite d'honneur* n'a été empêchée par des lois discréditées, inexécutables, et qui ne peuvent infliger des châtiments plus forts que les conséquences fâcheuses auxquelles on s'expose volontairement ; on concevra dès lors, que la comparaison que nous venons de faire, en la donnant comme un argument contre notre opinion, manque entièrement d'exactitude et laisse subsister tout ce que nous avons dit sur l'impuissance et l'inutilité de toutes les lois prodiguées pendant trois siècles contre les duels et leurs auteurs.

Terminons cette digression par une observation. Combien de fois, Messieurs, a-t-il été nécessaire, de décla-

rer crimes, l'assassinat, le vol, l'adultère ? Les lois pénales peuvent avoir modifié leurs peines, et avoir été
obligées d'en édicter de nouvelles ; mais lorsque ces peines n'ont pas changé, il n'est venu dans l'esprit de
personne de les renouveler, parce que cela était inutile.
Eh bien, j'ai déjà fait remarquer dans le cours de cette
leçon, et à plusieurs reprises, que la prohibition du duel
s'est reproduite mille fois, avec les mêmes peines, avec
les mêmes précautions. On ne peut donc comparer ce
délit avec les autres, à cause de son caractère tout particulier qui produit des effets si étonnants.

Au surplus, ces résultats ne se sont pas produits uniquement et exclusivement en Espagne ; ils sont, au contraire, communs à tous les autres pays de l'Europe où
le duel a été spécialement déclaré délit, et où il a été
puni avec la même rigueur que dans le nôtre. Partout
l'indifférence la plus complète s'est fait remarquer à l'é-
gard de la poursuite judiciaire de pareils faits, qui n'ont
jamais cessé de se renouveler ; et si parfois on a témoi-
gné le désir et manifesté le projet d'exécuter les lois, le
but n'a pas été atteint, et les peines édictées ont pu être
considérées comme un luxe de répression, mais jamais
comme un exemple salutaire de moralisation.

Ce fait, que je crois sans réplique, avait décidé en
dernier lieu quelques gouvernements à s'abstenir de
toute prohibition, de toute sanction à l'égard des duels
et de leurs auteurs. Ils avaient préféré se taire sur cet
acte spécial, tolérant ou cachant d'une certaine façon,
grâce à leur silence, ce qu'il leur était impossible d'autoriser, en attendant qu'ils parvinssent à l'abolir. Le Code
français particulièrement, qui a exercé et qui exerce en-

core une si grande influence en Europe, avait gardé le silence au sujet du duel, silence d'autant plus remarquable, que sa classification des délits publics est complète. On en avait conclu que si la législation n'autorisait pas le duel, elle avait voulu du moins l'affranchir de la répression, et qu'il n'existait aucune action pour poursuivre le duelliste, soit à raison de la provocation, de la perpétration et de ses conséquences. Cette opinion eut pour résultat, pendant plusieurs années, de ne porter devant aucun tribunal de ce royaume les affaires de duel, les blessures ou les meurtres qu'il occasionnait. La tolérance à l'égard du délit public enveloppa dans son impunité les délits privés, qui en étaient souvent la conséquence. Tel fut, Messieurs, l'excès opposé dans lequel on était tombé à la fin du dernier siècle, et cet état de choses s'est prolongé dans ce pays pendant le tiers de celui-ci.

Mais depuis quelques années, on remarque chez nos voisins l'apparition et le développement d'une doctrine qui ne doit pas être repoussée sans examen, et sans en apprécier l'importance. Le Procureur général actuel du tribunal suprême (Cour de cassation), a employé pour faire triompher son opinion toutes les ressources de son zèle et de son savoir, et, grâce à sa logique et à sa persévérance, il l'a fait admettre d'abord par cette cour et, après, par beaucoup d'autres du royaume. Les anciennes habitudes lui ont résisté avec persistance ; mais elles perdent du terrain chaque jour, et la doctrine de M. Dupin, s'étend insensiblement, et deviendra prochainement la jurisprudence générale de la France.

Cette doctrine consiste à ne pas attacher au duel, considéré en lui-même, l'importance d'un délit, en n'ac-

cusant pas les auteurs d'un fait de provocation ni de
combat ; à ne pas admettre non plus un motif d'excuse,
en laissant libres ceux qui ont blessé ou tué leurs adversaires. Le caractère de crime public est entièrement
écarté. Le duel , comme tel , n'est ni poursuivi ni puni ;
s'il n'en est résulté aucun accident, il n'y a pas lieu de
poursuivre celui qui a provoqué , celui qui a accepté,
et ceux qui ont coopéré à cet acte. Mais si ce duel a été
la cause de quelques crimes privés, si l'un des combattants a été tué ou blessé , ces crimes se poursuivent ,
leurs auteurs subissent la peine de la loi commune, et,
dans ce cas, ils sont atteints non comme duellistes,
mais comme ayant fait des blessures ou commis un
meurtre. Par ce moyen, le duel n'est pas un délit nouveau et spécial ; il ne sert pas non plus d'excuse, et
n'enveloppe pas dans l'impunité qui lui est propre d'autres délits, d'autres actions. Le fait public disparaît, le
fait particulier reste en entier. Une rencontre ressemble
tout à fait à une rixe, produit les mêmes resultats, et
donne lieu aux mêmes excuses, atténuations et justifi-
cations. Les faits, avant ou après le combat, modifient,
dans l'un ou dans l'autre sens, la nature de ses effets ,
et influent sur l'esprit du tribunal qui, comme on le
sait, se décide, en pareille matière, d'après les inspirations de sa conscience.

Vous voyez bien , Messieurs, qu'un pareil moyen est,
sans aucun doute, une transaction entre les deux systèmes suivis antérieurement. Dans l'un, la permission
de se battre excusait les résultats ; dans l'autre, la prohibition et la répression excluaient l'excuse. D'après le
premier , tout dommage privé était excusé par cela seul

qu'il résultait d'un duel ; d'après le second, il n'y a pas lieu à s'en préoccuper, du moment que le dommage public était connu. La jurisprudence dont nous venons de parler adopte un terme moyen, afin d'éviter ces écueils. Le délit public disparaît, mais les délits privés restent et sont punis. Ce n'est pas le duel qui est atteint, mais ce sont ses suites lorsque le sang a coulé.

Ce n'est pas seulement en France, où l'on cherche une sorte de transaction pour satisfaire les différentes opinions sur cette question si délicate. En Espagne, on a aussi voulu, dernièrement (1), faire quelque chose pour concilier le respect des lois avec l'exigence de l'opinion publique. Un ordre royal vient d'avertir tous les juges et tribunaux de la Péninsule, de ne pas faire exécuter les jugements prononcés dans de telles causes, sans les avoir soumis au préalable à Sa Majesté, afin qu'elle puisse user à propos de sa prérogative de grâce. Il est aisé de comprendre qu'on a cherché à adoucir, dans l'attente d'une atténuation certaine, la dureté des lois ; et en reconnaissant qu'elles ne sont pas en rapport avec la gravité du délit, si on n'a pas osé ni voulu en demander la modification, du moins on les a présentées au public comme impraticables dans certains cas où elles paraissent plus cruelles et plus choquantes.

Les conséquences que nous avons longuement développées dans cette leçon, comme étant le résultat des lois qui nous régissaient, sont restées les mêmes malgré cette promesse de modération et de protection. Si, avant l'ordre royal dont je viens de parler, on ne mettait

(1) C'est en 1840 que cette dissertation a été faite.

obstacle à aucun duel amené par la force des choses, il en est de même depuis l'apparition d'une modification si importante. Si, antérieurement, on ne poursuivait point pour cause de duel, ou si l'on ne recherchait pas les coupables, le même fait se reproduit de nos jours. La tentative que nous indiquons n'a changé ni les opinions, ni les actes de nos concitoyens.

Jusqu'ici, j'ai envisagé le duel au point de vue historique, me permettant parfois quelques observatiens critiques. J'avais cru nécessaire de suivre cette méthode, pour donner une connaissance exacte du duel, de son caractère spécial et des circonstances qui le produisirent et l'ont constamment maintenu. Maintenant que cette tâche est remplie, nous pourrons étudier avec fruit la critique, et examiner le devoir des législateurs de notre époque sur l'une des questions les plus compliquées du droit moderne.

Dirons-nous, comme on l'a cru au moyen-âge, comme l'admettait la jurisprudence française il y a encore peu de temps, que le duel, au lieu d'être forcément un crime, sert au contraire de justification et d'excuse aux dommages et aux particuliers qui en sont la conséquence? Donnerons-nous carte blanche pour blesser et tuer, pourvu que les règles du duel aient été observées? Sanctionnerons-nous formellement l'état de guerre, le discrédit du pouvoir public, l'usurpation des attributions qui découlent nécessairement de ces croyances?

Quant à moi, je n'approuverai jamais de pareils principes. Pour que le duel pût justifier ses suites, il faudrait qu'il constituât un véritable droit, et il est clair qu'on ne peut le ranger dans cette catégorie, puisqu'il

a le caractère d'un véritable délit dans l'ordre moral.
J'admettrais, si l'on veut, que la loi ne lui donne pas
formellement cette qualification ; aussi avons-nous établi, comme principe de doctrine, que les sphères de la
loi et de la conscience ne se confondent pas, quoiqu'elles
aient le même but et qu'il peut arriver, et qu'il arrive que la première est plus souvent limitée que la seconde. Mais ce qui est immoral ne peut servir d'excuse
à d'autres actes également immoraux ; le droit seul et
son usage légitime constituent les véritables excuses, et
il reste établi qu'entre le duel et le droit, il y a un
abîme pareil à celui qui existe entre une négation et une
affirmation. Ainsi, il ne servira point d'excuse ; nous ne
donnerons pas cette carte blanche dont il a été question ;
nous ne sanctionnerons pas l'état de guerre qu'on a pu
admettre dans d'autres siècles, mais qui est complètement absurde et irrationnel à notre époque. Le duel sera
pour nous, pour le moins moralement, un délit public,
un attentat contre la société.

Viennent ensuite d'autres questions non moins déli-
cates que les précédentes. La loi agira-t-elle sagement
en rangeant ce délit parmi ceux qu'elle excommunie et
qu'elle damne ? Devra-t-elle en ordonner la poursuite
d'une façon toute particulière ? Devra-t-elle lui appliquer des peines spéciales, non pas certainement les châtiments atroces et barbares de notre législation, mais
d'autres qui, par leur nature et leur caractère, paraî-
tront plus efficaces et susceptibles d'obtenir un meilleur
résultat ?

Ces questions, Messieurs, sont de pure prévoyance ;
pour les résoudre, il est très-important de tenir compte

de l'état de chaque pays. Nous avons déjà dit que la loi a le droit de fermer les yeux sur certains actes qu'elle ne peut réprimer efficacement ; nous ajouterons maintenant que c'est à l'égard des délits publics qu'elle jouit plus amplement de cette faculté, par des motifs bien connus et tirés des mêmes causes. Eh bien ! cette question est du domaine de celle qui est susceptible de pareilles considérations. Je n'ose pas indiquer une règle fixe sur ce qui doit se faire en pareille matière, mais j'entends qu'il faut consulter attentivement les habitudes de chaque peuple, et résoudre la question d'après cet examen. Quant à nous, avec nos antécédents, avec les illusions qui constituent l'opinion publique, avec les habitudes qui sont enracinées, avec l'absence de pénalité, qui a été pendant si longtemps le caractère distinctif de notre nation, avec le manque de règles sur tant d'autres matières pour lesquelles il serait urgent d'en établir ; pour nous, nous conseillerons à la loi de laisser le duel dans l'oubli, pour le moment, et de reporter sur d'autres questions ses tendances de réforme. Sans doute nous désirerions voir adopter chez nous le système français, et nous ne nous plaindrions pas qu'on laissât dans l'oubli le duel en tant que délit, mais, en même temps, qu'on soumît ses suites à une scrupuleuse information, qu'on les réprimât, si les circonstances l'exigeaient, et si la conscience publique le réclamait.

Telle est l'opinion que j'ai pu me former sur la question qui nous occupe, après de longues méditations. Il ne s'agit pas ici seulement, comme dans les autres délits, de connaître le droit social considéré dans toute sa rigueur ; ce qui constitue le droit social, c'est la

manifestation d'une loi prohibitive , c'est l'expression
d'une peine proportionnée au délit. Peut-être il viendra
un jour où l'état de notre société nous inspirera une
opinion contraire , et où nous estimerons comme chose
utile , efficace et sans danger la répression du duel considéré en lui-même. Peut-être le changement , la rec-
tification de l'opinion publique ; peut-être des modifications dans les idées sur l'honneur ; peut-être des moyens
de le sauvegarder, inconnus jusqu'à ce jour, et que le
temps découvrira et perfectionnera, nous feront abandonner une réserve , maintenant indispensable, et nous
permettront de nous prononcer plus librement sur ce
que nous considérons comme mauvais et criminel.

La persistance des lois doit hâter cet avènement
dont nous ne nions pas la possibilité. C'est aussi le
but que doivent se proposer les hommes sensés et pré-
voyants, qui aiment la patrie et qui gémissent des en-
traves qui embarrassent la législation sur ce point. Mais
cette double action ne peut être qu'indirecte , par conséquent lente et tortueuse. La civilisation peut obtenir
de grands résultats sous ce rapport ; il suffira, pour
s'en convaincre, de se rappeler les nombreux préjugés
qu'elle a détruits jusqu'ici , et la quantité des puériles
affaires d'honneur qu'elle a supprimées. Peut-être aussi
l'exemple que nous offrent les sociétés de tempérance ,
pour l'extinction de l'ivresse, pourrait s'appliquer avec
fruit à l'abolition des duels. Quelle influence n'exercerait pas une association libre , dont les membres s'en-
gageraient à ne provoquer, à n'accepter aucun duel, et
qui se placeraient par là au dessus des affronts faits à
l'honneur, que l'homme isolé et libre d'engagements ne

saurait pardonner ? J'avoue, Messieurs, qu'il y a longtemps que j'ai été séduit par cette idée, convaincu
qu'elle pourrait produire d'excellents résultats, si elle
était exécutée habilement. Qu'on mette à la tête d'une
pareille société des hommes d'un courage éprouvé, et
dont l'honneur est sans tâche, et on comprendra avec
quelle force ils résisteront aux préjugés de l'opinion dont
ils se rendront maîtres, et combien ils serviront la cause
de la justice, du droit et de l'humanité.

Néanmoins, quelle que soit l'efficacité de ces moyens
que je propose, et de bien d'autres plus indirectes dont
disposent la législation et les idées sociales, il est de fait
qu'on ne peut en adopter d'une autre espèce, à moins de
vouloir aller contre la conclusion indiquée par cette dissertation, de convertir les lois en un acte d'hypocrisie, et
d'en faire un objet de dérision. Les prescriptions formel-
les, les châtiments, de quelque nature qu'ils soient, ne
feront qu'ajouter le scandale au délit. Il est préférable,
Messieurs, je le répète pour la dernière fois, de reconnaître notre impuissance sur ce point, et de garder un
silence prudent, à l'exemple d'autres législations. Approuver le mal serait certainement un crime ; il ne
s'agit pas ici d'une pareille approbation, mais seulement d'apprécier l'influence vraie et effective dont nous
jouissons, et de n'en pas faire usage dans une question
où elle serait nécessairement compromise. Si je dispo-
sais de la rédaction de nos Codes, j'y insérerais une
doctrine semblable à celle de la nouvelle jurisprudence
française. Il est permis de se contenter du mieux relatif,
jusqu'à ce que nous puissions atteindre le mieux absolu.

DE LA PARENTÉ CIVILE ET CANONIQUE.

La distinction entre la loi canonique et la loi civile existe encore en Espagne, et surtout au point de vue de l'état civil des citoyens. L'état civil est, en effet, tout entier entre les mains du clergé ; c'est le clergé qui enregistre les naissances, les décès, qui procède aux mariages. Les prohibitions, les empêchements relatifs à cet acte et résultant du degré de parenté des futurs, sont exclusivement régis par la loi canonique. Il y a, entre cette loi et la loi civile, une différence notable dans la manière de compter les degrés de parenté. En droit civil, les degrés se comptent, comme l'établit le Code civil français, par les générations depuis l'un des parents jusques et non compris l'auteur commun, et depuis celui-ci jusqu'à l'autre parent. En droit canonique, on compte autant de degrés qu'il y a de générations entre les personnes, en descendant de l'auteur commun aux parents de chaque branche, sans jamais remonter à l'auteur commun. Exemple :

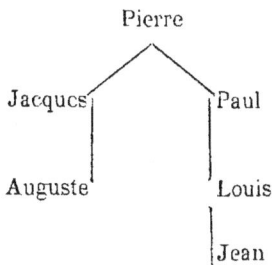

En droit civil, *Jacques* et *Paul*, tous deux fils de

Pierre, sont parents au second degré ; *Auguste* et *Louis,* cousins germains au quatrième ; *Auguste* et *Jean*, fils de *Louis*, au cinquième. En droit canonique, au contraire, *Jacques* et *Paul* sont parents au premier degré ; *Auguste* et *Louis* au deuxième ; *Auguste* et *Jean* au troisième.

Les prohibitions de mariage, d'après le droit canonique espagnol, s'étendent jusqu'aux parents au quatrième degré ; mais il faut dire que moyennant dispenses, qui ne se refusent pas à qui les paie, les prohibitions sont enlevées entre tous parents, frère et sœur exceptés.

DES TRIBUNAUX ECCLÉSIASTIQUES.

A propos des lieux d'asile dits *lugares inmunes*, nous avons parlé de la procédure particulière appelée *recours de force*, destinée à obtenir de l'autorité judiciaire laïque une décision qui ordonne au curé ou desservant de l'église qui jouit du privilége d'être lieu d'asile, de livrer à la justice ordinaire le coupable qui a cherché un refuge dans ce lieu.

L'article 305 prévoit le cas où l'ecclésiastique se refuse à délivrer les actes nécessaires à la solution de ce recours, ou à lever les censures ou la force, c'est-à-dire à obéir à la décision du tribunal supérieur qui a rendu la décision.

Mais cet article ne s'applique pas seulement à ce cas, mais à tous ceux dans lesquels il y a lieu à un *recours de force*, c'est-à-dire à un appel aux tribunaux laïques supérieurs.

Les cas dans lesquels il peut y avoir lieu au recours de force, sont, outre celui qui est relatif au lieu d'asile, les suivants :

1o Lorsque le juge ecclésiastique veut connaître ou statuer sur une affaire civile ou criminelle qui ressort de la juridiction laïque, des tribunaux ordinaires ;

2o Lorsque, dans une affaire de sa compétence, le juge ecclésiastique a procédé contrairement aux règles de procédure établies par les lois et les canons de l'Eglise, par exemple en refusant à la partie la faculté de se défendre, en omettant les citations ou autres actes de procédure voulus ;

3º Lorsque le juge d'appel ecclésiastique se refuse à recevoir un appel d'une décision en premier ressort contrairement à loi.

Ces recours sont portés aux *audiencias*, cours d'appel, dans le ressort desquelles sont situés les tribunaux ecclésiastiques , contre la compétence ou les décisions desquels sont dirigés les recours.

Néanmoins, si c'est la compétence ou la décision du tribunal de la nonciature, du tribunal des ordres , ou autres tribunaux ecclésiastiques supérieurs de Madrid, qui est attaquée , c'est le tribunal suprême de justice qui est juge du recours.

Un mot d'explication sur ces tribunaux ecclésiastique.

Autrefois, leur juridiction était fort étendue ; successivement restreinte par le pouvoir temporel , elle est aujourd'hui presque nulle. Ainsi, avant le Code pénal actuel , les tribunaux ecclésiastiques réclamaient le droit de connaître exclusivement des délits d'adultère, usure, conspiration ou outrages à la religion catholique , etc. Le Code pénal a soumis le jugement de ces délits aux tribunaux ordinaires. En matière civile, ils étaient compétents pour juger les questions de bigamie, divorce, nullité de mariage, questions d'Etat. Le projet du Code civil dont nous avons eu l'occasion de parler à propos des articles 17 et 18 du présent Code , leur enlève en droit cette faculté qu'ils avaient déjà , du reste, perdue en fait.

Ils sont donc réduits , à peu près , aujourd'hui , à

connaître des questions disciplinaires et affaires de foi.

Chaque diocèse a son tribunal ecclésiastique.

Au dessus des tribunaux diocésains est le tribunal suprême de la nunciature, dit *tribunal de la Rota*, dont le président est le nonce du Pape, et qui est le tribunal d'appel de tous les autres.

En sus des tribunaux diocésains, il y a le tribunal des ordres, espèce de tribunal mi-partie ecclésiastique et mi-litaire, dont la compétence ne s'étend qu'aux intérêts des quatre ordres militaires espagnols. L'appel de ses décisions est également porté au *tribunal de la Rota*.

TABLEAU DE CONCORDANCE

Entre le Code pénal espagnol et les Codes français.

espagnol.	Codes français.	Code espagnol.	Codes français.
rticles	Articles	Articles.	Articles.
1.	1.	58, 59.	Néant.
2.	4.	60, 61.	Néant.
3.	2, 3.	62.	2, 3.
4.	Néant.	63.	59.
5.	3.	64.	248 § 1er.
6.	1.	65 à 70.	Néant.
7.	5.	71, 72.	67, 69, 326, 463.
§ 1.	64.	73 à 75.	Néant.
2, 3.	66.	76, 77.	365 C. d'inst. criminelle § 2.
4, 5, 6.	327, 328, 329.	78 à 85.	Néant.
9, 10.	64.	86, 87, 88.	Loi du 4 vendémiaire an VI.
1, 2, 3.	321, 322, 325.	89.	12, 25, 26.
6, 7, 8.	Néant.	90.	Néant.
10.	56, 57, 58, 296, 298, 301, 303, 304, 381, 382, 383.	91.	13.
11.	Néant.	92.	14.
12.	Néant.	93.	27.
13.	60.	94, 95.	Néant.
14.	61, 62, 248 § 2.	96.	15.
15.	10.	97.	Néant.
16.	1383, 1384, Code civil.	98.	70, 71, 72.
17.	73 Code pénal, 1952, 1953, 1954 Code civil.	99.	16.
18.	1384 Code civil.	100, 101.	21.
19.	4.	102.	17 abrogé par la loi du 16 juin 1850, art. 1, 2, 3, 4, 5, 6.
20.	Néant.	103.	32.
21.	4 Code d'instruction criminelle.	104.	Néant.
22.	Néant.	105.	41.
24.	7, 8, 9, 11, 464.	106.	40.
25.	42 Code pénal, 162, 194, 368 Code d'instruction criminelle.	107 à 115.	Neant.
		116.	51.
26.	19, 21, 32, 40 465.	117 à 120.	Néant.
27.	Néant.	121.	55.
28.	23, 24.	122, 123.	Néant.
29.	619 à 634 Code d'inst. crimin.	124.	17, 33, 45, 245.
31.	34, 42, 43.	125.	56, 57, 58.
à 41.	Néant.	126, 127.	635, 636, 639 Code d'inst. crim.
2.	44.	128, 129.	Néant.
à 47.	Néant.	131, 132, 133.	262 Code pénal, loi du 25 mars 1822.
8.	54 Loi du 17 avril 1832, titre v id. du 13 déc. 1848, art.	134.	263.
		135.	261.
9.	52, 53, 467.	136, 137.	Néant.
51.	Néant.	138.	360.
2.	18.	139.	Néant.
54.	Néant.	140.	76.
6, 57.	28, 29, 47, 48.	141.	75.

Code espagnol.	Codes français.	Code espagnol.	Codes français.
Articles	Articles	Articles	Articles
142.	77, 81, 82.	259, 260.	269, 271.
143.	Néant.	261.	Néant.
144.	80.	262.	273.
145 à 147.	Néant.	263, 264.	274 à 282.
148.	84, 85.	265.	277.
149 à 159.	Néant.	266.	Néant.
160.	86, 88, 90.	267.	410.
161, 162.	89.	268.	Néant.
163.	103 à 107 abrogés par la loi du 28 avril 1832.	269.	181, 182, 183.
		270.	Néant.
164.	86.	271.	280, 281 Code d'inst. crim
165 à 188.	Néant.	272.	185.
189.	209, 210. 211, 212.	273 à 275.	Néant.
192, 193.	Art. 5, 6 loi du 25 mars 1822.	276, 277.	237,238, 239,240, 244,246,2
194, 195.	Néant.	278.	254, 255, 256.
196.	504 Code d'inst, criminelle.	279.	249 à 252.
197.	Néant.	280 à 282.	Néant.
198.	Article 1, loi du 17 mai 1819.	283.	187.
199 à 202.	Néant.	284.	378.
203.	257.	286 à 287.	Néant.
204.	241, 242.	288.	234.
205, 206.	Néant.	289.	126.
213.	139 § 1, 3.	290.	Néant.
214, 215, 216.	140.	291 à 293.	114.
217.	142 § 2, 3.	294.	121.
218 à 221.	132, 133.	295.	114, 120 C. d'Inst. cr., 609, 6
222.	135.	296 et 298.	119, 122 Cod. d'inst. cr. 6
223, 224.	139 § 2, 140.	299.	184.
225.	163.	300.	186.
226, 227.	145, 146, 147.	301 à 303.	Néant.
228.	150.	304.	201 à 203.
229.	155.	305, 306.	Néant.
230, 231.	153.	307 à 309.	127, 128, 130, 131.
232.	160.	310, 311.	196, 197.
233.	161 § 1.	312.	Néant.
234.	153, 161 § 2.	313.	166 à 168.
235, 236.	Néant.	314 à 317.	177 à 182.
237.	143.	318.	169 à 172.
238.	164.	319 à 322.	Néant.
239.	138.	323, 324.	175.
240.	Néant.	325.	Néant.
241, 242, 243.	361, 362.	326 à 328.	174.
244.	363. 366.	329.	176.
245.	Néant.	330, 331.	Néant.
246.	364.	332, 333.	295 à 304.
247.	Néant.	334, 335.	Néant.
248.	373.	336.	300, 302.
249.	365.	337.	317.
250 à 252.	258, 259.	338, 339.	Néant.
253 à 257.	318, 475 § vi.	340.	317.
258.	270.	341.	316.

espagnol.	Codes français.	Code espagnol.	Codes français.
Articles	Articles	Articles	Articles
à 347.	309 à 312.	428.	265 à 268.
348.	324.	429.	2.
à 357.	Néant.	430.	400.
à 360.	336 à 338.	431 à 433.	56, 57, 381 à 388.
361.	308 Code d'instruction crimin.	434, 435.	Néant.
362.	339.	436.	339.
3, 364.	332.	437, 438.	379, 401.
365.	330.	439.	58.
366	Néant.	440, 441.	Néant.
367.	334.	442.	456.
8, 369.	355, 356.	443 à 445.	402, 403.
370.	Néant.	446 à 448.	Néant.
371.	357.	449.	423.
2, 373.	Néant.	450.	405.
374.	335.	451.	423
375.	Loi du 17 mai 1819 , art. 13 , 14, 18.	452.	407, 408.
		453.	409.
376.	Néant.	454 à 456.	Néant.
377.	Loi du 17 mai art. 20.	457.	425 à 429 C. P., loi sur les brevets d'invention ; id. sur les marques de fabrique ; id. sur la propriété littéraire et artistique.
378.	Loi du 26 mai 1819 art. 20.		
à 382.	Loi du 17 mai 1819, art. 13, 14, 18, 20.		
383.	Loi du 26 mai art. 20.		
4, 385.	Loi du 17 mai art. 1.	458.	406.
386.	Néant.	459.	Néant.
387.	Loi du 26 mai art. 26.	460.	412.
8, 389.	Néant.	461.	414, 415, 416.
390.	Loi du 17 mai art. 23.	462, 463.	419, 420.
391.	Loi du 26 mai art. 1 à 5.	464 à 466.	411.
392.	345.	467 à 469.	95, 134, 135.
3, 394.	Néant.	470.	Néant.
395.	340 § 1.	471.	435.
à 398.	Néant.	472, 473.	Néant.
399.	156, 157 Code d'inst. crimin.	474 à 478.	437, 438, 439, 440, 442, 443, 452, 455, 459, 460, 461, 462.
à 402.	Néant.		
403.	199, 200, 340 § 2.	479.	380.
404.	Néant.	480.	319, 320, 458.
5 à 407.	341 à 344.	481.	Néant.
408.	354.	482.	330, 477 § 3, 479 § 5.
409.	345 § 2.	483.	Néant.
410.	354.	484.	475 § 4, 479 § 6, 480 § 2 et 3.
411.	349 à 453.	485.	259, 471 § 15, 475 § 5, 479 § 8.
412.	348.	486.	347, 471 § 4. 5, 15; 475 § 6 loi du 16-24 août 1790.
413.	Néant.		
414.	184 § 2.	487.	Lois des 28 sept. 6 oct. 1791.
5, 416.	Néant.	488.	471 § 14, 475 § 10.
7, 418.	305, 306, 307.	489.	457.
419.	308.	490, 491.	445, 446, 455.
à 423.	Néant.	492.	Néant.
424.	418.	493.	471 § 11.
à 427.	381, 382, 383, 384, 385, 386, 388.	494.	471 § 2, 475 § 12.

Code espagnol.	Codes français.	Code espagnol.	Codes français.
Articles 495.	Articles 471, 475, 479 lois des 3-4 mai sur la Chasse; id. du 15 avril 1829 sur la Pêche.	Articles 502, 503. 504.	Articles 472, 477, 481. 467 loi du 17 avril 1832 (contrainte par corps), art. 34, 38, 39; id. du 13 décemb 1848, art. 8, 9.
496.	Néant.		
497.	479 § 10.		
498 à 502.	Néant.	505, 506.	Néant.

ÉTAT COMPARATIF des crimes et délits commis dans le ressort de l'*Audiencia* de Madrid pendant les années ci-dessous indiquées.

POPULATION : 1,022,674. — EN 1845 : 1,018,101.

ANNÉES.	Conspiration et rébellion.	Affichage prohibé.	Excitation à la haine du gouvernement et cris séditieux.	Résistance et désobéissance à l'autorité.	Abus et délits des fonctionnaires publics.	Évasion de détenus et de condamnés.	Abus de liberté de la presse.	Blasphèmes.	Immoralité et scandale.	Vagabondage.	Homicide.	Suicide.	Infanticide.	Blessures et contusions.	Coups et mauvais traitements.	Injures verbales.	Saisie et usage d'armes prohibées.	Provocations en duel.	Adultère.	Viol.	Séduction.	Vols et escroqueries.	Fausse monnaie.	Contrebande.	Faux publics.	Faux privés.	Parjure.	Incendies.	Dégats dans les bois et propriétés d'autrui.
1837	74	»	320	155	28	59	11	»	91	37	78	14	9	491	»	»	55	»	»	43	»	705	19	11	30	»	»	19	27
1839	38	»	97	90	41	38	1	»	45	63	123	11	»	589	111	»	20	5	4	16	»	857	14	8	20	»	20	25	50
1840	27	»	44	110	27	62	2	»	43	51	115	10	»	459	181	»	22	6	7	12	»	802	22	114	32	»	8	30	40
1841	8	5	49	116	42	61	5	6	50	54	85	5	9	677	120	44	25	2	8	7	14	743	1	104	24	10	1	25	56
1842	41	12	46	188	70	51	19	12	55	100	71	8	12	1023	193	33	25	2	2	9	11	934	3	89	38	12	2	31	77
1843	8	13	37	158	68	41	13	5	20	95	96	21	19	747	228	29	27	»	11	5	17	1048	6	75	31	30	2	39	94
1845	2	»	56	161	52	53	1	4	120	85	50	15	3	802	242	26	35	4	7	7	13	1025	1	94	17	40	2	58	78
Totaux	188	30	649	936	328	365	52	27	552	485	614	80	52	4788	1075	132	210	19	39	99	53	6114	66	495	182	92	35	225	422

NIMES, TYP CLAVEL-BALLIVET, PLACE DU MARCHÉ, 8.

TABLE GÉNÉRALE DES MATIÈRES.

tinction de la responsabilité criminelle et civile. — Commentaire sur le paragraphe 1 de l'art. 86. — De la responsabilité civile des mineurs de 15 ans. — Examen du paragraphe 7 de l'art. 8. — Cas d'irresponsabilité criminelle. — Aubergistes et hôteliers. (Commentaire des art. 15, 16, 17, 18),

Amendes et corrections infligées par des supérieurs à leurs subordonnés et administrés. — Violation du principe de la séparation des pouvoirs, et empiètement sur ceux de l'ordre judiciaire. — Justification donnée par M. Pacheco. — Le Code ne reconnaît pas de peines infamantes. (Commentaire des art. 19, 20, 21, 22, 23).

Classification des peines. — Sur quel principe elle est fondée. — De la perpétuité des peines. — De la peine de mort. — Du droit de grâce. — Des peines temporaires. — Aperçu rétrospectif de la pénalité espagnole. (Commentaire des art. 24, 25).

Minimum et maximun des peines. — De l'emprisonnement. — De la surveillance de la police. — De l'exécution des peines. — Examen des deux paragraphes de l'art 28. (Commentaire des art. 26, 27, 28).

Du carcan. — De la dégradation. — De la réhabilitation. — De l'interdiction absolue d'une profession. — De la perte des droits aux pensions, retraites, ou autres, acquis pour services antérieurs. — De la Congrua. — De l'interdiction civile. — De la surveillance de l'autorité. — Obligation imposée aux condamnés d'adopter une profession. — De la caution. — De la contrainte par corps en matière criminelle, correctionnelle et civile. (Commentaire des art. 29, 30, 31, 32, 33, 34, 35, 36, 37, 38, 39, 40, 41, 42, 43, 44, 45, 46, 47, 48, 49).

De la remise de la peine de mort. — De la chaîne perpétuelle. — De la mort civile. — Interdiction absolue perpétuelle des charges publiques et droits politiques. — Peines accessoires qui n'ont pas de correspondants avec notre pénalité. — De la dégradation civique. — Examen des deux Codes. (Commentaire des art. 50, 51, 52, 53, 54, 55, 56, 57, 58, 59).

carcan. — De la dégradation. — En quoi elle diffère de la nôtre. (Commentaire des art. 89, 90, 91, 92, 93, 94, 95, 96, 97, 98, 99, 100, 101, 102, 103, 104, 105, 106, 107, 108, 109, 110, 111, 112, 113, 114).

Effet de cette responsabilité. Obligations qui en dérivent, leur étendue, leurs limites. — Dispositions qui diffèrent de la législation française. (Commentaire des art. 115, 116, 117, 118, 119, 120, 121, 122, 123).

De l'évasion des condamnés. — Peines qu'ils encourent. — Considérations sur la légitimité de cette peine. — Opinion de M. Pacheco. — Le Code ne punit pas l'évasion du détenu préventivement. (Commentaire de l'art. 124).

Déviation aux principes sur la récidive. — Son influence morale sur la loi. — Théorie du Code napolitain. — Réflexions de M. Pacheco. — De l'accumulation des peines. — Différence entre l'art. 76 et l'art. 125. (Commentaire de l'art. 125).

Silence du Code sur la prescription en matière d'actions criminelles. — Légitimité et nécessité de cette prescription. — De la perpétuité des peines. — Condition imposée par l'art. 137 pour l'accomplissement de la prescription. (Commentaire des art. 126, 127).

Deuxième partie.

Appendice.

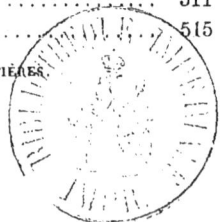

FIN DE LA TABLE GÉNÉRALE DES MATIÈRES.

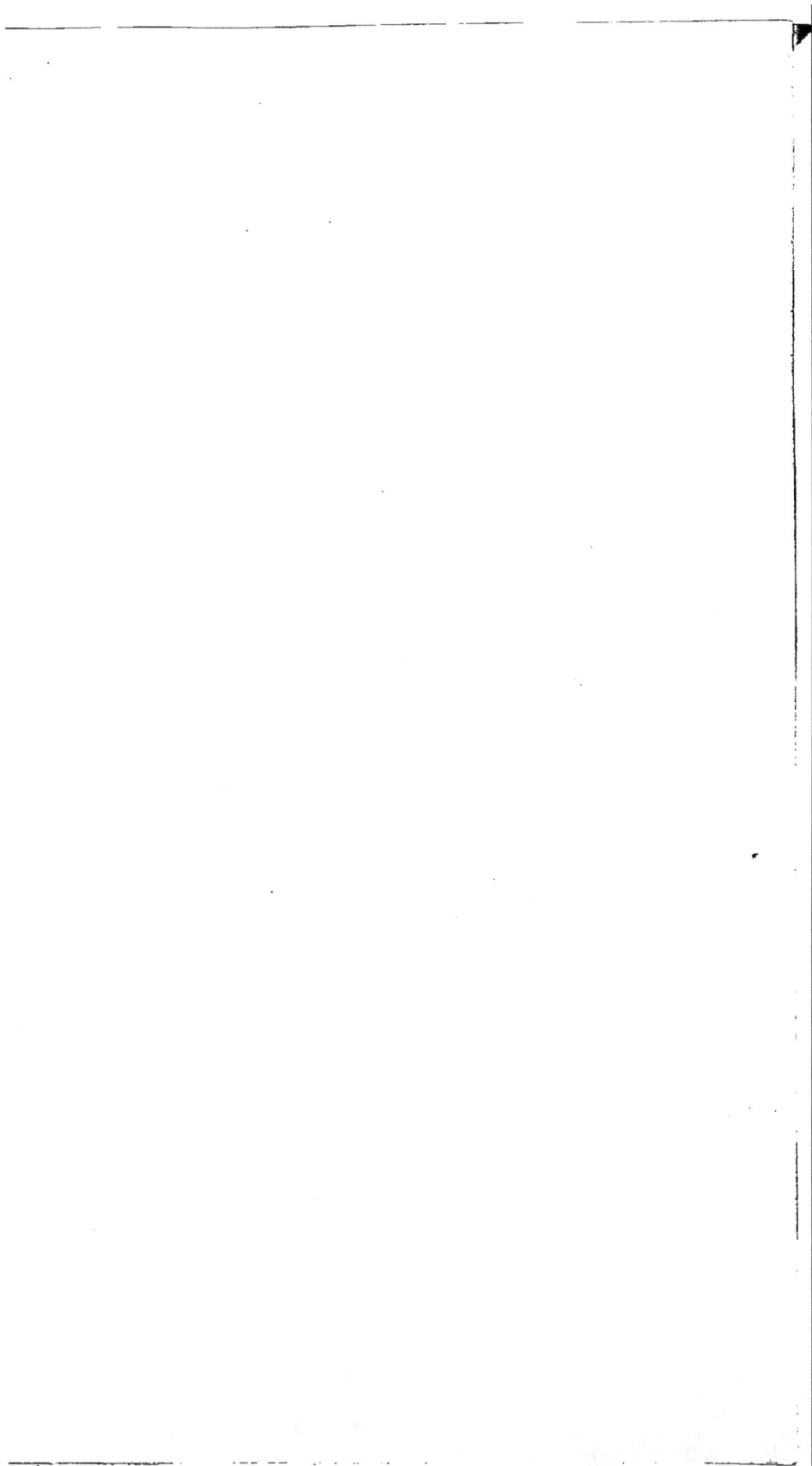

www.ingramcontent.com/pod-product-compliance
Lightning Source LLC
Chambersburg PA
CBHW052056230326
41599CB00054B/3001